Werner Filmer / Heribert Schwan

Opfer der Mauer

Die geheimen Protokolle des Todes

W0055525

C. Bertelsmann

1. Auflage
© C. Bertelsmann Verlag GmbH, München 1991
Satz: IBV Satz- und Datentechnik GmbH, Berlin
Druck und Bindung: Mohndruck, Gütersloh
Printed in Germany
ISBN 3-570-02319-2

Inhalt

5

Vorwort

Fast dreißig Jahre Mauer – das sind fast dreißig Jahre Schikanen, Demütigungen, Kontrollen und Hoffnungen; das sind Schüsse, Verletzte, Tote, Hinterbliebene und Verantwortliche. Diese Jahre haben Schicksale verschränkt. Sie haben Ängste geweckt und Haß erzeugt, Leben zerrissen und Gewissen verhärtet.

Drüben lebten brave Antifaschisten, hüben gewinnsüchtige Kapitalisten. Daß es anders war, wissen wir. Starke und schwache Menschen waren es, satte und unzufriedene, aufrechte und gebeugte. Und sie lebten auf beiden Seiten der Grenze.

Notizen, Aussagen und Protokolle der Grenztruppen fügen die Ereignisse zusammen. Sie traktieren die tägliche Verzweiflung mit Funktionärsdeutsch, verstecken Hoffen und Bangen hinter Kürzel und Amtssprache, zeugen von der kalten Zweckbestimmung und von der rüden Obszönität eines erstarrten ideologischen Systems.

Systeme pervertieren die Menschen. Das läßt sich hier erneut klarstellen. Herrschaft erzeugt Gewalt. Und Heilslehren lassen Menschen mit gutem Gewissen immer wieder zu Apparatschiks werden, zu menschenverachtenden Vollstreckern, zu Mördern, die selten moralisches Versagen spüren.

Auf den Haftbefehl für Erich Honecker haben viele Menschen, vor allem die Angehörigen der Opfer des Schießbefehls, lange warten müssen. Ihr Rechtsempfinden erhielt nicht zuletzt durch Honeckers Flucht, das heißt seine Entführung mit Hilfe sowjetischer Machthaber nach Moskau, einen nachhaltigen Schock. Sie hatten erwartet, daß auch für die von der Staatsführung der ehemaligen DDR begangenen Verbrechen Verantwortliche zur Verantwortung gezogen werden, daß Täter mit Opfern konfrontiert werden. Das wird jetzt nur begrenzt geschehen können. Man kennt den Vers: Die Großen läßt man laufen.

Die DDR-Oberen haben sich versündigt. Sie begingen Verbrechen wie Raub und Mord. Sie stahlen anderen die Freiheit, verfolgten Andersdenkende, besonders jene, die sich dem Zugriff staatlicher Gewaltherrschaft durch Flucht entziehen wollten. Im Auftrag Erich Honeckers wurde auf die geschossen, die über die Mauer wollten. Jeder weiß, daß es den Schießbefehl ohne sein Einverständnis nicht gegeben hätte.

Wir wollen den Opfern des Schießbefehls ein Mahnmal setzen.

Werner Filmer/Heribert Schwan
Mai 1991

Alles ans Tageslicht

Die beiden deutschen Staaten sind jäh aus dem vierzigjährigen Ausnahmezustand ausgebrochen. Die einen mit Kühnheit und friedlichem Zorn, die anderen mit zustimmender Skepsis, Berührungsängsten und wirtschaftlichem Interesse. Die entwickelte kapitalistische Gesellschaft winkte der nicht entwickelten sozialistischen Gesellschaft. Und alle, alle kamen. Das ist der Befund.

Vielen Bundesbürgern sind die Sachverhalte, die die neuen Bundesbürger mitbrachten, völlig neu gewesen. Sie haben noch immer Schwierigkeiten, sie einzuordnen und zu bewerten. Klischees und Stereotype beherrschen das Feld. Das Wort Stasi und die damit verbundenen Seilschaften gehören dazu. Kampfbünde konspirativen Charakters mit Schnüffelpraxis prägen das Bild. Das wirklich Furchterregende und Grausame dieser Institution wird uns auf Jahre beschäftigen: die Täter, die Opfer, die Zuschauer.

In großem Umfang werden neue Quellen deutlich. Erschütternde Reaktionen werden sichtbar. Zeugenaussagen, Akten, Protokolle, Selbstdeutungen. Sie helfen, die Verhältnisse zu klären, bevor Unersetzliches für immer verlorengeht. Alles soll ans Tageslicht kommen. Das Wissen der abgegrenzten Zirkel und »Informationsträger« hat lange genug das allgemeine Wissen verhindert. Wer die frühere DDR und das in ihr begründete Unrecht verstehen will, muß die Maßstäbe der ehemaligen DDR kennen.

In diesem Buch werden einfache Wirklichkeiten geschildert. Dazu gehören grundlegende Sachverhalte der Repression, zum Beispiel die brutale Sicherung der »Westgrenze« gegen die eigene Bevölkerung und die justitielle und polizeiliche Verfolgung ehemaliger DDR-Bürger. Wir haben Aussagen und Dokumente zusammengetragen, haben mit Menschen gesprochen, die ihre persönliche Wahrnehmung des Geschehens wiedergeben.

Gefunden haben wir nach langen Recherchen die Tagesberichte der Volkspolizei und Grenztruppen. Sie werden in künftigen Prozessen eine Rolle spielen. Abgefaßt wurden sie in der Verwaltungssprache der Kasernen und Amtsstuben. Dahinter stand die Staatsmacht und die von ihr betriebene Bewußtseinsbildung. Sie verkündete elementare Gegnerschaft. Sie sorgte für die Selbstabriegelung kommunistischer Herrschaft, schuf Strafen, Befehle und den Gebrauch von Schußwaffen.

Was in diesem Buch vorgelegt wird, sind – neben Fragen nach Honekkers Schuld – Protokolle der kleinen Täter. Protokolle des Lebens an der Mauer, am Zaun. Protokolle täglicher Wahrnehmung an der »West-

9

grenze«. Grenzverletzungen, Beobachtungen, und zwar aus der Sicht jener, die ihren Dienst am »antifaschistischen Schutzwall« leisteten, leisten mußten.

Wir gehen im ersten Kapitel des Buches auf die vier Todesfälle ein, die Honecker stellvertretend für weitere 216 Tötungen an Mauer und Grenze angelastet werden, und wir stellen die Frage nach den strafrechtlichen Konsequenzen des Schießbefehls.

In den folgenden Kapiteln dokumentieren wir das Sterben an der Mauer und an der deutsch-deutschen Grenze anhand der Tagesberichte der Grenzorgane. Dieses Aktenmaterial wird hier erstmals veröffentlicht. Für die historische Forschung werden die Dokumente vermutlich erst in dreißig Jahren freigegeben. Sie wurden von uns erheblich gekürzt und dokumentieren ausschließlich den einzelnen Todesfall. Berichte und Interviews von Angehörigen einiger Opfer haben wir den Protokollen des bürokratischen Apparats entgegengestellt.

Im vierten Abschnitt werden erstmals Protokolle über den Tod von Grenzsoldaten veröffentlicht, deren Schicksal in der alten Bundesrepublik bisher weitgehend unbekannt war. Stellungnahmen von Grenzern illustrieren Alltag und Ideologie des »Frontdienstes«.

Weitere Hintergrundinformationen über Ausbau und Befestigung der deutsch-deutschen Grenze geben die im Anhang zusammengefaßten Berichte und Dokumente.

In allen Dokumenten über Todesfälle – vergleiche auch Kapitel II und III – drucken wir die Namen der Todesschützen ab. Es sind insgesamt über achtzig Grenzsoldaten, die erstmals namentlich bekannt werden.

I. Honeckers Schuld?

Haftbefehl gegen Honecker

Wo ist Erich Honecker heute? Diese Frage beschäftigte auch sowjetische Journalisten. Sie suchten in Moskau und Umgebung, in Krankenhäusern und anderen Einrichtungen des sowjetischen Verteidigungsministeriums. Ohne Erfolg. Die Zeitung des Stadtrats von Moskau, »Kuranty«, informierte ihre Leser über eine originelle Idee, was mit Honecker und anderen abgehalfterten Politikern zu tun sei: »Wir versammeln alle einstigen, die unseren und die importierten, auf einem gesonderten Stück Land und umgrenzen es zuverlässig mit einer Kopie der Berliner Mauer. Dann geben wir ihnen die Möglichkeit, den Sozialismus oder sogar Kommunismus aufzubauen. Und schließlich führen wir dorthin Touristen aus aller Welt zur Besichtigung gegen frei konvertierbare Währung.«

Über diesen Vorschlag werden Bürger der ehemaligen DDR ebenso wenig schmunzeln können wie Berliner Staatsanwälte. Sie werden den Haftbefehl gegen Honecker vermutlich nicht mehr vollstrecken lassen können, nachdem sich der Achtundsiebzigjährige durch Republikflucht der Verhaftung entzogen hat.

Anfang Dezember 1989 hatte die ehemalige DDR-Staatsanwaltschaft ein Ermittlungsverfahren gegen Honecker eingeleitet wegen »Verdachts der Untreue im schweren Fall und des Vertrauensmißbrauchs« gemäß Paragraph 161a und 165 des DDR-Strafgesetzbuches. Im Kern ging es um 62,5 Millionen Mark, die dem Staat gehörten und die Honecker für private Zwecke ausgegeben haben soll.

Im Januar 1990 erweiterte die DDR-Staatsanwaltschaft das Ermittlungsverfahren gegen Honecker auf Hochverrat gemäß Paragraph 96, um »der schlimmen Kriminalität Rechnung zu tragen«. Das Ostberliner Stadtgericht entschied schließlich, daß Erich Honecker nicht haftfähig sei. Dabei bezweifelte es nicht den Tatbestand, der dem Haftbefehl zugrunde lag. Am 3. Oktober 1990 übernahm die Westberliner Justiz das Strafverfahren. Die Ermittlungsgruppe hatte unzählige Ermittlungsakten zu sichten und zu ordnen und begann mit eigenen Untersuchungen.

Während die früheren DDR-Staatsanwälte meinten, ein strafrechtlicher Vorwurf wegen Mordes gegenüber Honecker sei nicht aktzeptabel, ermittelten die Westberliner Juristen von Beginn an »wegen Mordes und Körperverletzung durch Anweisungen zum Schießen auf Personen, die versuchten, die Grenze zu überschreiten«. In einem weiteren Komplex wurde Honecker vorgeworfen, finanzielle und materielle Mittel von über sechzig Millionen Mark vergeudet zu haben.

Im Haftbefehl gegen Honecker vom Dezember 1990 hieß es, daß er »der Anstiftung zum Totschlag« verdächtig sei.

Honecker, der sich zu dieser Zeit im sowjetischen Militärhospital Beelitz bei Potsdam aufhielt, konnte ohne die Zustimmung der Sowjets nicht verhaftet werden. Alle Bemühungen der Berliner Justiz, den Haftbefehl zu vollstrecken, scheiterten.

Im Haftbefehl wird Honecker vorgeworfen, als früherer Sekretär des Verteidigungsrates in einer Lagebesprechung des Zentralen Stabes am 20. September 1961 den Schußwaffengebrauch angeordnet zu haben (s. Seite 373 f.). Außerdem wird dem gestürzten SED-Generalsekretär vorgeworfen, als Vorsitzender des Nationalen Verteidigungsrates der DDR, 1974 erneut den Schußwaffengebrauch an Mauer und Grenze angeordnett zu haben (s. Seite 389 ff.).

Tod des Silvio Proksch

Der Haftbefehl gegen den gestürzten DDR-Partei- und Staatschef Erich Honecker wird – stellvertretend für über 200 Tote an Mauer und Grenze – mit 4 Todesfällen an der Berliner Mauer von 1983 bis 1989 begründet. Solange die DDR-Flagge auf dem Brandenburger Tor wehte, solange war eine Flucht über Mauer und innerdeutsche Grenze fast unmöglich, in jedem Fall lebensgefährlich. Dennoch versuchten Tausende von DDR-Bürgern die bestbewachte Grenze der Welt zu überwinden. Nur wenigen gelang die Flucht in den Westen. Die meisten mußten wegen Grenzverletzung ins Gefängnis. Über zweihundert Flüchtlinge wurden seit Bestehen der DDR erschossen oder durch Minen und Selbstschußanlagen getötet.

Mit dem Bau der Berliner Mauer 1961 ließ die Partei- und Staatsführung der DDR an der Staatsgrenze West ein militärisches Sicherheitssystem errichten, das den Tod von »Grenzverletzern«, wie Flüchtlinge im Sprachgebrauch der DDR-Bürokratie hießen, bewußt einkalkulierte.

Am 25. 12. 1983 wurde der 21 Jahre alte Silvio Proksch getötet, als er versuchte, mit seinem Bruder die Mauer zu überwinden. Er hatte das Leben im Pankower Hinterhaus satt, wollte reisen, besser wohnen, das Leben genießen. Der unbewaffnete DDR-Bürger wurde von gleichaltrigen Grenzsoldaten erschossen. Sein Tod wird Honecker angelastet. Daß Silvio Proksch zu den vier Maueropfern zählt, die im Haftbefehl gegen den ehemaligen DDR-Regierungschef aufgeführt werden, ist eher Zufall. Sein Todesfall war von der ehemaligen DDR-Militärstaatsanwaltschaft weitestgehend bearbeitet und bedurfte kaum zusätzlicher Ermittlungen.

In der »Geheimen Verschlußsache« (Nr. G/732 430) wird der mißlungene Grenzdurchbruch von Silvio Proksch genauestens protokolliert. In der gleichen Tagesmeldung werden die »Vorkommnisse« an den anderen Grenzabschnitten festgehalten. So eine geplante Fahnenflucht des Soldaten Jens Nadolny, der vermutlich wenig später verhaftet worden ist.

Der Tod des Silvio Proksch wurde noch am gleichen Tag von Generalmajor Leonhardt dem »Werten Genossen Minister« gemeldet. Von ihm erfuhren in der Regel alle Mitglieder des Politbüros die Todesnachricht. Auch Erich Honecker war über jeden Todesfall an Mauer und Grenze informiert. Das geschah manchmal telefonisch. Ausführliche Einzelheiten des versuchten »schweren Grenzdurchbruchs mit Todesfolge« teilte ihm regelmäßig der Leiter der Abteilung für Sicherheitsfragen im Zentralkomitee der SED schriftlich mit.

Silvio Proksch ist das 87. Opfer an der Berliner Mauer.

2 8 Feb. 1985 *[Signatur]*

**GRENZTRUPPEN
DER DEUTSCHEN DEMOKRATISCHEN REPUBLIK**
Kommando der Grenztruppen

Operativer Diensthabender

Geheime Verschlußsache!

GVS-Nr. G/ 732 430

_1_ .Ausfertigung _4_ Blatt

Az: 04 18 12

Tagesmeldung Nr. 358 359 / 83 360

für die Zeit vom ___23.12.1983___ 18.00 Uhr bis ___26.12.1983___ 18.00 Uhr

und Sofortmeldungen bis ___27.12.1983___ 04.00 Uhr

I. Lage an der Staatsgrenze der DDR

    1. Ergebnisse der Grenzsicherung und Grenzüberwachung

        a) Grenzdurchbrüche

        b) Festnahmen durch die Grenztruppen an der Staatsgrenze
           der DDR zu BERLIN (WEST) und zur VRP

        GR-33 BERLIN TREPTOW   81A-II BERLIN PANKOW, 3. GK

        Am 25.12.1983, gegen 19.41 Uhr, Festnahme des

               P r o k s c h , Silvio
               geb. am 03.03.1962
               wohnhaft: 1100 BERLIN PANKOW, Flora-Straße 13

durch Grenzposten mit Anwendung der Schußwaffe im Abschni
Leonhard-Frank-Straße, Hauptstadt der DDR BERLIN PANKOW.
Der Grenzverletzer überwand die Hinterlandsicherungsmauer
löste gegen 19.30 Uhr den Grenzsignalzaun aus und näherte
sich mit hohem Tempo dem vorderen Sperrelement. Nach
zweimaligem Anruf und einem Warnschuß wurde gezielt geschossen. Er wurde durch einen Schuß getroffen und ca.
30 m freundwärts der Staatsgrenze festgenommen. Nach Erweisen der 1. Hilfe wurde er in das VP-Krankenhaus überführt, wo er gegen 20.46 Uhr seinen Verletzungen erlag.
Anwendung der Schußwaffe erfolgte parallel zur Staatsgrenze. Es muß angenommen werden, daß der Schußwaffengebrauch von WB-Bürgern wahrgenommen wurde. Gegnerische
Aktivitäten wurden nicht festgestellt.
Untersuchung erfolgt durch Offiziere unter Leitung des
StKA des GK MITTE.

II. Vorkommnisse in den Einheiten der Grenztruppen

GKS ERFURT   Stabskp. -27

Am 23.12.1983 wurde im Ergebnis von Ermittlungen durch
den zuständigen Militärstaatsanwalt des GKS im Zusammenhang
mit der Untersuchung von Disziplinarverstößen bekannt, daß
der

    Soldat   N a d o l n y - Jens
            geb. am 26.01.1963
            wohnhaft: BERLIN, Fischerinsel 4
            Wachsoldat, GT seit I/82, WKK BERLIN,
            zuletzt beschäftigt als Steinmetz beim
            VEB Stuck- und Naturstein BERLIN,
            neun Bestrafungen,

in der Nacht vom 31.12.1983 bis 01.01.1984 im Abschnitt
der LEIPZIGER bzw. BERNAUER STRASSE nach BERLIN (WEST)
fahnenflüchtig werden wollte.
In Vorbereitung des Militärverbrechens wurden durch den
Täter Hilfsmittel (Seil, Karabinerhaken) während des Urlaubs
aus seinem Betrieb entwendet.
Bei der Auswahl des Durchbruchabschnittes ließ er sich von
Veröffentlichungen im BRD-Fernsehen leiten.
E-Verfahren wurde eingeleitet und Haftbefehl erlassen.

GR-1 MÜHLHAUSEN   II.GB SCHNELLMANNSHAUSEN   6. GK SCHNELL-
                                                     MANNSHAUSEN

Am 26.12.1983, gegen 03.05 Uhr, tätlicher Angriff auf den
Unteroffizier F a b i s c h, Hans-Jürgen durch den Bürger
F i s c h e r, Ingo, 23 Jahre alt, aus SCHNELLMANNSHAUSEN
in der Ortslage SCHNELLMANNSHAUSEN. Es kam weiterhin zu
beleidigenden Äußerungen und Drohungen.
Durch die Abteilung "K" des VPKA EISENACH wurde der Tatbe-
stand bestätigt und gegen den Bürger F. Haftbefehl erlassen.
Eine Aburteilung erfolgt im Schnellverfahren am 27.12.1983.

                                      Haase
                                      Oberstleutnant

Einweisungen von Militärpersonen

Einheit/TT	Ort	Wer
I./GR-10	Zufahrtsstraßen	30 Angeh.d. US-Armee
II./GR-10	Zufahrtsstraßen	20 Angeh.d. US-Armee

| GR-3 DERMBACH | II.GB GEISA | S1A-V GEISA |

Am 24.12.1983, 13.35 bis 13.51 Uhr, 500 m nördlich Straße
RASDORF/ GEISA Hetzveranstaltung durch 22 Zivilpersonen auf
dem Gebiet der BRD.

| GR-15 SONNEBERG | II.GB SONNEBERG | S1A-VIII HEINERSDORF |

Am 24.12.1983, 10.10 bis 12.20 Uhr, Straße WELITSCH, HEINERS-
DORF Hetzveranstaltung durch 40 Zivilpersonen auf dem Gebiet
der BRD.

Beschädigung von Grenzsäulen Monat Dezember 1983

TT	Nr. der Grenzsäule	Schaden
GR-1	1612	Emblem u. Nummerschild entf
GR-3	1661	Emblem entfernt
GR-10	2735	Emblem entfernt

3. Vorkommnisse an den Grenzübergangsstellen

| GÜSt S1R-26 BERLIN NIEDERSCHÖNHAUSEN | GÜSt Bahnhof FRIEDRICHSTRASSE |

Am 24.12.1983 in der Zeit von 20.43 bis 20.46 Uhr Verzögerung
des grenzüberschreitenden S-Bahnverkehrs am GÜSt Bahnhof
FRIEDRICHSTRASSE, durch den Bürger aus BERLIN (WEST)

D i e s i n g, Manfred
geb. am 09.11.1937
wohnhaft: BERLIN (WEST), Freiheitsweg 8

Der Täter hatte auf dem S-Bahnsteig "B" einen tätlichen Angriff
auf das Aufsichtspersonal durchgeführt, wurde durch den eingesetzten Sicherungsposten verwiesen, zog in der S-Bahn eine
Notbremse, wurde durch das Aufsichtspersonal aus der S-Bahn geholt und an Kräfte der PKE übergeben.
Dem Täter wurde eine Ordnungsstrafe auferlegt und nach BERLIN
(WEST) verwiesen.

18

GA zur VRP   VI GUA LÜCKNITZ

Am 26.12.1983, gegen 15,00 Uhr, Festnahme des polnischen
Staatsbürgers

              C h a j e w s k i, Marek
              geb. am 06.02.1965
              wohnhaft: OSKOWO, Wojew. SLUPSK

durch den GAP, Oberfähnrich B u c h h o l z, in der Ortslage
GRAMBOW, Kreis PASEWALK auf Hinweis durch die polnischen Grenztruppen. Ziel des Täters war die BRD.

Motiv: Erwartung besserer Lebensbedingungen.

c) Festnahmen durch die anderen Schutz- und Sicherheitsorgane
    an der Staatsgrenze der DDR zu BERLIN (WEST)

GR-35 BERLIN RUMMELSBURG   S1A-III BERLIN TREPTOW

Am 24.12.1983, 04,30 Uhr, Festnahme des

              H o l z e, Detlef
              geb. am 01.10.1961
              wohnhaft: 3011 MAGDEBURG SÜD, Braunschweigerstr. 100
              Kein Arbeitsrechtsverhältnis
              Rückfalltäter

durch Kräfte der Trapo auf dem S-Bahnhof PLÄNTERWALD.
Er führte Aufklärung der Grenzsicherungsanlagen durch mit der
Absicht des Grenzdurchbruches DDR - BERLIN (WEST).

Motiv: Negative Einstellung zur DDR.

2. Handlungen des Gegners im westlichen Vorfeld

Betreten des Hoheitsgebietes der DDR durch Militärpersonen

TT	Fälle/Personen	Wer
GR-38	8/35	Angeh. d. franz. Armee

	GKN	GKS	GKM
Betreten d. Hoheitsgebietes d. DDR	3/10	3/5	16/5(
Aufforderung zur FF, Beschimpfen, Hetze	-	-	11/2(
Bewerfen d. Hoheitsgebietes d. DDR	1/1	1/7	29/3!

O.V., den   25. 12. 1983
Tgb.-Nr.:   513/83

Reg.-Nr. 53 72
Bl. 144 - 146

Minister für Nationale Verteidigung

Stellvertreter des Ministers
und Chef des Hauptstabes

Werter Genosse Minister!
Werter Genosse Generaloberst!

Ich melde:

Am 25.12.1983, gegen 19.41 Uhr wurde im Abschnitt LEONHARD-FRANK-
STRASSE, Stadtbezirk PANKOW, Hauptstadt der DDR, BERLIN, (gegenüber Verwaltungsbezirk REINICKENDORF), durch Grenzposten der
3. Grenzkompanie, Grenzregiment 33, BERLIN-TREPTOW, der Versuch
des Grenzdurchbruches einer männlichen Person in Richtung BERLIN
(WEST) durch Anwendung der Schußwaffe verhindert.

Der Grenzverletzer

      P r o k e s c h , Silvio
      geb. am: 03.03.1962 in BERLIN
      wohnhaft: 1100 BERLIN-PANKOW
          Flora-Straße 13

wurde mit lebensgefährlichen Verletzungen festgenommen.
Prokesch hatte sich aus Richtung HEINRICH-MANN-PLATZ unter Ausnutzung von Deckungen genähert.
Er überwand die Hinterlandsicherungsmauer, löste gegen 19.30 Uhr
den Grenzsignalzaun aus und näherte sich mit hohem Tempo dem
vorderen Sperrelement.
Da Prokesch den zweimaligen Anruf und einen Warnschuß nicht beachtete, wurde vom Grenzposten gezielt geschossen.
Prokesch wurde durch einen Schuß getroffen.

20

Er wurde etwa 30 m freundwärts der Staatsgrenze festgenommen.
Nach Erweisen der 1. Hilfe erfolgte die Überführung in das
VP-Krankenhaus BERLIN, wo er gegen 20.46 Uhr seinen Verletzungen
erlag.
Die weitere Bearbeitung erfolgt durch die zuständigen Untersuchungs-
organe der Bezirksverwaltung des MfS BERLIN.
Die Anwendung der Schußwaffe erfolgte parallel zur Staatsgrenze,
es wurden 8 Schuß abgegeben.
Es muß angenommen werden, daß der Schußwaffengebrauch von West-
berliner Bürgern wahrgenommen wurde.
Aktivitäten der Westberliner Grenzüberwachungsorgane wurden im
gegenüberliegenden Abschnitt nicht beobachtet.
Der Grenzposten wird für vorbildliches Handeln ausgezeichnet.

Ich bitte um Kenntnisnahme.

1.V. Leonhardt
Generalmajor

GT M7VIII-04 b/ 879·90

21

Irene Agotz

Die Lügen der Stasi

Es war der erste Weihnachtsfeiertag, der 25. Dezember 1983. Mein Mann Harry, unser Sohn Robert und ich verlebten diesen Tag der Familie und des Friedens in gemütlicher weihnachtlicher Harmonie wie jedes Jahr. Wir ahnten nicht, daß dies unser traurigstes Weihnachtsfest werden würde. Gegen 22 Uhr, als wir gerade eine schöne Unterhaltungssendung im Fernsehen sahen, klingelte es an der Wohnungstür.

Es war mein Bruder Carlo Proksch. Er stand total verschmutzt, verweint und im Gesicht zerkratzt vor der Tür und sagte mit bebender Stimme: »Die haben vor zwei Stunden Silvio an der Mauer am Bürgerpark-Pankow erschossen.« Wir waren entsetzt, konnten es nicht fassen. Er erzählte: Silvio und Carlo hätten nach 18 Uhr die elterliche Wohnung in der Florastraße 13, Pankow, verlassen. Sie wollten in die Freiheit flüchten. Sie meinten, Weihnachten würde dort niemand mit einem Fluchtversuch rechnen. Die Wetterbedingungen wären günstig, es regnete und es sei diesig.

Als Silvio als erster über die fast drei Meter hohe Mauer kletterte, gingen sofort sämtliche Scheinwerfer und die Alarmanlagen an. Die Grenzer riefen »Halt, stehenbleiben!« Kurz darauf eröffneten sie das Feuer auf Silvio. Es fielen acht Schüsse. Carlo hatte von Silvio keinen Laut mehr gehört. Er war total schockiert, sah sich um, stellte fest, daß ihn niemand beobachtete und rannte zurück, um sich zu verstecken. Als er begriff, was passiert war, ging er sofort zu unserem Bruder Gino Proksch. Er wohnte damals in der Wollankstraße 117, Berlin-Pankow. So erzählte er uns den Vorgang am ersten Weihnachtsfeiertag.

Noch in der selben Nacht gegen 1.30 Uhr erschien mein Bruder Gino mit seiner Frau Gabi bei uns. Wir konnten es alle nicht fassen, waren total verstört und sehr, sehr traurig. Ob sich das alles wirklich bestätigen würde? Zunächst passierte nichts. Niemand kam zu unseren Eltern oder zu den Geschwistern. Da wir keinen Rat wußten, wie wir uns verhalten sollten, kamen wir täglich zusammen, berieten, wie wir uns verhalten sollten, wenn die Stasi kommt.

Am 28. Dezember 1983 gab eine meiner Schwestern bei der Kripo in Berlin-Pankow eine Vermißtenanzeige auf. Irgend etwas mußte doch passieren, denn es waren drei Tage vergangen. Auch danach passierte noch nichts! Erst am 20. Januar 1984 um 8.50 Uhr wurde ich von zwei Männern in Zivil, die sich als Kriminalbeamte auswiesen, von der Arbeit abgeholt. Sie sagten, sie brauchten meine Aussage zur »Klärung eines Sachverhaltes«. Die Männer fuhren in einem Trabant mit mir ins Polizeipräsidium Kleibelstraße am Alexanderplatz. Ich wurde in die sechste Etage gebracht. Es werde nicht lange dauern, sagte man. Ein anderer Kriminalbeamter empfing mich. Er nannte seinen Namen nicht, obwohl ich ihn danach fragte. Er sagte, das tue hier nichts zur Sache und die Fragen stelle er.

Das war meine erste symbolische Backpfeife. Dann fragte er mich, ob ich mir denken könne, wo mein Bruder Silvio sei. Trotzig antwortete ich, vermutlich sei er am 25. Dezember 1983 an der Mauer am Bürgerpark in Pankow bei einem Fluchtversuch erschossen worden, denn seitdem fehle von ihm jede Spur. Der Beamte machte mir klar, obwohl wir durch unseren Bruder Carlo wußten, was vorgefallen war, daß an diesem Tag keine Grenzverletzung stattgefunden habe. Es gäbe weder einen Toten Silvio Proksch noch einen Verletzten.

Die Vernehmung dauerte einen ganzen Tag. Ich bekam nichts zu trinken und auch nichts zu essen. Meine Gedanken kreisten immer um unseren Sohn und meinen Mann. Ich fragte mich, ob ich hier wohl je wieder rauskommen würde. Während der Vernehmung kam das Gespräch auch auf meinen Sohn. Fragen wie: Ob er in der Schule sei, ob er einen eigenen Wohnungsschlüssel habe, machten mich stutzig. Ich dachte an mein Kind und sagte, sie werden doch nicht auch Kinder damit reinziehen wollen. Nein, ich brauchte mir keine Gedanken zu machen.

Es waren schreckliche Stunden für mich. Immer wieder bekam ich einen Weinkrampf. Das Protokoll wurde neun Seiten lang, obwohl »nichts passiert war«. Um 18.50 Uhr sagte man mir, jetzt könne ich nach Hause gehen, aber ich brauchte nicht mit der Bahn zu fahren, mein Mann warte unten auf mich.

Als wir uns sahen, stellte ich fest, daß auch er sehr schlecht aussah. Von ihm erfuhr ich, daß er seit 8 Uhr im selben Haus in der selben Etage genau so lange verhört worden war wie ich. Zutiefst erschüttert dachten wir sofort an unseren Jungen.

Als wir gegen 19.30 Uhr zu Hause ankamen, kam uns unser Sohn auf der menschenleeren dunklen Straße verweint entgegen. Er habe Angst gehabt und sei nicht nach Hause gegangen, da er kein Licht in den Fenstern gesehen habe. Zwei Kriminalbeamte waren bei ihm in der Schule gewesen. Immer wieder hätten sie gefragt, ob er wisse, wo sein Onkel Silvio sei. Immer wieder habe er mit nein geantwortet, er habe ihn schon lange nicht mehr gesehen. Doch er wußte ja von uns, was am ersten Weihnachtsfeiertag geschehen war.

Danach holten sie noch weitere Familienmitglieder zum Verhör. Wir wußten alle, daß wir jedesmal von der Stasi verhört wurden. Jedem von uns sagten sie das gleiche. Es gibt keinen Toten Silvio, es gab auch keine Grenzverletzung.

Von da an mußten wir unsere Nachforschungen unterlassen. Man drohte uns, wir sollten keine Gerüchte in die Welt setzen, wir würden uns der Staatsverleumdung schuldig machen. Wir hatten immer Angst.

In der Zwischenzeit erfuhren wir von einer Tante meines Mannes, die bei der Sparkasse tätig ist, daß am 14. Januar 1984 das Konto von Silvio mit der Begründung gelöscht wurde: »Silvio Proksch am 24. Januar 1984 ungesetzlich verzogen.« Dann erfuhren wir noch, daß sein ganzes Geld, Gehalt und Ersparnisse, zum Magistrat von Berlin, Abteilung Finanzen, Sektor Treuhandvermögen, 1020 Berlin, Klosterstr. 59, ging. Wir konnten nichts machen, sonst hätte die Stasi uns eingesperrt.

Dann kam der 9. November 1989, der Fall der Mauer. Es waren fast sechs Jahre vergangen. Unsere Eltern waren bereits verstorben. Dennoch war mein erster Gedanke, daß wir jetzt bald erfahren könnten, was damals aus Silvio geworden ist.

Am 15. Dezember 1989 stellte ich einen Suchantrag bei der Kripo nach meinem Bruder Silvio. Am 8. Januar 1990 erhielt ich Antwort. Nachforschungen erbrachten kein Ergebnis. Zum Zwecke weiterer Überprüfungen sollte ich nähere Angaben zum Tatort schriftlich machen. Das tat ich auch und schickte den Brief an folgende Adresse: Generalstaatsanwalt der DDR, 1040 Berlin, Hermann-Matern-Str. 33/34, Staatsanwalt Herr Heistermann.

Am 26. März 1990 kam wieder ein Brief von Herrn Heistermann: Die Überprüfungen in der hiesigen Dienststelle hätten wieder nichts erbracht, er sende meine Unterlagen an den Generalstaatsanwalt von Berlin, von dort solle ich meinen Bescheid abwarten. Am 8. Mai 1990 bekam ich die Antwort: Die Überprüfungen erbrachten auch dort nichts. Aus diesem Grunde habe er die Sache zur weiteren Prüfung als Vermißtenanzeige an das Kreiskriminalamt Berlin-Pankow übergeben. (Name des Staatsanwaltes Herr Prause).

Am 1. Juni 1990 hatte ich eine Vorladung bei der Kripo in Pankow. Dort erfuhr ich erstmals etwas mehr, zum Beispiel, daß unsere Vermißtenanzeige vom 28. Dezember 1983 bereits am 6. Januar 1984 dem Staatssicherheitsdienst übergeben worden sei, daß die Kripo Pankow sich beim Ministerium des Inneren erkundigt habe, ob Silvio überhaupt aus der Staatsbürgerschaft der DDR entlassen wurde. Antwort: Nein. Außerdem, daß mein Bruder Carlo zwei Monate bei der Stasi inhaftiert war, er selbst durfte ja nie darüber sprechen.

Am 19. Juni 1990 erhielt ich von der Kripo Pankow Bescheid: Zur weiteren Veranlassung wird der Sachverhalt dem Militärstaatsanwalt von Berlin, Siegfried-Widera-Str. 82–90, Berlin 1157, übergeben.

Da ich in der Zwischenzeit, vom 9. bis 23. Juni 1990, in Urlaub war, bekam ich vom Militärstaatsanwalt zwei Vorladungen. Am 27. Juni 1990 ging ich dann zum Militärstaatsanwalt. An diesem Tag wurde alles noch einmal zu Protokoll genommen.

Am 24. August 1990 erfuhr ich vom Militärstaatsanwalt, was sich am 25. Dezember 1983 ereignet hatte: Silvio wurde von vier Schüssen in den Unterleib getroffen und ist daran verblutet. Seine Leiche wurde ins VP-Krankenhaus Scharnhorststraße gebracht. Am 26. Dezember 1983 wurde der Leichnam von der Stasi gegen 22 Uhr dort abgeholt und ins militärgerichtsmedizinische Institut nach Bad Sarow gebracht. Seit dem 30. Dezember 1983 ist die Leiche meines Bruders Silvio spurlos verschwunden. Silvio ist in keinem Sterberegister der ehemaligen DDR eingetragen. Meine Vermutung dazu, die Stasi hat ihn irgendwo in einem Krematorium verbrannt.

Am 15. Oktober 1990 machte ich eine Anzeige gegen Erich Honecker wegen Totschlags an meinem Bruder Silvio Proksch.

Tod des Michael Schmidt

»Front- und Gefechtsdienst im Frieden«. So hieß der DDR-Grenzdienst vor der Wende. Den Umgang mit der Waffe regelten Dienstvorschriften über den Schußwaffengebrauch. Darin stand zwar nie der Begriff »Schießbefehl«. In der Praxis mußte jedoch auf Personen geschossen werden, die der Aufforderung des Grenzpostens nicht Folge leisteten und versuchten, »die Staatsgrenze zu durchbrechen«.

Zu ihnen gehörte auch der Zimmermann Michael Schmidt aus dem Kreis Bernau. Auch der Tod dieses bis zur Wende unbekannt erschossenen Mauerflüchtlings nahe der Pankower Wollankstraße wird Honecker angelastet. Am 1. Dezember 1984 erschossen die beiden Grenzsoldaten, Postenführer Unteroffizier Udo Walter und Posten Soldat Uwe Hapke, den gleichaltrigen Michael Schmidt mit drei gezielten Schüssen. Auf dem städtischen Friedhof Berlin-Buch wurde der »Grenzverletzer« begraben.

In der »Geheimen Verschlußsache« Nr. G/733 900 wird das »besondere Vorkommnis« protokolliert. Sein Tod muß sofort eingetreten sein.

Auch diesmal die Ministermeldung. Generalleutnant Klaus-Dieter Baumgarten, seit Juni 1979 Chef der Grenztruppen und Stellvertreter des Ministers für Nationale Verteidigung, Kandidat des Zentralkomitees der Sozialistischen Partei Deutschlands (SED), meldet noch am gleichen Tag seinem Minister für Nationale Verteidigung der DDR, Armeegeneral Heinz Hoffmann, den Tod des Michael Schmidt.

In der preußisch-penibel dokumentierten »Tagesmeldung« der Grenztruppen erfährt man auch, wer zu jener Zeit beim Versuch, die DDR zu verlassen, erwischt und festgenommen wurde: Frank Prudlo, Wolfgang Meißner, Joachim Langer, Roland Winkler und Andre Stegmann. Sie alle können glücklich sein, den Fluchtversuch überlebt zu haben. Die meisten von ihnen mußten ins Gefängnis und wurden später von Bonn freigekauft.

Michael Schmidt ist der 89. Tote an der Berliner Mauer.

**GRENZTRUPPEN
DER DEUTSCHEN DEMOKRATISCHEN REPUBLIK**

Kommando der Grenztruppen

Operativer Diensthabender.

OFIZ

Az: 04 18 12

Geheime Verschlußsache!

GVS-Nr. G/ 733 900

7 .Ausfertigung 6 Blatt

Tagesmeldung Nr. 335 336 / 84 337

für die Zeit vom 29.11.1984 18.00 Uhr bis 02.12.1984 18.00 Uhr

und Sofortmeldungen bis 03.12.1984 04.00 Uhr

I, Handlungen gegnerischer Kräfte an der Staatsgrenze der DDR und im Grenzgebiet zur BRD und zu BERLIN (WEST)

Einweisungen von Militärpersonen

Einheit / TT	Ort	wer
II. - I./GR-24	Zufahrtsstr.	1/40 Angeh. d. BGS
II./ GR-23	- " -	1/50 Angeh. d. brit. Armee

Betreten des Hoheitsgebietes der DDR durch Militärpersonen

TT	Fälle / Personen	wer
GR-44	1 / 1	Angeh. d. US-Armee

	GKN	GKS	GKM
Betreten des Hoheitsgebietes der DDR	3/6	2/4	11/17
Auff. zur FF, Hetze, Beschimpfen	1/1	2/2	16/20
Allgemeine Kontaktversuche	-	2/4	7/13
Bewerfen des Hoheitsgebietes der DDR	-	-	12/23
Einweisungen von Zivilpersonen	13/465	19/835	373/14690

GR-23 KALBE/MILDE   GÜSt MARIENBORN

Am 30.11.1984, in der Zeit von 12.37 bis 20.30 Uhr, erfolgte
an der Kontrollstelle HELMSTEDT/BRD eine verstärkte Kontrolle
auf dem Parkplatz sozialistischer Länder in der Einreise
DDR-BRD. Durch ca. 30 Angehörige des BGS, GZD und 6 Personen
in Zivil wurden die Kontrollmaßnahmen durchgeführt. Ab 16.30 Uhr
wurde der Handlungsort mittels eines auf einen Hänger montierten
Scheinwerfers ausgeleuchtet. Gegen 21.14 Uhr erfolgte die Rückfahrt
der Angehörigen des BGS in Richtung Hinterland der BRD.

27

II. Lage an der Staatsgrenze der DDR

1. Ergebnisse der Grenzsicherung

(2) Festnahmen durch die Grenztruppen wegen VGDB

GR-33 BERLIN-TREPTOW   SiA-II, 2. GK

Am 01.12.1984, 03.18 Uhr, Festnahme des

        S c h m i d t , Michael-Horst
        geb. am: 20.10.1964
        wohnhaft: SCHWANEBECK, Fichtestr. 5, Kr. BERNAU
        Beruf: Zimmermann

durch GT der DDR, Postenführer Unteroffizier
W a l t e r , Udo, Posten Soldat H a p k e , Uwe im
Abschnitt 400 m nordwestlich Wollankstraße, Stadtbezirk
BERLIN-PANKOW mit Anwendung der Schußwaffe und Verletzung
des Grenzverletzers.
Der Grenzverletzer bewegte sich aus Richtung Schulzestraße
zur Hinterlandsicherungsmauer, überwandt diese mittels
einer Holzleiter. Mit einer weiteren Holzleiter bewegte er
sich weiter, überwandt den Grenzsignalzaun, welcher auslöste,
bewegte sich weiter in Richtung Grenzmauer.
Der Grenzverletzer wurde beim Überwinden der Hinterlandsicherungsmauer durch den 200 m entfernt auf einem B-Turm
eingesetzten Grenzposten festgestellt. Es erfolgte Anruf
und Warnschuß, worauf der Grenzverletzer sein Tempo erhöhte,
daraufhin wurde gezieltes Feuer geschossen.
Nach leisten der Ersten Hilfe erfolgte der Abtransport
des Grenzverletzers 04.11 Uhr zum VP-Krankenhaus.
Gegner: Seit 03.40 Uhr wurde eine Streife der WB-Polizei,
        1 Streife des Grenzzolldienstes und 2 Angehörige
        der französischen Armee auf dem Podest gegenüber
        dem Handlungsort festgestellt.

(4) Festnahmen durch die anderen Schutz- und Sicherheitsorgane
wegen VGDB

GR-6 SCHÖNBERG   I. GB SELMSDORF   SiA-II SELMSDORF

Am 29.11.1984, 13.45 Uhr, Festnahme des

        P r u d l o , Frank
        geb. am: 29.03.1958
        wohnhaft: BERLIN MITTE, Linienstr. 58/59
        Krankenwagenfahrer, Charité BERLIN

und des

M e i ß n e r , Wolfgang
geb. am: 01.04.1960
wohnhaft: AHLBECK, Dünenstr. 55
Nebenwohnung: BERLIN, WEISSENSEE, Streustraße 03
Bauschlosser bei der Bauschlosserei
Günter Adelshof

durch Kräfte der DVP am KP HEUENHAGEN, Kreis GREVESMÜHLEN.
Die Annäherung erfolgte mit PKW WARTBURG 311 über ROSTOCK
(Übernachtung in einem Hotel), WISMAR, KLÜTZ, ELMENHORST,
BROOK dort Feststellung der Grenzsicherungsanlagen der
Grenzbrigade KÜSTE, weiter über KALKHORST bis Festnahmeort.
Der Grenzdurchbruch nach der BRD sollte im Raum SELMSDORF
erfolgen.
Motiv: Beide sind mit den sozialen Verhältnissen in der
        DDR nicht einverstanden.

GR-1 MÜHLHAUSEN   III. GD HERDA   GIA X UNTERSUHL
Am 01.12.1984, 17.07 Uhr, Festnahme des
        L a n g e r , Joachim
        geb. am: 30.10.1954
        wohnhaft: EISENACH, Alexander-Puschkin-Str
                   115 - 117,
        beschäftigt bei der GHG Täglicher Bedarf in
        EISENACH,
        vorbestraft gemäß § 213,
durch Kräfte der Trapo versteckt in einer Toilette des
Personenzuges EISENACH, GERSTUNGEN.
Der Täter, der im Oktober 1982 mit der gleichen Methode
anfiel, beabsichtigte die Staatsgrenze zur BRD im Raum
UNTERSUHL zu durchbrechen.
Motiv: unbekannt.

GR-10 PLAUEN   II. GD GÜTTENGRÜN   GAb VII GUTENFÜRST
Am 01.12.1984, gegen 12.00 Uhr, Festnahme des
        W i n k l e r , Roland
        geb. am: 11.05.1936
        wohnhaft: LEIPZIG, Leuchstädter Str. 21
        mehrfach vorbestraft,
        war 1982 an der GÜSt GUTENFÜRST gemäß § 213
        angefallen,
durch Kräfte der Trapo im Personenzug STENDAL, SALZWEDEL.
Der Täter, der umherreiste und keiner geregelten Arbeit
nachging, gab an, die Staatsgrenze zur BRD im Bereich der
GÜSt GUTENFÜRST durchbrechen zu wollen.
Motiv: Erwartung besserer Lebensbedingungen in der BRD.

GR-33 BERLIN-TREPTOW
Am 01.12.1984, gegen 20.30 Uhr, Festnahme des

S t e g m a n n , Andre
geb. am: 21.12.1956
wohnhaft: HALLE
Arbeiter im VEB Schlachthof HALLE
vorbestraft, Antragsteller

durch die DVP im Abschnitt REICHSTAGSUFER, BERLIN-MITTE,
außerhalb des Grenzgebietes. Die Vernehmung bestätigte den
Versuch des Grenzdurchbruches in Richtung BERLIN (WEST).
Motiv: Will zur Verlobten nach HAMBURG.

2. Ergebnisse der Grenzüberwachung

(2) Festnahmen durch die anderen Schutz- und Sicherheitsorgane
wegen versuchten und vollendeten Grenzübertritt

GA zur CSSR   I. GUA SCHÖNBERG
Am 30.11.1984, 00.30 Uhr, Festnahme des

F r i t z , Andre
geb. am: 12.04.1967
wohnhaft: SCHWEDT, W.-Pieck-Str. 40
Produktionsarbeiter, Schuhfabrik SCHWEDT

und des

S c h e i l , Frank
geb. am: 29.03.1968
wohnhaft: SCHWEDT, W.-Pieck-Str. 48
(Lehrlingswohnheim)
Baufacharbeiterlehrling, VEB BMK Industriebau
SCHWEDT

auf Hinweis von Bahnpersonal durch Kräfte der Trpo auf dem
Bahnhof PLAUEN, Kreis PLAUEN.
Beide führen vom Heimatort mit der DR bis PLAUEN.
Geplanter Grenzübertritt DDR - CSSR im Abschnitt BAD ELSTER,
Kreis OELSNITZ, mit Ziel BRD.
Motiv: Schwierigkeiten auf der Arbeitsstelle.

30

3. Vorkommnisse an den Grenzübergangsstellen

GÜSt STAAKEN / Straße

Am 30.11.1984, 12.59 Uhr, erfolgte die Anforderung der DMH, da bei der Ausreise DDR – BERLIN (WEST) einer BRD-Reisegruppe der BRD-Bürger Traulsen, Johannes, geb. am 05.12.1926, aus KRONSHAGEN, nach dem Erbrechen blau anlief und seine Ehefrau einen Herzanfall vermutete. Um 13.15 Uhr traf der zuständige Bereitschaftsarzt ein und stellte eine Magenverstimmung fest. Nach leisten der notwendigen Hilfe konnte der Reisebus mit der versorgten Person um 13.20 Uhr die Reise nach BERLIN (WEST) fortsetzen.

GÜSt NEUGERSDORF

Am 01.12.1984, von 17.00 bis 19.30 Uhr, Unterbrechung des grenzüberschreitenden Verkehrs durch Organe der ČSSR infolge Stromausfall. Nach Wiederherstellung der Energieversorgung wurde die Sperrung aufgehoben.

4. Vorkommnisse im Grenzgebiet der DDR

GR-23 KALBE / MILDE

Am 30.11.1984, 10.20 Uhr, informierte das VPKA KALBE/MILDE über die Durchfahrt eines MVM Fahrzeuges mit der Nr. 29 und zwei uniformierten Insassen im Stadtgebiet KALBE/MILDE in Richtung WERNSTEDT, Kreis KALBE/MILDE um 09.39 Uhr mit der Vorbeifahrt am Objekt des GR-23.

III. Lage in den Grenztruppen der DDR

GR-38 HENNIGSDORF   Kfz.- und Instandsetzungs-Zug

Am 29.11.1984, in der Zeit von 22.30 bis 23.30 Uhr, kam es zu tätlichen Auseinandersetzungen von unbekannten Jugendlichen mit Angehörigen der Grenztruppen der DDR in der Gaststätte des LEW HENNIGSDORF.
Die Soldaten K a a t z , Werner und P h i l l i p p , Frank wurden durch 3 Jugendliche wegen ihrer Zugehörigkeit zu den GT der DDR beschimpft und beleidigt. Auf dem Weg zur Dienststelle, bei der Gaststätte "Hennigsdorfer Hof", wurde der Soldat K a a t z angegriffen und in das Gesicht geschlagen, er erlitt eine Nasenbeinfraktur. Diese Auseinandersetzung wurde durch ca. 15 Jugendliche beobachtet. Untersuchung erfolgt durch den StK T/B in Verbindung mit den zuständigen Organen.
Anzeige wurde erstattet.

31

Hubschrauberstaffel - 16 SALZWEDEL

Am 29.11.1984, 21.45 Uhr, wurde der Gehilfe des OvD
Oberfähnrich C o n s t a n t i n durch den Soldat T h i e l e
Matthias beschimpft und beleidigt, weiterhin tätigte der Soldat
Thiele faschistische Äußerungen und Drohungen gegenüber dem
Ofhnr. C o n s t a n t i n . Der Soldat Thiele wurde aus
disziplinarischen Gründen von MEININGEN nach SALZWEDEL zurück-
kommandiert, während der Fahrt nahm er Alkohol zu sich und
wurde zur Ausnüchterung arretiert.
Er wurde entsprechend Befehl 59/84 des StChS am 30.11.1984
entlassen. Die weitere Bearbeitung erfolgt durch den MStA
des Grenzkommandos NORD.

Kommando der Grenztruppen   FuAZ - 16

Am 01.12.1984, gegen 13.35 Uhr, unverschuldeter Verkehrs-
unfall mit Dienst-Kfz. B 1000, mit Beteiligung des MKF,

        Ofw. K l i n k e , Andreas
              geb. am: 26.02.1959
              Leiter der Werkstatt der FuAZ-16
              GT seit: I./78

Während einer befohlenen Dienstfahrt auf der F 80, zwischen
EISLEBEN und HALLE ohne Personenschaden.
Infolge unangemessener Geschwindigkeit bei starkem Nebel fuhr
der Unfallverursacher S t e i n h a u s e n , Manfred,
wohnhaft in HALLE-NEUSTADT mit Lada, pol. Kennzeichen
VS 97 - 06, auf den verkehrsbedingt haltenden B 1000 auf.
Sachschaden ca. 2.000,- Mark.

                                   Hasse
                                   Oberstleutnant

32

MINISTERRAT
DER DEUTSCHEN DEMOKRATISCHEN REPUBLIK
MINISTERIUM FÜR NATIONALE VERTEIDIGUNG
Stellvertreter des Ministers und Chef der Grenztruppen der DDR

Königs Wusterhausen,
den   01.12.1984
Tgb.-Nr.: 455/84

Minister
für Nationale Verteidigung

Stellvertreter des Ministers
und Chef des Hauptstabes

Ich melde:

Am 01.12.1984, gegen 03.18 Uhr, wurde im Abschnitt 400 m nordwestlich Wollankstraße, ca. 10 m nördlich der Kühnemannbrücke,
Stadtbezirk BERLIN-PANKOW, gegenüberliegender Verwaltungsbezirk
von BERLIN (WEST) WEDDING, Grenzregiment 33 BERLIN-TREPTOW, wegen
Versuch des Grenzdurchbruche Richtung DDR - BERLIN (WEST) ein
Grenzverletzer nach Anwendung der Schußwaffe mit Verletzungen festgenommen.

Bei der Person handelt es sich um
          S c h m i d t , Michael-Horst
          geb. am 20.10.1964 in BERNAU
          Wohnort: SCHWANEBECK, Kreis BERNAU
               Fichtestraße 5.

Der Grenzverletzer näherte sich aus Richtung Schulzestraße der
Hinterlandsicherungsmauer und überwand diese mit Hilfe einer ca.
3,80 m langen Holzleiter. Danach bewegte sich die Person im schnellen
Tempo unter Mitnahme einer weiteren Leiter dem Grenzsignalzaun und
überwand diesen mit Auslösung.

NVA 18725   Ag 117-VIII-1-076 83

33

Der im Abschnitt eingesetzte Grenzposten beobachtete die Handlungen des Grenzverletzers aus einer Entfernung von ca. 200 m, forderte die Person auf stehenzubleiben und gab einen Warnschuß u/o us ab. Der Grenzverletzer reagierte nicht auf den Anruf und Warnschuß.

Bei der Führung gezielten Feuers wurde die Person am linken Knie, an der linken Hüfte und Schulter verletzt.

Nach Leistung der Ersten Hilfe erfolgte die Überführung des Verletzten gegen 04.11 Uhr in das VP-Krankenhaus und die Übergabe an das zuständige Untersuchungsorgan.

Gegen 06.20 Uhr am 01.12.1984 erlag der Grenzverletzer den Verletzungen.

Zum Zeitpunkt des Durchbruchversuchs wurden keine gegnerischen Aktivitäten festgestellt.

Seit 03.40 Uhr führten zwei Angehörige der Schutzpolizei BERLIN (WEST), zwei Angehörige des Grenzzolldienstes und zwei Angehörige der französischen Armee Beobachtung.

Es ist nicht auszuschließen, daß gedeckt handelnde gegnerische Kräfte die Anwendung der Schußwaffe beobachteten und Projektile auf Westberliner Gebiet auftrafen.

Der betreffende Grenzabschnitt wird verstärkt gesichert.

Die Untersuchung erfolgt in Verantwortlichkeit des Kommandeurs des Grenzkommandos MITTE im Zusammenwirken mit der Spezialkommission der Bezirksverwaltung des Ministeriums für Staatssicherheit BERLIN.

Ich bitte um Kenntnisnahme.

Baumgarten
Generalleutnant

Horst Schmidt

Kaltblütiger Mord

Michael war unser Jüngster. Er war von klein auf immer ein ruhiger Junge, fast unauffällig. Schon früh zeigte er eine Vorliebe für Bastelarbeiten, besaß eine große praktische Veranlagung. Er erlernte den Beruf eines Zimmermannes. Sein Lehrbetrieb war der VEB Baureparaturen Pankow. Er verrichtete im Verlauf seiner Tätigkeit auch Arbeiten innerhalb des Sperrgebietes in der Schulzestraße in der Nähe des S-Bahnhofs Wollankstraße. Niemand konnte damals ahnen, welch unheilvolle Rolle das einmal spielen sollte.

Michael war mit den Verhältnissen in der DDR so unzufrieden wie viele andere auch. Das änderte sich schlagartig nach einer Diensttauglichkeitsuntersuchung im Wehrkreiskommando Bernau. Er sollte unbedingt drei Jahre ableisten und wurde deswegen mehrfach vorgeladen. Er weigerte sich immer wieder. Schließlich wurde er gefragt, ob er auch bereit sei, an der Staatsgrenze seinen Dienst abzuleisten. Michael hielt nie mit seiner Meinung hinter dem Berg und so antwortete er, daß er nicht daran denke, unbewaffneten Leuten in den Rücken zu schießen. Der Offizier, ein Oberstleutnant, bekam daraufhin einen regelrechten Wutanfall und warf ihn praktisch hinaus. Von diesem Zeitpunkt an steigerte sich Michaels Unzufriedenheit mit dem Staat DDR zu blankem Haß. Wir versuchten vergeblich, ihn zu beruhigen, sagten ihm, daß Brüllerei nun einmal zu jeder Armee der Welt gehöre, und er käme ja nun mit Sicherheit nicht an die Grenze. Sein älterer Bruder leistete gerade seine »18 Monate« bei einer Einheit der Transportpolizei in Eisenhüttenstadt ab. Ihn baten wir inständig, in Anwesenheit von Michael das Armeeleben nur in den rosigsten Farben zu schildern und sich aller Schauergeschichten zu enthalten. Aber es war nichts zu machen, der Riß war nicht mehr zu heilen.

Unglücklicherweise begann Anfang 1984 die erste große Ausreisewelle. Fast täglich erschienen im Fernsehen Berichte aus den Auffanglagern. Wir merkten, daß sich die Idee »Ausreiseantrag« langsam, aber sicher in Michaels Gehirn festsetzte. Wir versuchten, ihm das auszureden, wiesen auf die hohe Arbeitslosigkeit im Baugewerbe hin, auf die Schikanen der Behörden gegenüber Ausreisewilligen usw. Heute glaube ich, daß wir einen Fehler gemacht haben. Dieser Fehler ist natürlich zu verstehen, wir mußten ja damit rechnen, unseren Jungen viele Jahre nicht mehr zu sehen. Die Wende war zu diesem Zeitpunkt auch vom größten Optimisten nicht vorauszusehen. Das Ost-West-Verhältnis war gerade 1984 sehr stark abgekühlt, sogar Olympische Spiele wurden boykottiert, Gorbatschow war leider noch nicht an der Macht. Im Herbst wurde klar, daß Michael mit dem Ausreiseantrag ernst machte. Wir versuchten wiederum, ihn umzustimmen. Wir wollten auch nicht, daß unserem anderen Sohn, der gerade mit einem Chemiestudium begonnen hatte, Nachteile erwachsen könnten. Deshalb baten wir Michael, noch ein bis zwei Jahre mit dem Ausreiseantrag zu warten. Er schien mit diesem Vorschlag einverstanden. So viel zur Vorgeschichte.

Der Vorabend des Tages, an dem Michael einen furchtbaren Tod finden sollte, war ein normaler Freitagabend. Michael wollte etwas unternehmen. Er ging zu einer Disco in einem Jugendclub in der Pankower Grabbeallee, von den Jugendlichen »Grabbelkiste« genannt. In dieser Disco muß sich dann irgend etwas abgespielt haben, was das furchtbare Ereignis ausgelöst hat. Michael muß irgendwie in Panik geraten sein. Der Grund liegt bis heute völlig im dunkeln.

Am nächsten Morgen wurde ich von meiner Frau bereits um sieben Uhr geweckt. Sie sagte mir, Michael wäre nicht nach Hause gekommen und in den Nachrichten hätten sie von einem Grenzzwischenfall mit wahrscheinlich tödlichem Ausgang in der Nähe des S-Bahnhofs Wollankstraße berichtet. Michael habe doch mal an dieser Stelle im Grenzgebiet gearbeitet. Ich versuchte, sie zu beruhigen. Ich konnte mir wirklich nicht vorstellen, daß Michael eine solche Verzweiflungstat begehen würde. Trotzdem durchsuchte ich sein Zimmer nach einem eventuell vorhandenen Abschiedsbrief. Ich sah unter alle Schränke, sah sogar ins Batteriefach des Stereorecorders, hörte die im Recorder befindliche Kassette ab, kein Hinweis. Im Gegenteil, ich fand 500,– Mark, die er am gleichen Tag von der Sparkasse geholt hatte. Wer stellt sich in der Sparkasse an, wenn er am gleichen Tag »abhauen« will, fragte ich mich. Es konnte nicht sein.

Der Vormittag verging, und wir warteten. Ich hatte noch eine längere Reparatur an meinem Auto und merkte, daß meine innere Unruhe immer größer wurde. Meine Frau war bereits völlig verzweifelt. Nach dem Mittagessen entschloß ich mich, zum Volkspolizeikreisamt (VPKA) Bernau zu fahren. Am Sonnabend war nur ein Wachhabender anwesend. Ich teilte ihm mit, daß unser Sohn von der Disco nicht nach Hause gekommen sei und fragte, ob eine Meldung über einen Unfall oder ähnliches vorläge. Er verneinte und fragte nach dem Alter. Als ich es mit zwanzig Jahren angab, lachte er mich fast aus. Etwas beruhigt zog ich wieder ab.

Inzwischen fuhr ich zu meiner Tochter und teilte ihr unsere Besorgnis mit. Auch sie beruhigte mich.

Nebenher las ich noch die Grußadresse Erich Honeckers an die Grenztruppen anläßlich des »Tages der Grenztruppen«. Da wird ein Mensch ermordet, und ein Staatschef dankt den Mördern für ihren »vorbildlichen Einsatz«. Was sind Kommunisten doch für Menschen!

Die Nacht zum Sonntag verbrachten meine Frau und ich so gut wie schlaflos. Am nächsten Morgen gleich wieder zum VPKA Bernau. Die gleichen Antworten. (Nun machen Sie sich man keine Sorgen. Ein Zwanzigjähriger kann doch auf sich aufpassen. Bleiben Sie mal ganz ruhig!) Ich fuhr zu einigen Krankenhäusern (Bernau, Zepernick, Pankow), fragte dort nach eingelieferten Verletzten, nach Besinnungslosen ohne Papier oder ähnliches. Diese Bemühungen waren natürlich unsinnig, zumal meine Frau bereits dort angerufen hatte. Angst kann einen Menschen regelrecht um den Verstand bringen. Ich fuhr sogar an den Ort des Geschehens, in die Schulzstraße. Alles war ruhig, nichts deutete darauf hin, daß hier vor dreißig Stunden ein Mensch ermordet worden war. Ein junges Mädchen kam fröhlich aus einem Haus im Sperrgebiet gelaufen und setzte sich zu ihrem Freund ins Auto. Ein alter Mann ging mit seinem Hund spazieren. War hier wirklich vor kurzem ein Mensch gestorben, und war der Tote vielleicht mein Sohn? Träumte ich das Ganze?

Am nächsten Tag war das VPKA wieder regulär geöffnet. Ich verlangte, einen Mitarbeiter der Kripo zu sprechen. Es erschien eine Kommissarin, sehr höflich, sehr freundlich. Ich trug ihr den Fall vor. Wieder beruhigende Worte. Jetzt fragte ich einfach drauflos, ob mein Sohn in den Zwischenfall an der Mauer vom Sonnabend verwickelt sein könne. Sie sah mich strafend an. Ich solle nicht allen Gerüchten Glauben schenken, die von westlichen Medien ausgestreut würden, um Unruhe unter die Bevölkerung zu bringen. Aber sie wolle zu meiner Beruhigung den »Verbindungsoffizier Grenze« befragen. Sie verschwand für zwanzig Minuten, kam zurück und sagte, daß es sich bei dem Zwischenfall am Sonnabend um eine völlig harmlose Angelegenheit gehandelt habe. Westliche Medien hätten daraus einen »Mordfall« gemacht, um die Grenztruppen der DDR in Verruf zu bringen. Die in diese Sache verwickelte Person sei überhaupt nicht aus dem Kreis Bernau, und ich könne völlig beruhigt sein. Und ich war wirklich etwas beruhigt.

Jetzt drängte ich aber auf eine Vermißtenanzeige. Man versuchte mich abzuwimmeln, aber ich gab nicht nach. Ich brachte alle erforderlichen Unterlagen bei, Fotos usw. Die Kripo setzte die Fahndung in Gang. Man versprach mir, mich sogar mitten in der Nacht zu benachrichtigen.

Zu Hause hatte ich alle Mühe, meine Frau zu beruhigen. Sie war bereits völlig aufgelöst und weinte ununterbrochen. Inzwischen hatte sich die Nachricht vom Verschwinden Michaels in unserer Siedlung herumgesprochen. Ein junges Mädchen aus der Nachbarschaft erschien bei uns und erzählte etwas sehr Beunruhigendes. Sie war am Freitag abend ebenfalls in der »Grabbelkiste« gewesen. Ihr war aufgefallen, daß Michael, der sonst nur wenig trank, ganz schön angeheitert war. Außerdem habe er mit ein paar »Typen« am Tisch gesessen und dauernd wäre von Ausreiseantrag und ähnlichem die Rede gewesen. Diese Geschichte gab mir sehr zu denken. Meine Unruhe nahm erheblich zu.

Am nächsten Tag, inzwischen war Dienstag, ging ich zu unserer Ärztin, um mich krankschreiben zu lassen. Ich fühlte mich nicht in der Lage, Programme zu schreiben. Es war mir unmöglich, mich auf irgend etwas zu konzentrieren. Als ich im Wartezimmer saß, erschien plötzlich ein Herr, klopfte kurz an die Tür des Behandlungszimmers und wurde sofort vorgelassen. Als ich dran war, erfuhr ich von der Ärztin, daß es sich bei dem Herrn um einen Kriminalbeamten des VPKA Bernau gehandelt habe. Er sei wegen der Vermißtenanzeige bei ihr gewesen und hätte einige Unterlagen über Michael benötigt. Die Ärztin zeigte große Anteilnahme, denn sie kannte Michael ja von klein auf. Mir fiel ein Stein vom Herzen. Man suchte ihn. Folglich konnte er der Tote an der Mauer nicht sein. Viel zu spät sollte mir klarwerden, daß Stasi und Kripo ein grausames Spiel mit mir getrieben hatten. Das Erscheinen des Kripo-Mannes zu diesem Zeitpunkt war alles andere als Zufall.

Der Dienstag verging. Wir warteten und warteten, sahen immer wieder die Straße hinunter. Etwa gegen 19 Uhr, ich hatte gerade in meiner Verzweiflung ein paar Schnäpse getrunken, erschienen zwei Herren und stellten sich als Mitarbeiter des Ministeriums für Staatssicherheit vor. Wir fragten sofort nach unserem Sohn. Sie sagten, sie wüßten gar nichts, hätten nur den Auftrag, uns zur Militärstaatsanwaltschaft nach Berlin zu bringen. Meine Frau legte noch schnell einen Zettel mit einer Nachricht unauffällig ab, danach wurden wir mit dem Stasi-Wagen nach Berlin gefahren.

Dort angekommen, wurde zunächst ich alleine in das Büro des Militärstaatsanwalts gebeten. In dem Raum befanden sich zwei Personen. Der eine, ein Mann in einer Marineuniform, stellte sich als Oberster Militärstaatsanwalt vor, der andere als Herr Cras vom MfS. Ich fragte sofort nach meinem Sohn. Meine Frage wurde einfach ignoriert, und es begann ein unsinniges Verhör, dessen Einzelheiten mir entfallen sind. Ich fragte zwischendurch immer wieder nach Michael. Schließlich brach Herr Cras das Verhör ab und erteilte dem Staatsanwalt das Wort. Dieser teilte mir dann mit, daß Michael beim Versuch, die Staatsgrenze der DDR zu durchbrechen, angeschossen worden sei und trotz aller ärztlicher Bemühungen den Tod gefunden habe. Der Grenzsoldat habe praktisch in Notwehr gehandelt. Ich schrie ihn an, ob Michael vielleicht mit Sand geworfen habe, er könne doch mit einer Waffe überhaupt nicht umgehen. Es war klar, das Gefasel von der angeblichen Notwehr sollte nur die Tatsache des kaltblütigen Mordes überdecken. Nebenbei gesagt hatte ich den Eindruck, daß dem Staatsanwalt die Sache irgendwie naheging. Herr Cras hingegen, der mich an Heydrich erinnerte, zeigte keine Regung.

Einen Moment saß ich wie gelähmt, dann stürzte ich zur Tür, um zu meiner Frau zu gelangen, die im Vorzimmer geblieben war. Die beiden versuchten, mich festzuhalten, aber ich riß mich los. Ich weiß nur noch, wie ich schrie: »Michael ist tot, sie haben ihn ermordet.« Es ist mir nicht mehr möglich, den Rest dieses Abends in allen Einzelheiten zu beschreiben. Das ist wie in einem Nebel aus meinem Gedächtnis verschwunden. Furchtbar waren die Momente, in denen ich meiner Tochter, meinem Sohn und meinen Eltern den Tod unseres Jungen mitteilen mußte. Ihre Schreie und ihr Weinen habe ich heute noch im Ohr.

Allmählich wurde mir klar, welch furchtbares Spiel man mit uns getrieben hatte. Volle vier Tage hatte man uns hingehalten, hatte sogar eine scheinbare Suchaktion ausgelöst, um uns hinters Licht zu führen.

Unser »Stasi-Betreuer« war offensichtlich bemüht, die Beerdigung so schnell wie möglich zu »erledigen«. Er bestellte uns gleich am nächsten Tag ins Gebäude der Staatsanwaltschaft. Zuerst erhielten wir Verhaltensmaßregeln. Wir sollten jedem »Gerücht« energisch entgegentreten. Notfalls sollten wir uns an ihn wenden. Er würde »Gerüchtemacher« zum Schweigen bringen. Für den Fall, daß Einzelheiten in den westlichen Medien erschienen, drohte er uns Konsequenzen an. Es könne dann unserem Sohn Roland das Studium unmöglich gemacht werden, außerdem würden alle Kontakte zu unseren Westverwandten unterbunden. Auch verbot er eigene Ermittlungen. Ansonsten war die Stasi von unglaublicher Hilfsbereitschaft, was mich mit großem Mißtrauen erfüllte. Herr Cras betonte immer wieder, was wir für eine geachtete Familie wären. Er bedauere zutiefst diesen Vorfall. Wiederholt sagte er, daß das MfS auf die sonst obligatorische Haussuchung verzichtet habe. Er bot uns an, die gesamte Beerdigung zu organisieren, sogar einen Pfarrer beliebiger Konfession wollte er besorgen. Meinen Vater, der in West-Berlin wohnte, wollte er mit einem Krankenwagen von der Grenze abholen lassen. Interessanterweise wußte er, daß mein Vater schwer gehbehindert war. Ich lehnte natürlich all diese Angebote ab. Der bloße Gedanke, meinen Jungen von einem Stasi-Pfarrer beerdigen zu lassen, verursachte mir Übelkeit. Auch materielle Hilfe wurde uns angeboten. Herr Cras fragte, ob wir Probleme mit der Kohlebeschaffung hätten oder Sorgen mit Autoersatzteilen. Er könne alles kurzfristig besorgen. Ich lehnte auch das ab. Lieber hätten wir im Kalten gesessen, als uns von der Stasi Kohlen besorgen zu lassen.

Die Suche nach einem Pfarrer war zuerst schwierig. Wir hatten unsere Kinder nicht taufen lassen. Der erste Pfarrer, den wir ansprachen, ließ uns abblitzen. Darauf gingen wir zum Pfarrer von Zepernick, Herrn Natho. Ihm erzählten wir, wie Michael ums Leben gekommen war. Er erwies sich als wahrer Christ und erklärte sich bereit, unseren Jungen zu beerdigen. Wir sind diesem Mann zu großer Dankbarkeit verpflichtet.

Es folgten furchtbare Tage. Meine Frau hatte manchmal einen solchen Ausdruck in den Augen, daß ich regelrecht Angst bekam. In meinem Inneren tobte ein harter Kampf. Ich glaube heute, daß ich manchmal kurz vor dem Wahnsinn war. So spielte ich mit dem Gedanken, das Wehrkreiskommando Bernau mit einem Molotow-Cocktail in Brand zu setzen, ging sogar schon an dem Gebäude vorbei, um »Maß zu nehmen«. Dabei sah ich, daß in dem Haus auch noch Familien wohnten und verwarf den Gedanken glücklicherweise. Mir kamen abwechselnd Mord- und Selbstmordgedanken. Monate-, wenn nicht gar jahrelang genügte der Anblick von Grenzsoldaten (ich nannte sie im stillen die »grüne SS«), um mich in einen Zustand wahnsinniger Wut zu bringen.

Allmählich siegte die Vernunft. Mir war klar, daß ich alles tun mußte, meine Familie vor weiterem Schaden zu bewahren. Aber meine Kräfte waren fast am Ende. Ich merkte es einmal deutlich, als plötzlich beim Laufen meine Knie so weich wurden, daß ich fast gestürzt wäre. Mir wurde nicht etwa schwarz vor Augen, die Beine versagten einfach ihren Dienst.

Michaels Beerdigung fand am Montag, dem 10. Dezember 1984, statt. Auf der Fahrt zum Friedhof waren wir unter ständiger Bewachung. Schon in unmittelbarer Nähe unseres Hauses patrouillierte ein Offizier der Bereitschaftspolizei, bewaffnet mit Kalaschnikow und Funkgerät. Unterwegs zum Friedhof noch zwei Polizeiposten. Auf dem Friedhof selbst sah man noch mehrere auffällig unauffällige Herren. Das schlimmste war, auch Herr Cras vom MfS nahm – gewissermaßen als Trauergast verkleidet – an der Beerdigung teil. Er hatte es vorher angekündigt. Ich versuchte, ihn davon abzubringen, aber er ließ nicht mit sich reden. Er hatte eine Stasi-Dame mitgebracht, die wohl seine Ehefrau darstellen sollte. Die Dame hatte sogar Tränen in den Augen. Ich bin mir nicht sicher, ob sie ein wenig Schauspielunterricht genossen hatte oder echt betroffen war. Ich hätte vor Trauer und Wut laut schreien mögen. Mein guter Junge, der keiner Fliege etwas zuleide tun konnte, der immer anständig durchs Leben gegangen war, der sich standhaft geweigert hatte, für die SED-Clique zum Mörder zu werden, wurde wie ein Schwerverbrecher unter Polizeiaufsicht zu Grabe getragen. Konnte es ein ungerechteres Schicksal überhaupt geben?

Meine Hauptsorge auf der Beerdigung galt meiner Frau. Sie weinte ohne Unterbrechung seit dem frühen Morgen, und ich glaubte manchmal, sie würde zusammenbrechen. Es war ein furchtbarer Moment, als der Sarg mit unserem Michael in die Erde gesenkt wurde.

Außer einigen guten Freunden von uns waren auch Michaels Arbeitskollegen vollzählig erschienen, was für sie ein Nachspiel hatte. Zunächst wurden sie auf der Rückfahrt von Stasi-Wagen bis zu ihren Wohnungen verfolgt. Einige Tage darauf wurde der Brigadier gemaßregelt. Das Erscheinen der ganzen Brigade wäre eine Provokation gewesen. Was für ein Staat!

Es gäbe noch vieles zu berichten, wie wir zum Beispiel von einem Bungalow aus beschattet wurden, wie Herr Cras uns noch mehrmals unter irgendwelchen Vorwänden besuchte. Von unseren Kindern und guten Freunden wurden wir nach Kräften unterstützt. Aber den Kampf gegen die Resignation, gegen die Selbstmordgedanken mußte jeder alleine durchstehen. Bei meiner Frau machte sich die nervliche Belastung besonders bemerkbar. Sie glaubte oft Schritte oder das Knarren einer Tür im Hause zu hören. Es war manchmal ganz schlimm.

Ich erholte mich sehr langsam. Nach etwa einem Monat versuchte ich wieder zu arbeiten, mußte mich aber nach wenigen Tagen wieder krankschreiben lassen. Die Nerven machten noch nicht mit, ich konnte mich nicht konzentrieren. Erst nach einem weiteren Monat wurde es besser. Noch nach mehreren Jahren hatte ich so meine miesen Tage, an denen mir ein zügiges Arbeiten ungeheuer schwerfiel. Es ergaben sich auch immer wieder neue Belastungen. Da feierte die SED-Clique den 25. Jahrestag des Mauerbaus mit großem Pomp und Jubel, oder man hörte von erneuten Grenzzwischenfällen mit tödlichen Folgen. Aber auch vom Westen kamen Tiefschläge. Der schlimmste war die Forderung der SPD und Grünen nach Schließung der Erfassungsstelle Salzgitter. Die Existenz dieser Erfassungsstelle war für uns der einzige Hoffnungsschimmer, daß die Morde an der Mauer jemals aufgeklärt und die Täter ihrer Bestrafung zugeführt werden könnten. Parteien, die sich demokratisch nennen, forderten die Auflösung. Ich begreife das bis heute nicht.

Die Wende begrüßten wir längst nicht mit der Begeisterung, wie das ohne Michaels tragischen Tod gewesen wäre. Ich mußte immer wieder daran denken, daß nur etwa zweihundert Meter von der Stelle, wo Michael die Kugeln seines Mörders ereilt hatten, jetzt ein Grenzübergang war, den jeder einfach so passieren konnte. Oft stand ich vor dem Denkmal, das man für ihn an der Nordbahnstraße errichtet hatte, und ich dachte an seinen furchtbaren Tod und daran, wie viele meist junge Menschen an dieser verfluchten Mauer sterben mußten, damit eine Bande verkommener Bonzen sich möglichst lange auf den Stühlen festhalten konnte.

Ich höre manchmal, daß es Menschen gibt, die sich die Mauer zurückwünschen, weil es ihnen doch nicht so gut geht, wie sie sich das vorgestellt hatten. Sie mögen, bevor sie einen solchen Unsinn daherreden, an das grausame Schicksal derer denken, die an diesem Bauwerk ihr Leben lassen mußten. Ihr Opfertod trug auch dazu bei, daß die Schandmauer eines Tages fallen konnte.

Tod des Michael Bittner

Die Anwendung der Schußwaffe an Mauer und Grenze wurde im Mai 1982 in einem neuen Gesetz geregelt. Einstimmig nahm die DDR-Volkskammer die Neuregelung an. Danach durfte auf Menschen nur geschossen werden, um sie an einer Straftat zu hindern, die sich als Verbrechen darstellt. Ein »Verbrechen« im Sinne des DDR-Strafgesetzes konnte auch der »ungesetzliche Grenzübertritt« sein. Das wurde den Grenzsoldaten eingeschärft. Sie mußten lernen, wie sie sich im Ernstfall zu verhalten hatten: Anruf »Halt, stehenbleiben«, Warnschuß, Zielschuß. Ganze achtzehn Sekunden Zeit – so ein ehemaliger Grenzsoldat – bis zum Todesschuß.

Bis zur Wende galt er als »Unbekannter Flüchtling, erschossen am 24. November 1986 beim Überklettern der Mauer um 1.30 Uhr«. Ein Holzkreuz – neuerdings mit einem Mauerelement versehen – erinnert in Frohnau an den Tod des Michael Bittner. Auch sein Sterben an der Mauer wird Honecker im Strafbefehl der Berliner Justiz zur Last gelegt.

Der fünfundzwanzigjährige Ostberliner Maurer hatte damals einen Ausreiseantrag gestellt, der abgelehnt wurde. Das war vermutlich der Hauptgrund für Michaels Fluchtversuch. Die Staatssicherheit vertuschte jahrelang seinen Tod, den die Grenzsoldaten bereits am 24. November 1986 protokolliert hatten. Das »S« in seinem Namen ist ein Schreibfehler. Mutter Irmgard Bittner wäre die glücklichste Frau der Welt, wenn tatsächlich eine Verwechslung vorliegen würde, an die sie so lange glaubte.

In jenen Novembertagen, als Michael sterben mußte, wurden acht Flüchtlinge festgenommen. Auch sie hätten um ein Haar den Tod gefunden. Glückliche Umstände retteten ihr Leben. Wie sehr die Grenzsoldaten auf Schießen eingestellt waren, zeigt »die Anwendung der Schußwaffe auf ein Wildschwein« in der gleichen Tagesmeldung: Geräusche, Schatten, keine Antwort auf Anruf. Dann blieb nur der gezielte Schuß.

Michael Bittner ist der 92. Mauertote, erschossen von den Grenzsoldaten Britzke und Nelde.

Michael Bittner (geboren 31. 8. 1961), gestorben 24. 11. 1986

**GRENZTRUPPEN
DER DEUTSCHEN DEMOKRATISCHEN REPUBLIK**

Kommando der Grenztruppen

Operativer Diensthabender

Geheime Verschlußsache!

GVS-Nr. G/ 736439
7 .Ausfertigung 5 Blatt

Az: 04 18 12

Tagesmeldung Nr. 326 / 86
327

für die Zeit vom ___21.11.1986___ 18.00 Uhr bis ___23. 11. 1986___ 18.00 Uhr

und Sofortmeldungen bis___ 24. 11; 1986 ___ 04.00.Uhr

I. Handlungen gegnerischer Kräfte an der Staatsgrenze der DDR und im Grenzgebiot der BRD und von BERLIN (WEST)

Einweisung von Militärpersonen

Einheit/TT	Ort	wer
I./GR- 5	Zufahrtsstraße	1/30 Angeh. d. Bundesmarine
I./GR- 3	Zufahrtsstraße	1/20 Angeh. d. BGS
II./GR-10	Zufahrtsstraße	2/110 Angeh. d. US-Armee

Betreten des Hoheitsgebietes der DDR durch Militärpersonen

TT	Fälle/Personen	wer
GR-38	1/4	Angeh. d. franz. Armee

	GKN	GKS	GKM
Betreten d. Hoheitsgebietes d. DDR	-	8/16	11/18
Bewerfen d. Hoheitsgebietes d. DDR	-	-	3/5
Auff. FF. Hetze, Beschimpfen	1/1	-	8/17
Allgemeine Kontaktversuche	1/1	1/1	2/3
Einweisung von Zivilpersonen	6/210	15/480	190/6837

Beschädigung von Grenzsäulen

GR-24   GAs V   Nr. 461

Staatsemblem entfernt

11 92 Ag 117-VIII-1-085-81

43

GR-38 HENNIGSDORF   SiA III   3. GK

Am 24. 11. 1986, 01. 19 Uhr, Festnahme des   *E. B/Hner*

  S i t t n e r , Michael
  geb.: 21. 08. 1961
  wohnh.: BERLIN-ROSENTHAL,
   Friedrich-Engelsstraße 48

durch einen Grenzposten der 3. GK im Abschnitt 50 m nördlich der
LINDENSTRASSE, GLIENICKE-NORDBAHN, Krs. ORANIENBURG.
Der GV hatte sich unter Ausnutzung der Grundstücke nördlich der
LINDENSTRASSE angenähert, die Hinterlandsicherungsmauer mit Signal-
teil unter Nutzung einer 3 m langen Leiter mit Auslösung überstiegen
Seit ca. 02.15 Uhr wurden gegenüber dem Ereignisort gegnerische
Kräfte festgestellt.
Untersuchungen durch eine Kommission unter Leitung des K-GKM in
Verbindung mit der Spezialkommission MfS (Siehe Sonderbericht
Tgb.-Nr.: 529/86)

(4) Festnahmen durch die anderen SSO

GR-9   , MEININGEN   I.GB RÖMHILD   1. GK SCHWICKERSHAUSEN

Am 22. 11. 1986, gegen 00.10 Uhr, Festnahme des

  K o c h , Olaf
  geb.: 20. 11. 1968
  wohnh.: APOLDA
  Maurerlehrling im VEB Baureparaturen APOLDA

durch Kräfte der Trapo im P-9029 (SUHL-MEININGEN) zwischen den
Orten DIETZHAUSEN und ROHR/Krs. SUHL.
Der Täter hatte die Absicht, im Raum MEININGEN die Staatsgrenze
zur BRD zu durchbrechen.
Motiv: Probleme im Elternhaus, Erwartung besonderer Lebensbedingunge
  in der BRD

GR-15   SONNEBERG   I. GB SCHALKAU   2. GK SONNEBERG/HÖNBACH

Am 22. 11. 1986, gegen 19.30 Uhr, Festnahme des

  W i n n e , Peter
  geb.: 31. 10. 1958, geb. S c h u l z
  wohnh. BERLIN, Schönholzerstraße 03
  Dispatcher bei der BVB
  geschieden
  war von I./78 bis II./79 AGT in der 2./GR-15

und der

  R o p p i n , Petra
  geb. 12. 03. 1964
  wohnh. BERLIN-WEISSENSEE, Rennbahnstraße 130
  Straßenbahnfahrerin bei der BVB
  verheiratet;

GR-36   BERLIN-RUMMELSBURG   GÜSt FRIEDRICH-/ZIMMERSTRASSE

Am 22. 11. 1986, von 10.30 Uhr bis 16. 10 Uhr, hielt sich vor der
GÜSt auf dem Gebeit BERLIN (WEST) ein männlicher Demonstrativ-
täter, ca. 25 Jahre alt, auf.
Er führte ein Hetzplakat mit der Aufschrift mit:

   "Die Menschlichkeit des DDR-Sozialismus? Mein Bruder
   Andre Engelhardt heiratet dieses Wochenende in Leipzig.
   Mir hat man die Einreise verweigert."

Die Handlungen wurden dokumentiert.

GR-42   KLEIN MACHNOW   SiA III   3. GK

Am 23. 11. 1986, von 12.59 Uhr bis 13.01 Uhr, Verletzung des
Hoheitsgebietes der DDR durch eine ca. 30jährige männliche
Person im Abschnitt ca. 2000 m nordostwärts HEINERSDORF, Kreis
ZOSSEN, in einer Tiefe von 8 m.
Der Provokateur bestieg die Grenzmauer mittels einer Leiter und
befestigte ein Plakat (50 x 50 cm) an der Grenzmauer mit der Auf-
schrift: "Kommt rüber".
Dokumentation wurde gefertigt.
Weitere Maßnahmen durch zuständige Organe

II. Lage an der Staatsgrenze der DDR

1. Ergebnisse der Grenzsicherung

(2) Festnahme durch die Grenztruppen VGDB

GR-35   BERLIN-NIEDERSCHÖNHAUSEN   SiA III

Am 23. 11. 1986, gegen 01.02 Uhr, Festnahme des

   K ü h n , Tino
   geb. 28. 07. 1966
   wohnh.: LEIPZIG

und des

   M i c h e l , Mike
   geb.: 16. 05. 1966
   wohnh.: LEIPZIG

durch den Grenzaufklärer Fähnrich H e c h t f i s c h (allein, ohne
Diensthund) im Grenzgebiet Kleingartenanlage BORNHOLM-I/BERLIN-
PRENZLAUER BERG.
Die Täter hatten die Absicht, im Abschnitt der Kleingartenanlage
die Staatsgrenze nach BERLIN (WEST) zu durchbrechen.
Die nachfolgende Überprüfung der Kleingartenanlage wurde um 02.03 Uh
ohne weitere Feststellungen abgeschlossen.

durch Kräfte der Trapo im Zug SAALFELD-SONNEBERG, kurz vor dem Bahnhof LAUSCHA, Krs. NEUHAUS a. RENNWEG,. Von LAUSCHA sollte die weitere Annäherung zu Fuß erfolgen.
Die GV beabsichtigten, die Staatsgrenze zur BRD im Abschnitt SONNEBERG/HÖNBACH zu durchbrechen.
Motiv: W. Verärgerung über ungenügenden Wohnraum
       R. Persönliche Konflikte aufgrund bevorstehender Scheidung

GR-36   BERLIN-RUMMELSBURG   SiA II

Am 23. 11. 1986, gegen 02. 55 Uhr, Festnahme des

        M ü l l e r , Karl-Wolfgang
        geb.: 08. 12. 1953
        wohnh.: BERBURG
                Friedensallee 40
        Schauspieler im Stadttheater DÖBELN

durch Kräfte der DVP am SCHIFFBAUER DAMM, Stadtbezirk BERLIN-MITTE. Der GV beabsichtigte, die Staatsgrenze zu BERLIN (WEST) im Bereich SCHIFFBAUER DAMM zu durchbrechen.
Motiv: Ist mit den gesellschaftlichen Verhältnissen in der DDR nicht einverstanden

GR-33   BERLIN-TREPTOW   .   GÜSt SONNENALLEE

Am 22. 11. 1986, gegen 22.25 Uhr, Festnahme des

        W e r n e c k e , Michael
        geb.: 07. 04. 1953
        wohnh.: BERLIN
                HANDJERYSTRASSE 39
        Schleifer im VEB MLBK BERLIN
        geschieden

durch Kräfte der PKW an der GÜSt SONNENALLEE.
Der GV versuchte im Vorkontrollraum einen Posten der PKE zu umlaufen.
Motiv: Streit)mit der Freundin

2. Ergebnisse der Grenzüberwachung

(2) Festnahmen durch die anderen SSO

GA zur CSSR   II. GUA KLINGENTHAL

Am 22. 11. 1986, gegen 15.10 Uhr, Festnahme des

        T h o m a s , Uwe
        geb.: 19. 11. 1968
        wohnh.: 5801 GOTHA
        Gärtnerlehrling in der LPG Gemüseproduktion GOTHA

durch Kräfte der Trapo auf dem Hbhf ZWICKAU.

Der Täter hatte die Absicht, im Raum KLINGENTHAL die Staatsgrenze
DDR-CSSR ungesetzlich zu überschreiten mit dem Ziel, über die CSSR
in die BRD zu gelangen.
Motiv: Schwierigkeiten auf der Arbeitsstelle.

4. Vorkommnisse im Grenzgebiet der DDR

GR-23   KALBE/MILDE   II. GB MARIENBORN   5. GK SCHWANEFELD

Am 22. 11. 1986, gegen 05.55 Uhr, erfolgte durch den

        Gefr. Z i m m e r m a n n , Roland
        geb.: 03. 05. 1962
        MKF/PF/MPi-Schütze
        AGT seit 02. 11. 1985

die Anwendung der Schußwaffe im Grenzdienst auf ein Wildschwein.
Nach Beziehen eines befohlnen Abschnittes stellte Gefr. Zimmermann
(PF), eingesetzt auf Höhe der GSä 702, in einem Kuschelgelände
in einer Entfernung von ca. 50 m Geräusche und einen Schatten fest.
Nach erfolgtem Anruf bewegte sich der Schatten weiter in Richtung
Staatsgrenze. Durch Gefr. Zimmermann wurden ein Warnschuß und zwei
Schuß gezieltes Feuer abgegeben. Infolge der weiteren Bewegung konnte
der Schatten eindeutig als Wildschwein erkannt werden.
Im Ergebnis der Überprüfung durch den StKSC/II./GR-23 wird einge-
schätzt, daß die Anwendung der Schußwaffe aufgrund der Gelände- und
Sichtverhältnisse gerechtfertigt war.

III. Lage in den Grenztruppen der DDR

Es wurden keine Vorkommnisse gemeldet.

                        Klose
                        Oberetleutnant

MINISTERRAT
DER DEUTSCHEN DEMOKRATISCHEN REPUBLIK
MINISTERIUM FÜR NATIONALE VERTEIDIGUNG
Stellvertreter des Ministers
und Chef der Grenztruppen der DDR

Königs Wusterhausen,
den 24. 11. 1986
Tgb.-Nr.: 529/86
Az.-Nr. 5582, Bl. 13-15

Minister
für Nationale Verteidigung

Stellvertreter des Ministers
und Chef des Hauptstabes

Werter Genosse Minister!

Werter Genosse Generaloberst!

Ich melde:

Am 24. November 1986, gegen 01.19 Uhr erfolgte 50 Meter nördlich
der LINDENSTRASSE, GLIENICKE/NORDBAHN, Kreis ORANIENBURG,
Bezirk POTSDAM, GR-38, HENNIGSDORF, gegenüberliegender Verwaltungsbezirk von BERLIN (WEST), REINICKENDORF die Festnahme des

        S i t t n e r , Michael
        geb.: 21. 08. 1961
        wohnhaft: BERLIN-ROSTENTHAL
               Friedrich-Engels-Str. 48

nach Anwendung der Schußwaffe mit Verletzung.
Der Täter hatte sich unter Ausnutzung der Grundstücke nördlich
der LINDENSTRASSE der Hinterlandsicherungsmauer unter Mit-
führung einer 3 Meter langen Leiter genähert, und diese bei
gleichzeitiger Auslösung eines Signalteiles überstiegen. Trotz
Warnschuß durch den ca. 160 Meter entfernt auf dem Kolonnenweg
eingesetzten Grenzposten, überwand der Täter den ca. 20 Meter
breiten Geländestreifen mit der Leiter bis zum vorderen Sperrelement in hohem Tempo.
Der Grenzposten führte 31 Schuß gezieltes Feuer und verletzte
den Sittner.

NVA 1872j

Ag 117-VIII-1-119 82

48

Mit Unterstützung einer zusätzlich eingesetzten Alarmgruppe wurde
der Täter 3 Meter freundwärts der Grenzmauer geborgen. Nach verlassen des Grenzgebietes wurde Erste Hilfe erwiesen. Der Täter
verstarb an den Folgen seiner Verletzung gegen 01.30 Uhr.
Es ist nicht auszuschließen, daß Bürger aus BERLIN (WEST) die
Bergung des Täters beobachteten.

Sei dem 24. November 1986, 02.15 Uhr hielten sich ca. 30 Angehörige
der Schutzpolizei von BERLIN (WEST), der Französischen Feld-
gendarmerie sowie Zivilpersonen mit Beleuchtungs- und Aufnahme-
technik gegenüber dem Tatort auf.

Sittner wurde am 24. November 1986, 04.00 Uhr zur Militär-
medizinischen Akademie BAD SAAROW überführt.

Die Untersuchung des Vorkommnisses erfolgt in Verantwortlichkeit
des Kommandeure des Grenzkommandos MITTE in Zusammenarbeit mit
der Spezialkommission der BV MfS POTSDAM.

Ich bitte um Kenntnisnahme.

Anlage   Baumgarten
                                 Generalleutnant

49

Irmgard Bittner

Eine unglaubliche Geschichte

Über das Schicksal meines Sohnes Michael will ich hier berichten, so wie ich mich nach viereinhalb Jahren an alles erinnern kann:

Michael, geboren am 31. August 1961, war – wie man später sagte – ein Mauerkind. Er war ein ganz normales aufgewecktes Kind, der Zweitgeborene von vier Geschwistern. Seiner acht Jahre jüngeren Schwester war er sehr zugetan. In der Schule gab es Ärger wegen seiner geringen Leistungen und Aufmerksamkeit. Dumm war er zwar nicht, aber fleißig zu lernen war ihm ein Greuel. Das brachte ihm nicht gerade die Sympathie der Lehrer ein.

In der Maurerlehre zeigte sich Michael pünktlich, fleißig und ausdauernd, was ihm beim Um- und Ausbau unseres Einfamilienhauses sehr von Nutzen war. Hier schaffte er mit viel Ehrgeiz und Können bis zum Umfallen. Seinen Einberufungsbefehl konnte ich gerade noch in der Schürzentasche verschwinden lassen, als Michael mit seinem »Facharbeiter« nach Hause kam. Er sollte dies unbeschwert feiern. Wußte ich doch, wie verhaßt ihm die Armee war. Und richtig, er entwickelte mit seiner Liebe zur Gerechtigkeit sehr viel Eigensinn. Besonders gegenüber seinen Vorgesetzten, die Michael dies sehr übelnahmen und ihn schikanierten, wo sie nur konnten. Bei geringfügigen Anlässen wanderte Michael gleich in den Bau. Was aber nicht seinen Willen brechen konnte. Es war eine Kraftprobe, bei der er, wie konnte es auch anders sein, den kürzeren zog. Ausgangsverbot und Urlaubssperre waren die Folgen. Michael war trotz allem ein sehr sensibler Mensch, was er aber vor anderen sorgfältig verbarg. So entging es mir nicht in seinen Briefen (auch wenn es zwischen den Zeilen stand), wie ihm zumute war. Ich schrieb Michael so oft wie möglich und versuchte, so gut es ging, ihn zu unterstützen, ihn aufzumuntern, ihn zum Durchhalten zu bewegen, immer nach der Devise: Es geht alles vorüber, es geht alles vorbei. Wir hakten gemeinsam die Tage ab, die ihm bis zur Entlassung verblieben. So oft es ging, schickte ich Kuchen und Süßigkeiten, die Michael so gerne aß. Als es endlich soweit war, und Michael wieder zu Hause sein konnte, dachte ich glücklich, er habe alles gut überstanden. Leider lag ich da ganz schief. Michael hatte sich in den eineinhalb Jahren sehr verändert, still und in sich gekehrt, irgendwie geduckt und immer auf dem Sprung vor einer Reserve-Einberufung, die dann auch nach der vorgeschriebenen Zeit prompt kam. Michael ignorierte den »Wisch« und steckte alles in den

Ofen. Zu dieser Zeit war er sehr mit dem Hausbau beschäftigt. Um die Bauerlaubnis zu bekommen, mußten wir tüchtig »Männchen machen«. Man schnitt uns wie unmündige Kinder. Die Herren von der Partei hatten ja das Sagen. Michael reagierte darauf mit einem Ausreiseantrag, zumal gerade wieder eine Reserve-Einberufung ins Haus geflattert war. Wir sprachen zu dieser Zeit noch offen über seine Entscheidung auszureisen. Damals versuchte ich alles, um ihn von diesem Schritt abzuhalten. Mit Vernunft, mit Liebe. Ich machte Michael klar, wie einsam er dort wäre, ohne Familie und Freunde.

Wochenlang diskutierten wir im Kreise der Familie, ohne Ergebnis. Michael schaltete auf stur und blieb dabei. Er fühlte sich eingeengt, entmündigt, überwacht und immer wieder von den Behörden gegängelt und schikaniert. Nicht zuletzt das Gespenst, die Armee, im Rücken. Da ich meinen Sohn Michael kannte, wußte ich, was er sich vorgenommen hatte, wurde auch ausgeführt. Mein Betteln und Bitten halfen nicht. Sein Wahlspruch war: »Ein Indianer kennt keinen Schmerz.« Insgeheim hoffte ich, man würde einen fleißigen jungen Menschen nie ausreisen lassen. Die Lunte war also gelegt. Ich saß mit meinen Gefühlen auf einem Pulverfaß. Es war nur eine Frage der Zeit.

Was alles wird an Mühe und Liebe für ein Kind aufgewandt? Was hatte ich nicht alles für Michael getan? Jetzt wollte er alles wie ein paar alte Schuhe wegwerfen. Das ging mir nicht in den Kopf, zumal Michael das Haus inzwischen fertig gemauert hatte. Wir hätten alle darin Platz gehabt. Es war ja nun, dank Michaels Leistungen, ein Zweifamilienhaus. Bitterkeit wegen seiner Entscheidung befiel mich. All das war ihm seine Freiheit wert. Nichts hatte er sich gegönnt. Jeden Pfennig umgedreht, jede Entbehrung auf sich genommen. Alles für dieses Haus. Seit seiner Rückkehr aus der Armee hatte mir Micha alle Entscheidungen um das Haus und somit auch die Sorgen genommen. Ich war nicht mehr für alles verantwortlich seit dem Tode seines Vaters, der mit dreißig Jahren starb. Michael war damals gerade sechs Jahre alt gewesen. Nun würde wieder alles an mir hängenbleiben.

Michaels Ausreiseantrag lief schon zwei Jahre. Man verschaukelte ihn von Monat zu Monat mit leerem Gewäsch. Aus der Bibliothek holte sich Michael einschlägige Literatur über seine Rechte zur Ausreise. Er argumentierte mit den Leuten im Pankower Rathaus, meines Wissens Stasi-Leute. Als diese keine Argumente mehr zur Hand hatten, ließen sie sich andere »linke Dinger« einfallen, so Michaels Rede. Man bestellte ihn zum Termin, der längst verfallen war. Es kamen Briefe mit unvollständigen Adressen, also mit dem Vermerk, nicht zustellbar.

Etwa zu dieser Zeit hatte es Michael verstanden, sich stetig und gezielt mir gegenüber zurückzuziehen. Ich sehe das heute so, daß bei ihm der Plan gereift war: Wenn nicht legal, dann illegal raus! Er sagte, er hätte sich lange genug von den »Roten Socken« verschaukeln lassen. Mit »Rote Sokken« meinte Michael die Stasi. Um nicht mit mir, seiner Mutter, sprechen zu müssen, igelte er sich ein, wurde stiller, schweigsamer, ging mir aus dem Weg. Vertraute Gespräche fanden nicht mehr statt. Obwohl wir unter einem Dach lebten, entfernten wir uns voneinander. Michael entwickelte jetzt (inzwischen war es Oktober 1986 geworden) rege Aktivitäten, die ich zwar wahrnahm, aber mit denen ich nichts anfangen konnte. Er lieh sich von seinem Bruder Gerd das Fernglas und war dann stundenlang mit seinem Moped unterwegs. Wohin, erfuhr ich erst viel zu spät, als Michael diesen, seinen letzten Schritt getan hatte. Er fuhr die Grenzen zwischen Rosenthal und Glienicke ab, um eine geeignete, günstige Stelle zu finden, die seinen Plänen entsprach. Von all seinen Aktivitäten wußte sein Klassenkamerad Andreas, der fleißig mit von der Partie war, aber nicht die Absicht hatte, Michael auf diesem Weg zu begleiten. Andreas wurde zum 1. November einberufen. Bis dahin hatten sie manch fröhliches Gelage gehalten, um seinen Abschied zu feiern. Nicht ahnend, daß es Michaels Abschied für immer war. Spärlich wurde ich über Gerd oder Mario informiert, wie Michas Chancen standen, ausreisen zu können. Ich freute mich, dumm wie ich war, wenn er wieder eine Absage erhielt. Zu seinen Brüdern sagte er: »Kein Wort zu Mutter, wenn es soweit ist. Die ist imstande und hält mich noch fest!« In der Tat, ich wäre ihm nachgerannt, meinem Micha, und hätte ihn nicht mehr losgelassen.

Nun war mittlerweile der 21. November 1986. Ich hatte einen Termin mit dem Kühlmonteur. Es war Freitag. Ich hatte Nachtschicht und wollte gerade aufstehen, da klopfte Michael an meine Zimmertür. Er sagte, der Monteur wäre da. Das waren seine letzten Worte an mich. Ich sah ihn dann noch ein letztes Mal. Er ging feingemacht und gut duftend an mir vorbei. Er sah mich an, als wollte er mir noch etwas sagen, was er sich dann doch noch in letzter Minute überlegt hat. Seinen Blick werde ich zeit meines Lebens nie vergessen. Es war ein stummes Lebewohl für immer.

22. November 1986. Michael fuhr zu seinem Bruder Mario und bestellte ihn unter einem läppischen Vorwand nach Rosenthal, ins Elternhaus. 23. November 1986. Mario kam am Sonntag, wo sein Bruder ihm die Hiobsbotschaft von seiner angeblichen offiziellen Ausreise mitteilte. Auf Marios Frage, wann?, eierte Micha herum, redete von Papierkram erledigen, was ihm Mario, der ein Jahr Jüngere, alles bedingungslos glaubte und schluckte. Auch mußte er wie immer versichern, Mutter nichts zu sagen. Irgendwie, so dachte Mario im Laufe seiner Nachtschicht, sei Micha merkwürdig gewesen. Da ich auch Nachtschicht hatte, wollte mich Mario in der Druckerei anrufen. An das Versprechen denkend, das er Michael gegeben hatte, unterließ er es dann doch.

Meine Schicht endete um 4 Uhr. Ich traf gegen 5.30 Uhr in Rosenthal ein. Gegen 6.30 Uhr legte ich mich zu Bett. Irgendwie hatte ich das Bedürfnis, nicht eher einzuschlafen, bis Michas Wecker klingelte. Darüber bin ich dann aber doch eingeschlafen. Dieses letzte Mal noch friedlich! Gegen

15 Uhr stand ich auf. Nichtsahnend ging ich in die obere Etage, um meine Blumentöpfe zu gießen. Dies tat ich immer, bevor Micha nach Hause kam. Ich trat ins Zimmer und erstarrte zur Säule. Auf einen Blick erfaßte ich die Situation. Da lag fein säuberlich ein kleiner Schlüssel auf einem Zettel, mit dem Vermerk »Briefkastenschlüssel«. Dies war immer Michaels Aufgabe gewesen, die Post aus dem Kasten zu holen. Die Bilder an den Wänden, die Michaels Lieblingsmotive zeigten (Herbstlandschaft), waren ebenfalls mit Zetteln versehen worden, mit Vornamen der Familienmitglieder. Mir hatte er das Bild zugedacht, das ich immer so schön fand. Auf dem Zettel stand »Mutter«. Dieses alles erfassend, überschlugen sich meine Gedanken. Mein erster vernünftiger Gedanke galt Michaels Kaninchenzucht. Ich rannte runter in den Stall. Die Tiere hatten ihre Näpfe noch voll. Er konnte noch nicht allzulange fort sein.

Wieder in Michaels Räumen, suchte ich verzweifelt nach Anhaltspunkten. Ich fand nichts, keinen Brief mit Aufklärung oder einem Lebewohl. Wenn mein armer Micha geahnt hätte, daß er geradewegs seinen Mördern in die Hände laufen würde, er hätte dieses Haus, das ihm vor allen Unbilden Schutz geboten hat, nie verlassen, um in die Freiheit zu gehen.

Ab dieser Stunde fing für mich ein Martyrium an zwischen Hoffnung und Resignation. Selbstmordgedanken waren an der Tagesordnung.

Jeden Tag, den Gott werden ließ, ist mein Sohn Michael für mich ein bißchen gestorben. Und das dreieinhalb Jahre lang. Meine Hoffnung war ein Wettlauf mit der Zeit. Sie bröckelte beständig. Es war ein Nervenkrieg. Dazu die Belastung der Schichtarbeit, die ich fast fünfundzwanzig Jahre verrichtete. Dazwischen meine Angstträume. Immer und immer wieder die Vorstellungen, wie Michael blutüberströmt, getroffen von Schüssen, sein Leben aushaucht. Die quälenden Gedanken um das Nichtwissen seiner letzten Stunde. Und daß ich, seine Mutter, die ihn ein Leben lang behütet hatte, nichts mehr für ihn tun konnte.

Mit unendlicher Geduld und Mühe habe ich dann mit Unterstützung von vielen Helfern Steinchen um Steinchen zusammengetragen, um Michaels Schicksal nachzuvollziehen. Bis ich im April 1990 offiziell erfuhr, daß Michael am 24. November 1986 an der Mauer erschossen wurde. Geahnt hatte ich es immer. Ich konnte und wollte aber diese Ungeheuerlichkeit nicht glauben. Ich verdrängte immer wieder die Tatsache.

Wir haben jetzt März 1991. Obwohl ich mich mit dem Tod meines Sohnes und der ganzen grausamen Wahrheit fast ein Jahr auseinandersetzen konnte, ist sein Tod bei mir immer noch nicht angekommen. Für Michael gibt es kein Grab und keinen Totenschein. Ich habe auch nicht die Hoffnung auf einen Hinweis. Und doch gibt es Leute, die um seinen Verbleib wissen, die aber schweigen. Denn die Mörder sind unter uns! Ab dem 24. November 1986 bewegte sich das Räderwerk der Stasi, um sorgfältig alle Spuren zu verwischen. Am gleichen Tag wurde im Fernsehen von einem Grenzzwischenfall an der Frohnauer Mauer mit tödlichem Ausgang berichtet. Als ich das hörte, dachte ich, mir bleibt das Herz stehen. Sofort war mein Argwohn alarmiert, der mich bis zur offiziellen Gewißheit über Michas Tod nicht wieder losließ.

Nach der Entdeckung seines Weggangs war damals für mich klar, offiziell ist Micha nicht ausgereist. Irgend etwas mußten wir tun. Aber was? Wir warteten drei Tage. Mario meldete in der Keibelstraße am Alex seinen Bruder als vermißt. Von dort kam er mit dem Bescheid zurück, daß Michael in West-Berlin sei (so die Stasi). Zwischen der DDR und der BRD gäbe es ein Abkommen, nach Vermißten nicht weiter zu suchen. Das machte mich sofort stutzig. Soviel Kooperation zwischen den Staaten ließ mich argwöhnisch werden. Das war zuviel des Guten. Und der Verdacht, daß die unbekannte Person mein Micha war, verhärtete sich. Mein Mann und ich wurden zur Keibelstraße vorgeladen, wo sie uns getrennt sieben Stunden lang verhörten. Das Ergebnis, ein siebzehnseitiges Protokoll. Auf meine Frage, ob der unbekannte Tote in Frohnau mein Sohn sei, sagte man mir, es gäbe keinen Toten an der Mauer. Und überhaupt sei alles nur Westpropaganda. Auf mein wiederholtes Fragen verbot man mir den Mund. Doch die Tatsache, daß die Stasi einfach den Fall abstritt, löste Alarm und Mißtrauen in mir aus. Mit dem Instinkt der Mutter fühlte ich, da stimmt was nicht! Mein Mann wurde dann zum späteren Zeitpunkt noch einmal bestellt. Man attackierte ihn stundenlang wegen seiner Westverwandtschaft. Schwester und Bruder leben dort. Sie deuteten an, diese hätten Michael zur Flucht verholfen. Sie verboten ihm jeden weiteren Kontakt mit den Geschwistern.

Es wurde eine Hausdurchsuchung durchgeführt, wobei man folgende Sachen beschlagnahmte: Briefe, die Michael an mich gerichtet hatte, aus der Armeezeit; sein Sparbuch, Bilder von Michael, eine Handgranatenattrappe. Das Finanzamt wollte sich noch was unter den Nagel reißen aus Michaels Hinterlassenschaft. Seinen Lohn (Abrechnung ca. 500 Mark) mußte sein Arbeitgeber ans Ministerium des Inneren abführen. Auf dem Schreiben, wo das Geld quittiert wurde, frisierte man die Daten kräftig. Nach diesen hatte Michael erst am 17. Dezember 1986 das Territorium der DDR verlassen (so wörtlich). Klarer Fall, es wurde also bewußt vertuscht! Nun begann für mich die Zeit des geduldigen Wartens auf ein Zeichen von Micha. Es konnte ja nichts kommen.

Im Februar 1985 bat ich eine Bekannte, die Invalidenrentnerin war und somit berechtigt, West-Berlin zu besuchen, in meinem Auftrag über Michaels Verbleib Erkundigungen dort einzuziehen. Ohne Erfolg. Nur soviel, Michael war dort nie aufgetaucht. Sein Name fand sich in keiner Liste eines Auffanglagers. Das recherchierte meines Mannes Schwester mit viel Aufwand.

Nachdem zwei Jahre vergangen waren, entschloß ich mich am 16. November 1988, eine Eingabe an Honecker zu verfassen, nicht wissend, daß ich seinen Mörder um Hilfe bitten würde. Eine Antwort auf all meine Fragen blieb aus. Statt dessen ein Termin beim Staatsanwalt Koch im Justizministerium. Das war alles. Das Ganze wurde ein Schuß in den Ofen. Und nebenbei ergaben sich merkwürdige Dinge, woran wir merkten, daß wir bespitzelt wurden. Briefe wurden abgefangen, Telefonate abgehört, was man auch später zugab.

Im Urlaub in Bulgarien lernten wir eine Umsiedlerfamilie kennen, aus Karl-Marx-Stadt. Junge Leute, denen ich von meinem Sohn erzählte und meinen Vermutungen. Diese junge Frau bemühte sich dann sehr um Fakten. Ein Jahr später dann das Ergebnis, ein Schriftstück, in dem man mir mitteilte, daß auch dort nichts weiter rausgekommen sei. Als man mir riet, Rechtsanwalt Dr. Vogel aufzusuchen, ergriff ich auch diese Gelegenheit. Zweimal sprach ich dort vor. Auch Dr. Vogel hatte Nachforschungen angestellt, mit dem Ergebnis, daß Michael weder, so wörtlich, auf dem Territorium der DDR noch in der BRD sei. Meinen Einwand, ob Michael möglicherweise im Ausland sei, hielt er für Utopie. Also, fragte ich, hat sich ein Mensch in Luft aufgelöst. Ein Schulterzucken war die Antwort. Wir fanden das langsam mysteriös, zumal kein Lebenszeichen von Micha kam. Und immer wieder die quälende Frage: Wo, Micha, wo bist du? Meine Hoffnung hielt ich aufrecht. Was ich mir nicht alles einfallen ließ, weshalb er sich nicht melden konnte, war schon ziemlich bizarr. Ich wollte das alles glauben, es hielt mich aufrecht.

1988 mußte ich meinen Schichtdienst aufgeben, weil ich die nervliche Belastung einfach nicht mehr bewältigen konnte. Nachdem uns das Jahr 1990 die Öffnung der Mauer bescherte, gedachte ich unter Tränen, daß mein Micha dies alles nicht mehr erleben konnte, was er sich so sehr gewünscht hatte. Und jetzt noch gibt es mir jedesmal einen Stich, wenn ich über den ehemaligen Todesstreifen gehe. Das beschwört alles wieder herauf. Ich sehe im Geiste wieder und wieder Michas Flucht und erleide immer wieder neue Pein. Diese jahrelange seelische Belastung, fürchtete ich, muß doch mal zu einem Zusammenbruch führen. Aber der Mensch verträgt unendlich viel.

Jetzt, wo die Mauer gefallen war, gab es für uns, so dachten wir, unvorstellbare Möglichkeiten, nach Micha zu suchen. Das vierte Weihnachten ohne Michael war vorüber. Im neuen Jahr zogen Mario und ich los in Richtung Frohnau. Wo, wenn nicht hier, sollten wir unsere Suche beginnen. Wir wollten zum Polizeirevier, was es dort aber nicht gab. Kein Rathaus, was nun? Als wir noch unschlüssig überlegten, fiel mein Blick auf eine Kirche. Nichts wie hin! Wir bekamen den Hinweis von einem Kreuz für einen unbekannten Toten und die Adresse für das Heiligenseer Polizeirevier, was zuständig für Frohnau war. Man fuhr uns dann nach Tempelhof, wo die Akte vom unbekannten Toten lag. Die Beschreibung (von Zeugen) des Toten war für uns nicht eindeutig genug, um glauben zu können, es sei mein Sohn Michael. Außerdem war die Rede von zwei Flüchtlingen.

Was nun weiter? Auf nach Frohnau, zum Ort des Geschehens. In Worte läßt sich nicht fassen, was wir empfanden, als wir mit beklommenem Herzen an den Resten der Mauer standen, mit der Aufschrift: »Mörderturm«! Und wie wir von ungefähr auf ein großes schwarzes Kreuz stießen. Vom unbekannten Toten. Auf der Flucht erschossen, am 24. November 1986. Dieses Kreuz geistert heute noch durch meine Träume. Es ist immer gegenwärtig, was ich auch tue. Ist es doch das einzige, das letzte, was von meinem Sohn geblieben ist. Hier, am Ort des Geschehens, konnten mein Sohn Mario und ich nachempfinden, wie es unserem Micha ergangen ist, als er durch den Todesstreifen hetzte, seine Mörder im Rücken. Und uns, die jetzt hier, ohne daß uns jemand auch nur ein Haar krümmte, gehen und stehen durften, war, als hätte uns jemand vom Galgen geschnitten. Ein Gefühl des Grauens beschlich uns. Wir dachten an die vielen Mauertoten, die keinem was zuleide taten und grausam den Tod erleiden mußten, ohne sich dagegen wehren zu können. Verblutet, verstümmelt, verbrannt, verscharrt und verweht, wie Blätter im Wind.

Wir hatten noch die Kraft, Anwohner zu fragen, die als Zeugen in den Akten standen. Unsere Hoffnung schrumpfte auch hier, aber es blieb ein kleiner Rest. Eindeutiges erfuhren wir nicht.

Inzwischen hatte ich eine Eingabe an den neuen Justizminister Wünsche gemacht. Von dort bekam ich am 17. Januar 1990 einen schwarzumrandeten Brief, so wie man ihn in Trauerfällen zu verschicken pflegt. Vom Ministerium der Justiz mit dem Hinweis, ich bekäme Bescheid vom Militärstaatsanwalt. Dann ein Brief am 15. Februar 1990 aus Salzgitter, mit dem Hinweis auf einen Ermittlungsvorgang der Staatsanwaltschaft beim Landgericht Berlin, Turmstraße, die allerdings nicht als sicher geltenden Erkenntnisse, meinen Sohn Michael betreffend.

Am 13. Februar 1990 dann das Schreiben vom Militärstaatsanwalt aus Königswusterhausen. Er hätte Maßnahmen eingeleitet, um in Besitz des damals angelegten Untersuchungsvorganges zu kommen. Persönlich erschien Herr Militärstaatsanwalt Hase bei uns in Rosenthal, um die Nachricht vom Tod meines Sohnes Michael zu überbringen. Das fiel mit dem Geburtstag meines ältesten Sohnes Gerd zusammen. Da ich zu diesem Zeitpunkt nicht zu Hause war und nur mein Sohn Mario diese Nachricht entgegennahm, wurde mir das einige Tage später nach der Geburtstagsfeier mitgeteilt. Nun war der letzte Faden meiner Hoffnung abgeschnitten, sollte man meinen. Oh, nein, ich gab immer noch nicht auf! Denn inzwischen waren wir auf das Schreiben aus Salzgitter bei der Staatsanwaltschaft in der Turmstraße gewesen, wo man der Sache schon sehr nahe war, aber der I-Punkt eben noch fehlte. Somit hatte ich etwas Zeit, mich seelisch darauf vorzubereiten, was kommen mußte.

Letztlich hoffe ich, daß Michaels Mörder – und die der anderen Opfer – zur Rechenschaft gezogen werden. Ich schreibe mit Absicht »Mörder«, womit ich alle Beteiligten meine, auch die im Hintergrund, das ganze System. Jedem dieser machthungrigen SED-Bonzen, die ihr Süppchen im stillen gekocht haben, sollte man empfindlich auf die schmutzigen Finger klopfen. Wenn das geschehen ist, dann endlich werde ich Ruhe finden. Was irgend ging, habe ich für meinen Sohn getan. Leider waren meine Mittel in der DDR sehr begrenzt. Ich lief dort, im wahrsten Sinne des Wortes, gegen Mauern. Meine Hoffnung liegt jetzt in dem wiedervereinten Deutschland, wo ich besonders darauf hoffe, daß die Bonner Regierung was dazu tun werde und mein Vertrauen nicht noch einmal wie in der DDR mißbraucht wird.

Weil es mir verwehrt wurde, von meinem Sohn Michael Abschied zu nehmen, an seiner letzten Ruhestätte, und weil ich nie dort Blumen niederlegen konnte, so soll dieser Bericht sein Nachruf sein, geschrieben von seiner Mutter, die ihn unendlich liebte. In unseren Herzen wird Michael immer gegenwärtig sein.

Tod des Chris Gueffroy

In der täglichen Vergatterung der Grenzsoldaten hieß es: »Grenzverletzer sind aufzuspüren, festzunehmen und zu vernichten.« Vernichten bedeutete der gezielte Schuß, auch der Todesschuß. 1987 entfiel das Wort »vernichten«. In der Anwendung der Schußwaffe änderte sich allerdings nichts.

Am 5. Februar 1989 fielen an der Berliner Mauer die letzten bekanntgewordenen Todesschüsse. Das Opfer war der zwanzigjährige Chris Gueffroy, der mit seinem Freund Christian Gaudian nach West-Berlin fliehen wollte. Christian wurde schwer verletzt und überlebte. Der Tod von Chris Gueffroy wird Honecker im Haftbefehl angelastet.

In der »Geheimen Verschlußsache« Nr. G/739 022 wurde die mißglückte Flucht erst an vierter Stelle protokolliert. Nicht einmal die Anwendung der Schußwaffe steht im Protokoll. Als ob Todesschüsse im Jahr 1989 verschwiegen werden sollten, ist nichts über tödliche Verletzungen festgehalten. Fest steht allerdings, daß außer Chris Gueffroy niemand zu Tode kam.

Der junge Kellner aus Ost-Berlin könnte noch leben, wenn er etwas mehr Geduld gehabt hätte. Doch niemand auf der Welt ahnte im Februar 1989, daß die Mauer acht Monate später fallen würde.

Chris Gueffroy ist das 94. und letzte Maueropfer, erschossen von den Grenzsoldaten Ingo Heinrich, Peter Schmett und Andreas Kühnpast, auf Befehl von Mike Schmidt.

Chris Gueffroy (geboren 21.6. 1968), gestorben 5.2. 1989

GRENZTRUPPEN
DER DEUTSCHEN DEMOKRATISCHEN REPUBLIK

Kommando der Grenztruppen
– Operativer Diensthabender –

Geheime Verschlußsache!

........./...... Ausfertigung /...7... Blatt

GVS-Nr. G / 739 022
Az.: 04 18 12

Tagesmeldung Nr. 035/036 / 89

für die Zeit vom ......03. 02. 1989..... 18.00 Uhr bis .....05. 02. 1989..... 18.00 Uhr

und Sofortmeldungen bis ....06. 02. 1989...... 04.00 Uhr

I. Handlungen gegnerischer Kräfte an der Staatsgrenze der DDR und im Grenzgebiet der BRD und von BERLIN (WEST)

Einweisung von Militärpersonen

Einheit/TT	Ort	Wer
II./GR-23	Fährturm	1/7 Angeh. d. brit. Armee
GR-36	Reichstagufer	1/46 Angeh. d. franz. Armee

Verletzung der Staatsgrenze durch Militärangehörige

TT	Fälle/Personen	Wer
GR-38	2/8	Angeh. d. franz. Armee

	GKN	GKS	GKM
Betreten d. Hoheitsgebietes d. DDR	1/2	5/12	54/126
Bewerfen d. Hoheitsgebietes d. DDR			6/15
Allg. Kontaktversuche		1/1	1/2
AFF, Hetze, Beschimpfen		2/2	3/7
Einweisung von Personen in Zivil	4/120	4/110	234/8430

II. Lage an der Staatsgrenze der DDR

1. Ergebnisse der Grenzsicherung

(1) Grenzdurchbruch

GR-15 SONNEBERG   I. GB SCHALKAU   4. GK NEUHAUS-
                                              SCHIERSCHNITZ

Am 05. 02. 1989, vermutlich in der Zeit von 21.00 - 24.00 Uhr,
Grenzdurchbruch durch

    Z a p f , Karl-Heinz
    geb.: 26. 09. 1952
    wohnh.: SICHELREUTH, Kreis SONNEBERG, Oerlsdorferstr. 37
    Einrichter im VEB EKS SONNEBERG, BT II, Abt. Zündkerze NEUHAUS-
    SCHIERSCHNITZ

im Abschnitt 1600 m südlich der Ortschaft SICHELREUTH, Kreis
SONNEBERG, ca. 100 m nördlich der GSä. 2359.
Die BdVP SUHL informierte am 06. 02. 1989, um 01.15 Uhr, daß der
Täter bei einem Bürger in NEUHAUS anrief und informierte, daß er in
der BRD in MITWITZ angekommen sei.
Die daraufhin eingeleiteten Überprüfungen führten am 06. 02. 1989,
gegen 04.30 Uhr, zur Feststellung des Grenzdurchbruches.
Der Täter überwand den GSSZ ohne Auslösung am Sperrwerk der FÜRITZ,
in dem er das Türschloß mittels Bolzenschneider aufschnitt.
Das Vorkommnis wird untersucht in Verantwortung des K-GR-15 und in
Zusammenarbeit mit der BV des MfS SUHL.

(2) Festnahmen durch die Grenztruppen wegen VGDb

GR-10 PLAUEN   II. GB GÜTTENGRÜN   9. GK POSSECK

Am 06. 02. 1989, um 00.50 Uhr, Festnahme des

    G ä t h , Rainer
    geb.: 19. 01. 1957
    wohnh.: ELSTERBERG, Kreis GREIZ, Bahnhofstr. 1
    Arbeiter DR, Bhf. ELSTERBERG

durch eingesetzte GP ca. 400 m südostwärts GASSENREUTH, Kreis
OELSNITZ im Schutzstreifen, ca. 200 m entfernt von der Staatsgrenze.
Der Täter löste um 22.41 Uhr den GSSZ II beim Übersteigen aus.
Es wurden um 22.42 Uhr beide AGr. eingesetzt, die sofort um 22.55 Uhr
und 23.02 Uhr die Abriegelung bezogen, nach dem Einsatz von 12 zusätzlichen GP zur Abriegelung und 3 Kontrollstreifen der 9. GK wurde
der Täter um 00.50 Uhr festgenommen.

GR-35 BERLIN NIEDERSCHÖNHAUSEN   GAs II   2. GK

Am 04. 02. 1989, um 13.29 Uhr, Festnahme des

    S t a n k w i t z , Ronald
    geb.: 07. 07. 1961
    wohnh.: FREIBERG, Karl-Kegel-Str. 8
    NW: BERLIN PANKOW, Wilhelmsruh Str. 121
    seit 02. 01. 1989 Heizer im Heizwerk des VEB Bergmann Borsig

und des

    S c h e n k w i t z , Lars-Peter
    geb.: 29. 02. 1964
    wohnh.: FREIBERG, F.-R.-Bredel Weg 1
    gl. Beschäftigung im gl. Betrieb

durch den eingesetzten Grenzposten, Postenturm Heizwerk, im Zusammenwirken mit Angeh. des VP-Betriebsschutzes im Betriebsgelände
des VEB Bergmann Borsig, Stadtbezirk PANKOW. Um 13.23 Uhr stellte
der auf dem ca. 30 m entfernten Beobachtungsturm eingesetzte Grenzposten die Grenzverletzer auf dem Dach der Halle 8 bei dem Versuch
fest, mit Hilfe eines 5,10 m langen Balkens die 4,75 m entfernte
Grenzmauer zu überwinden. Nach Auslösung der Einsatzvariante wurden
die Täter gestellt.
Untersuchung durch eine Kommission unter Leitung des K-GR-35 im ZW
mit der Spezialkommission der BV des MfS BERLIN.

GR-33 BERLIN TREPTOW   4. GK/SiA-II

Am 05. 02. 1989, um 23.40 Uhr, Festnahme des

    G o e f f r o y , Chris
    geb.: 21. 06. 1968
    wohnh.: 1197 BERLIN JOHANNISTHAL, Südostallee 218

und des

    G a u d i a n , Christian
    geb.: 17. 10. 1968
    wohnh.: 1115 BERLIN BUCH, Wolfgang-Heinz-Str. 50

durch eingesetzte GP im Abschnitt ca. 300 m ostwärts der Straße 16
in BERLIN TREPTOW unmittelbar freundwärts des GZ-I.
Die Täter überwanden unerkannt ohne Hilfsmittel die Hinterlandssicherungsmauer und lösten um 23.39 Uhr an dem 5 m entfernten GSZ aus.
Die 200 m ostwärts und 300 m westlich des Tatortes auf dem Kollonnen-
weg eingesetzten GP "Staße 16" und "Britzer Allee" führten sofort
grenztaktische Handlungen durch und nahmen beide GV fest.

Eine Mutter klagt an

Februar 1989. Was wissen Sie über das, was an der Mauer passierte?

Chris und sein Freund Christian haben in der Nacht vom Sonntag zum Montag den Fluchtversuch gewagt. Sie sind über die erste Mauer geklettert, sie sind über diese Freifläche gelaufen oder gerobbt, wie man so schön sagt, wo früher diese Selbstschußanlagen montiert waren, die allerdings schon abmontiert waren. Sie waren am letzten Zaun, dahinter war Kanal. Beide Jungs hatten einen Wurfanker, den sie hochgeworfen hatten, um über den Zaun zu kommen, der gut drei Meter hoch ist. Als sie es gemacht hatten, fielen die ersten Schüsse. Der erste Wurfanker wurde zerschossen, das Seil fiel runter, die beiden Jungs versuchten es mit einer Räuberleiter. Chris war der untere, Christian der obere. Und plötzlich standen auf einmal acht bis zehn um die beiden herum. Und dann fielen Schüsse, und Chris sackte zusammen. Christian hat zuerst gar nichts gemerkt. Dann wurden die Scheinwerfer ausgemacht, um alles abzudecken. Von der westlichen Seite aus sollte nichts zu sehen sein. Die Jungens wurden in einen Graben geworfen, da blieben sie mit einer Plane abgedeckt liegen. Irgendwann später, ich weiß die Zeit nicht, eine halbe Stunde, eine Stunde ungefähr, wurden sie auf einen Wagen geschmissen, abtransportiert – außerhalb der Grenze in einen Krankenwagen umgeladen – und dann ins Polizeikrankenhaus gefahren.

Wann ist Ihr Sohn gestorben?

Das weiß ich nicht. Ich weiß nur, daß ich eine Sterbeurkunde habe, ganz normal ausgefertigt mit Schreibmaschine und Stempel, am 6. Februar 1989 um 9 Uhr 20 in Berlin-Mitte. Mehr weiß ich nicht.

Todesursache?

Nichts, gar nichts, kein Kommentar dazu. Niemand hat mir was gesagt.

Weiß man, wie viele Schüsse ihn getroffen haben?

Das weiß ich nicht genau. Man hat die Unterlagen gefunden, aber ich selber habe sie nicht eingesehen, man hat mir das von der damaligen DDR-Seite verweigert.

Wer ist der Mörder Ihres Sohnes?

Ja, das ist gar nicht so leicht zu beantworten, irgendwo waren es die Schützen und wiederum ist es auch der Staat gewesen, der sich das ausgedacht hat.

Welche Schuld hat Erich Honecker aus Ihrer Sicht?

Erich Honecker hat Schuld in dem Sinne für mich, daß er überhaupt geduldet hat, daß es diese Grenze gibt, daß Menschen da erschossen werden, die in diesem Land nicht leben möchten, und daß er meines Erachtens den Befehl zum Schießen gegeben hat.

Was antworten Sie den Schützen, die sich auf Befehle berufen?

Das ist nicht so einfach für mich. Ich meine, man kann sich nicht immer auf einen Befehl berufen, und schon gar nicht 1989. Ich kenne viele junge Leute, die haben den Befehl verweigert, die haben gesagt: Wenn jemand flüchtet, schießen wir nicht auf Menschen. Sie wurden ins Hinterland versetzt. Ich glaube schon, daß man eine Möglichkeit gehabt hat, das abzulehnen oder eben daneben zu schießen.

Können Sie als Mutter den Schützen verzeihen?

Ich glaube nicht, daß eine Mutter verzeihen kann, wenn ein gleichaltriger Junge ihren Sohn erschießt.

Es gibt Leute die behaupten, wer über die Mauer wollte, war ein Selbstmörder?

Ja, ich habe das gehört, und ich weiß es. Und trotzdem glaube ich, daß diese Menschen alle dazu beigetragen haben, daß dieser Staat irgendwann zu Ende gegangen ist. Denn, wenn diese ganzen Versuche nicht gewesen wären, wäre die Welt nicht aufmerksam geworden. Und die Demonstrationen in Leipzig wären nicht gewesen.

Wie verarbeiten Sie den Tod Ihres Sohnes?

Das ist schwer! Ein Kind zu verlieren – und dann noch auf diese Art und Weise –, ich glaube, das ist das schlimmste, was einer Mutter passieren kann.

Sie haben ihn beerdigen können?

Ja, aber nicht so, wie ich es wollte, denn die Staatssicherheit hat dieses Urnenbegräbnis angeordnet. Und das wollte ich nicht. Ich wollte eine Erdbestattung haben. Aber dem wurde nicht stattgegeben.

Haben Sie Ihren toten Sohn noch einmal gesehen?

Nein.

Was erwarten Sie von der deutschen Justiz?

Ich erwarte einfach Gerechtigkeit, weil – solange die Mauer hoch und fest war – man immer sagen konnte, daß man jene verfolgen und ahnden müsse, die Leute erschossen hätten. Jetzt ist die Grenze offen, jetzt kann man das alles machen. Aber irgendwie habe ich das Gefühl, daß Herrn Honecker nicht allzuviel passieren wird. Jetzt ist er in Moskau, ein Skandal!

Es gibt Menschen, die sagen: Möge doch dieser Kreis in Ruhe gelassen werden.

Diesen in Ruhe lassen! Aber dann würde man ja diese Geschichte nie wieder aufarbeiten. Nein!

Was erwarten Sie?

Ich erwarte, daß diese Straftaten, die an der Mauer begangen worden sind, aufgearbeitet werden, daß man sich nicht dahinter verkriecht und sagt: Ja, das ist einfach zu lange her. Bei manchen 1961 oder 1989, wie es bei Chris gewesen ist.

Chris ist für den ehemaligen Staat DDR nicht existent. Wollen Sie diesen Sachverhalt noch mal darstellen?

Ja, ein Journalist hat rausgefunden, daß Chris weder in der Friedhofsakte existiert noch in der Schule. Sein Name ist überall ausgelöscht.

Solange die Mauer stand und Sie im Westen waren, haben Sie Chris auf dem Friedhof besucht?

Ja.

Jede Woche?

Ja, jedes Wochenende.

Dazu mußten Sie Eintritt bezahlen?

Ja, bis zum Dezember 1989 mußte ich das noch. Ich bin im September 1989 nach West-Berlin ausgereist und ab September bis Dezember mußte ich jeweils 45 Ost-Mark für den Friedhofsbesuch zahlen.

Interview mit der Berliner Justizsenatorin Professorin Dr. Jutta Limbach

Erich Honecker ist nicht mehr in der Ex-DDR, er ist weg, was nun?

Ratlosigkeit und Enttäuschung sind zunächst eingekehrt: Denn uns ist klar, daß die Beschlagnahme des Kontos Honeckers – das sich auf 123 000 DM belaufen soll – nicht als Druckmittel taugt, um seine Rückkehr in die Bundesrepublik zu erzwingen. Durch diesen »Ausflug« Honeckers in die Sowjetunion ist die Situation für die UdSSR noch sehr viel schwieriger geworden, als sie es ohnehin war. Ohne Gesichtsverlust kann sie ihren ehemaligen Statthalter nicht mehr in die Verantwortung der Berliner Justiz überstellen. Insoweit bin ich – obwohl das sonst nicht meine Art ist – recht pessimistisch, ob dieses Verfahren gegen Honecker noch je durchgeführt werden wird.

Das heißt, die Justiz kann jetzt in Urlaub gehen.

Das kann sie nicht; denn wegen der Schüsse an der Mauer wird in über 170 weiteren Verfahren wegen Totschlags und Körperverletzung ermittelt. Es wird möglicherweise Verfahren gegen andere Mitglieder des Politbüros, des Nationalen Verteidigungsrats sowie gegen hohe Militärs geben. Es muß gewissermaßen der Weg der »Kettenanstiftung« von oben nach unten verfolgt werden.

So gilt es den Abstimmungs-Modus im Nationalen Verteidigungsrat zu klären. Weiterhin sind die Militärarchive, vor allem die der Grenztruppen, daraufhin durchzusehen, ob sich in ihnen Anordnungen oder Weisungen hinsichtlich des Schußwaffengebrauchs an der Mauer befinden. Die Kriminalpolizei ist gegenwärtig dabei, Grenzsoldaten zu vernehmen, die an der Mauer geschossen oder das Tatgeschehen beobachtet haben.

Allerdings werden sich nunmehr die Staatsanwaltschaft und die Gerichte vor allem in den Verfahren gegen Grenzsoldaten mit dem Einwand auseinandersetzen müssen, daß einer der Hauptverantwortlichen sich wegen seiner besseren Beziehungen zu einer Großmacht der Strafverfolgung zu entziehen vermochte. Wiederum, so wird es heißen, hängt man nur die Kleinen und läßt die Großen laufen.

Aber es wird nicht mehr gegen Honecker ermittelt?

Doch, es wird weiter gegen ihn ermittelt. Die Staatsanwaltschaft geht davon aus, daß sich Honecker vorübergehend in Moskau zur Krankenbehandlung befindet. Sollte sie von offiziellen sowjetischen Behörden erfahren, daß er nicht mehr nach Deutschland zurückkehrt, würde sie das Verfahren gegen ihn vorläufig einstellen. Sämtliche Beweise gegen ihn müßten aber weiterhin gesichert werden, für den Fall, daß die deutsche Justiz ihn doch noch vor Gericht stellen kann.

Im Haftbefehl, der nicht vollstreckt werden konnte, werden Honecker vier Tote an der Mauer angelastet. Was wird damit geschehen?

In diesen vier Fällen ermittelt gegenwärtig die Kriminalpolizei. Sie fahndet insbesondere nach den Schützen und vernimmt sie, soweit sie ihr bereits bekannt sind.

Wird auch der Chef der Grenztruppe zur Verantwortung gezogen werden?

Ja, es wird auch gegen den Chef des Grenzkommandos Mitte und die Mitglieder des Nationalen Verteidigungsrats ermittelt. Ich habe schon von einer Art »Kettenanstiftung« gesprochen. Es wäre ja einfältig anzunehmen, daß dem Grenzsoldaten etwa das Protokoll des Nationalen Verteidigungsrats mit der Anordnung Honeckers unmittelbar in die Hand gedrückt worden sei. Hier gilt es, den Weg der Anordnung vom Nationalen Verteidigungsrat über die verschiedenen Kommandoebenen bis hin zu den Schützen zu verfolgen. Ich will aber nicht verbergen, daß die Hoffnung der Staatsanwaltschaft hier – in gleicher Weise wie im Fall Honeckers –, auf Schriftliches zu stoßen, nicht gerade groß ist.

Sie rechnen aber nicht damit, daß es beispielsweise zu einem Prozeß gegen Honecker in seiner Abwesenheit kommt?

Nein. Dazu kann es nur kommen, wenn ein Verfahren mit dem Ziel durchgeführt wird, sein Vermögen zu beschlagnahmen oder einzuziehen. Das wäre ein sogenanntes objektives Verfahren. In einem solchen Verfahren kann jedoch Honecker nicht verurteilt werden. Unser Strafprozeßrecht läßt es nicht zu, daß jemand in Abwesenheit verurteilt wird. In dem sogenannten objektiven Verfahren kann nicht nur Beschlagnahme, sondern auch die Einziehung seines Vermögens ausgesprochen werden. Das setzt allerdings voraus, daß er auf rechtswidrige Art und Weise in den Besitz des Vermögens gekommen ist.

Kann man wegen des Totschlags an der Grenze gegen Honecker nichts mehr unternehmen?

Nur im Rahmen eines Strafverfahrens kann man Honecker strafrechtlich zur Verantwortung ziehen.

Was sagen Sie beispielsweise der Mutter von Chris Gueffroy und den Schwestern von Silvio Proksch, die im Jahre 1989 bzw. 1983 an der Mauer erschossen wurden?

Der Mutter von Chris Gueffroy, den Schwestern von Silvio Proksch und den Angehörigen der anderen Opfer werde ich sagen: Die Berliner Strafverfolgungsbehörden haben alles ihrerseits Mögliche getan, um Honecker wegen der Schüsse an der Mauer strafrechtlich zur Verantwortung zu ziehen. Der in dieser Sache ermittelnde Staatsanwalt hat in wenigen Wochen die Protokolle des Nationalen Verteidigungsrats im Militärarchiv in Strausberg nach der Anordnung Honeckers systematisch durchgearbeitet. Bereits zwei Monate nach der Übernahme der Ermittlungsakten von der Generalstaatsanwaltschaft der DDR wurde der Haftbefehl gegen Honekker erlassen.

Es stand nicht in der Macht der Berliner Staatsanwaltschaft, Honecker in Beelitz zu verhaften. (Abgesehen davon, daß die Berliner Strafverfolgungsbehörden gar keine Polizeihoheit in Brandenburg hatten.) Sie – und das galt auch für Brandenburg – war nach dem zwischen der Bundesrepublik und der UdSSR abgeschlossenen Truppenvertrag hierfür auf das Einverständnis der zuständigen sowjetischen Behörden angewiesen. Diese haben sich bekanntlich geweigert, Herrn Honecker an die Berliner Staatsanwaltschaft zu überstellen. Sie waren auch nicht bereit, Herrn Honecker durch einen von der Berliner Staatsanwaltschaft beauftragten Sachverständigen auf seine Transport- und Haftfähigkeit hin untersuchen zu lassen. Weder der den Haftbefehl bekräftigende Beschluß des Landgerichts Berlin noch der gleichlautende des Kammergerichts haben die UdSSR anderen Sinnes werden lassen. Das ist ein Affront gegenüber der Berliner Justiz, ja gegenüber der deutschen Strafrechtspflege.

Zu einem Prozeß gegen Honecker wird es wahrscheinlich nicht kommen. Die Erwartung der Angehörigen, daß diesen eine gerechte Strafe ereilt, wird wohl enttäuscht werden. Doch von seiner strafrechtlichen Verantwortlichkeit wird in den Verfahren gegen die anderen Täter, zum Beispiel die übrigen Mitglieder des Nationalen Verteidigungsrats und die Grenzsoldaten, gesprochen werden. Die Frage, wo das Unrecht lag, ob im »Grenzdurchbruchsversuch« – wie es im Ex-DDR-Deutsch hieß – oder in den Todesschüssen, die die Flucht in den Westen verhindern sollten, wird beantwortet werden. Das mag eine Genugtuung, wenn auch eine unzulängliche, für die Angehörigen sein.

Sie glauben, daß Kohl und Genscher alles getan haben, was notwendig war, um Honecker der Berliner Justiz zu überführen?

Die Bundesregierung hat meines Wissens im Verhandlungswege alles versucht, um die Überstellung Honeckers zu erreichen. Ich habe mich anhand einer Protokollnotiz davon unterrichten können, daß die Bundesregierung dem Botschafter der UdSSR unseren Rechtsstandpunkt unmißverständlich klargemacht und zugleich bekräftigt hat.

Wir können die weltpolitische und besonders schwierige innenpolitische Situation in der UdSSR nicht ausblenden. Diese trägt wohl einen erheblichen Anteil daran, daß Honecker unter Verletzung der deutschen Souveränität der deutschen Justiz entzogen worden ist. Doch es ist müßig zu spekulieren, wie sich die UdSSR in dieser Sache verhalten hätte, wenn sie sich noch in der hohen Zeit der Glasnost-Bewegung befunden hätte.

Glauben Sie, den Schützen, den kleinsten in der Kette, belangen zu können? Glauben Sie, daß Sie einen Kommandeur belangen können?

Die Arbeitsgruppe Regierungskriminalität ermittelt sowohl von oben als auch von unten her. Das heißt, sie setzt sich sowohl mit dem Verhalten der militärischen Führung als auch mit dem der Grenzsoldaten auseinander. Ich persönlich würde es sehr bedauerlich finden, wenn nur diejenigen, die als Grenzsoldaten an der Mauer tatsächlich geschossen haben, zur Verantwortung gezogen werden würden und nicht auch diejenigen, die hinter den Schreibtischen oder vor Ort den Gebrauch der Schußwaffe angeordnet haben.

Ich hoffe sehr, daß es der Berliner Staatsanwaltschaft und den Gerichten alsbald gelingen wird, die strafrechtliche Verantwortlichkeit der politischen und militärischen Führung für die Schüsse an der Mauer zu klären. Nur geht es nach der Eigenart unseres Strafrechts dabei nicht um eine irgendwie geartete Kollektivschuld. Unser bundesrepublikanisches Strafrecht verlangt, daß die individuelle Schuld des jeweiligen Straftäters festgestellt wird. Und das gilt auch für den Fall, daß die Regierungs- oder Militärgewalt von politischen oder militärischen Machtträgern zu Menschenrechtsverletzungen mißbraucht worden ist.

Was die Frage der Dauer der Ermittlungen angeht, wird mir und den Berliner Strafverfolgungsbehörden unentwegt der Vorwurf gemacht, wir ließen uns zu viel Zeit. Die Kritiker stellen es sich offensichtlich sehr einfach vor, die immerhin vierzigjährige Vergangenheit dieses Unrechtssystems DDR strafrechtlich aufzuarbeiten. Die Arbeitsgruppe Regierungskriminalität, die wir sofort zusammengestellt haben, ist Anfang Oktober des vorigen Jahres mit einem ungeheuren Wust weitgehend ungeordneter und vielfach unvollständiger Akten überschüttet worden. So haben die Staatsanwaltschaften beispielsweise freudig den nach einigen Tagen in den Aktenbergen entdeckten Ordner mit der Aufschrift »Schießbefehl« in die Hände genommen, beim Hineinschauen aber feststellen müssen, daß dieser leer war. Erst entsprechende Recherchen des Staatsanwalts vor Ort im Militärarchiv in Strausberg haben die Anordnung Honeckers im Nationalen Verteidigungsrat aus dem Jahre 1974 zum Vorschein gebracht.

Mir persönlich wird der Vorwurf gemacht, daß ich zu wenig Staatsanwälte in diese Arbeitsgruppe geschickt habe. Diese Kritik ist vordergründig und ungerecht. Es ist zu bedenken, daß die Berliner Staatsanwaltschaft zum Zeitpunkt des Beitritts mit einem Personal für rund zwei Millionen Bürgerinnen und Bürger ausgestattet war. Mit diesem hat sie am 3. Oktober 1990 die Verantwortung für weitere über 1,2 Millionen Bürgerinnen und Bürger im Ostteil der Stadt übernommen. Nicht nur, daß sich die alltäglichen Aufgaben um ungefähr sechzig Prozent erhöht haben, hinzu kommt die wachsende Kriminalität in einer nunmehr offenen Stadt und das Phänomen der vereinigungsspezifischen Wirtschaftskriminalität, die besorgniserregende Ausmaße angenommen hat. Damit nicht genug: Weiterhin ist die Staatsanwaltschaft für eine große Zahl von Rehabilitations- und Kassationsanträge von Bürgerinnen und Bürgern der ehemaligen DDR verantwortlich. Hier wird ebenfalls von der Öffentlichkeit Eile angemahnt.

Zwar sind uns in einem Notprogramm fünfunddreißig weitere Staatsanwaltstellen vom Abgeordnetenhaus Berlin bewilligt worden. Diese Stellen brauche ich aber, um all die verschiedenen, durch die Vereinigung aufgerissenen Löcher zu stopfen. Ich kann an keiner Stelle in der Staatsanwaltschaft beim Landgericht oder Kammergericht weiteres Personal für die Arbeitsgruppe Regierungskriminalität abziehen, ohne daß die Verfolgung der sogenannten vereinigungsspezifischen Kriminalität, die allgemeine Strafverfolgung oder die Rehabilitations- und Kassationsverfahren vernachlässigt werden.

Hinsichtlich der Aufarbeitung der Regierungskriminalität der ehemaligen DDR habe ich frühzeitig darauf gedrungen, daß sich die übrigen Altländer der Bundesrepublik an dieser Altlast der ehemaligen DDR beteiligen. Grundsätzlich haben alle Kolleginnen und Kollegen der Justizministerkonferenz sich in der Einsicht zusammengefunden, daß es sich bei der strafrechtlichen Ahndung des Unrechts der politischen Führung des SED-Regimes um eine gesamtdeutsche Verantwortlichkeit handelt. Die Kolleginnen und Kollegen der Altländer der Bundesrepublik haben mir zugesagt, die Arbeitsgruppe zunächst mit je einem Staatsanwalt zu unterstützen. Nach und nach, voran aus Bayern und aus Nordrhein-Westfalen, trifft die Hilfe ein. Inzwischen hat die Ministerpräsidentenkonferenz den Beschluß gefaßt, daß die Berliner Arbeitsgruppe Regierungskriminalität durch die Entsendung von 60 Staatsanwälten aus den Altländern der Bundesrepublik unterstützt werden soll. Es ist also »Land in Sicht«.

Wie ist es eigentlich, wenn der einzelne Schütze sagt: Die Volkskammer der DDR hat das Grenzgesetz verabschiedet. Die Volkskammer der DDR hat gewußt, was in der Schußwaffen-Gebrauchsordnung stand. Und ich als Schütze berufe mich auf die Volkskammer der DDR?

Dieses Gesetz taugt nicht als allgemeine Rechtfertigung für die Schüsse an der Mauer, denn es kennt mehrere Einschränkungen. So sollten Schußwaffen gegen Jugendliche und weibliche Personen nach Möglichkeit nicht angewandt werden. Auch sollte bei dem Gebrauch der Schußwaffe das Leben von Personen nach Möglichkeit geschont werden. Das Gesetz gestattete also einen nur eingeschränkten Schußwaffengebrauch. Die Richter werden im Einzelfall zu prüfen haben, ob sich die Angeklagten überhaupt im Rahmen dieses Gesetzes bewegt haben.

Der Schütze, der Todesschütze beruft sich auf das Gesetz, er beruft sich auf die tägliche Vergatterung, nämlich: Den Grenzverletzer festzunehmen – und wenn nicht festzunehmen, dann zu vernichten, sprich töten.

Das Problem des behaupteten Befehlsnotstands ist für uns nicht neu. Wir kennen diese Problematik aus der Nachkriegszeit. Sie hatte die Nürnberger Tribunale beschäftigt. Die Nürnberger Richter hatten sich seinerzeit auf den Standpunkt gestellt, daß der Befehl des Vorgesetzten niemals ein Strafbefreiungs-, sondern allenfalls ein Strafmilderungsgrund sein könne. Diese These ist nicht unbestritten geblieben. Es ist zum Beispiel von Otto Kranzbühler die Auffassung vertreten worden, daß eine solche Rechtsprechung dem Untergebenen eine Verantwortung aufbürde, die er nicht tragen könne und die er in einer solchen Institution, wie es die Wehrmacht nun einmal sei, auch gar nicht tragen dürfe.

Wiederum werden die Gerichte mit Rücksicht auf die Besonderheiten des jeweiligen Einzelfalls die Frage zu beantworten haben, ob sich der Schütze in einem Befehlsnotstand befunden hat, der sein Tun rechtfertigt, entschuldigt oder eine Strafmilderung herausfordert. Hierbei wird es nicht nur auf die Umstände des konkreten Geschehens, wie zum Beispiel darauf ankommen, ob der Schütze nur das Ziel verfolgt hat, den Flüchtenden fluchtunfähig zu schießen. Zu fragen ist überdies, ob der Grenzsoldat erkennen mußte, daß ein gezielter Todesschuß auf einen sogenannten Republikflüchtigen gegen fundamentale Grundsätze von Recht und Menschlichkeit verstößt. Welchen Einfluß werden die Richter zum Beispiel der Tatsache beimessen, daß der Grenzsoldat in einer Jahrzehnte währenden Diktatur zu einer blinden Einseitigkeit und einem beschränkten Weltbild erzogen worden ist. Möglicherweise war der eine oder andere Schütze – wie es das Oberlandesgericht Stuttgart im Hanke-Fall im Jahr 1964 festgestellt hat – »ein irregeführter junger Mensch, der letztlich ein Opfer der unseligen Spaltung Deutschlands geworden ist«. Diese Einsicht hatte das Gericht seinerzeit bewogen, einen minderschweren Fall des Totschlags anzunehmen. – Grundsätzlich bin ich der Meinung, daß der gezielte Todesschuß auf einen schlichten »Republikflüchtigen« eine kraß unverhältnismäßige und weder durch Gesetz noch durch Befehl zu rechtfertigende Straftat ist. Ob aber der einzelne Schütze sich strafbar gemacht hat, kann letztlich nur nach Kenntnis des konkreten Falles durch das Gericht beantwortet werden.

II. Sterben an der Mauer

Geheime Protokolle

Tagesberichte der Bereitschafts- und Volkspolizei sowie
der Grenztruppen 1961 bis 1989

Vom 13. August 1961 an erstellten die verschiedenen Organe der Grenzsicherung Tagesberichte über Ereignisse an Grenze und Mauer. Die Nachrichten wurden von den zahlreichen Beobachtungsposten an die jeweilige »operative Abteilung« telefonisch durchgegeben und zu einem »Tagesbericht« zusammengefaßt. Diese Berichte erreichten die Führungsstellen der Polizei, der Nationalen Volksarmee, der Grenztruppen und der Staatssicherheit. Tagesberichte wurden direkt geschickt an das Zentralkomitee (ZK) der Sozialistischen Einheitspartei Deutschlands (SED), an die zuständigen Minister des Innern, der Nationalen Verteidigung und der Staatssicherheit. Auch das Oberkommando der »Gruppe der sowjetischen Streitkräfte in Deutschland (GSSD) bekam täglich ein Exemplar der Tagesberichte.

Im Laufe der fast dreißig Jahre wurden die Tagesberichte zu nüchternen, aber präzisen Protokollen aller Vorkommnisse an der Mauer in Berlin und an der deutsch-deutschen Grenze erweitert. Jeder auch nur versuchte Grenzdurchbruch wurde festgehalten, jeder Schuß aus der Kalaschnikow aufgeschrieben. Fahnenflucht und Schußwaffeneinsatz mit tödlichem Ausgang wurden in ausführlichen Untersuchungsberichten festgeschrieben. In den meisten Todesfällen an der Mauer wurden Minister und Politbüro-Mitglieder sofort und ausführlich informiert.

Nicht alle Todesfälle, die von der Zentralen Erfassungsstelle in Salzgitter registriert wurden, lassen sich aus den amtlichen Dokumenten der Grenzorgane belegen. Wer trotz massiven Einsatzes der Schußwaffe beispielsweise schwerverletzt in den Westen gelangte und dort später starb, wurde in den Tagesberichten der Grenzorgane nicht verzeichnet. In Salzgitter wurden auch nicht jene Todesfälle registriert, für die es in der Bundesrepublik keine Zeugen und Informanten gab. Dazu zählten vor allem die Todesopfer unter den Grenzsoldaten, die in Kapitel IV aufgeführt sind.

All diese nach dem Mauerbau von der Bereitschaftspolizei, der Volkspolizei und der Deutschen Grenzpolizei angefertigten Tagesberichte, in denen alle wichtigen Ereignisse protokolliert waren, hießen auch »Rapport«, »Informationsbericht«, »Fernschreiben«, »Lagemeldung«, »Spitzenmeldung«, »Bericht«, »Abschlußbericht« oder auch »Operative Tagesmeldung«.

Im ersten Teil der Tagesmeldungen – die hier zum erstenmal veröffentlicht werden – wurde unter dem Stichwort »Westliches Vorfeld« die »Tätigkeit des Gegners« beschrieben. Es sind exakte Angaben über Arbeitsweise der Westberliner Polizei, des Bundesgrenzschutzes und des Zolls. Außerdem wurde rund um die Uhr beobachtet und aufgeschrieben, was amerikanische, britische und französische Soldaten an den Sektorengrenzen in Berlin taten. Die »Besatzer«, wie sie im Jargon der Grenzsoldaten heißen, erfreuten sich besonderer Aufmerksamkeit der Grenzorgane.

Unter dem Abschnitt »Handlungen des Gegners« wird alles festgehalten, was sich innerhalb des einsehbaren, grenznahen Gebietes West-Berlins abspielte.

Unter dem Titel »Eigenes Grenzgebiet« sind alle »Vorkommnisse« verzeichnet, die im DDR-Grenzgebiet passierten. Vor allem geglückte und mißlungene Grenzdurchbrüche wurden hier nüchtern beschrieben.

Im Kapitel »Eigene Einheiten« ist nachzulesen, was innerhalb der Grenztruppen geschah. An erster Stelle stehen Fahnenflucht, dann unerlaubtes Entfernen von der Dienststelle und Unfälle.

In den »Tagesberichten« fehlen einige Todesfälle. Immer dann, wenn Mielkes Staatssicherheit die Hände im Spiel hatte, verzichteten die Chronisten offenbar auf das vollständige Protokoll. So zum Beispiel an den Grenzübergangsstellen und an besonderen Abschnitten der Berliner Mauer.

Eine schlüssige Erklärung für diese Arbeitsweise ist den Autoren nicht bekanntgeworden.

Im dunkeln bleiben auch die Gründe, warum in den »Tagesberichten« jahrelang exakte Angaben über die Personalien der Grenzverletzer und Todesschützen gemacht werden und plötzlich nicht mehr. Ohne einleuchtende Begründung für Außenstehende scheinen Regelungen getroffen worden zu sein, vorübergehend Täter und Opfer anonym zu lassen. In den Berichten der Militärstaatsanwaltschaft und der MfS-Untersuchungskommissionen sowie in den Obduktionsberichten tauchen die Namen der Opfer auf.

Einige Mauertote bleiben so lange »Unbekannte Personen«, solange die Erlaubnis zur Einsicht in die Akten der Staatssicherheit nicht gegeben wird. Ob der Stasi-Bestand allerdings vollständig ist, läßt sich heute schon bezweifeln.

In der folgenden Dokumentation werden nur solche Todesfälle aufgeführt, die sich aus den Aktenbeständen der uns zugänglichen Archive nachweisen lassen. Schon wenige Tage nach dem Mauerbau beginnt das Sterben.

Rudolf Urban (geboren 6.6. 1914), gestorben 17.9. 1961

Der Mann seilte sich am 19. August 1961 mit Angehörigen aus der ersten Etage seines Wohnhauses in der Bernauer Straße ab und erlitt dabei einen Unterschenkelbruch, an dessen Folgen er am 17. September 1961 starb (offizielle Todesliste des Polizeipräsidenten in Berlin).

Ida Siekmann (geboren 23.8. 1902), gestorben 22.8. 1961

Stab PdVP Berlin. Informationsbericht vom 22.8. 1961

Geheime Verschlußsache!

[...]
Ein zweiter Grenzdurchbruch fand gegen 7.00 Uhr vom Haus Bernauer Str. 48 – Stadtbezirk Mitte – zum Westberliner Territorium statt.
Es handelt sich um die
Ide Siekmann,
geb. 23.8. 1902,
die aus dem Fenster im 3. Stockwerk auf die Straße sprang und verletzt liegenblieb. Der Abtransport wurde durch die Westberliner Feuerwehr vorgenommen.
[...]

Günter Litwin (geboren 19.1. 1937), gestorben 24.8. 1961

Bezirkseinsatzleitung Berlin   Berlin, den 25.08.1961

An den
Vorsitzenden des Nationalen
Verteidigungsrates
Gen. Walter U l b r i c h t

Betr.: Bericht über den 24. August 1961

1. Meldung der Stärke (Stand v. 24.08.1961 – 15.00 Uhr)

   a) Grenzsicherung

Kräfte der Brigade	3932
Sicherungskommando	1352
MPS Aschersleben	747
3. Bereitschaft	130
4. Bereitschaft	298
8. Bereitschaft	349
9. Bereitschaft	348
Bezirksschule Berlin	202

   insgesamt: 7358

   b) Kräfte des PdVP

VPI Friedrichshain	608	(89,9 %)
VPI Köpenick	664	(84 %)
VPI Lichtenberg	704	(82,9 %)
VPI Mitte	1107	(88,3 %)
VPI Pankow	620	(81,3 %)
VPI Prenzl.Berg	596	(80,9 %)
VPI Treptow	543	(86,3 %)
VPI Weissensee	386	(90 %)
PdVP	877	(92,7 %)
Bezirksschule	141	(–)

   insgesamt: 6246

   c) | | | |
   |---|---|---|
   | BS-Amt Schönefeld | 160 | (94,8 %) |
   | WSI | 89 | (89 %) |
   | StVA Berlin I | 241 | (78,8 %) |
   | StVA Berlin II | 88 | (63 %) |
   | UHA | 156 | (100 %) |

   insgesamt: 734

- 2 -

d) Stärke der Kampfgruppen

Btl.mot.	Btl. Allgemein	
I. 398	Köpenick	96
	Mitte	308
	Pankow	97
	Treptow	100
398		601

e) Im Raum Berlin sind eingesetzt:

Brigade einschl.unterstellte Kräfte	7358
PdVP	6980
Kampfgruppen	999
Transportpolizei	2788
insgesamt:	18.125

f) Von der 5. Grenzbrigade mit unterstellen Einheiten sind eingesetzt:

Brigadestab	674
Ostring	1574
Westring	3846
insgesamt:	6094

2. Gegnerische Tätigkeit

- Die Aufklärungstätigkeit des Gegners hat sich im
Vergleich zum Vortage nicht geändert:

  - Beobachtungen aus einfahrenden Militär-
fahrzeugen,

  - vereinzelte Luftaufklärungen,

  - Beobachtungen der Besatzungstruppen von
den an der Grenze stationierten Gefechts-
fahrzeugen und eingerichteten B-Stellen.

Unter den Kräften der amerikanischen und englischen
Besatzungstruppen an der Grenze sind häufig Bewegungen
und Manöver mit Standortwechsel festzustellen.
Von seiten des französischen Sektors zeigten sich nur
vereinzelt Angehörige der Besatzungsmacht an der Grenze.

- Die Stupo tätigte im Laufe des 24.08.1961 an der Grenze
keine besonderen Handlungen.

- 3 -

- Provokationen:

Die Anzahl der Provokationen hat sich im Vergleich zum
Vortage verstärkt.
Wiederholt wurde festgestellt, daß bes. in den Abend-
stunden an bestimmten KP auf westlicher Seite Leut-
sprecherwagen in Erscheinung traten, die neben Tanzmusik
Hetzreden und Kurznachrichten übertrugen.
Es handelt sich dabei um eine systematische Provozierung
unserer Sicherungskräfte.

Die in den Abendstunden aufgetretenen Menschenansammlun-
gen auf westlichem Gebiet (u.a. in der Nähe des sowj.
Ehrenmals und am Moritzplatz) tragen eine organisierten
Charakter und werden durch die an der Grenze stationierten
Militäreinheiten und Fahrzeuge der Besatzungsmächte unter-
stützt.

In allen Fällen wurde durch die Stupo der Einsatz zur
Abdrängung der Ansammlungen durchgeführt.

- Einige Beispiele von Provokationen:

Gegen 20.50 Uhr randalierten an den KP 6 und 7 (Nord-
graben) auf westlicher Seite ca. 20-30 Jugendliche und
beschossen unsere Posten mit einem Luftgewehr.
Ein Uwm. wurde dabei leicht verletzt.

Gegen 18.30 Uhr versammelten sich gegenüber dem KP 25
(Chausseestr.) ca. 2000 Bürger.
Sie bildeten Sprechchören und hetzten insbes. gegen
Gen. Walter Ulbricht.

Behinderung und Angriffe auf dem sowj.Bus, der die
Genossen zur Wachablösung transportierte.

Gegen 20.00 Uhr wurde der KP 62 (Kiefholzstr./Treptower-
Str.) durch einen amerikanischen SPW angefahren.
Hinter diesem befanden sich ca. 70 Jugendliche, die an
der Grenze randalierten und gegen unsere Posten hetzten.
Das nach 10 Minuten eintreffende Stupo-Kdo. vertrieb die
Jugendlichen. Der SPW blieb am Ort.

- Die einzelnen taktischen Handlungen der Besatzer in
Westberlin sind aus den Anlagen ersichtlich.

- Grenzdurchbrüche:

Am 24.08.1961 ereigneten sich 12 Grenzdurchbrüche.

Am gleichen Tage versuchte um 16.15 Uhr der

Günter L i t w i n, geb. 19.01.37

über das Bahngelände zwischen Friedrichstr. und Lerther-
Bahnhof nach Westberlin zu entkommen.
Ein Posten forderte L. auf, stehen zu bleiben, dieser
sprang jedoch ins Wasser und versuchte, auf diesem Wege
nach Westberlin zu kommen.
Durch einen Posten der Transportpolizei wurde nach
weiteren Warnungen mit der MPi Sperrfeuer gegeben, ohne
daß L. darauf reagierte.

- 4 -

Danach gab der Posten gezieltes Feuer. L. wurde durch
Kopfschuß tödlich verletzt und versank.

Gegen 19.10 Uhr wurde der Tote aus der Spree geborgen
und in das VP-Krankenhaus überführt.
Der L. hatte bis zum 13.08.61 in Westberlin gearbeitet.
Die weitere Bearbeitung erfolgt durch die Abt. K der
Transportpolizei in Zusammenarbeit mit der MUK PdVP.

3. Pioniermäßige Sicherstellung

Das Pionier-Btl. der 1. Brigade wurde schwerpunktmäßig
im Abschnitt Nord eingesetzt.

In den Abschnitten Mitte und Nord nehmen die Arbeiten
planmäßig ihren Fortgang.

Im Abschnitt Süd sind bis auf den Bau des Beobachtungs-
turmes die Pionierarbeiten abgeschlossen.

4. Polit-moralischer Zustand und Maßnahmen der politischen
Erziehung

- Durch die Politabteilung des PdVP wurden alle Dienststellen angewiesen, in Politinformationen und anderen
Zusammenkünften zu dem Artikel "gesinnungslosen Lumpen
fahren wir über's Maul" (ND v.23.08.1961) Stellung
zu nehmen.
Mit dieser Maßnahme soll erreicht werden, daß alle
Genossen zu den in diesem Brief angesprochenen Problemen ihre Auffassung darlegen.

- Der Appell der Kampfgruppen und der anschließende
Vorbeimarsch hinterließ bei vielen VP-Angeh. auf Grund
der großen Disziplin und Begeisterung einen tiefen
Eindruck.
Viele Genossen zogen daraus die Schlußfolgerung, auch
in der eigenen Dienststelle auf diesem Gebiet künftig
noch größere Anstrengungen zu unternehmen.

- Die am 23.08.1961 von der Regierung festgelegten
neuen Maßnahmen wurden von alle Angeh. der VP Berlin
begrüßt.
In einer Aussprache zu diesen Fragen in der VPI Treptow
brachten u.a. die Genossen zum Ausdruck, daß diese
Festlegungen ein entscheidender Schlag gegen die Agenten
und Störenfriede unseres Aufbaus sind.

- In den Dienststellen der VP Berlin wurden am 24.08.61
erneut eine ganze Reihe Verpflichtungen abgegeben.
So zogen 2 VP-Angeh. ihr Entpflichtungsgesuch zurück,
6 baten um Aufnahme als Kandidat in die Partei und
6 VP-Angeh. wollen Mitglied der FDJ werden.
Disziplinarische Bestrafungen sowie Entpflichtungen
waren nicht zu verzeichnen.

- 5 -

81

- Auch in den Einheiten der BP gibt es zahlreiche neue Verpflichtungen.
  So wurden am 24.08.1961 18 Anträge zur Aufnahme als Kandidat der Partei gestellt (insgesamt damit 124).
  21 junge Genossen baten um Aufnahme in die FDJ (insgesamt damit 87).

- Auf einem Forum mit dem Genossen Albert Norden im Stützpunkt IX übergaben die Genossen eine Erklärung, daß sie - wenn notwendig - die Maßnahmen der Regierung auch unter Anwendung ihrer Waffen durchsetzen werden.

- Die Vf.-Angeh. lassen sich durch das Anbieten von Westzigaretten, Auftreten von Prostituierten sowie die Handlungen der Besatzer usw. nicht provozieren, sondern verrichten ihren Dienst überwiegend besonnen und pflichtbewußt.

5. Stimmung der Bevölkerung

- Der gestrige Appell der KG hat in der Bevölkerung und bei den Kämpfern einen großen Eindruck hinterlassen.
  Diese Tatsache war am heutigen Tage Inhalt vieler Diskussionen in Betrieben und Wohngebieten.

- In den Betrieben erhöht sich auf Grund der politischen Arbeit die Verpflichtungsbewegung zur Erfüllung der Pläne, die Bereitschaft - Dienst in den bewaffneten Organen zu versehen sowie die Antragstellung um
- Aufnahme in die Partei der Arbeiterklasse.

- Die Lage in den Wohngebieten stabilisiert sich weiter. Hamstereinkäufe gehen zurück, was nicht zuletzt auf die Aufklärungsarbeit der Partei und des DFD zurückzuführen ist.

- Das Direktionskollegium der Institute in Buch, bestehend aus namhaften Professoren, stellt sich einstimmig hinter die Maßnahmen unserer Regierung.
  Die abgegebene Erklärung soll dazu beitragen, daß sich alle Ärzte der Bucher Krankenanstalt diesem Treuebekenntnis anschließen.

Roland Hoff (geboren 19.3. 1934), gestorben 29.8. 1961

Deutsche Grenzpolizei
5. Grenzbrigade
- Der Kommandeur -   O.U., den 29.8.1961

                    F e r n s c h r e i b e n
                    =============================

An das
MdI - Stab

Betr.: Versuchter Grenzdurchbruch im Bereich der 13. GB / 11. Kp.
        mittels Durchschwimmen des Teltow-Kanals

Am 29.8.1961 gegen 14.00 Uhr wurde der H o f f , Roland, geb.
19.3.34 in Hannover, letzte Arbeitsstelle lt. Arbeitsbuch bei der
Wasserwirtschaft Forst, wohnhaft unbekannt, beim Durchschwimmen
des Teltow-Kanal 20 m nordostwärts der ehemaligen Industriebrücke
in Richtung Westberlin durch Zielschüsse getötet.
Der in diesem Abschnitt eingesetzte Sicherungsposten,
                                   sowie die Posten
                          hatte die Aufgabe,
die Grenzarbeiten entlang der Uferböschung zu sichern. Zu diesen
Arbeiten waren 40 Arbeiter der Fa. Gum (Kanal- und Kanalisations-
arbeiten) aus Potsdam eingesetzt. Ofw.   bemerkte gegen 14.00 Uhr,
wie eine Person ca. 70 m von ihm entfernt, in den Kanal sprang.
Auf sofortigen Anruf und Warnschuß reagierte diese Person nicht.
Sie schwamm in Richtung WB weiter. Daraufhin gab Ofw.   den Feuer-
befehl für die Zielschüsse. Ofw.   schoß aus seiner MPi in kurzen
Feuerstößen 18 Schuß, Sold. Pohl und Sold. Lang aus ihren Karabinern
insgesamt 9 Schuß. Durch hinzu kommende in diesem Abschnitt eingesetzte Kräfte der Kampfgruppe wurde durch einen Angehörigen der KG ebenfalls ein Zielschuß abgegeben. Name des KG-Angehörigen bisher unbekannt. Die Zielschüsse wurden abgegeben, als H. ca. 15 m schwimmend
im Kanal zurückgelegt hatte. Geschoßeinschläge auf westlicher Seite
wurden nicht beobachtet.

Nach den Zielschüssen versank die Person sofort in dem Kanal und
tauchte nicht wieder auf. Auf der Wasseroberfläche kam eine Aktentasche zum Vorschein, die ca. 20 m kanalabwärts durch einen Genossen
der KG geborgen wurde. In der Aktentasche befand sich ein Arbeitsbuch, welches die oben angegebenen Personalien des Hoff, beinhaltete.
Dies läßt die Schlußfolgerung zu, daß es sich um den Hoff handelt.

Die 40 Arbeiter der genannten Firma stellten auf Grund dieses Vorkommnisses die Arbeit ein und wurden anschließend durch Kräfte der
VP ins Hinterland zurückgedrängt. Dabei wurde der Schmidt, Tilo,
geb. 2.8.40, wohnhaft Mahlow, Steinstr. 12, wegen provokatorischen
Äußerungen festgenommen, durch die Aufklärer überprüft und anschließend wieder entlassen.

Auf Grund der eingeleiteten Sicherungs- und Suchmaßnahmen, die im
Zusammenwirken mit der Feuerwehr und der VP durchgeführt wurden,
gelang es, gegen 17.45 Uhr die Leiche zu bergen und gegen 18.00 Uhr
aus dem Teltow-Kanal zu nehmen. Die Leiche wurde sofort auf ein
Fahrzeug geladen und ins Hinterland transportiert. Die DGP hatte
auf diesen Transport keinen Einfluß, da MfS die weitere Bearbeitung
übernommen hat.

                              b.w.

Bei der Leiche konnte festgestellt werden, daß sie durch einen
Kopfschuß getroffen war.

Seit 14.30 Uhr waren auf westberliner Seite 12 Feuerwehrleute
mit einem Schlauchboot und Stangen eingesetzt, um die Leiche zu
bergen. In der Folgezeit erschienen dort im weiteren 8 Stupo,
2 US-Soldaten, 1 Zöllner und ca. 60 Zivilpersonen, welche teils
sich an der Suche beteiligten, teils als Zuschauer anwesend
waren. Gegen 17.10 Uhr stellten die gegnerischen Kräfte die
Suche wieder ein und nahmen sie erneut gegen 18.15 Uhr wieder
auf, da durch geschicktes Verhalten beim Herausnehmen der Leiche
aus dem Teltow-Kanal dieses durch die gegnerischen Kräfte nicht
bemerkt wurde. +)

Zu Menschenansammlungen auf unserer Seite kam es während der
gesamten Zeit nicht.

Die Maßnahmen der Suchaktion und der Sicherung wurden durch den
Kommandeur der 13. GB persönlich geleitet.

+) Gegen 16.oo Uhr erschienen am westberliner Ufer ein Übertra-
gungswagen des Fernsehens sowie einige Rundfunkreporter.

                                    F r ö m m i n g
                                    Oberstleutnant

Olga Segler (geboren 31.7. 1881), gestorben 25.9. 1961

Ministerium des Innern
  Bereitschaftspolizei
1. Grenzbrigade Berlin
    II. Abteilung

Geheime Verschlußsache!

O. U., den 25. 09. 1961

An den
Kommandeur der 1. Grenzbrigade (B)

Spitzenmeldung

Betr.: Grenzdurchbruch in der Bernauer Str. 34

Am 25. 09. 1961 gegen 21.30 Uhr wurde aus ihrer Wohnung in der Bernauer
Str. 34, 2. Etage die Bürgerin

        Segler, Olga
        geb. am 31. 07. 1881 in der Ukraine
        wohnh. Bernauer Str. 34

republikflüchtig.
Ihre Tochter wohnt in der Swinemünder Str. in Westberlin. Mit der aktiven
Hilfe der Stupo und der Westberliner Feuerwehr gelang ihr die RF. Die
Feuerwehr spannte ein Sprungtuch auf und nach mehrmaliger Aufforderung
durch die Tochter sprang die Bürgerin S. Sie wurde durch einen Sankra weg-
gefahren. Es wird vermutet, daß sie sich bei dem Sprung verletzt hat. Gemel-
det wurde die Rf. durch die Familie, die in der gleichen Wohnung mit der
Republikflüchtigen wohnt.
Ein Verschulden unserer Posten liegt nicht vor, da keine Beobachtungsmög-
lichkeit entlang der Bernauer Str. besteht. Unser Posten wurde erst durch die
Hausbewohner von dem Grenzdurchbruch verständigt.

Eingeleitete Maßnahmen:
Brigade wurde verständigt.
Abwehroffizier wurde verständigt.
Tatortbestimmung wurde durchgeführt.
Abteilung K. der VPI Mitte übernahm die weitere Bearbeitung der RF.
Wohnung wurde durch den ABV versiegelt.

Kommandeur II. Abteilung
– Oberstleutnant der VP –

i. V.

              i. V.
              (Hofmann)

Bernd Lünser (geboren 11.3. 1939), gestorben 4.10. 1961

Ministerium des Innern   O.U., den o4. lo. 1961
Bereitschaftspolizei
1. Grenzbrigade (B)
II. Abteilung

Spitzenmeldung
=================================

Betr.: Grenzdurchbruch einer männlichen Person in der
Bernauer Straße 44

Am o4.lo.61 gegen 2o.4o Uhr wurden durch die in der Swinemünder
Str. 24 eingesetzten Beobachter des Aufklärungszuges

    Wm. Schünemann, Manfred – geb. 29.05.38 in Magdeburg,
                                VP seit: 15.09.59
                                DB-Nr.: o28672
                                Wm. im Aufklärungszug
    Wm. Peter,   Gerhard – geb. 19.11.41 in Bad Dürn-
                                burg, VP seit: o3.11.58
                                Wm. im Aufklärungszug

Bewegungen einer Person auf den Laufstegen am Dachfirst festgestellt.
Wm. Peter kontrollierte sofort das Dach und bemerkte eine männliche Person in Zivil, die auf dem Dach von der Rheinsberger Straße
kommend, parallel zur Bernauer Straße in Richtung Wolliner Straße
lief. Das vermutliche Alter der Person ist 20 Jahre. Sie trug sich
offenbar mit dem Gedanken, rf zu werden und die Grenze zu durchbrechen. Die Person war im Besitz einer Wäscheleine.
Bei Anruf der Person durch den Wm. Peter ließ sie die Wäscheleine fallen, lief im Laufschritt auf den Dächern entlang und schrie
dabei laut um Hilfe. Auf weitere Anrufe des Wm. Peter reagierte
der Flüchtling nicht. Wm. Peter nahm daraufhin ohne Waffe
(Karabiner "S") die Verfolgung auf. Wm. Peter konnte seinen
Karabiner nicht mitführen, da die Größe der Dachluke dieses nicht
zuließ.
Der 2. Posten – Wm. Schünemann – bestieg nach dem Wm. Peter das
Dach, nahm an der Verfolgung teil, konnte aber von seiner Schußwaffe
(Karabiner "S") keinen Gebrauch machen, da Wm. Peter zu diesem Zeitpunkt bereits die flüchtige Person erreicht hatte und mit dieser in
............gung geriet. Auf Grund der Hilferufe des Zivilisten wurde
............durch die Stupo zugesagt. Als die Stupo feststellte, daß
............die Verfolgung aufnahmen, kam Verstärkung der Bereit-
............und von Kräften der Westberliner Polizei wurde das
............wurden, ca. lo Schuß, auf unsere Posten eröffnet. Dabei
............Wm. Peter durch einen Oberschenkeldurchschuß verwundet.

                                         – 2 –

Beim Handgemenge gerieten der Wm. Peter und die flüchtige Person ins
Rutschen und blieben beide im Schneegitter hängen. Auf Grund von
2 Warnschüssen durch den Ultn. H i l l e - Politstellv. der 1.Komp.,
trennte sich die flüchtige Person von Wm. Peter, lief in Richtung
Swinemünder Straße auf den Dächern zurück. Zu diesem Zeitpunkt war
die Westberliner Feuerwehr mit einem Sprungtuch zur Stelle und versuchte den Zivilisten zu dirigieren. Ultn. Hille gab in dem Moment,
als die flüchtige Person sich nach dem Sprungtuch orientieren wollte,
aus seiner Pistole "M" 3 Zielschüsse ab, wobei der 3. Schuß vermutlich ein Treffer war und die flüchtige Person mit erhobenen Händen
in horizontaler Lage vom Dach des fünfstöckigen Hauses fiel. Sie
fiel ca. 6 Meter neben das Sprungtuch und ist vermutlich tot.

Der Fluchtweg der flüchtenden Person ist bisher nicht aufgeklärt.

Auf westberliner Seite befand sich eine Menschenansammlung von ca.
500 Zivilpersonen und ca. 50-60 Polizeikräften.

Folgende Posten beobachteten den Vorgang und leisteten Feuerunterstützung:

Owm. W o g e n s t e i n	Friedel	- geb.1o.o2.39 in Bitterfeld VP seit: 2o.o8.57 DB-Nr.: oo5124, Angehö- riger der 1. Komp. Posten SST 19 Wolliner Str. 2 Schuß aus der MPi 41
Uwm. W i t t m i s ,	Jürgen	- geb.29.o3.42 in Stralsund VP seit: o6.12.6o DB-Nr.: o3o968, Angehöri- ger der 3. Komp.' Bereit- schaftszug Swinemünder Str. 1 Schuß aus der MPi 41
Ltn. F i n s t e r ,	Helmut	- geb.Personalien z.Zt. nicht bekannt 2 Schuß aus der Pist."M"
Ultn. H i l l e ,	Dietmar	- geb.o3.o5.37 in Dresden VP seit: o6.o6.55 DB-Nr.: o14126, Pol.Stellv 1.Komp., Bernauer Str.43 aus der Wohnung im Dachge- schoß 5 Schuß Pist. "M"

[...]

Unbekannter Mann, gestorben 5. 10. 1961

Ministerium des Innern
   Kommando
   Bereitschaftspolizei
Operativer Diensthabender   Geheime Verschlußsache!

Rapport Nr. 16

über die Lage an der Staatsgrenze von Berlin

für die Zeit vom 05. 10. 1961, 00.00 Uhr – 05. 10. 1961, 24.00 Uhr

Schwerpunkte der letzten 24 Stunden:

Grenzdurchbrüche:

Gegen 23.50 Uhr wurde ein Mann (25) beim Durchschwimmen der Spree ca. 80 m westlich der Oberbaum-Brücke (11 N 2) an der Republikflucht, durch Anwendung der Schußwaffe, gehindert. Der Posten auf der Oberbaum-Brücke bemerkte nach Hinweis des Wächters der Osthafenmühle den Mann erst, als er bereits 15 m vom Ostufer entfernt war, im Wasser. Anrufe und Warnschüsse wurden nicht beachtet. Daraufhin wurde gezieltes Feuer eröffnet mit einer MPi. Als ein alarmiertes Boot der Wasserschutzpolizei eintraf, stellten die Posten das Feuer ein. Der Republikflüchtige beachtete auch die Aufforderung der Besatzung des Bootes nicht, worauf vom Boot aus das gezielte Feuer aus einer MPi fortgesetzt wurde, ca. 6 m vom Westufer entfernt ging der Mann unter.
   Gegen 01.02 Uhr wurde er von Kräften der Westberliner Feuerwehr als Leiche ans Westberliner Ufer gezogen. In der Zwischenzeit hatten sich auf Westberliner Gebiet ca. 200 Personen angesammelt. Von der Besatzung des genannten Bootes und zwei weiteren hinzugekommenen Booten der Wasserschutzpolizei wurde nichts unternommen, um die Westberliner Feuerwehr am Absuchen unseres Gewässers zu hindern und die Leiche selbst zu bergen. Gegen 01.30 Uhr war die Lage wieder normal.
[...]

Udo Düllick (geboren 3. 8. 1936), gestorben 5. 10. 1961

Unbekannter Mann, gestorben 5. 10. 1961

Zusammen mit einem unbekannten Mann versuchte Udo Düllick, die Spree zu durchschwimmen, um an das westliche Ufer zu gelangen. Beide wurden von der Volkspolizei angeschossen und ertranken. Die Leiche Düllicks konnte durch die Westberliner Feuerwehr geborgen werden.

Klaus-Peter Eich, geb. 31.1.1941, gestorben 12.10.1961

Transportpolizei Berlin. Lagebericht Nr. 285/61.

[...]

<u>Spitzenmeldungen:</u>   Geheime Verschlußsache!

<u>Versuchter Grenzdurchbruch mit Anwendung der Schußwaffe durch Transportpolizei</u>

Am 12.10.1961 gegen 04.30 Uhr wurde an der Nahtstelle Köllnische Heide ca. 60 m rechts vom Stellwerk Khd in Höhe der dort aufgestellten Lampe durch die Posten der Transportpolizei festgestellt, daß sich 2 männliche Personen im Laufschritt der Staatsgrenze näherten und versuchten, illegal nach Westberlin zu gelangen. Durch einen Posten der Trapo wurden die Personen angerufen, blieben jedoch nicht stehen. Nach erfolglosem Warnruf wurden aus einer MPi 41 vier Warnschüsse in die Luft abgegeben, worauf die beiden Grenzverletzer zurück in Richtung demokratisches Berlin liefen. Nach nochmaligem Anruf, der wiederum erfolglos war, wurden durch den VP.-Hwm. Burghardt in einem Feuerstoß 4 Zielschüsse sowie durch 2 weitere Genossen je ein Zielschuß aus einem Karabiner und einer MPi abgegeben. Dabei wurde der Bürger Eich, Klaus-Peter, geb. 31.1.1941 in Berlin, wohnh. Berlin O 34, Bersarinstr. 49, getroffen und schwer verletzt. Die zweite Person konnte zur Zeit noch nicht gestellt werden. Der E. wurde in das VP.-Krankenhaus eingeliefert. Die Spur der zweiten geflüchteten Person wurde mit Fährtenhund bis Bahnhof Plänterwald verfolgt und ging dort verloren. Vermutlich ist die Person mit der S-Bahn weitergefahren. Nach Rücksprache mit dem VP.-Krankenhaus wurde der Eich an der Lunge und Wirbelsäule verletzt. Es besteht Lebensgefahr.
[...]

Ministerium des Innern
    K o m m a n d o
Bereitschaftspolizei

Operativer Diensthabender

O.U., den 15.10.1961

An den
Stab des MdI
Op.-Diensthabender

Betr.   Verhinderter Grenzdurchbruch mit Schußwaffengebrauch
an der Schillingbrücke im Bereich der 1. Grenzbrigade

Am 14.10.1961 gegen 22.35 Uhr versuchte der
        P r o b s t , Werner
        geb. 18.06.1936
        wohnhaft: Berlin NO 18, Friedenstr. 8
in Höhe der Schillingbrücke die Spree nach Westberlin zu
durchschwimmen. Durch den auf der Schillingbrücke eingesetzten Posten, Wm. F r a n k e , Klaus wurde er mehrmals
aufgefordert, zurückzuschwimmen. Da P. auf diese Aufforderungen
nicht reagierte, wurden mehrere Warnschüsse abgegeben. Gleichzeitig wurde die Wasserschutzpolizei durch Abgabe von drei
Stern grün mit der Leuchtpistole alamiert. Der P. tauchte nach
Abgabe der Warnschüsse und schwamm zum Westberliner Ufer in
Richtung einer an der Kaimauer befindlichen Eisenleiter,
welche sich ca. 100 m vom der Schillingbrücke entfernt
in Richtung Oberbaumbrücke befindet.
Als die Person die Leiter erreichte wurden Zielschüsse
abgegeben. P. wurde getroffen und stürzte unmittelbar am
Ufer auf westberliner Gebiet hin. Zur gleichen Zeit erschien
die alamierte Wasserschutzpolizei, welche den Grenzverletzer
vom Ufer zog und mit dem Boot zur Oberbaumbrücke brachte.
Bei Ankunft an der Oberbaumbrücke war die Person bereits tot.
P. wurde durch einen Schuß von der rechten Seite in die Brust
tödlich getroffen.
Auf westberliner Seite befand sich ein Stupo ca. 50 m vom
Ufer entfernt, der bei Eröffnung des Feuers hinter einem
Kohlenhaufen in Deckung ging. Während der Bergung der Leiche
durch den Wasserschutz wurde der Stupo nicht mehr gesehen.
Eine Menschenansammlung war nicht zu verzeichnen.
Insgesamt wurden auf P. einschließlich Warnschüsse 21 Schuß
aus MPi abgegeben. Davon durch
        Wm. F r a n k e , Klaus
        geb. 13.12.1941
        Angehöriger der 3. Kompanie, IV. Abteilung

20 Schuß und durch
        Wm. W o r m , Siegfried
        geb. 01.07.1937
        Angehöriger der 3. Kompanie, IV. Abteilung
1 Schuß.

Gerhard Kayser (geb. 14.10. 1940), gestorben Nov. 1961

Ministerium des Innern, Bereitschaftspolizei. Spitzenmeldung vom 27.10. 1961.

[...]

Betr.: Verhinderung eines Grenzdurchbruches durch Anwendung der Schußwaffe ca. 100 m nördlich Bahnhof Wilhelmsruh am 27.10. 1961

Personalien:
Kayser, Gerhard, geb. 14.10. 1940 in Wilhelmsruh

Sachverhalt:
Am 27.10.1961 gegen 04.25 Uhr näherte sich ca. 100 m nördlich der SST (Bahnhof Wilhelmsruh) eine männliche Person kriechend dem Grenzzaun. Streife in diesem Abschnitt hatten Wm. Schäfer und Gefr. Müller (4. Kompanie I. Abteilung). Wm. Schäfer bemerkte den Grenzverletzer, als er sich ca. 10 m vom Zaun entfernt befand und forderte ihn auf, stehenzubleiben. Diese Aufforderung wurde nicht befolgt. Hierauf gab Wm. Schäfer 2 Warnschüsse ab. Der Grenzverletzer bewegte sich trotzdem weiter in Richtung Zaun.

Als der Grenzverletzer auf eine nochmalige Aufforderung zum Stehenbleiben und einen weiteren Warnschuß nicht reagierte, gab Wm. Schäfer 2 Zielschüsse ab.

Trotz Verletzung kroch der Grenzverletzer weiter und befand sich bereits zwischen dem Drahtzaun der 1. und 2. Reihe.

Daraufhin schoß Gefr. Müller 5 Schuß Sperrfeuer zwischen beide Zäune. Wm. Schäfer forderte den Grenzverletzer nochmals auf zurückzukriechen.

Der Grenzverletzer gab daraufhin sein Vorhaben auf und wurde von dem Posten durch den Zaun (2. Reihe) zurückgezogen.

Nachdem die Posten erste Hilfe leisteten, wurde der Grenzverletzer durch den Feuerlöschzug 45 (Pankow) zum VP.-Krankenhaus überführt. Der Grenzverletzer trug keinerlei Papiere bei sich. Die Personalien des eben genannten, wurden durch Befragen desselben ermittelt.
[...]

MINISTERIUM DES INNERN O. U., den 27. 11. 1961
Bereitschaftspolizei
1. Grenzbrigade (B)
IV. Grenzabteilung

A b s c h l u ß b e r i c h t

Über den Grenzdurchbruch am 20.11.1961 gegen oo.5o Uhr an der Schillingbrücke durch durchschschwimmen der Spree.

Personalien

Die Personalien des Grenzverletzers konnten bisher nicht ermittelt
werden. Es handelt sich um eine männliche Person.

Sachverhalt

Der Grenzdurchbruch erfolgte am 20.11.1961 gegen oo.5o Uhr ca. 15o m
links von der Schillingbrücke (1o K 5)
Die Annäherung bis zur Grenzdurchbruchsstelle erfolgte durch das Ge-
lände des VEB Elektromotorenwerke Berlin.
Der Grenzverletzer öffnete das zweite Eingangstor zum Betriebsgelän-
de, indem er die Sperrstange von der Straße aus löste und danach das
Tor aufschob. Er durchquerte das Werkgelände, ohne vom Wächter bemerkt
zu werden, zog sich Schuhe, Mantel und Jacke aus, und ließ sich an der
Verladestelle, die nicht verdrahtet ist, ins Wasser.
Als GS im Bereich der Durchbruchsstelle waren eingesetzt:

Postenführer Wm. Naumann, Heinz gb. am 18.o5.1938
             VP seit o5.o5.1959, Mitglied der FDJ

Posten   Wm. Wagner, Dieter gb. am 27.o7.1942
             VP seit o5.o5.1959, Mitglied der FDJ

Der Posten befand sich zur Zeit des Grenzdurchbruches etwa 15o m links
von der Durchbruchsstelle.

Nachbarposten rechts war der WG auf der Schillingbrücke

Postenführer Mstr. Brettschneider. Siegfried
             VP seit 1953, Mitglied der SED

Posten   Wm. Brunner, Joachim
             VP seit 1960, Kandidat der SED

Außerdem befand sich etwa 5o m links von der Durchbruchsstelle entfernt
ein Boot der Wasserschutzpolizei, welches durch Bootsführer Hwm. Knip-
sel und Hwm. Swederski besetzt war.
Das Wasserschutzboot lag in Richtung Oberbaumbrücke und mußte erst wenden, um sich einschalten zu können.
Anstatt den Fluchtweg des Grenzverletzers abzuschneiden, fuhr das Boot
direkt auf den Grenzverletzer zu. Dieser tauchte und näherte sich un-
gesehen dem Westberliner Ufer.
Erst nach dem er wieder aufgetaucht war und nur noch 15 m vom Westberliner Ufer entfernt war, gab Hwm. Swederski 7 Schuß aus seiner Pistole und 25 Schuß Einzelfeuer aus seiner MP ab.

Dieter Wohlfahrt (geb. 27.5. 1941), gestorben 9.12. 1961

Der Mann wurde beim Durchschneiden zweier Stacheldrahtzäune von Angehörigen der Volkspolizei beschossen und getötet.

Ingo Krüger (geboren 31.1. 1940), gestorben 10.12. 1961

Ministerium des Innern
Bereitschaftspolizei
1.Grenzbrigade (B)
─────────────────
III.Grenzabteilung

A b s c h l u ß b e r i c h t

Zum versuchten Grenzdurchbruch am 10.12.61 – gegen 18.25 Uhr
an der Kielerstraße in der Nähe des VEB-Weinvorarbeitung.

─────────────────

Personalien der Beteiligten Angehörige der III.GA :

Streife 7   S c h n e i d e r,Georg Gefreiter
           geb. am 26.12.1940,VP seit 05.05.1959
           DB-Nr. CK 01730,Mitglied der FDJ

           S c h n e i d e r,Klaus Soldat
           geb. am 27.05.1941,VP seit 01.04.1961
           DB-Nr. 03013o,Mitglied der FDJ

Streife 8   H o e g n e r,Roland Feldwebel
           geb. am 01.08.1934,VP seit 2o.1o.1955
           DB-Nr. 1410880,Mitglied der SED

           H a b e n i c h t,Siegfried Gefreiter
           geb. am 02.02.1941,VP seit 3o.o5.196o
           DB-Nr. o26581,Mitglied der FDJ

Ermittelter Sachverhalt:

Die Genossen Hoegner und Habenicht waren am 10.12.61 als
Posten 8 auf den Kühlhaus Scharnhorststraße eingesetzt.
Gegen 18.25 Uhr bemerkten beide,das eine Person von der
Uferböschung des Spandauer-Schiffahrtskanals ins Wasser sprang
und mit kräftigen Stößen schwimmend das westliche Ufer zu
erreichen versuchte. Nach mehrmaligen Anrufen und Abgabe
eines Warnschußes gaben beide Genossen insgesamt 22 Schüsse
auf den Schwimmer ab. Die Person wurde ungefähr in der Mitte
des Kanals getroffen gab einen röchelnden Ton von sich und sank
unter.

Die Streife 7 befand sich zum Zeitpunkt am entgegengesetzten
Ende ihres Streifenbereiches und konnte die Annäherung des
Grenzverletzers nicht bemerken,da die Sicht durch eine
Holzbaracke verdeckt war.
Als der erste Schuß viel,begab sich die Streife 7 sofort an
den Ort des Grenzdurchbruches. Zum gleichen Zeitpunkt stand in
unmittelbarer Nähe der Durchbruchstelle ein Doppelstockbus der
BVG während ein anderer gerade abgefahren war.
An der genannten Stelle befindet sich die Endhaltestelle der
Linie A9. Die Angehörigen der BVG gaben bei der Befragung an,
daß sie keine Personen bemerkt hätten.
Der Kiesstreifen weißt an der Durchbruchstelle zwei verschiedene
Fußspuren von Männerschuhen auf während die eine Spur zum Draht
führt,läßt die andere Spur darauf schließen,das eine zweite
Person zurück in das demokratische Berlin geflüchtet ist.
Der Drahtzaun ist an der Durchbruchstelle leicht niedergedrückt.
Zirka 5 min. nach Abgabe der Schüsse trafen mehrere Funkstreifen-
wagen der Stummpolizei am westlichen Ufer ein,deren Insassen
bis gegen 23°oo Uhr sehr intensiv mit Taschenlampen das
Ufergelände absuchten. Die Suchaktion wurde von unseren Posten
genauestens mit einem Fernglas beobachtet. Es wurde keine Person
durch die Stummpolizei geborgen.
Im Verlaufe des 11.12.61 wurde der Grund des Spandauer-
Schiffahrtskanals durch ein Wasserschutzboot der VP abgesucht.
Die Leiche konnte nicht geborgen werden. Am 13.12.61 wird die
Suche durch die Wasserschutzinspektion mit speziellen Geräten
der Feuerwehr fortgesetzt.
Sofort nach Auffinden der Leiche erfolt Ergänzungsmeldung.

          Kommandeur der III.Grenzabteilung
               - Major -   gez: (P h i l i p p)

Dorit Schmel (geboren 8.8. 1941), gestorben 19.2. 1962

Ministerium des Innern
Bereitschaftspolizei
1. Grenzbrigade (B)

Geheime Verschlußsache!

O. O., den 19. 02. 62

I. Grenzabteilung
– Kommandeur –

SPITZENMELDUNG

Am 19. 02. 62 gegen 01.40 Uhr versuchten 3 männliche und 2 weibliche Personen ca. 150 m südlich Wilhelmsruher–Damm die Grenze zu durchbrechen:

I. Personalien der Grenzverletzer

1. **Brede**, Dietrich
   geboren: 31. 03. 39 in Berlin
   wohnh.:   Bln.-N.-Schönhausen, Dietzgenstr. 94
   Beruf: Kraftfahrer
                 verheiratet, 2 Kinder
   W-Verw.:   Vater in Reinickendorf
2. **Teuchert**, Detleff
   geboren: 24. 12. 51 in Berlin
   wohnh.:   Bln.-N.-Uhlandstr. 26
   Beruf: Fräser im VEB–Schleifmaschinenwerk Köpenick
   W-Verw.:   3 Tanten WB, Mutter WD
3. **Brede**, Eberhard
   geboren: 21. 07. 45 in Berlin
   wohnh.:   Bln.-N.-Eichenstr. 65
   Beruf: Schüler 3. Oberschule Pankow
4. **Schmel**, Dorit
   geboren: 25. 04. 41 in Berlin
   wohnh.:   Bln.-N.-Uhlandstr. 26
   Beruf: Industrieschneiderin
                 (Ist die Verlobte von Teuchert)
5. **Kießling**, Brigitte
   geboren: 08. 08. 41 in Berlin
   wohnh.:   Bln.-Weißensee, Wehlanerstr. 9
   Beruf: ohne beschäftigt im VEB-Wattefabrik als Fließbandarbeiterin
                 (Die K. ist schwanger)

II. Sachverhalt

Gegen 01.40 Uhr versuchten die o.g. Personen 150 m südlich Wilhelmsruher-Damm in Richtung Ost-West die Grenze zu durchbrechen. Sie bewegten sich laufend in gebückter Haltung auf die Grenze zu, am Graben angelangt wurden sie von Gefr. Drews, H. Jürgen, aufgefordert stehen zubleiben. Gefr. D. gab, nachdem die Personen nicht stehen blieben 1 Warnschuß ab.
Die Grenzverletzer leisteten dieser Aufforderung nicht Folge, worauf Gefr. D. 9 Zielschüsse abgab (Dauerfeuer).
Hierbei wurde die Schmel, Dorit mit einem Bauchschuß und Brede, Eberhard durch einen Lungensteckschuß unterhalb des rechten Schulterblattes getroffen.

Der Posten Gefr. Drews übernahm die weitere Sicherung, Gefr. Kobert verständigte den Stützpunkt BB über die Sprechstelle Wilhelmsruher-Damm, Gefr. Bajerk und Radefeld eilten den Genossen zu Hilfe, tätigten die Festnahme und leisteten der Schmel, Dorit erste Hilfe. Der Zugfhr. Obf. Metz alarmierte die Betriebsfeuerwehr und überführte die Verletzten zum VP-Krankenhaus. Uffz. Müller verblieb im VP-Krankenhaus zur Bewachung. Die weiteren Festgenommenen wurden zum Stützpunkt Blankenfelde überführt.

III. Entschluß

- Mündliche Vorausmeldung an DpD-Brigade.
- Verständigung des Aufklärungsoffiziers der Abtlg. und des Stellv. d. Kommandeurs der G.-Abtlg.
- Auftrag an Kp.-Chef 1. Kompanie, sofort die Untersuchung des Vorkommnisses auf dem Stützpunkt vorzunehmen.
- Verständigung des Abwehroffiziers der Abtlg.
- Die Auswertung erfolgt nach Abschluß der Untersuchung vor dem gesamten Personalbestand der Abtlg.
- Einsatz einer Zusatzstreife zwischen Wilhelmsruher-Damm und Friedhof.
- Einsatz des Hundeführers zur Verstärkung des Nordabschnitts des Stützpunktes BB.

Lageoffz. – Oberleutnant –   Senftenberg

Heinz Jercha (geboren 1.7. 1934), gestorben 27.3. 1962

Bei der Fluchthilfe durch einen Tunnel wurde Jercha von Grenzern entdeckt und angeschossen. Er gelangte noch nach West-Berlin und verstarb unmittelbar darauf.

Philipp Held (geboren 2.5. 1942), gestorben 11.4. 1962

Er versuchte, die Spree im Berliner Osthafen zu durchschwimmen und ertrank.

Klaus Brueske (geboren 14.9. 1938), gestorben 18.4. 1962

Mit einem LKW versuchte er beim Grenzübergang Heinrich-Heine-Straße, die Kontrollstellen zu durchbrechen. Dabei wurde Brueske beschossen und tödlich getroffen.

Peter Böhme (geboren 1942), gestorben 18.4. 1962

Als Offiziersschüler versuchte er nach West-Berlin zu flüchten. Bei einer Schießerei mit Grenzsoldaten wurde er tödlich getroffen. Ebenso der Gefreite Jörgen Schmidtchen, der mit Waffengewalt die Fahnenflucht verhindern wollte (vgl. »Unvergessene Helden«, Seite 281 f.).

Ministerium des Innern
Bereitschaftspolizei
1.Grenzbrigade (B)
I.Grenzabteilung
- Kommandeur -

O.U.,den.29. April 1962

Vertrauliche Dienstsache
119/62
1. Ausf. 4 Blatt

A b s c h l u ß b e r i c h t
zum versuchten Grenzdurchbruch am
29.04.62 gegen o.3o Uhr

Gegen oo.3o Uhr versuchte der Bürger F r a n k , Horst
geboren am o7.Mai 1942 in Lommatzsch Kreis Meißen,wohnhaft in
Berlin-Weißensee,Smetanastraße 21 die Grenze 2oo m nördlich der
Klemkestraße vom Neuen Steg aus in Richtung Westberlin zu
durchbrechen.

Sachverhalt :
Die eingesetzten Posten,Postenführer
und Posten   erkannten vom Postenbereich am
Vereinssteg , am Graben in Richtung Neuer Steg eine männliche
Person,welche in den Graben gleitete.Die eingesetzten Posten begaben
sich im Laufschritt in dieser Richtung und Postenführer Feldwebel
         rief den Grenzverletzer an,der sich bereits aus dem
Graben heraus in Richtung Drahtsperre eilig bewegte.
Da dieser den Anruf nicht befolgte,gab F. einen Zielschuß ab.
Da die Posten ein weiteres Gleiten beobachteten,gab der Posten
               4 Zielschüsse ab und der herbei-geeilte
Nachbarposten   zwei weitere Zielschüsse
ab.Daraufhin blieb der Grenzverletzer zwischen dem 2. und 3.
Zaun liegen.
Der durch die Schüsse und Nachbarposten alarmierte Stützpunkt
unternahm sofort folgende Maßnahmen:
1. Einsatz der Reservegruppe zur Abriegelung.Siehe Skizze.
2. Unterleutnant M e t z i n g,Gerhard,Oberfeldwebel L u d w i g
   und Oberfeldwebel A r p s,Heinz begaben sich sofort zum
   Tatort und führten die Bergung des verletzten Frank durch.
3. Verständigung des Rettungsdienstes über die VP-Inspektion
   Pankow,welche einen Sankra der Feuerwehr einsetzte.
4. Überführung des verletzten Frank in Begleitung von Oberfeldwebel
   A r p s,Heinz in das VP-Krankenhaus.
5. Einsatzgruppe 2 des Präsidiums der VP - K-Dauerdienst
   VP-Revier 6 Keibestraße (Leutnant F l ä m i n g) übernimmt
   weitere Bearbeitung.

Vertrauliche Dienstsache

14 007 119/00 7

1 . Ausf. - 4 Bl.

Handlungen des Gegners :

Während der Abgabe der Schüsse zur Festnahme des Grenzverletzers,
wurde durch einen westberliner Bereitschaftspolizisten vom
Bahndamm aus, in Richtung des ▓▓▓▓▓▓▓▓▓▓▓▓ zweimal
geschossen.
Nach Aussagen des ~~Gefreite Kahre~~ Gefreiten Kahre ▓▓▓▓▓▓▓ gingen die Schüsse über das
Grenzgebiet.Bei dem Bereitschaftspolizisten handelt es sich
vermutlich um den Brückenposten der Klemkestraße.Gegen o1,oo Uhr
erscheinen am Tatort auf westlichem Gebiet,2 franz.Jeep, 1 MTW
der Bereitschaftspolizei und 1 Fstw. mit oa, 2o Personen.
Dabei werden folgende Handlungen beobachtet :
Ableuchten des Grenzgebietes mit Scheinwerfern,vermutlich um die
Person zu suchen,unsere Handlungen zu erkennen und Fotoaufnahmen
vom Tatort zu tätigen.
Da gegen oo,5o Uhr die Handlungen auf unserer Seite abgeschlossen waren,konnten keine Angaben in die Hände des Gegners gelangen.
Gegen o1,3o Uhr verließen die obengehannten Personen das Grenz-
gebiet in Richtung Westberlin.

Handlungen des Grenzverletzers :

Der Bürger F r a n k,Horst durchkroch vom Neuen Steg aus,den
Drahtzaun des 1oo m Streifens.Dabei durchkroch er das einge-
setzte Signalgerät und weiter in Richtung Graben.
Die Genossen,die die Bergung durchführten,fanden Fr. in der
S-Rolle zwischen 2. und 3. Zaun verfangen vor.
Ergebnis einer durchgeführten Durchsuchung seiner Papiere:
Frank war im Besitz einer Musterungsbescheinigung vom 23,03,62
In den Unterlagen wurde eine Adresse gefunden , M.Kleeberg,
Berlin N 65,Lütticher Straße 49,
Ein weiterer Zettel mit dem Vermerk:
XII 521 085 , Schlüter(Oberfähnrich) Chateau Zetelkem
(vorgesehen Kultusmia.)
Eine weitere Adresse : Koblenz,Reifeisenstraße 8o

Gegen o6,oo Uhr kehrte Oberfeldwebel A r p s zur Dienststelle
zurück und teilte mit,daß der Bürger Frank gegen o4,oo Uhr an den
Folgen der Verletzung verstorben ist.
Art der Verletzung : 1 Bauch-Lungenschuß und 2 Oberarmschüsse.

- 3 -

Entschluß : Gewährleistung der Benachrichtigung der Angehörigen.

Übergabe der mitgeführten Papiere an die zuständigen Organe.

Veränderung des Einsatzes der Signalgeräte.

Kommandeur der I.Grenzabteilung
- Major -   (O p i t z)

Lutz Haberlandt (geb. 29.4. 1938), gestorben 27.5. 1962

Ministerium des Innern, Bereitschaftspolizei.
Spitzenmeldung vom 27.5. 1962

[...]
Am 27.05. 1962 gegen 16.50 Uhr versuchte der
        Haberlandt, Lutz
        geb. am 29.04. 1938 in Berlin
        wohnhaft Berlin N. 58
        Dimitroffstr. 20
        Beruf: Maurer
am Alexanderufer, ca. 100 m nördlich der Eisenbahnüberführung die Staatsgrenze nach Westberlin zu durchbrechen.
Der H. hat vom Gelände der Charité aus die Begrenzungsmauer überstiegen.
Dabei gelangte er auf das Dach eines anliegenden Schuppens. Dort zog er
sich seine Jacke und die Schuhe aus. Diese Sachen ließ er auf dem Dache
liegen.
Danach überstieg er die zweite Mauer und lief in Richtung der Drahtsperre,
die ca. 15 m von der Mauer entfernt ist. [...] Nach Aussagen des Soldaten
wurde der Grenzverletzer beim 2. Schuß getroffen und blieb am Drahtzaun
liegen. Von den Genossen der Trapo wurden 1 Warnschuß und 18 Zielschüsse abgegeben.
[...]

Axel Hannemann (geboren 7.4. 1945), gestorben 5.6. 1962

Ministerium des Innern
Bereitschaftspolizei
1. Grenzbrigade (B)
III. Grenzabteilung

Berlin, den 05.06. 62

Bericht

zum versuchten Grenzdurchbruch im Abschnitt der 2. Kompanie der
III. Grenzabteilung am 05.06. 1962 um 17.30 Uhr.

Am 05.06. 1962 gegen 17.15 Uhr versuchte eine männliche, jugendliche
Person von der Marschallbrücke aus in Richtung Reichstagsufer schwimmend
die Staatsgrenze nach Westberlin zu durchbrechen. Durch Abgabe von gezielten Schüssen der Grenzposten wurde der Grenzverletzer getroffen und
versank.
Auf Befehl des Kommandeurs der 1. Grenzbrigade (B) wurde zur Untersuchung des o. g. Vorkommnisses eine Kommission eingesetzt.
Leiter der Kommission: Stabschef der III. GA, Hauptmann Dreißig
Mitarbeiter: Offz. f. Kommandantendienst, Leutnant Gebhardt

Sachverhalt:
Gegen 17.15 Uhr sprang eine männliche Person von der Ostseite
der Marschallbrücke in den Lastkahn Z 2-065
Schiffsführer: Hänsel, Werner, geb. am 30.08. 1930 in Rattwitz,
Beruf Schiffer
Arbeitsstelle: VEB Deutsche Schiffsreederei, Berlin, Grünstr. 5–6
auf die Sandladung. Durch den Schiffsführer wurde der Jugendliche bemerkt
und das Schiff unmittelbar unter der Marschallbrücke zum Stehen gebracht.
Die jugendliche Person versuchte, den Schiffer zu überreden, weiterzufahren.
Als er bemerkte, daß das Schiff zum Stehen gebracht wird, sprang er ins
Wasser. Durch den Schiffer konnte er jedoch wieder aus dem Wasser gezo-
gen werden. Durch Rufen bzw. durch Zeichen versuchte der Schiffer, die
Genossen vom AZKW oder unsere Genossen zu verständigen.
Dabei gelang es dem Grenzverletzer sich loszureißen und wieder ins Wasser
zu springen.
Die Grenzposten 7, VEB Deutsche Schallplatte, bemerkten den Grenzverlet-
zer, liefen an die Anlegestelle in Höhe VEB Deutsche Schallplatte.

Postenführer: Gefr. Dütsch, Wolfgang, geb. am 14.06. 1941, wohnhaft Neu-
mark, VP seit 14.09. 1959, organisiert FDJ, FDGB, DSF, Angehöriger
2. Komp. III. Zug

Posten: Gefr. Schlüsche, Rainhardt, geb. am 23.02. 41, wohnhaft
Oschersleben, Karl-Marx-Str. 18, VP seit 14.09. 1959, Angehöriger der
2. Komp. III. Zug

Zu diesem Zeitpunkt befand sich der Grenzverletzer ca. 10 m vor der Anlegestelle. Da mehrere Anrufe des Postenführers ergebnislos blieben, wurde
durch den Postenführer ein Warnschuß und anschließend 3 Zielschüsse abgegeben. Zur gleichen Zeit gab auch der Posten 2 Zielschüsse auf den
Grenzverletzer ab. Durch das gezielte Feuer wurde der Grenzverletzer getroffen und versank im Kanal.
Unmittelbar nach dem versuchten Grenzdurchbruch erschienen auf Westberliner Seite 3 Zöllner mit einem Hund, 1 engl. SPW und 4 Duepos. Ca.
10 Min. nach dem Vorkommnis erschienen ca. 20 Zivilisten, größten Teils
ausgerüstet mit Fotoapparaten.
[...]
Der Erschossene hinterließ einen Brief, in dem folgendes steht
"Wenn Ihr diesen Brief lest, habe ich unseren Staat
verlassen oder ..... Bitte, verzeiht mir, wenn Ihr
es könnt. Ich habe keinen anderen Ausweg. Den Grund
schreibe ich Euch, wenn ich es geschafft habe. Daß
ich nichts verbrochen habe, kann ich schon heute
sagen. Auch braucht Ihr Euch keinen Vorwurf zu machen.
Ich hoffe nur, daß ich Euch keine Unannehmlichkeiten
mache. Grüße und Küsse."

Der Erschossene arbeitete als Monteur in einem Elektrobetrieb,(FF
kein Herumtreiber, bei der VP noch nicht negativ in Erscheinung
getreten, ging in eine Tanzstunde, hatte keinen näheren Freundes-
kreis, zur Zeit werden noch Ermittlungen im Betrieb und bei
Angehörigen des Tanzzirkels/ geführt.
[...]

Charlotte Hannemann

In schwerer Zeit

Unseren Sohn Axel Hannemann, der in der schweren Zeit vor Beendigung des Zweiten Weltkrieges am 27. April 1945 geboren wurde, verloren wir durch heimtückische Schüsse am 5. Juni 1962 an der Mauer in Berlin. In der Nacht vom 5. zum 6. Juni 1962 wurden mein Mann und ich gegen 24 Uhr durch zwei Kriminalbeamte aufgefordert, zu einem Verhör ins Kriminalamt Cottbus, Karl-Liebknecht-Straße, mitzukommen. Dort wurde uns gefühllos mitgeteilt, daß unser Sohn Axel, beim Versuch die Grenze in Berlin illegal zu überwinden, auf der Flucht über den Teltow-Kanal durch einen Kopfschuß tödlich getroffen wurde. Mein Mann und ich sind ca. eine Stunde getrennt verhört worden. Am folgenden Tag lasen wir in unserer Kreiszeitung, daß der *Verbrecher* Axel Hannemann seinen Verletzungen erlegen ist.

Auch wurde in unserer Wohnung von einem Staatsanwalt und einem Kriminalbeamten eine Haussuchung durchgeführt. Die Hausbewohner und die Nachbarschaft sowie der Sportverein und die Lehrwerkstatt, wo unser Sohn beschäftigt war, wurden ausgefragt und unter die Lupe genommen. Dort gab es aber nur gute Auskünfte über unseren Sohn. Nach ca. zehn Tagen bekamen wir eine Aufforderung der Kriminalpolizei, zu einer Aussprache nach Berlin zu kommen. Dort wurden wir wieder über unsere Familie befragt. Wir konnten aber nur Positives berichten, da unsere zwei Söhne und eine Tochter eine gute Lehrausbildung und Studium absolviert hatten.

Nach Beendigung der Aussprache wurden wir zum Leichenschauhaus geschickt. Mein Mann und ich aber waren nicht in der Lage, unseren Sohn mit seinen schweren Verletzungen noch einmal zu sehen. Die zuständige Aufseherin riet uns auch ab. Daraufhin wurden uns die Armbanduhr und die Manschettenknöpfe ausgehändigt. So erfolgte dann die Freigabe zur Einäscherung. Die Urne wurde nach vier Wochen unserer Friedhofsverwaltung in Cottbus überstellt.

Pfarrer Ziethe erklärte sich bereit, für unseren Sohn Axel die Grabrede zu halten. Von der Abteilung Inneres wurden aber Auflagen erteilt. So sollten keine Lehrlinge, keine Sportfreunde und Mitarbeiter des ehemaligen Betriebes an der Trauerfeier und Beisetzung teilnehmen. Von Beamten in Zivil wurden wir während der Beisetzung beobachtet. Uns wurde bekannt, daß am Nachmittag des Tages der Beisetzung die Jugendlichen und

Freunde unseres Sohnes Axel einen Rosenkranz zum Gedenken an die Grabstelle legten.

Durch diese schweren Ereignisse wurde mein Mann sehr schwer krank, daß ich um sein Leben bangte.

In einer Sendung im West-Fernsehen, das uns ja zu dieser Zeit nicht erlaubt war, sahen wir, daß für unseren Sohn Axel ein Kreuz an der Mauer in Berlin zum Gedenken aufgestellt worden war.

Nach Öffnung der Mauer kam mir die Tragik noch einmal zum Bewußtsein. Leider konnte mein Mann die Öffnung der Grenze nicht mehr erleben. Er starb am 12. Oktober 1982. Mein seelischer Zustand erlaubte es nicht, sogleich nach Berlin zu fahren. Meine Kinder begleiteten mich nach einem Jahr zu der Gedenkstätte, dem Kreuz an der Mauer in Berlin, um dort erstmalig für meinen Sohn und unseren Bruder unsere Blumen niederzulegen.

In der Hoffnung, daß Menschen nicht noch einmal durch solch unsinnige Willkür ihr Leben lassen müssen, schließe ich meinen Bericht.

Erna Kelm (geboren 21.7. 1908), gestorben 11.6. 1962

Beim Durchschwimmen der Havel trat durch Herzschlag der Tod ein.

Unbekannter Mann, gestorben 22.6. 1962

Bei seiner Flucht über die Sperranlagen wurde er von Grenzern tödlich getroffen.

Siegfried Noffke (geb. 9.12. 1939), gestorben 28.6. 1962

Nach vollendetem Tunnelbau wollte er mit anderen Fluchthelfern Flüchtlinge nach West-Berlin schleusen. Noffke wurde von Grenzern entdeckt und erschossen.

Unbekannter Mann, gestorben 29.7. 1962

Der Mann wurde auf der Flucht durch die Exklave Eiskeller von Grenzern tödlich getroffen.

Peter Fechter (geboren 14.1.1944), gestorben 17.8.1962

Ministerium des Innern
1. Grenzbrigade (B)
– Kommandeur –

Geheime Verschlußsache!

O. U., den 17.08.1962

Bericht

über das besondere Vorkommnis im Abschnitt der IV. Grenzabteilung, Charlottenstraße, am 17.08.1962, 14.15 Uhr, mit Anwendung der Schußwaffe gegen Grenzverletzer

Am 17.08.1962, um 14.15 Uhr, erfolgte durch eine männliche Person ein Grenzdurchbruch in der Zimmerstraße/Charlottenstraße, Unterabschnitt 1, 4. Kompanie, Posten 3, der IV. Grenzabteilung aus der Hauptstadt der DDR in Richtung Westberlin. Ein zweiter Grenzverletzer wurde dabei schwer verletzt ins VP-Krankenhaus eingeliefert, wo er gegen 15.15 Uhr verstarb.
Die eingesetzte Untersuchungsgruppe der IV. Grenzabteilung in ihrer Zusammensetzung Stellvertreter für Politische Arbeit Hauptmann Gottberg, Propagandist Oberleutnant Lenk, Kompaniechef der 4. Kompanie, der IV. Grenzabteilung Hauptmann Stankewitz und Leiter der Abteilung Operativ der Brigade Hauptmann Strunz stellten folgenden Sachverhalt fest:
Gegen 14.15 Uhr beobachtete der Postenführer Unteroffizier Friedrich und Posten Gefr. Schreiber Ecke Zimmerstraße, Markgrafenstraße, wie eine männliche Person aus dem Hinterland über den 1. Drahtzaun den Kontrollstreifen überwand und in Richtung Mauer lief. Im Abstand von 2–3 Metern folgte eine weitere männliche Person, Unteroffizier Friedrich eröffnete sofort das Feuer auf beide Grenzverletzer. Die Entfernung von Postenführer zu den Grenzverletzern betrug etwa 50 m. Insgesamt gab der Postenführer 17 und der Posten 7 Schuß ab.
Die Nachbarposten Feldwebel Schönert und Gefreiter Buske vernahmen die Schüsse, beobachteten ebenfalls die Grenzverletzer unmittelbar an den Grenzsicherungsanlagen und eröffneten das Feuer. Feldwebel Schönert und Gefreiter Buske gaben insgesamt 11 Schuß ab.
Die 1. Person befand sich bereits zu diesem Zeitpunkt auf der Mauer im toten Winkel zu den Grenzposten, wodurch ein weiteres gezieltes Feuer auf Westberliner Territorium gerichtet wäre. Dem Grenzverletzer gelang es, die Mauer zu überwinden. Es muß angenommen werden, daß dieser Verletzungen davontrug, da er kurze Zeit später durch einen Westberliner Krankenwagen abtransportiert wurde.
Die zweite Person wurde getroffen und brach unmittelbar an der Mauer zusammen.
Unteroffizier Friedrich und Gefreiter Schreiber bezogen sofort Stellung im Graben, beobachteten das gegnerische Gelände und stellten fest:
Duepos und Zivilpersonen trugen eine Leiter an die Mauer heran, mit der vermutlichen Absicht unter Verletzung des Territoriums der DDR, den verletzten Grenzverletzer zu bergen.
Fotografen fotografierten unmittelbar an der Mauer auf der Leiter stehend den verletzten Grenzverletzer. Zur Verstärkung herangeführte Duepos und Zöll-

ner, insgesamt etwa 50, bezogen Stellung und richteten ihre Waffen auf die im Abschnitt Charlotten-/Ecke Zimmerstraße eingesetzten Grenzposten. Vermutlich haben die Duepos kein Feuer auf unsere Grenzposten geführt. Überprüfungen ergaben, daß zwei Tränengaskörper mit Sprengsatz und 15 weitere Knallkörper von den Duepos auf unser Territorium geworfen wurden und unsere Grenzposten der Meinung waren, daß die Duepos das Feuer eröffnet hätten.

Vom KPP-Friedrichstraße eilten unmittelbar nach dem Vorkommnis der Oberfeldwebel Wursel und Gefreiter Lindenlaub an die Stelle der Handlung zur Unterstützung.

Zur Bergung des verletzten Grenzverletzers wurden durch die eigenen Kräfte aus der Ruine Zimmerstraße 72–74 ein Nebelvorhang gelegt, in dessen Schutz es dem Oberfeldwebel Wursel und Gefreiten Lindenlaub gelang, den Grenzverletzer zu bergen, einem Funkstreifenwagen zu übergeben und den Abtransport zum VP-Krankenhaus zu veranlassen.

Unmittelbar nach dem Vorkommnis war eine Menschenansammlung von 200–300 Personen auf Westberliner Seite zu verzeichnen mit Fotografen, die Foto- und Filmaufnahmen machten, unsere Grenzposten provozierten und die Duepo aufforderten, das Feuer auf unser Territorium zu eröffnen. Die Duepos machten von der Anwendung der Schußwaffe keinen Gebrauch.

Nach Meldung des besonderen Vorkommnisses wurde sofort befohlen:
a) Kommandeur IV. Grenzabteilung und Untersuchungsgruppe haben sich sofort zum Tatort zu begeben;
b) die zur Sicherstellung des Zusammenwirkens zu informierenden Organe erhielten von dem Vorkommnis Kenntnis;
c) 2 SPW, 1 Wasserwerfer und 1 Reservezug sowie Sankra und Laukra wurden zum Ort der Herstellung befohlen;
d) fotografische Sicherstellung der Handlung des Gegners, HOK und KTI wurden zum Einsatzort gebeten.

Nach Bergung des schwerverletzten Grenzverletzers wurde sofort in diesem Abschnitt die normale Lage hergestellt, SPW's und Wasserwerfer abgezogen, gedeckte Posten eingesetzt und ein Offiziersbeobachter befohlen. Weiterhin wurde festgelegt, in diesem Abschnitt eine Hinterlandsicherungsstreife einzusetzen.

Gegen 15.15 Uhr wurde dem Stab der Brigade mitgeteilt, daß der Grenzverletzer im VP-Krankenhaus seinen Verletzungen erlegen ist. Die Personalien des Grenzverletzers sind nicht bekannt, da keine Papiere aufgefunden wurden. Das Präsidium der Volkspolizei hat die Ermittlung der Person übernommen.

Gemeldet wurde, daß unmittelbar nach dem Vorfall eine männliche und weibliche Person im jugendlichen Alter sich am Tatort aufhielten und die weibliche Person zur männlichen folgende Äußerung machte: »Das ist der Posten der geschossen hat, den müssen wir gleich fotografisch festhalten!«

Aufgrund dieser Äußerung wurden beide Personen festgenommen und dem Stützpunkt zugeführt.

Personalien der beiden Personen:

Renate Pietsch, geb. 16.2. 1945 in Berlin, wohnhaft Wisbyerstr. 67, Berlin-Pankow.
Wolf Dieter Zopke, geb. 6.6. 1943 in Berlin,
wohnhaft Berlin 58, Schönhauser Allee 168a.

Gegen 17.30 Uhr wurde festgestellt, daß auf gegnerischer Seite, 4 Meter von der Mauer entfernt, gegenüber dem Tatort, ein Holzkreuz aufgestellt und Blumen abgelegt wurden.

Schlußfolgerungen:
1. Die Handlungen der Grenzposten waren richtig, zweckmäßig und zielstrebig. Der Schußwaffengebrauch war gerechtfertigt, wobei in Frage gestellt ist, ob mit gezieltem Einzelschießen die gleiche Wirkung erzielt hätte werden können.
2. Die Feuerführung auf den 2. Grenzverletzer wäre entgegen des Befehls des Ministers des Innern gewesen, da die Schüsse direkt auf Westberliner Gebiet in Richtung Springerkonzern eingeschlagen wären.
3. Die Legung der Nebelwand war zweckmäßig, wodurch dem Gegner die Sicht genommen und der verletzte Grenzverletzer geborgen werden konnte.
4. Vermutlich handelt es sich um eine vorbereitete Provokation, da vor der Ausführung der Grenzverletzung eine weibliche Person sich unmittelbar an den Grenzsicherungsanlagen auf Westberliner Gebiet befand und unser Gebiet beobachtete.

Eingeleitete Maßnahmen:
1. Auf meinen Befehl wurden der Postenführer Unteroffizier Friedrich und der Unteroffizier Schreiber sowie der Oberfeldwebel Wursel und Gefreiter Lindenlaub prämiiert.
2. Das Vorkommnis wurde sofort in allen Einheiten der IV. Grenzabteilung ausgewertet.
3. Im Abschnitt Charlottenstraße/Zimmerstraße wurde verstärkte Beobachtung befohlen, 1. Offiziersbeobachter eingesetzt, die fotografische Sicherstellung der weiteren Handlungen des Gegners angewiesen und eine Hinterlandstreifensicherung eingesetzt.
Das Vorkommnis wird im Rapport nicht aufgeführt, um die Namen der Genossen geheimzuhalten.

– Oberst –   (Tschitschke)

Klaus-Dieter Weser (geb. 1.1. 1943), gestorben 23.8. 1962

Geheime Verschlußsache!

[...]

D.Vorkommnisse in den eigenen Einheiten:
Keine besonderen Vorkommnisse
Fahnenflucht:
Gegen 20.13 Uhr wurde vom S-Bahnhof Bornholmer Straße der ehemalige VP-Oberwachtmeister
                    Weser, Klaus-Dieter, geb. 01.01. 1943
fahnenflüchtig.
Bei der Ausübung seines verbrecherischen Vorhabens wurde W. durch seine Posten mit Waffengewalt (8 Schuß MPi -K-) unter Feuer genommen und unmittelbar an der Staatsgrenze tödlich verletzt. Dem W. gelang es mit letzter Kraft noch einige Meter auf westberliner Gebiet zu kriechen. Ein Einsatzkommando der Duepo barg den tödlich verletzten W. und überführte ihn in ein Krankenhaus, wo der Tod festgestellt wurde. Nähere Einzelheiten siehe ausführlichen Bericht am 24.08. 1962 – 7.00 Uhr –

– Oberleutnant –   (Schreiber)

106

Unbekannte Person, gestorben 4.9.1962

Ernst Mund, gestorben 4.9.1962

Ministerium für Nationale Verteidigung, Stadtkommandantur Berlin.
Operative Tagesmeldung Nr. 009/62

<u>Geheime Verschlußsache!</u>

[...]

– Gegen 01.45 Uhr wurde eine Person aus Richtung Osthafen kommend in
Richtung Landwehrkanal schwimmend festgestellt.
Die Entfernung von unserem Posten betrug ca. 50 m und der vermutliche
Grenzverletzer befand sich ca. 10 m westlich der Pioniersperre (Dalben).
Das Feuer auf den Grenzverletzer wurde durch 4 Schuß Einzelfeuer aus
der Maschinenpistole geführt. Nach Abgabe der Schüsse wurde der vermutliche Grenzverletzer nicht mehr gesehen. Es wurde nicht beobachtet,
daß der vermutliche Grenzverletzer die Spree am westlichen Ufer verlassen hat.
Gegen 08.00 Uhr wurde die Suche nach dem vermutlich getöteten Grenzverletzer durch 6 Taucher der Feuerwehrinspektion Friedrichhain aufgenommen und gegen 16.30 Uhr erfolglos abgebrochen.

[...]

Anton Walzer (geboren 27.4. 1902), gestorben 8.10. 1962

NATIONALE VOLKSARMEE
DER STADTKOMMANDANT
DER HAUPTSTADT
DER DEUTSCHEN DEMOKRATISCHEN REPUBLIK
BERLIN

Berlin, den 9. 10. 1962

B e r i c h t

über den verhinderten Grenzdurchbruch am
08. 10. 1962 gegen 22.10 im Abschnitt der
4./IV./1. Grenzbrigade

Am 08. 10. 1962 gegen 22.10 Uhr stellten der Postenführer

Stabsgefreiter   O r f, Arno

und der
Posten   Soldat   D e l i g a, Dieter

eingesetzt als Posten 9 im Abschnitt Mühlenstr. (11-N-2,
Stadtplan Berlin 1 : 25 000) fest, wie eine Person die Grenze nach Westberlin durch Überschwimmen der Spree durchbrechen wollte. Der Postenführer forderte daraufhin die Person
auf, sofort zurückzukommen und gab 2 Warnschüsse in Richtung des Grenzverletzers ab. Da die Person nicht darauf
reagierte und weiter in Richtung Westberlin schwamm, gaben
der Postenführer und der Posten mehrere gezielte Schüsse ab,
in deren Ergebnis der Grenzverletzer getroffen wurde und in
der Spree versank.
Die Leiche wurde am 09. 10. 1962 gegen 08.25 Uhr aus der
Spree geborgen und der IV. Grenzabteilung zugeführt. Bei dem
Grenzverletzer handelt es sich um:

W a l z e r, Anton
27. 04. 1902 in Weila/Ravensburg
wohnhaft: Berlin-Weißensee, Am Steinberg 104 d
Beruf: Lacksieder
BPA-Nr.: XV-436 1007
zugezogen 1959 aus Offenbach/Main

Der Grenzdurchbruch wurde während der eigenen Handlungen von Westberliner Seite durch ca. 7 gezielte Schüsse auf unsere Posten unterstützt. Durch das taktisch richtige Verhalten der Genossen hatte die Feuerführung der Westberliner Provokateure keinen Erfolg.

Zur Zeit des versuchten Grenzdurchbruches sammelten sich auf Westberliner Seite ca. 150 Zivilpersonen und mehrere uniformierte Kräfte Westberlins sowie ein Fahrzeug der US-Armee an. Während der Bergungsarbeiten am 9. 10. 1962 wurden von Westberliner Seite Film- und Fernsehaufnahmen getätigt.

Schlußfolgerungen:

1. Die eingesetzten Posten haben trotz des gezielten gegnerischen Feuers initiativreich und taktisch richtig gehandelt und dadurch den erteilten Kampfauftrag vorbildlich erfüllt.

2. Durch die Abteilungskommandeure und Kompaniechefs wurde mit den im Grenzgebiet befindlichen staatlichen Institutionen und Betrieben noch nicht ein enges Verhältnis als Voraussetzung einer guten Zusammenarbeit zur wirksamen Sicherung der Staatsgrenze hergestellt. (Betriebsschutz bzw. Wachkräfte)
   Das Zusammenwirken mit den im grenznahen Gebiet handelnden Kräften des MdI ist noch nicht in vollen Umfange verwirklicht.

3. Das Vorkommnis zeigt, daß die zur Zeit zur Verfügung stehenden Mittel der technischen Ausrüstung (Scheinwerfer, Funk, Mot.-Streifen usw.) unzureichend sind und einer Verbesserung bedürfen, um in ähnlichen Situationen zielstrebiger und sicherer aktive Handlungen durchführen zu können.

Ausgehend von der Tatsache, daß von Westberliner Seite aus, entgegen den internationalen Bestimmungen gezieltes Feuer auf das Territorium der DDR geführt wurde, schlage ich vor, diese Provokation entsprechend auszuwerten (Beweismaterial wurde sichergestellt.)

Generalmajor   /Poppe/

109

Otfried Reck (geboren 14.12. 1944), gestorben 27.11. 1962

Nationale Volksarmee, Stadtkommandantur Berlin.
Operative Tagesmeldung Nr. 093/62.

[...]

Gegen 18.30 Uhr machten sich in der Gartenstr., 1. Kp./III. GA (9 L
1/2390-3) 2 männl. Zivilpersonen am Lichtschacht der S-Bahn zu schaffen.
Als sich der Stützpunktleiter mit 2 Soldaten dem Tatort näherte, ergriffen sie
die Flucht. Da sie der Aufforderung, stehenzubleiben, nicht nachkamen, wurden 4 Schuß abgefeuert. Durch die Anwendung der Schußwaffe konnte der

> Reck, Ottfried
> geb. 14.12. 1944 in Berlin
> wohnh. Berlin N 4
> Wilhelm-Pieck-Str. 225–227
> Tankwartlehrling

gestellt werden. Er wurde durch 2 Schüsse in den Oberkörper verletzt.
Die 2. Person konnte in das eigene Hinterland entkommen. Fahndungsmaßnahmen nach dieser Person wurden eingeleitet. Der R. verstarb gegen 21.30
Uhr im VP-Krankenhaus. Er war wegen staatsgefährdender Hetze vorbestraft
und führte Unterlagen seiner Vorstrafe mit sich.
[...]

Genossen
Honecker   Sicherheitsfragen   Bau/L   28. 11. 62

Werter Genosse Honecker!

Von der Stadtkommandantur Berlin wird gemeldet:

Am 27.11. 1962 gegen 18.30 Uhr versuchte der Tankwartlehrling Reck Ott-
fried (17 Jahre), wohnhaft Berlin N 4, Wilhelm-Pieck-Straße 225–227 mit einem noch unbekannten Jugendlichen die Staatsgrenze nach Westberlin zu
durchbrechen.
Die beiden Jugendlichen versuchten durch das Aufbrechen eines Gitters am
S-Bahnschacht an der Gartenstraße nach Westberlin zu entkommen.
Da die beiden Jugendlichen auf Anruf nicht stehenblieben, machte der
diensthabende Zugführer der Grenzabschnittes von der Schußwaffe Gebrauch. Durch die Anwendung der Schußwaffe konnte der R. gestellt werden.
Er erhielt zwei Schüsse in den Oberkörper. Gegen 21.30 Uhr verstarb er im
VP-Krankenhaus. Der andere Täter konnte unerkannt entkommen.
Der R. war wegen staatsgefährdender Hetze vorbestraft und führte Unterlagen seiner Vorstrafe mit sich. Nach Mitteilung des Kommandeurs der
1. Grenzbrigade, Oberst Tschitschke, handelte der Zugführer entsprechend
den gegebenen Weisungen.

Mit sozialistischem Gruß!

Borning

Zwei unbekannte Personen, gestorben 5. 12. 1962

Nationale Volksarmee, Stadtkommandantur Berlin.
Operative Tagesmeldung Nr. 101/62.

[...] <u>Geheime Verschlußsache!</u>

Versuchter Grenzdurchbruch mit Anwendung der Schußwaffe und vermutlich
tödlichem Ausgang am 05. 12. 1962 gegen 23.30 Uhr im Abschnitt der 1.Kp./
SGA/2.GBr. im Planquadrat 18 A 4/0972-6:
[...]

Da nach der Feuerführung der Posten keine Geräusche mehr zu hören waren
und nach den Handlungen des Gegners zu urteilen, ist anzunehmen, daß der
Grenzdurchbruch nicht gelang, sondern der Grenzverletzer ertrunken ist.
[...]

Hans Räwel (geboren 11. 12. 1942), gestorben 1. 1. 1963

REGIERUNG
DER DEUTSCHEN DEMOKRATISCHEN REPUBLIK
Ministerium für Nationale Verteidigung
DER MINISTER

Berlin, den 2. 1. 1963

Mitglied des Politbüros des Zentralkomitees der Sozialistischen
Einheitspartei Deutschlands

Genossen Erich   H o n e c k e r

Werter Genosse Honecker!

Wie mir der Stadtkommandant der Hauptstadt der DDR, Genosse
Generalmajor Poppe meldet, versuchte am 01. 01. 1963 gegen
06.15 Uhr eine männliche Person im Osthafen Berlins, ca. 300 m
ostwärts der Oberbaumbrücke, schwimmend das westberliner Ufer
zu erreichen. Bei der Verfolgung des Grenzverletzers wurde durch
die Besatzung eines Bootes der Grenztruppen das Feuer aufgenommen. Die letzte Bekämpfung des Grenzverletzers erfolgte in einer
Entfernung von ca. 20 m vom Boot. Danach tauchte der Grenzverletzer nicht mehr auf. Es ist anzunehmen, daß der Grenzverletzer
tödlich verletzt wurde.

Nach Beendigung der Handlungen drehte das Grenzboot gegen 06.30
Uhr zur weiteren Beobachtung bei und wurde von westberliner Seite mit zwei Feuerstößen aus Maschinenwaffen beschossen. Die gegnerischen Kräfte wurden dabei nicht erkannt.

Durch diesen Beschuß erhielt das Boot der Grenztruppen in den
Decksaufbauten zwei Treffer. Der Bootsführer Unteroffizier
M a s c h e l , Joachim wurde durch Splitter im Genick und im
Gesicht leicht verletzt. Nach ambulanter Behandlung im VP-Kran-
kenhaus konnte dieser wieder entlassen werden.

Während dieser Aktion wurde von unseren Sicherheitskräften und
der Besatzung des Bootes westberliner Territorium nicht beschossen. Die Suche nach der Leiche wurde am gleichen Tag gegen 18.00
Uhr begonnen und gegen 23.00 Uhr ergebnislos abgebrochen.

Eine Überprüfung des gefundenen Projektes durch das Kriminal-
Technische-Institut ergab, daß es sich bei der Schußwaffe um
ein Schnellfeuergewehr amerikanischer Herkunft handeln muß.
Gegenwärtig sind mit diesen Waffen die USA-Besatzer und die
westberliner Bereitschaftspolizei ausgerüstet.

Die Bekanntgabe dieses Vorfalls habe ich in der Presse vornehmen lassen.

                              Mit sozialistischem Gruß!

- Armeegeneral -   / H o f f m a n n /

Horst Kutscher (geboren 5.7.1931), gestorben 15.1.1963

Genossen		Geheime Verschlußsache!	
Honecker	Sicherheitsfragen	Bau/L	15.01.63

Werter Genosse Honecker!

Durch die Stadtkommandantur Berlin wird gemeldet:
Am 15.01.1963 gegen 00.10 Uhr bemerkten die eingesetzten Grenzposten an der Rudower Chaussee (Stadtbezirk Treptow) im Abschnitt der 1. Grenzbrigade, daß sich südlich der Wredebrücke zwei Personen auf dem 10 m-Kontrollstreifen in Richtung Westberlin bewegten. Den Anruf der Grenzposten beachteten die Grenzverletzer nicht. Daraufhin gab der Postenführer einen Warnschuß ab. Nach Abgabe des Warnschusses sprangen die Grenzverletzer auf, um die Staatsgrenze zu überwinden. Daraufhin gab der Postenführer zwei gezielte Schüsse ab, wobei einer der Grenzverletzer dabei durch Bauchschuß tödlich verletzt wurde.
Durch den Zugführer wurden sofort Maßnahmen zum schnellen Abtransport des tödlich verletzten Grenzverletzers aus dem Grenzgebiet eingeleitet.
Bei dem tödlich verletzten Grenzverletzer handelt es sich um den

> Kutscher, Horst, geb. 05.07.31
> wohnhaft: Berlin-Adlershof, Otto-Franke-Str. 74

Der K. ist bereits mehrmals vorbestraft, u.a. wegen Diebstahl, Widerstand gegen die Staatsgewalt und Körperverletzung.
Aus seinen Papieren geht hervor, daß er am 15.10.1962 aus der Haftanstalt Berlin entlassen wurde.
Bei dem festgenommenen Grenzverletzer handelt es sich um den

> Fengler, Joachim, geb. 23.04.1931
> wohnhaft: Berlin-Adlershof, Büchnerweg 28

Die erste Befragung des Festgenommenen ergab, daß beide seit den Mittagsstunden mehrere Gaststätten aufgesucht hatten und unter Alkoholeinfluß die Staatsgrenze in Richtung Westberlin durchbrechen wollten.
Zur genannten Tatzeit wurden keinerlei Personenbewegungen oder Kfz-Bewegungen im westlichen Vorfeld erkannt. Auch im eigenen Hinterland gab es keinerlei Personenbewegungen.
Die eingesetzte Grenzstreife im Abschnitt des Vorkommnisses handelte wachsam und taktisch richtig.
Der Postenführer wurde für sein vorbildliches Verhalten mit der Medaille »Für vorbildlichen Grenzdienst« und der Grenzposten mit dem Leistungsabzeichen der Nationalen Volksarmee ausgezeichnet.

> Mit sozialistischem Gruß!

> Borning

Peter Kreitlow (15.1. 1943), gestorben 24.1. 1963

Beim Fluchtversuch wurde er von einer sowjetischen Grenzstreife beschossen und tödlich getroffen.

Geheime Verschlußsache!

Genossen			
Honecker	Sicherheit	Bau/Br.	24. 1. 63

Werter Genosse Honecker!

Am 24.1. 1963, gegen 01.10 Uhr, versuchten 5 Jugendliche im Abschnitt der 2. Grenzbrigade Niederneuendorf/Oranienburg die Staatsgrenze nach Westberlin zu durchbrechen. Von den Jugendlichen sind 3 davon in Berlin wohnhaft, 1 Jugendlicher stammt aus Hennigsdorf und 1 Jugendlicher kommt aus Rostock.
Die Jugendlichen wurden von einer Streife der dort in der Nähe stationierten sowjetischen Einheit gestellt. Als sie nach Anruf nicht stehenblieben, machten die sowjetischen Genossen von der Schußwaffe Gebrauch. Dabei wurde 1 Jugendlicher getötet und 1 anderer verletzt.
Die 3 weiteren Jugendlichen konnten unverletzt festgenommen werden.
Die Untersuchung des Vorkommnisses ist noch nicht abgeschlossen.
Weiterhin wird gemeldet, daß am 24.1. 1963, gegen 06.30 Uhr, 2 Unteroffiziere der 1. Grenzbrigade (Postenführer) im Grenzabschnitt bei Schönholz/Pankow nach Westberlin fahnenflüchtig wurden.
Die Untersuchung über die Ursache der Fahnenflucht wird noch geführt.

Mit sozialistischem Gruß

Borning

Hedwig Forgert (geboren 7.5. 1919), gestorben April 1963

Nationale Volksarmee, Stadtkommandantur Berlin.
Operative Tagesmeldung Nr. 106/63.

Geheime Verschlußsache!

[...]
Gegen 09.40 Uhr wurde durch Angehörige der III./1. GBrig. im Flußbett der Spree nordöstlich der Marschallbrücke eine weibliche Wasserleiche gesichtet. Gegen 10.35 wurde diese durch die Feuerwehr geborgen und dem Leichenschauhaus zugeführt. Hierbei handelt es sich wahrscheinlich um die Forgert, Hedwig, geb. Orlowski, geb. 07.05. 1919, wohnh. gew. Bln-Schönholz, Schönhauserstraße 3. Selbstmordverdacht.
[...]

114

Peter Maedler (geboren 10.7. 1943), gestorben 26.4. 1963

Nationale Volksarmee, Stadtkommandantur Berlin.
Operative Tagesmeldung Nr. 116/63.
[...]   Geheime Verschlußsache!
Vorkommnisse im Grenzgebiet:
Verhinderter Grenzdurchbruch:
Um 04.45 Uhr bemerkte der Postenführer im Abschnitt der 2./III./1./2. GBr.
(1081-7) eine schwimmende Person im Teltow-Kanal. Da die Person in Richtung Westen schwamm, machte der Postenführer nach Aufforderung zurückzuschwimmen von der Schußwaffe Gebrauch. (Zielschüsse Postenführer 30 Posten 3 Schuß.) Der Grenzverletzer tauchte danach ab. Die Suchaktion durch Einsatz von Tauchern war erfolglos. Um 16.45 Uhr konnte der Grenzverletzer durch die Abt. F des VPKA Potsdam geborgen werden.
Bei der Leiche handelt es sich um den
                  Maedler, Peter geb. 10.07.43
                  wohnhaft gewesen: Kleinmachnow, Philipp-Müller-Allee 71
Der M. führte einen Zellophanbeutel mit sich, in welchem sein DPA, SVK-Ausweis, Wehrpaß, Fahrerlaubnis, Facharbeiterzeugnis und FDGB-Mitgliedsbuch waren.
[...]

Klaus Schröter (geboren 21.2. 1940), gestorben 4.11. 1963

Genossen
Honecker   Sicherheitsfragen   Bau/L   04.11.63

Werter Genosse Honecker !

Von der Stadtkommandantur Berlin wird uns folgendes
gemeldet:

Am 04. 11. 1963 gegen 04.01 Uhr versuchte eine männliche
Person im Abschnitt der 1. Grenzbrigade, am Reichstagsufer
über die Spree schwimmend nach Westberlin zu gelangen.
Nach erfolgtem Warnschuß gaben die diensttuenden Grenzposten
gezielte Schüsse auf den Grenzverletzer ab, die ihn tödlich
verletzten.
Gegen 07.45 Uhr wurde die tödlich verletzte Person geborgen.
Einige Personen auf Westberliner Seite verfolgten die
Bergungsaktion.

Nach Mitteilung des Stadtkommandanten, Genossen Generalmajor
Poppe, verhielten sich die diensttuenden Grenzposten richtig
und handelten entsprechend den vorhandenen Weisungen.

                  Mit sozialistischem Gruß

                  Borning

Dietmar Schulz, gestorben 25.11.1963

Nationale Volksarmee, Stadtkommandantur Berlin.
Operative Tagesmeldung Nr. 329/63.

[...]   Geheime Verschlußsache!

3.Vorkommnis im Grenzgebiet
– 21.20 Uhr 3./31. (2791-5) sprang eine männl. Person 40 m südlich der
Maximilianstraße aus dem fahrenden S-Bahnzug. Die Person wurde mit
Schädelbruch in das VP-Krankenhaus eingeliefert, wo sie verblieb.
[...]

Dieter Berger (geboren 27.10.1939), gestorben 13.12.1963

Nationale Volksarmee, Stadtkommandantur Berlin.
Operative Tagesmeldung Nr. 347/63.

[...]   Geheime Verschlußsache!

– Gegen 15.10 Uhr wurde im Abschnitt 1./42. (1199-1) ca. 400 m
nordwestlich der Wredebrücke eine männl. Person nach Anwendung der
Schußwaffe festgenommen. Der Grenzverletzer starb an den Folgen
der Verletzung auf dem Transport zum VP-Krankenhaus im Sankra.
Personalien konnten nicht festgestellt werden, da er keine Papiere bei
sich trug.
[...]

Paul Schultz (geboren 2.10.1945), gestorben 25.12.1963

Der Flüchtling überwand schwerverletzt die Mauer und verstarb unmittelbar darauf.

Nationale Volksarmee, Stadtkommandantur Berlin.
Operative Tagesmeldung Nr. 359/63.

[...]   Geheime Verschlußsache!

III. Eigene Einheiten

Schußwaffengebrauch
– 16.30 Uhr 3.35. (2093-1) wurden beim Grenzdurchbruch DDR-West durch
Posten 13 Schuß ohne Erfolg abgegeben.
[...]

Walter Heyn (geboren 31.1. 1939), gestorben 27.2. 1964

NATIONALE VOLKSARMEE
DER STADTKOMMANDANT
DER HAUPTSTADT
DER DEUTSCHEN DEMOKRATISCHEN REPUBLIK
BERLIN
VVS-Tgb.-Nr. 774/64

Berlin-Karlshorst, den
Dewetallee 11

Vertrauliche Verschlußsache
4 Ausfertigungen
4. Ausfertigung, 2 Blatt

Mitglied des Politbüros des
Zentralkomitees der SED und
Sekretär des Nationalen Verteidungsrates
der Deutschen Demokratischen Republik
Genossen Erich Honecker

Berlin C 2
Werderscher Markt

Betr.: Verhinderter Grenzdurchbruch DDR/WB unter Anwendung der Schußwaffe mit tödlicher Verletzung des Grenzverletzers im Abschnitt der
3./GR-37

Werter Genosse Honecker!

Ich melde:
Am 27. 02. 64 gegen 22.20 Uhr versuchte der Heyn, Walter, geb. 31. 01. 39
in Breslau. Wohnhaft: Berlin 0 112, Voigtstr. 26, Beruf: Landwirt – geschieden – die Staatsgrenze der DDR/WB im Abschnitt der 3./GR-37 an der Kleingartenanlage Sorgenfrei ca. 500 m nordwestlich Dammweg zu durchbrechen.
Der Grenzdurchbruch wurde durch Anwendung der Schußwaffe verhindert,
dabei wurde H. tödlich verletzt.

Zum Sachverhalt:
Am 27. 02. 64 gegen 22.20 Uhr stellte das in diesem Abschnitt eingesetzte
Postenpaar,

Postenführer Gefreiter Grunwald, Adolf
Posten Soldat Tröger, Dieter

den Grenzverletzer auf Höhe des Sperrgrabens fest. Die Entfernung der
Grenzposten zum Grenzverletzer war ca. 50 m.
Da die Person auf Anruf und Warnschuß nicht reagierte, wurden durch den
Postenführer gezielte Feuerstöße (insgesamt 11 Schuß) durch den Posten
ein Feuerstoß (3 Schuß) sowie durch den linken Nachbarposten ein Zielschuß abgegeben.
Der Grenzverletzer brach unmittelbar vor der Grenzsicherungsanlage auf dem
Kontrollstreifen zusammen. Zwei festgestellte Schußverletzungen führten
zum sofortigen Tod.
Der Grenzverletzer wurde danach durch den Grenzposten in den Sperrgraben gezogen und in Richtung Kiefholzstraße gedeckt abtransportiert,
wo durch den Sankra des GR-37 22.35 Uhr die Übernahme erfolgte und
die Zuführung zum VP-Krankenhaus.

117

Zur Tatzeit befanden sich in diesem Abschnitt keine Kräfte des Gegners auf westlichem Gebiet. Nach 10 Minuten (22.30 Uhr) erschien am Sackführerdamm ein Funkstreifenwagen der Duepo, besetzt mit einem Offizier und drei Mann, die in Stellung gingen und sich 23.35 Uhr wieder ins Westberliner Hinterland entfernten.

Entsprechend der Lage ist mit Sicherheit anzunehmen, daß die Handlungen der eigenen Grenzposten zur Verhinderung des Grenzdurchbruches nicht beobachtet und fotografische Sicherstellung der Bergung des Grenzverletzers nicht vorgenommen werden konnte.

Eingeleitete Maßnahmen:
1. Das Vorkommnis wurde durch einen von mir befohlenen Offizier des Stabes der Stadtkommandantur untersucht.

Schlußfolgerungen:
1. Alle im Zusammenhang mit diesem Vorkommnis handelnden Kräfte haben durch kluges taktisches Verhalten, Entschlußfreudigkeit und Initiative ihren Kampfauftrag vorbildlich erfüllt.
2. Dem Gegner war es auf Grund des taktisch richtigen Verhaltens und schnellen Reagierens der eigenen Kräfte vermutlich nicht möglich, den Sachverhalt aufzuklären. Gleichzeitig wurde die Ausnutzung des versuchten Grenzdurchbruchs zu einer Provokation durch Westberliner Polizeikräfte verhindert.
3. Ich beabsichtige, den Zugführer und das Postenpaar für konsequentes Verhalten, richtiges und schnelles Handeln, auszuzeichnen.

Eine Ausfertigung dieser Meldung habe ich dem Minister für Nationale Verteidigung und Genossen Borning übersandt.

Mit sozialistischem Gruß

Poppe
Generalmajor

Adolf Philipp (geboren 17.8.1943), gestorben 5.5.1964

NATIONALE VOLKSARMEE
DER STADTKOMMANDANT
DER HAUPTSTADT DER
DEUTSCHEN DEMOKRATISCHEN REPUBLIK   Berlin-Karlshorst, den 05.05.1964
BERLIN   Dewetallee 11

Az.:

VVS-Tgb.Nr.: 1322/64
Vertrauliche Verschlußsache!
4 Ausfertigungen
Mitglied des Politbüros des   4. Ausfertigung = 2 Blatt
Zentralkomitees der SED und
Sekretär des Nationalen Verteidungsrates
der Deutschen Demokratischen Republik
Genossen Erich Honecker

Berlin C 2
Werderscher Markt

Betr.: Anwendung der Schußwaffe mit Tötung des Grenzverletzers

Werter Genosse Honecker!

Ich melde:
Am 05.05.1964 gegen 01.45 Uhr stellte im Abschnitt der 2./GR-34 (Staa-
ken) die Kontrollstreife Uffz. Gaudes und Soldat Deckwerth auf dem 10-m-
Kontrollstreifen eine Spur fest.
Bei der Überprüfung des unmittelbaren Grenzgebietes wurde an einem nicht-
besetzten Bunker das Postenpaar mit »Hände hoch« angerufen und mit erho-
bener Pistole bedroht.
Das Postenpaar wendete daraufhin die Schußwaffe an.
Der Grenzverletzer starb an den Folgen eines Brustschusses.
Eine erste Überprüfung, geführt durch den Kommandeur der 2. Grenzbrigade, hat ergeben, daß der Grenzverletzer Adolf Philipp, geb. am 13.08.
1943, wohnhaft Kurfürstendamm (Westberlin), Beruf: Fernmeldetechniker,
von Westberliner Gebiet aus die Drahtsperre zerschnitt und rückwärtsgehend
(um die Spur in die andere Richtung zu lenken) in das Territorium der DDR
eindrang.
Von Westberliner Seite wurde nach Meldung der Grenzposten und des Kommandeurs der 2. Grenzbrigade der gesamte Vorgang nicht wahrgenommen.
Nach wie vor werden in diesem Abschnitt die üblichen Routinestreifen durchgeführt.
Die Pistole wurde sichergestellt.
Die Leiche wird den Organen des KfS übergeben.

Schlußfolgerungen:
1. Das eingesetzte Postenpaar hat seinen Kampfauftrag vorbildlich erfüllt.
2. Ich beabsichtige, nach gründlicher Überprüfung das Postenpaar für die
   vorbildliche Dienstdurchführung auszuzeichnen.

Ich habe angewiesen:

1. Im Grenzabschnitt ist das sonst übliche Grenzregime herzustellen.
2. Das Vorkommnis ist mit den Angehörigen des GR-34 als gutes Beispiel auszuwerten. Darüber hinaus werte ich die Handlungsweise der Grenzposten bei der Kommandeursbesprechung am 07.05.64 mit den Kommandeuren und Stellvertretern für Politische Arbeit der Truppenteile und Verbände aus.

Je eine Ausfertigung dieser Meldung habe ich dem Genossen Borning und dem Minister für Nationale Verteidigung, Armeegeneral Hoffmann, überreicht.

Mit sozialistischem Gruß

Poppe
Generalmajor

Walter Heike (geboren 20.9.1934), gestorben 22.6.1964

NATIONALE VOLKSARMEE
DER STADTKOMMANDANT
DER HAUPTSTADT DER
DEUTSCHEN DEMOKRATISCHEN REPUBLIK
BERLIN

O. U., den 22. Juni 1964

Vertrauliche Verschlußsache!
5 Ausfertigungen
5. Ausfertigung = 2 Blatt

Az.:
VVS-Tgb.-Nr.: 1336/64

Mitglied des Politbüros des
Zentralkomitees der SED und
Sekretär des Nationalen
Verteidigungsrates der DDR
Genossen Erich Honecker

Berlin
Werderscher Markt

Werter Genosse Honecker!

Ich melde:
Am 22.06.1964 gegen 05.40 Uhr versuchte eine männliche Person, Heike, Walter, geboren am 20.09.1934, wohnhaft: Bad Freienwalde, beschäftigt: VEB Ausbau Angermünde,
im Abschnitt der 3./GR 33 (Invalidenfriedhof) die Staatsgrenze der DDR nach Westberlin zu durchbrechen.
Auf Anruf und Warnschuß reagierte der Grenzverletzer nicht, sondern überwand die Drahtsperre und versuchte, die feindwärtige Mauer zu überwinden. Daraufhin eröffneten die Posten das Feuer. Der Grenzverletzer wurde durch Beckendurchschuß schwer verletzt, von der herankommenden Kontrollstreife ins Hinterland transportiert und nach etwa 15 Minuten mit Sankra ins VP-Krankenhaus eingeliefert. Der Grenzverletzer ist seinen Verletzungen erlegen.

1. Das im Abschnitt Invalidenfriedhof eingesetzte Postenpaar, welches mit einem Posten des Wachregiments des Ministeriums für Staatssicherheit, Adlershof, (Regierungskrankenhaus) zusammenwirkte, hat konsequent und taktisch richtig gehandelt.
2. Bei Verhinderung des Grenzdurchbruchs war es den Westberliner uniformierten Kräften nicht möglich, den Raum der Handlung konkret einzusehen. Erst nachdem der Grenzverletzer geborgen war, besetzten sie eine Ruine und brachten ihre Waffen in Anschlag in der offensichtlichen Absicht, einem Grenzverletzer Feuerschutz zu geben.
3. Ich beabsichtige, die an der Verhinderung des Grenzdurchbruches beteiligten Soldaten des GR 33 zu belobigen bzw. auszuzeichnen und – nach Rücksprache mit dem Kommandeur des Wachregiments des MfS Adlershof – auch die Leistungen des Postens des Wachregiments anzuerkennen.

Mit sozialistischem Gruß

Poppe
Generalmajor

Hildegard Trabant (geb. 12. 6. 1927), gestorben 18. 8. 1964

Berwand Mispelkorn (geb. 1945), gestorben 18. 8. 1964

Nationale Volksarmee, Stadtkommandantur Berlin.
Operative Tagesmeldung Nr. 231/64.

Geheime Verschlußsache!

[...]

– 18.53 Uhr 4./31 (2591-2) 1 weibliche Person (37 Jahre) beim versuchten Grenzdurchbruch.

[...]

– 23.35 Uhr 5./37 (Abschnitt 4./37) (1695-3) 1 männliche Person (20 Jahre) wohnhaft Berlin, beim versuchten Grenzdurchbruch.

[...]

Michael Meyer, gestorben 13.9. 1964

[...]   VS .li::: h c ! 4 .i 6   1. Ausf. Blatt 11

Grenzdurchbruch mit Feuerunterstützung
durch Angehörige der USA-Besatzer und
der Westberliner Polizei
am 13. 09. 1964 im Abschnitt 2./GR-35
(Stallschreiberstraße)

Am 13. 09. 1964, gegen 05.20 Uhr versuchte der 21-jährige
Michael Meyer im Abschnitt 2./GR-35 die Staatsgrenze in
Richtung Westberlin zu durchbrechen.
Als er sich in den pioniertechnischen Anlagen befand, die
Anrufe und Warnschüsse der Grenzposten nicht beachtete, er-
öffneten die eingesetzten Grenzposten gezieltes Feuer auf
den Grenzverletzer.
Nachdem er mehrmals getroffen war, blieb er in unmittelbarer
Nähe der Sperrmauer liegen.
Die Bergung des Grenzverletzers verhinderte gezieltes Feuer
der Westberliner Polizeikräfte und der USA-Besatzer.
Unter dem Feuerschutz dieser Kräfte und nach Werfen einer
großen Anzahl von Tränengasbomben zog ein USA-Besatzer unter
Verletzung der Staatsgrenze den Grenzverletzer mit Hilfe von
Stricken und einer auf Westberliner Seite angelegten Leiter
auf Westberliner Gebiet.
Über 100 Geschosse des Gegners schlugen bis zu einer Tiefe
von 150 m auf das Gebiet der Hauptstadt ein und gefährdeten
das Leben der eingesetzten Grenzposten und das der in der
Nähe wohnenden Bevölkerung.
Das sofortige Eingreifen der Westberliner Polizeikräfte und
der amerikanischen Besatzer beweist, daß diese Provokation
von Westberliner Seite organisiert und vorbereitet war.

[...]

Hans-Joachim Wolff (geb. 8.8. 1947), gest. 26.11. 1964

Nationale Volksarmee, Stadtkommandantur Berlin.
Operative Tagesmeldung Nr. 331/64.

                     Geheime Verschlußsache!
[...]
– 18.30 Uhr 4./37 (1596-2) 1 männliche Person (20 Jahre), wohnhaft Berlin,
beim versuchten Grenzdurchbruch.
[...]

Joachim Mehr (geboren 1945), gestorben 3.12.1964

Mehr versuchte mit seinem Freund, die Mauer zu überwinden und wurde von Grenzsoldaten erschossen.
Nationale Volksarmee, Stadtkommandantur Berlin.
Operative Tagesmeldung Nr. 338/64.

[...]   Geheime Verschlußsache!

– 02.40 Uhr 4./36 (3884-5) 2 Jugendliche (19 und 23 Jahre), wohnhaft Berlin, beim versuchten Grenzdurchbruch.

[...]

Unbekannter Mann, gestorben 19.1.1965

Er ertrank bei seiner Flucht in den Westen.
Nationale Volksarmee, 1. Grenzbrigade.
Bericht vom 19.1.1965.

[...]   Geheime Verschlußsache!

Als Grenzposten (Brommybrücke) waren eingesetzt:
Postenführer: Gefr. Grese, Wolfgang, geb. 19.08.1938 in Greifswald, wohnhaft: Greifswald, Brüggstr. 20, Beruf: Elektromonteur, Mitglied der FDJ, NVA 02.11.63.
Posten: Soldat Meyer, Bernd, geb. 22.06.1939 in Aken, wohnhaft: Dippmannsdorf-Belzig, Freibadstr. 16, Beruf: Dreher, NVA 04.11.64, Mitglied der FDJ

[...]

Vor dem Durchkriechen des Sicherungszaunes hinterließ er eine braune Aktentasche mit folgendem Inhalt:
– schwarzes Oberhemd
– eine Flasche Alkohol »Goldwasser«
– 12 Zeitschriften »Magazin«
– eine leere Füllhaltermappe
– ein belegtes Stullenpaar, eingewickelt in einer Zeitung »Freiheit«, Bezirk Halle, Kreis Bernburg vom 21.09.1964
Am Grundstück Mühlenstraße 65 wurden ein Paar braune Herren-Lederhandschuhe aufgefunden.

[...]

II. Schlußfolgerungen:
1. Der Grenzverletzer hat rechtzeitig den Grenzabschnitt und den Posteneinsatz und den Ort für seine verbrecherischen Handlungen aufgeklärt.
2. Der eingesetzte Wachposten auf der Brommybrücke erkannte den Grenzverletzer erst in der Mitte des Grenzgewässers.
3. Nach mehrmaligem Befragen des Wachpostens auf der Brommybrücke brachte dieser immer wieder bei der Schilderung über die Handlung des Grenzverletzers zum Ausdruck, daß der Grenzverletzer an der aus der Skizze ersichtlichen Stelle ertrunken sei.

[...]

Christian Buttkus (geb. 14. 2. 1944), gestorben 4. 3. 1965

Nationale Volksarmee, Stadtkommandantur Berlin.
Operative Tagesmeldung, Nr. T 063/65.

[...]

Eigene Einheiten   Geheime Verschlußsache!
Anwendung der Schußwaffe
Die Festnahme 01.30 Uhr 4./46 erfolgte unter Anwendung der Schußwaffe.
Durch 2 Grenzposten wurden 200 Schuß abgegeben. Dabei wurde die männliche Person tödlich und die weibliche Person leicht verletzt.

[...]

Hermann Döbler (28. 10. 1922), gestorben 15. 6. 1965

Genossen
E. Honecker   Sicherheitsfragen   Cl/Ga   15.06.65

Werter Genosse Honecker!

Wir haben soeben von der Stadtkommandantur erfahren, daß heute
um 13.55 Uhr am Teltow-Kanal im Abschnitt der 4. Kompanie des
Grenzregimentes-46 in der Nähe der Grenzübergangsstelle Autobahn
Drewitz ein westberliner Paddelboot, besetzt mit einer männlichen
und einer weiblichen Person, die Wassergrenze der DDR um ca. 60 m
verletzte. Die Grenzposten der DDR gaben einen Warnschuß ab, auf
den die Grenzverletzer nicht reagierten. Darauf eröffneten unsere
Grenzposten das Feuer vom B-Turm mit LMG. Dabei wurden beide Personen vermutlich verletzt. Auf Grund der Strömung trieb das Boot
nach Westberlin ab und strandete gegen 14.10 Uhr am Westberliner
Ufer. Die Personen wurden durch DLrp geborgen. Nach Aussagen einer
westberliner Person, die über die Grenzübergangsstelle kam, soll
der Mann tot und die Frau schwer verletzt sein.

Eine genaue Meldung erwarten wir von der Stadtkommandantur, die Dir
zugehen wird.

Wie wir außerdem von der Abteilung Agitation, Genossen Singer, erfahren haben, liegt bereits eine entsprechende Westagenturmeldung
vor, die über die tödliche Verletzung des Mannes und die Verletzung
der Frau berichtet.

Wie Genosse Singer ferner mitteilt, rechnet er mit einer starken
Reaktion im Zusammenhang mit dem 17. Juni und empfiehlt deshalb
eine eigene Meldung.
Wir bitten um Kenntnisnahme.

Mit sozialistischem Gruß

i.V. Wansierski

Unbekannte Person, gestorben 1965

Nationale Volksarmee, Stadtkommandantur Berlin.
Operative Tagesmeldung Nr. T 189/65.

[...]   Geheime Verschlußsache!

Vorkommnisse im Grenzgebiet
16.05 Uhr (2193/6) wurden durch den Taucherzug bei der Durchführung von
Taucherarbeiten unter Wasser Leichenteile gefunden.
[...]

Klaus Garten (geboren 1941), gestorben 18.8. 1965

Beim Versuch, die Berliner Mauer zu überwinden, wurde er von Grenzposten erschossen.

Unbekannte Person (geb. 1942), gestorben 18.10. 1965

Nationale Volksarmee, Stadtkommandantur Berlin.
Operative Tagesmeldung Nr. T 291/65.

[...]   Geheime Verschlußsache!

02.50 Uhr 3./46 (1179-8) 2 männl. Personen, 23 und 21 Jahre, wohnhaft
Klein-Machnow und Güterfelde wegen versuchtem Grenzdurchbruch. Die
Festnahme erfolgte unter Anwendung der Schußwaffe. (70 Schuß)
Beide Grenzverletzer wurden dabei schwer verletzt. Einer der Grenzverletzer
ist kurz danach verstorben.
Die Festnahme und Bergung der Grenzverletzer konnte von westlicher Seite
nicht beobachtet werden. Weitere Bearbeitung MfS.
[...]

Heinz Cyrius (geboren 5.6. 1936), gestorben 10.11. 1965

Durch Fenstersprung wurde er tödlich verletzt.

Heinz Solokowski (geb. 17.12. 1917), gest. 25.11. 1965

Nationale Volksarmee, Stadtkommandantur Berlin.
Operative Tagesmeldung Nr. T 329/65.

[...]   Geheime Verschlußsache!

04.58 Uhr 1./35 (2289-1) 1 männliche Person, 47 Jahre, wohnhaft Berlin,
wegen versuchtem Grenzdurchbruch unter Anwendung der Schußwaffe
(8 Schuß), festgenommen. Person wurde am Unterkörper schwer verletzt und
verstarb gegen 06.10 Uhr im Krankenhaus Mitte. Auf westberliner Seite
befanden sich 4 Duepo, welche den Vorgang der Festnahme beobachteten.

Erich Kühn (geboren 27.2. 1903), gestorben 26.11. 1965

[...]   Geheime Verschlußsache!

Betr.: Verhinderter Grenzdurchbruch DDR/West unter Anwendung der
Schußwaffe mit Verletzung des Grenzverletzers

Bezug: BERICHT
über das besondere Vorkommnis vom 26.11.65, 19.35 Uhr, im Abschnitt der
2./GR-37 Kleingartenanlage »Eintracht« (16 68-6)

1. Sachverhalt
Am 26.11. 65 gegen 19.35 Uhr wurde im Grenzabschnitt der 2. GK
GR-37 (eingesetzt zur Sicherung der Staatsgrenze im Abschnitt Grabow-
straße bis einschl. TWG von 14.00 bis 22.00 Uhr der 1. Zug der 2. GK
des GR-37) der versuchte Grenzdurchbruch einer männlichen Person
(Personalien den Abwehrorganen bekannt, Bürger der Hauptstadt der
DDR) durch die eingesetzten Grenzposten am TWG
Postenführer Gefr. Herbert Czachurski
geb. am 12.02. 1938
NVA seit 04.11. 64
nicht organisiert
Posten Gefr. Bernd Jenning
geb. am 13.02. 45
NVA seit 04.11. 64
nicht organisiert
unter Anwendung der Schußwaffe verhindert und der Grenzverletzer verletzt. Die Verletzung erfolgte durch Bauch-Durchschuß.
Der Grenzverletzer versuchte, aus dem eigenen Hinterland kommend,
entlang des Bahndammes Sonnenallee durch die Kleingartenanlage »Eintracht« die Staatsgrenze kriechend zu durchbrechen. Der eingesetzte
Grenzposten bemerkte den Grenzverletzer ca. 40 m von der Staatsgrenze
entfernt. Da der Grenzverletzer auf Anruf und Warnschuß nicht stehen-

blieb und versuchte, sich durch die Kleingartenanlage »Eintracht« in Richtung Hinterland durch die Flucht der Festnahme zu entziehen, wurden auf Befehl des Postenführers durch den Posten gezielte Feuerstöße (insgesamt 6 Schuß) abgegeben.

Durch den Zughelfer Ufw. Köhler und Kommandeur des Gruppenabschnittes Ufw. Schneider wurde der Grenzverletzer sofort nach Meldung ins Hinterland abtransportiert. Die Übernahme durch den eingesetzten Sankra des GR-37 erfolgte gegen 19.50 Uhr. Die Person wurde dem VP-Krankenhaus zugeführt und befindet sich dort in Behandlung.

[...]

Heinz Schöneberger (geb. 7.6. 1938), gest. 26.12. 1965

Nationale Volksarmee, Stadtkommandantur Berlin.
Operative Tagesmeldung Nr. T 329/65.
[...]

Vorkommnisse:

00.55 Uhr GÜSt Heinrich-Heine-Straße /35, (2092-1) versuchten 2 westdeutsche Bürger mit dem PKW Typ Taunus, Kennzeichen GAN-N-495, 2 weibliche DDR-Bürger illegal auszuschleusen. Da bei der Zollkontrolle festgestellt wurde, daß der Verdacht der Personenschleusung vorliegt, wurde das Fahrzeug zur gründlichen Kontrolle auf einem besonderen Kontrollplatz geleitet. Der Beifahrer lief neben dem Fahrzeug. Nach Aufforderung der Kontrollorgane, daß der Kraftfahrer aussteigen soll, sprang der Beifahrer in das Fahrzeug und der Kraftfahrer fuhr an. Der Beifahrer konnte jedoch wieder herausgezogen werden, während der PKW mit zunehmender Geschwindigkeit gewaltsam nach Westberlin durchbrechen wollte. Dabei rammte er einen anderen westdeutschen PKW und kam am Schlagbaum zu stehen. Der Kraftfahrer sprang sofort aus dem Fahrzeug und konnte trotz Anwendung der Schußwaffe (11 Schuß) schwer verletzt westberliner Gebiet erreichen, wo er zusammenbrach. Er wurde durch Westfeuerwehr abtransportiert. 01.12 Uhr erschienen 15 Bepo mit 2 SFTW und die BC 130 und 138 mit je 4 US-Besatzern ohne besondere Handlungen.

[...]

Willi Block (geboren 5.6. 1934), gestorben 7.2. 1966

Nationale Volksarmee, 2. Grenzbrigade.
Meldung an Stadtkommandantur Berlin vom 7.2. 1966.
[...]

Der Grenzverletzer erhielt 2 Streifschüsse und 2 Wirkungsschüsse, die auf der Stelle den Tod zur Folge hatten. Das wird durch den Regiments-Arzt bestätigt.
[...]
Ich gestatte mir, Ihnen persönlich mündlich Vorschläge für Belobigungen von Soldaten, Unteroffizieren und Offizieren, die sich bei der Verhinderung des Grenzdurchbruchs hervorgetan haben, zu unterbreiten.

Willi Marzahn, gestorben 19.3.1966

Nationale Volksarmee, Stadtkommandantur Berlin.
Operative Tagesmeldung Nr. T 078/66.

[...]   Geheime Verschlußsache!

2. Grenzdurchbrüche

06.15 Uhr, 2./48. (0973-5), versuchten zwei Angehörige der NVA vom MSR-2, gewaltsam die Staatsgrenze zu durchbrechen.
Die eingesetzten Grenzposten eröffneten das Feuer. Durch die Anwendung der Schußwaffe wurde der Unteroffizier M a r z a h n , Willi, durch Kopfschuß tödlich verletzt, während dem zweiten Fahnenflüchtigen, Unteroffizier M a t h e s , Eberhard, die Flucht nach Westberlin gelang.
Durch die Fahnenflüchtigen wurde mit MP1 und Pistole auf die Grenzposten Feuer geführt. Die Posten wurden nicht verletzt.

[...]

Michael Kollender (geb. 19.2.1945), gestorben 25.4.1966

Nationale Volksarmee, 4. Grenzbrigade.
Bericht vom 25.4.1966.

[...]   Geheime Verschlußsache!

In einer Entfernung von ca. 250–300 m wurde eine männliche Person wahrgenommen, die gerade beabsichtigte, nach Überwindung der Vorsperre und des Signalzauns in den Konter-S-Karp zu überwinden. Durch alle 4 Grenzsoldaten wurde sofort auf Befehl des Kommandeurs des Gruppenabschnittes gezieltes Feuer geführt. Nachdem der Grenzverletzer im Konter-S-Karp untergetaucht war, näherten sich beide Grenzposten im Laufschritt weiter an.
Auf die Entfernung von ca. 100 m wurde der Grenzverletzer wiederum wahrgenommen; er befand sich zu diesem Zeitpunkt auf dem 10-m-KS und bewegte sich kriechend in Richtung PTA. Durch die beiden Grenzposten wurde abermals gezieltes Feuer geführt. Im weiteren Verlauf der Annäherung schoß der Kommandeur des Gruppenabschnittes und der Postenführer aus einer Entfernung von 30 m nochmals kurze Feuerstöße.
Als die Grenzposten im Konter-S-Karp auf Höhe des Grenzverletzers angekommen waren, schoß der Kommandeur des Gruppenabschnittes das im ZW festgelegte Signal 5 Stern grün, zwecks Information der Nachbarposten zur Feuereinstellung und zum Betreten des KS zwecks Bergung des Grenzverletzers.
Der Kommandeur Gruppenabschnitt und Postenführer begaben sich auf den KS und bargen den Grenzverletzer, indem sie ihn in den Konter-S-Karp beförderten.
Bei der Bergung wurde festgestellt, daß es sich um einen uniformierten NVA-Angehörigen handelte, der eine Maschinenpistole »Kalaschnikow (S)« mit einem Magazin mit 14 Schuß Munition bei sich führte. Die MPi war durchgeladen, entsichert und auf Dauerfeuer gestellt.

[...]

[…]
Als Kommandeur des Gruppenabschnittes handelte

Gefreiter Rauer , Ernst
        geboren am: 11. 11. 1940
        wohnhaft: Flinsberg Krs. Heiligenstadt
        Beruf: Lehrer
        Familienst.: verheiratet
        organisiert: FDJ
        Militärschöffe
        NVA seit: November 1964
        Belobigungen: 8, Bestrafungen: keine

Posten
Gefreiter Sabisch , Rolf
        geboren am: 24. Januar 1944
        wohnhaft: Magdeburg W 22, Hollehochstr. 10
        Beruf: Schweißer
        Familienst.: ledig
        organisiert: FDJ
        NVA seit: Mai 1965
        Belobigungen: 3, Bestrafungen: keine

Postenführer:
St.-Gefr. Loschek , Rudolf
        geboren am: 26. Dezember 1942
        wohnhaft: Freienorla Krs. Jena
        Beruf: Dreher
        Familienst.: ledig
        organisiert: FDJ
        NVA seit: Mai 1963
        Belobigungen: 3, Bestrafungen: 2

Posten:
Gefreiter Hempel , Jürgen
        geboren: 20. 06. 1942
        wohnhaft: Delitzsch, Bittenfelderstr. 26
        Beruf: Zimmermann
        Familienst.: ledig
        organisiert: FDJ
        NVA seit: 04. 11. 1964
        Belobigungen: 2, Bestrafungen keine

Bei dem Grenzverletzer handelt es sich um einen uniformierten NVA-Angehörigen, der bewaffnet war. Bei ihm wurden folgende Gegenstände sichergestellt:

- MPi »K« (S) Nr. 61 K 2934
- 1 Magazin – 14 Schuß
- 1 Herrenarmbanduhr gelb
- 1 Briefumschlag mit folgender Adresse:
  Kan. Michael Kollender
  128 Bernau, PSF 6212/I
- 1 Brief vom 28. 01. 1966 aus Oberlungwitz
- 1 Geldbörse mit 0,32 MDN
- 1 Siegelring (weiß)
- andere diverse Kleinigkeiten und Uniformstücke.

[…]

Paul Stretz (geboren 28.2. 1935), gestorben 29.4. 1966

Nationale Volksarmee, Stadtkommandantur Berlin.
Operative Tagesmeldung Nr. T 119/66.

[...]   <u>Geheime Verschlußsache!</u>
I.Westliches Vorfeld
1. Handlungen der Zivilbevölkerung WB
– 15.30 Uhr, GR-33 (2489-6) versuchte eine unbekannte männliche Person,
  die Staatsgrenze hinter einem Schiff schwimmend, zu durchbrechen.
  Nach Anwendung der Schußwaffe durch die Grenzposten versank der
  Grenzverletzer. Bergung ist erfolgt.
  [...]

Heinz Schmidt (geboren 29.8. 1919), gestorben 29.8. 1966

Nationale Volksarmee, Stadtkommandantur Berlin.
Operative Tagesmeldung Nr. T 241/66.

[...]   <u>Geheime Verschlußsache!</u>

3. <u>Handlungen der Zivilbevölkerung Westberlins</u>

– 10.50 Uhr 6./36 (3178-4) verletzte ein Segelboot mit
  2 Personen 77 und 78 Jahre die Staatsgrenze um ca. 20 m.
  Personen wurden nach Überprüfung wieder entlassen.

– 13.24 Uhr 3./33 (2489-8) Spandauer Schiffahrtskanal
  sprang eine westberliner männliche Person vom westlichen Ufer in den Kanal und schwamm bis ans Ufer zur
  Hauptstadt der DDR. Zur Abwehr und Verhinderung der
  Ausweitung der Provokation wurde durch die Grenzposten
  die Schußwaffe angewandt, wobei der Grenzverletzer
  offensichtlich verletzt wurde, erreichte jedoch das
  westberliner Ufer und wurde dort durch uniformierte
  Kräfte geborgen. Zum Zeitpunkt der Provokation erschienen ca. 10 Angehörige der bewaffneten Kräfte,
  die teilweise in Stellung gingen und ihre Waffen gegen
  unsere Grenzposten richteten. Es bildete sich eine
  Menschenansammlung bis zu 50 Personen. Gegen 16.00 Uhr
  war die Lage wieder normal.

[...]

Genossen   Honecker   Sicherheitsfragen   Wa/schd.   29.8.66

<u>Betr.:</u> Vorausmeldung der Stadtkommandantur

Werter Genosse Honecker!

Am heutigen Tag, gegen 13.24 Uhr, wurde im Spandauer Schiffahrtskanal
von unseren Grenzposten eine Person schwimmend gesichtet. Der Anruf und
Warnschuß unserer Grenzsoldaten wurde nicht beachtet. Daraufhin wurden
gezielte Schüsse abgegeben und die Person wahrscheinlich getroffen. Die

Person konnte das andere Ufer erreichen und wurde von westberliner Seite geborgen und auf einer Tragbahre abtransportiert.
Die Untersuchungen werden von der Stadtkommandantur geführt und nach Abschluß erhältst Du den Bericht.
Wir bitten um Kenntnisnahme.

Mit sozialistischem Gruß

i. V. Wansierski

Max Willi Sahmland (geb. 28.3. 1929), gest. 27.1. 1967

Nationale Volksarmee, Stadtkommandantur Berlin.
Operative Tagesmeldung Nr. 27/67.
[...]   Geheime Verschlußsache!
23.07 Uhr 3./37 (1796-8) durchbrach eine männliche Person die Staatsgrenze nach Westberlin. Dem Grenzverletzer gelang es trotz Anwendung der Schußwaffe (53 Schuß) die PTA zu überklettern und unverletzt westberliner Territorium zu erreichen. 23.13 Uhr trafen auf westberliner Gebiet 2 MTW mit je 5 Duepo ein. Sie führten keine Handlungen durch und fuhren gegen 24.00 Uhr ins westberliner Hinterland zurück.
[...]

Horst Körner (geboren 12.7. 1947), gestorben 15.11. 1968

(Vgl. »Unvergessene Helden«, Seite 297.)

Ministerium für Nationale Verteidigung.
Tagesmeldung Nr. 12/XI/68.
[...]   Geheime Verschlußsache!

1. Bewaffneter Überfall GR-48/2. GBr
Am 15. 11. 1968 gegen 22.55 Uhr stellte Fw. B l u m e n h u g e n
und Gefr. H e n n i n g auf der Fahrt nach KLEIN-GLINICKE
aus einem PKW Trabant der NVA, hinter einem Baum eine verdächtige
Person fest. Gefr. H. hielt sofort mit seinem PKW an und fuhr bis
auf Höhe des Baumes rückwärts. Die verdächtige Person eröffnete
aus einer MPi das Feuer und verletzte den Gefr. H. tödlich.
Fw. B. führte mit seiner Waffe ebenfalls Feuer, wobei die verdächtige Person auch tödlich verletzt wurde.
Bei der verdächtigen Person handelt es sich um den Wm. der VP
K ö r n e r aus POTSDAM, der vermutlich nach WB flüchtig werden
wollte. Die Untersuchung in Zusammenarbeit mit den zuständigen
Organen wurde sofort eingeleitet.
[...]

Dieter Weckeiser (geb. 15. 2. 1943), gestorben 18. 2. 1968

Elke Weckeiser, gestorben 18. 2. 1968

Nationale Volksarmee, Stadtkommandantur Berlin.
Operative Tagesmeldung Nr. T 049/68.

[...]

22.50 Uhr 3./Gr.-33 (2289–3) 1 männliche und 1 weibliche Person, 26 und 22 Jahre, wohnhaft in Fürstenwalde, beim versuchten Grenzdurchbruch.

[...]

Siegfried Krug (geboren 22. 7. 1939), gestorben 6. 7. 1968

Nationale Volksarmee, Stadtkommandantur Berlin.
Operative Tagesmeldung Nr. T 188/68.

[...]

07.07. 68, 01.35 Uhr, 4./31 (2491-8), 1 männliche Person, 22 Jahre, wohnhaft Berlin, wegen versuchten Grenzdurchbruchs.

[...]

Klaus-Jürgen Kluge (geb. 25. 7. 1948), gest. 13. 9. 1969

Nationale Volksarmee, Stadtkommandantur Berlin.
Operative Tagesmeldung Nr. T 256/69.

[...]

20.40 Uhr 3/31 (2591-2) 1 männliche Person wegen versuchten Grenzdurchbruchs DDR-WB.

[...]

Leo Lis (geboren 10. 5. 1924), gestorben 20. 9. 1969

Nationale Volksarmee, Stadtkommandantur Berlin.
Operative Tagesmeldung Nr. T 263/69.

[...]

20.00 Uhr 4./33 (2490-6) eine männliche Person, 45 Jahre, wohnhaft Kreis Kamenz, beim versuchten Grenzdurchbruch.

[...]

Heinz Müller (geboren 16.5. 1943), gestorben 19.6. 1970

Nationale Volksarmee, Stadtkommandantur Berlin.
Operative Tagesmeldung Nr. 170/70.

[...] Geheime Verschlußsache!

01.50 Uhr 1./35 (2193-6) 1 männliche Person nach Übersteigen der Sperrmauer WB-DDR festgenommen.

Friedhelm Ehrlich (geb. 11.7.1950), gestorben 2.8. 1970

Nationale Volksarmee, Stadtkommandantur Berlin.
Operative Tagesmeldung Nr. T 214/70.

[...] Geheime Verschlußsache!

III.Eigene Einheiten

Verhinderte Fahnenflucht
Gegen 22.17 Uhr 1./38 (3585-2) versuchte der
　　　　　　　　　Gefr. Ehrlich, Friedhelm
　　　　　　　　　geb. am 11.07. 50
　　　　　　　　　NVA seit: Mai 69
　　　　　　　　　Dienststellung: Postenführer
　　　　　　　　　Einheit: 2. Kp. GR-38
während des Ausganges die Staatsgrenze DDR-WB zu durchbrechen.
Die Fahnenflucht wurde durch die Grenzposten unter Anwendung der Schuß-
waffe (1 Bauchschuß) verhindert.
Ehrlich verstarb im VP-Krankenhaus an den Folgen der Verletzungen.

Christian-Peter Friese (geb. 5.8. 1948), gest. 25.12. 1970

Nationale Volksarmee, Stadtkommandantur Berlin.
Operative Tagesmeldung Nr. T 359/70.

[...] Geheime Verschlußsache!

00.03 Uhr 1./37 (1796-6) eine männliche Person, 22 Jahre, aus Naumburg/
Saale, wegen versuchten Grenzdurchbruchs DDR-WB.
[...]

Werner Kühl (geboren 10.9.1942), gestorben 24.7.1971

Ministerium für Nationale Verteidigung.
Tagesmeldung Nr. 13/VII/71.

[...]

Verhinderter Grenzdurchbruch WB-DDR
GR-42/GKdo.-Mitte

Am 24.07.71, gegen 22.45 Uhr, bemerkte der Grenzposten, Abschnitt ostwärts Britzer-Allee (4.GK), daß sich zwei männliche Personen in ca. 150 m Entfernung im Laufschritt in Richtung Sperrgraben bewegten, daraufhin eröffnete der Grenzposten das Feuer auf die Grenzverletzer. Dabei wurde ein Grenzverletzer tödlich getroffen. Der zweite Grenzverletzer wurde am linken Unterarm und am linken Unterschenkel verletzt. Er wurde in das VP-Krankenhaus BERLIN eingeliefert. Bei dem Verletzten handelt es sich um den westberliner Bürger L a n g e r, Bernd, 22 Jahre. Der tödlich Verletzte ist ein gewisser K ü h l, Werner, 22 Jahre. Nähere Angaben sind noch nicht bekannt. Untersuchung wird geführt.

[...]

Günter Semmler (geboren 4.2.1957), gestorben 13.1.1972

Beim Versuch, die Mauer zu überwinden, von Grenzsoldaten erschossen.

Unbekannte Person, gestorben 14.2.1972

Nationale Volksarmee, Kommando der Grenztruppen.
Tagesmeldung Nr. 045/72.

[...]

Lage an der Staatsgrenze der DDR zur BRD und Westberlin

(1) Handlungen des Gegners im eigenen Grenzgebiet
a) Festnahmen und Grenzdurchbrüche wurden in der Berichtszeit keine gemeldet.
b) Andere Vorkommnisse
GR Rummelsburg – Bootskompanie
Am 14.02.1972, gegen 23.30 Uhr, stellte der im Abschnitt Schillingbrücke eingesetzte Wachposten eine Person fest, die durch die Spree schwimmend versuchte, die Staatsgrenze in Richtung Westberlin zu durchbrechen.
Unter Anwendung der Schußwaffe wurde der Grenzdurchbruch verhindert und der Grenzverletzer vermutlich tödlich getroffen. Die Anwendung der Schußwaffe erfolgte parallel zur Staatsgrenze.
Sofort eingeleitete Suchmaßnahmen verliefen bisher erfolglos. Handlungen der westberliner Grenzschutzorgane wurden nicht festgestellt.

[...]

An: Genossen Erich Honecker

Von: Abteilung für Sicherheitsfragen

15. Februar 1972

Werter Genosse Honecker,

am 14. Februar 1972, gegen 23 Uhr 30, stellte der von der Bootskompanie des Grenzregiments Rummelsburg im Abschnitt Schillingsbrücke, Stadtbezirk Friedrichshain, eingesetzte Wachposten auf ca. 50 m Entfernung eine Person fest, die versuchte, durch die Spree schwimmend die Staatsgrenze in Richtung Westberlin zu durchbrechen. Unter Anwendung der Schußwaffe wurde der Grenzdurchbruch verhindert und der Grenzverletzer vermutlich getötet. In westberliner Territorium wurde nicht geschossen. Sofort eingeleitete Suchmaßnahmen verliefen bisher erfolglos. Aufgefundene Kleidungsstücke lassen vermuten, daß es sich um eine männliche Person handelt. Die Suche mit Einsatz eines Tauchers und Schleppnetzen verlief bisher ergebnislos. Besondere Handlungen west-berliner Grenzschutzorgane wurden zur Zeit in diesem Abschnitt noch nicht beobachtet.

Mit sozialistischem Gruß
Borning

P. S.: Wie uns soeben mitgeteilt wird, wurde der Grenzverletzer heute um 14 Uhr 45 aus der Spree an der Schillingsbrücke tot geborgen.

Klaus Schulze (geb. 13.10.1932), gestorben 7.3.1972

Nationale Volksarmee, Kommando der Grenztruppen.
Tagesmeldung Nr. 067/72.

[...]

GR-34 Groß Glienicke   5. GK Groß Glienicke
Am 07.03.1972, 21.45 Uhr, wurde unter Anwendung der Schußwaffe beim
Versuch des Grenzdurchbruches DDR–WB der
                          Schulze, Klaus
im Abschnitt ca. 400–500 m nördlich der Siedlung Falkenhöh tödlich verletzt.
Eine zweite Person wurde in Richtung Groß Kuhlake (Enklave) flüchtig. Er
überwand mit Hilfe einer Leiter die pionier-techn. Anlage und befindet sich
vermutlich in der Großen Kuhlake. Entfernung bis zur Staatsgrenze ca.
400–1000 m. Gegen 23.25 Uhr wurde durch 2 wb-Schutzpolizisten der
gegenüberliegende Abschnitt besetzt. Weitere Handlungen konnten nicht
festgestellt werden.
Eigene Handlungen konnten durch den Gegner nicht eingesehen werden.
Westberliner Gebiet wurde bei der Anwendung der Schußwaffe nicht verletzt.
Maßnahmen:
– Auslösung der Variante Große Kuhlake
– Einsatz von 13 Offizieren unter Leitung des K – GR – 34
– Abriegelung der Durchbruchstelle
– Verständigung der Kräfte des ZW und Bergung des Getöteten und
  Abtransport.
[...]

Werter Genosse Honecker,   8.3.1972

Am 7. März 1972 gegen 21 Uhr 45 stellte der im Abschnitt nördlich der Siedlung Falkensee Kreis Nauen eingesetzte Grenzposten vom Grenzregiment
Groß-Glienicke auf dreihundert Meter Entfernung zwei Personen fest, die versuchten, mit Hilfe einer Leiter die Sperre zu überwinden und die Staatsgrenze in Richtung Westberlin zu durchbrechen. Unter Anwendung der
Schußwaffe wurde einer der Grenzverletzer tödlich verletzt. Der zweite
Grenzverletzer überwand die Sperre und wurde in Richtung Enklave Kuhlake
flüchtig. Am 8. März 1972 gegen 4 Uhr 30 wurde anhand von Fußspuren der
Grenzdurchbruch der zweiten Person in Richtung Westberlin festgestellt. Bei
dem getöteten Grenzverletzer handelt es sich vermutlich um den Schulze Klaus,
Alter ca. 25 Jahre, wohnhaft: Falkensee. Die Bergung und der Abtransport
des Toten konnte von westberliner Seite aus nicht eingesehen werden. Die
Feuerführung erfolgte parallel zur Staatsgrenze. Im gegenüberliegenden
Grenzabschnitt wird nach der Handlung zur Festnahme der Grenzverletzer
durch westberliner Grenzschutzorgane verstärkt Beobachtung geführt. Wir
bitten um Kenntnisnahme.

Mit sozialistischem Gruß
Wansierski
(Erledigungsvermerk: Erich Honecker)

MINISTERRAT   O.U., den 27.04.1973
DER DEUTSCHEN DEMOKRATISCHEN REPUBLIK
MINISTERIUM FÜR NATIONALE VERTEIDIGUNG
        Stellvertreter des Ministers
        und Chef der Grenztruppen

Az.:

Tgb.-Nr.:   /73

Erster Sekretär   Stellvertreter des Ministers
des Zentralkomitees der   und Chef des Hauptstabes
Sozialistischen Einheitspartei   i.V.
Deutschlands   Genossen
Genossen Honecker   Generalleutnant Streletz

Minister
für Nationale Verteidigung
Genossen Armeegeneral Hoffmann

Leiter
der Abteilung für Sicherheitsfragen
beim Zentralkomitee der Sozialistischen
Einheitspartei Deutschlands
Genossen Generaloberst Scheibe

Ich melde:

Am 27.04.73, gegen 17.45 Uhr, versuchte eine männliche
Person die Staatsgrenze in unmittelbarer Nähe des Reichs-
tagsgebäudes, Grenzabschnitt GR-33 TREPTOW, in Richtung
WESTBERLIN zu durchbrechen.
Die an der Reinhardstraße und an der "Schallplatte" ein-
gesetzten Grenzposten erkannten den Grenzverletzer unmit-
telbar vor dem Erreichen der pioniertechnischen Anlagen.
Nach erfolglosem "Haltruf" und Warnschuß wurde gezieltes
Feuer geführt und der Grenzverletzer stürzte getroffen in
die Spree.
Das von der Grenzübergangsstelle MARSCHALLBRÜCKE herange-
führte Dienstboot versuchte den kurzzeitig auftauchenden
Verletzten zu bergen, was auf Grund der starken Strömung
zunächst nicht gelang.
Nach Einsatz von Dienstbooten im Zusammenwirken mit einer
Tauchergruppe der Deutschen Volkspolizei konnte der Grenzverletzer gegen 19.55 Uhr in der Nähe der KRONPRINZENBRÜCKE
tot geborgen werden.

137

Der Leichnam wurde den Untersuchungsorganen des Ministeriums für Staatssicherheit übergeben.

Im Ergebnis der Anwendung der Schußwaffe hatten sich bis 18.30 Uhr auf Westberliner Seite ca. 100 Personen angesammelt, die die Handlungen der eingesetzten Kräfte beobachteten.

Zum Zeitpunkt der Bergung waren noch 20 Westberliner anwesend, von denen einige versuchten die Bergung zu fotografieren.

Ich bitte um Kenntnisnahme.

Peter
Generalleutnant

Burkhard Niering (geb. 1.9.1950), gestorben 5.1.1974

425/74   O. U., den 07.01. 1974

Minister
für Nationale Verteidigung
i. V. Genossen Generaloberst Keßler

Erster Sekretär
des ZK der SED
Genossen Honecker

Leiter der Abt. S. beim ZK
der SED
Genossen Generaloberst Scheibe

Werter Genosse Generaloberst!

Ich melde:
Am 05.01. 1974, gegen 19.35 Uhr, versuchte an der GÜSt Friedrich-/Zimmerstraße der Angehörige der Bereitschaftspolizei, Anwärter Niering, Burkhard, VP-Bereitschaft Basdorf in Felddienstuniform, bewaffnet mit einer MPi, die Staatsgrenze der DDR in Richtung Westberlin gewaltsam zu durchbrechen.
Der Täter zwang einen Posten der Paßkontrolleinheit unter Abgabe von 2 Feuerstößen mit ihm als Geisel in Richtung Westberlin zu laufen.
Nach Auslösung von Alarm konnte der Täter durch die Anwendung der Schußwaffe von zwei weiteren Angehörigen der Paßkontrolleinheit verletzt (Bauchschuß und Handgelenk) festgenommen werden. Die Bergung erfolgte innerhalb von 3 Minuten.
Gegen 21.05 Uhr verstarb der Täter im VP-Krankenhaus, Berlin.
Während des Vorkommnisses befanden sich ca. 12 PKW, darunter ein PKW der USA-Besatzer, im Kontrollterritorium. Auf Grund des Vorkommnisses wurde die Kontrolle und der grenzüberschreitende Verkehr von 19.35 Uhr bis 19.45 Uhr zeitweilig unterbrochen.
Auf Westberliner Gebiet wurden in der Zeit von 19.47 Uhr bis 21.45 Uhr mehrere Kraftfahrzeuge mit Westberliner Polizei, US-Militärpolizei und Zivilpersonen erkannt. Durch Westberliner Reporter wurden Filmaufnahmen durchgeführt.
Die Handlungen der eingesetzten Sicherungsposten entsprachen den festgelegten Varianten.
Die Untersuchung des Vorkommnisses erfolgte durch das Ministerium für Staatssicherheit.
Ich bitte um Kenntnisnahme.

                                        Peter
                                        Generalleutnant

139

Dietmar Schwietzer (geb. 21.2.1958), gest. 16.2.1977

Grenztruppen der Deutschen Demokratischen Republik.
Tagesmeldung Nr. 42/77.

[...]

3. <u>Handlungen des Gegners im eigenen Grenzgebiet</u>
   GR-38 HENNIGSDORF   5./GR-34 GROSS GLIENICKE

   Am 16.02.1977, 07.07 Uhr, Festnahme wegen Versuch des Grenzdurchbruches DDR-WESTBERLIN des

                        Schwietzer, Dietmar
                        geb. am 21.02.1958
                        wohnhaft MAGDEBURG

   mit Anwendung der Schußwaffe und Verletzung des Grenzverletzers
   im Abschnitt Siedlung SCHÖNWALDE, Kreis NAUEN, BERLINER ALLEE.
   Die eingesetzten Grenzposten stellten den Grenzverletzer auf
   Höhe des Kolonnenweges fest, nachdem dieser den Grenzsignalzaun durchstiegen und ausgelöst hatte. Nach Abgabe eines Warnschusses wurde gezieltes Feuer geführt und der Grenzverletzer
   unmittelbar an der Grenzmauer verletzt festgenommen. Er erlag
   seinen Verletzungen während des Transportes zum AL DREWITZ.
   Während und nach den Handlungen zur Festnahme wurden auf Westberliner Gebiet keine gegnerischen Handlungen festgestellt.

[...]

140

Marinetta Jirkowsky (geb. 25.8. 1962), gest. 22.11. 1980

Grenztruppe der Deutschen Demokratischen Republik.
Tagesmeldung Nr. 327, 328/80.

[...]

I. Lage an der Staatsgrenze der DDR zur BRD und zu WESTBERLIN
   1. Ergebnisse der Grenzsicherung

Festnahmen:	DDR-WB	BRD-DDR
1./GR-38	1/1	
8./II./GR-3		1/1

Grenzdurchbrüche:	DDR-WB
1./GR-38	1/2

GR-38 HENNIGSDORF   1.GK NIEDERNEUENDORF

Am 22.11.1980, 03.40 Uhr, Festnahme wegen Versuch des Grenzdurchbruches DDR-WESTBERLIN der
                  J i r k o w s k y, Marinetta
                  geb.am: 25.08.62
                  wohnhaft: SPREENHAGEN
im Abschnitt FLORASTRASSE, HOHENNEUENDORF mit Anwendung der
Schußwaffe und Verletzung.
Die Grenzverletzerin hatte mit zwei weiteren männlichen Personen den GSZ mit Hilfe einer Leiter überwunden und dabei
ausgelöst. Bei Erkennen der Grenzverletzerin auf Höhe des
Kolonnenweges gaben die eingesetzten Grenzposten Warn- und
Zielschüsse ab und verletzten die J. durch Bauchschuß. Sie
verstarb an den Folgen der Verletzung am 22.11.1980 gegen
11.30 Uhr im KKH HENNIGSDORF.
Bei Erkennen der Grenzverletzerin durch die Grenzposten
hatten die zwei männlichen Personen mittels einer zweiten
mitgeführten Leiter das vordere Sperrelement bereits überwunden und im weiteren den Grenzdurchbruch vollzogen.
Die Untersuchung erfolgte in Verantwortlichkeit des SC-GKM.

[...]

                                    O. U., den 22.11. 1980
                                    Tgb.-Nr.: 260/80
Minister für Nationale Verteidigung
Stellvertreter des Ministers und Chef des Hauptstabes

Werter Genosse Minister!
Werter Genosse Generaloberst!

Ich melde:
Am 22.11. 1980 gegen 03.40 Uhr wurde im Abschnitt der Florastraße, Ortschaft Hohen Neuendorf, Kreis Oranienburg, Bezirk Potsdam, Grenzregiment
38 Hennigsdorf, die Grenzverletzerin
                  Jirkowsky, Marinetta
                  geb. am 25.8. 1962
                  wohnhaft Spreenhagen, Kreis Fürstenwalde, Birkenweg 13
wegen Versuch des Grenzdurchbruchs Richtung DDR–Westberlin nach Abgabe von Ziel- und Warnschüssen mit Verletzungen festgenommen. Ein weiterer männlicher Grenzverletzer flüchtete vermutlich in Richtung Hinterland
der DDR.

Die Grenzverletzer näherten sich aus Richtung Hohen Neuendorf, überwanden mit Hilfe von 3 Leitern die Hinterlandssicherungsmauer und den Grenzsignalzaun, der auslöste.

Beim Erkennen der Grenzverletzer auf dem Kontrollstreifen gaben die westlich und ostwärts des Tatortes eingesetzten Grenzposten 27 Warn- und Zielschüsse ab.

Die J. wurde vor Erreichen der Grenzmauer durch Bauchschuß verletzt und nach Erweisen der Ersten Hilfe in das Kreiskrankenhaus Hennigsdorf überführt.

Eine feindwärts der Grenzmauer durchgeführte Überprüfung ergab bisher keine Anzeichen einer Grenzverletzung durch die flüchtige Person.

Aktivtäter gegnerischer Kräfte wurden nicht beobachtet.

Es ist nicht auszuschließen, daß abgeprallte Projektile auf Westberliner Gebiet aufgetroffen sind.

Der betreffende Grenzabschnitt wurde durch Kräfte der Grenztruppen abgeriegelt und im Zusammenwirken mit den anderen Schutz- und Sicherungsorganen Maßnahmen zur Ermittlung des zweiten Grenzverletzers eingeleitet.

Die Untersuchung des Vorkommnisses erfolgt durch eine Gruppe Offiziere unter Leitung des Stellvertreters des Kommandeurs und Stabschefs des Grenzkommandos Mitte.

Ich bitte um Kenntnisnahme.

Baumgarten
Generalleutnant

Unbekannte Person, gestorben 16.3. 1981

Grenztruppen der Deutschen Demokratischen Republik.
Tagesmeldung Nr. 75/81.

[...]   Geheime Verschlußsache!

Am 16.03.1981, 11,07 Uhr, Festnahme einer unbekannten männlichen Person, Alter ca. 20 Jahre, wegen Versuch des Grenzdurchbruchs WESTBERLIN-DDR im Abschnitt SCHÖNHOLZ, Hauptstraße.
Die Person hatte die Grenzmauer überklettert und war in den Sicherungsabschnitt eingedrungen. Der Aufforderung zum Stehenbleiben kam die Person nicht nach und einen abgegebenen Warnschuß mißachtete sie. Bei Erreichen der Hinterlandsicherungsmauer gab der Postenführer einen gezielten Feuerstoß ab und verletzte die Person tödlich. Die Leiche wurde sofort geborgen und im Postenturm abgelegt. Der weitere Abtransport erfolgte um 19.40 Uhr.

[...]

Lothar Fritz Freie (geboren 8.2.1955), gestorben 4.6.1982

Grenztruppen der Deutschen Demokratischen Republik.
Tagesmeldung Nr. 155/82.

[...]

GR-33 Berlin Treptow   3. GK
Am 04.06.1982, 23.20 Uhr Festnahme einer männlichen Person ohne Doku-
mente wegen Verletzung der Staatsgrenze Westberlin–DDR im Abschnitt
Helmut Just Brücke, Berlin Prenzlauer Berg, WB Verwaltungsbezirk Wedding,
auf Höhe des Alliiertengleises, nach der Anwendung der Schußwaffe und
Verletzung. Nach eigenen Angaben handelt es sich um
                        Freie, Lothar
                        geb. am: 07.02.1955
                        wohnh.: Hitzacker/BRD Ahornweg
Der Festgenommene erlitt eine Schußverletzung an der linken Hüfte und am
linken Oberschenkel, er wurde nach dem Leisten der 1. Hilfe um 00.03 Uhr
am 05.06.1982 in das VP-Krankenhaus eingeliefert.
In der Zeit von 23.30–23.50 Uhr wurde durch 10 Angehörige der WB-Polizei
und des GZD Beobachtung in diesem Abschnitt geführt.
[...]

                                        Fiegert
                                        Oberstleutnant

Silvio Proksch (geboren 3.3.1962), gestorben 25.12.1983

(siehe Seite 15 ff.)
[...]
Am 25.12.1983, gegen 19.41 Uhr, Festnahme des
                P r o k s c h, Silvio
                geb. am 03.03.1962
                wohnhaft: 1100 BERLIN PANKOW, Flora-Straße 13

durch Grenzposten mit Anwendung der Schußwaffe im Abschni
Leonhard-Frank-Straße, Hauptstadt der DDR BERLIN PANKOW.
Der Grenzverletzer überwand die Hinterlandsicherungsmauer
löste gegen 19.30 Uhr den Grenzsignalzaun aus und näherte
sich mit hohem Tempo dem vorderen Sperrelement. Nach
zweimaligen Anruf und einem Warnschuß wurde gezielt geschossen. Er wurde durch einen Schuß getroffen und ca.
30 m freundwärts der Staatsgrenze festgenommen. Nach Erweisen der 1. Hilfe wurde er in das VP-Krankenhaus überführt, wo er gegen 20.46 Uhr seinen Verletzungen erlag.
Anwendung der Schußwaffe erfolgte parallel zur Staatsgrenze. Es muß angenommen werden, daß der Schußwaffengebrauch von WB-Bürgern wahrgenommen wurde. Gegnerische
Aktivitäten wurden nicht festgestellt.
Untersuchung erfolgt durch Offiziere unter Leitung des
StKA des GK MITTE.

Unbekannte Person, gestorben 2.7. 1984

Grenztruppen der Deutschen Demokratischen Republik.
Tagesmeldung Nr. 184/84.

[...]

Vorkommnisse im Grenzgebiet der DDR
GR-35 Berlin Rummelsburg
Am 02.07. 1984, 15.35 Uhr, wurde ca. 450 m nördlich der Späthstraßen-
brücke, am Teltowkanal, auf dem den pioniertechnischen Anlagen vorgelagerten Hoheitsgebiet der DDR, ca. 6 m auf dem Hoheitsgebiet der DDR, eine
männliche Person (ca. 60 bis 70 Jahre alt) am Grenzzaun I liegend festgestellt. Hoheitsgebiet der DDR, Hauptstadt der DDR, Berlin, Stadtgebiet Berlin
Treptow, gegenüberliegender Stadtbezirk von Berlin (West), Neukölln.
Die Überprüfung gegen 16.10 Uhr ergab, daß es sich um eine Leiche
handelt.
Es erfolgte der Einsatz der Spezialkommission und die Bergung der Leiche
gegen 20.07 Uhr, die Abverfügung der Leiche erfolgte gegen 22.30 Uhr an
das Gerichtsmedizinische Institut Berlin.
An gegnerischen Kräften auf dem Gebiet von Berlin (West) wurden ab
15.35 Uhr festgestellt: 1 Angehöriger der WB-Feuerwehr, 7 Angehörige der
WB-Schutzpolizei, 4 Angehörige der WB-Schutzpolizei in Zivil und 1 Polizei-
hauptkommissar sowie das WB-Wasserschutzboot »Alk«-21. Diese Kräfte bewegten sich 20.28 Uhr in das WB-Hinterland zurück.
[...]

03.07. 1984
Tgb.-Nr.: M-71/84

Generalsekretär des Zentralkomitees der
Sozialistischen Einheitspartei Deutschlands und
Vorsitzenden des Nationalen Verteidigungsrates
der Deutschen Demokratischen Republik

Durchschriftlich an das
Mitglied des Politbüros
und Sekretär des Zentral-
komitees der SED

Genossen Erich Honecker

Genossen Egon Krenz

Werter Genosse Honecker!

Im Zusammenhang mit dem Fund eines Leichnams an der Staatsgrenze der
DDR zu Westberlin gestatte ich mir, Dir folgendes zu melden:
Am 02.07. 1984, gegen 16.10 Uhr, wurde im Grenzabschnitt der Späthstra-
ßenbrücke, Stadtbezirk Berlin-Treptow, der Leichnam einer Person festge-
stellt.
Bei dem Toten handelt es sich vermutlich um eine ca. 60jährige männliche
Person.

Der Fundort befindet sich ca. 6 m von der Staatsgrenze entfernt auf dem den Grenzsicherungsanlagen vorgelagerten Hoheitsgebiet der DDR.
Der Leichnam ist mit einem Oberhemd und einer langen Hose bekleidet.
Er ist nicht im Besitz von Ausweispapieren.
Der Tod trat vermutlich in den frühen Morgenstunden des 02.07. 1984 ein.
Zur Klärung der Todesursache wurde die Leiche zur gerichtsmedizinischen Untersuchung überführt.
Im gegenüberliegenden Grenzabschnitt handelten Angehörige der Westberliner Schutzpolizei und Feuerwehr sowie ein Angehöriger der US-Armee.
Dabei kam es durch diese Personen zur Verletzung des Territoriums der DDR von ca. 2 m.
Der Fundort wird gesichert.
Die weitere Untersuchung erfolgt durch die Spezialkommission der Bezirksverwaltung für Staatssicherheit Berlin in Zusammenarbeit mit dem Militärstaatsanwalt.
Den Vorschlag für eine Pressemitteilung unterbreitet nach Abschluß der Überprüfung das zuständige Untersuchungsorgan.
Ich bitte um Kenntnisnahme.

Mit sozialistischem Gruß

Hoffmann
Armeegeneral

Michael Schmidt (geb. 20. 10. 1964), gestorben 1. 12 1984

(siehe Seite 26 ff.)

[...]

Am 01.12.1984, 03.18 Uhr, Festnahme des

S c h m i d t , Michael-Horst
geb. am: 20.10.1964
wohnhaft: SCHWANEBECK, Fichtestr. 5, Kr. BERNAU
Beruf: Zimmermann

durch GT der DDR, Postenführer Unteroffizier
W a l t e r , Udo, Posten Soldat H a p k e , Uwe im
Abschnitt 400 m nordwestlich Wollankstraße, Stadtbezirk
BERLIN-PANKOW mit Anwendung der Schußwaffe und Verletzung
des Grenzverletzers.
Der Grenzverletzer bewegte sich aus Richtung Schulzestraße
zur Hinterlandsicherungsmauer, überwandt diese mittels
einer Holzleiter. Mit einer weiteren Holzleiter bewegte er
sich weiter, überwandt den Grenzsignalzaun, welcher auslöste,
bewegte sich weiter in Richtung Grenzmauer.
Der Grenzverletzer wurde beim Überwinden der Hinterlandsicherungsmauer durch den 200 m entfernt auf einem B-Turm
eingesetzten Grenzposten festgestellt. Es erfolgte Anruf
und Warnschuß, worauf der Grenzverletzer sein Tempo erhöhte,
daraufhin wurde gezieltes Feuer geschossen.
Nach leisten der Ersten Hilfe erfolgte der Abtransport
des Grenzverletzers 04.11 Uhr zum VP-Krankenhaus.
Gegner: Seit 03.40 Uhr wurde eine Streife der WB-Polizei,
              1 Streife des Grenzzolldienstes und 2 Angehörige
              der französischen Armee auf dem Podest gegenüber
              dem Handlungsort festgestellt.

[...]

Rene Groß (geboren 1.6. 1964), gestorben 21.11. 1986

Manfred Mäder (geboren 23.8. 1948), gestorben 21.11. 1986

MINISTERRAT
DER DEUTSCHEN DEMOKRATISCHEN REPUBLIK
MINISTERIUM FÜR NATIONALE VERTEIDIGUNG
Stellvertreter des Ministers
und Chef der Grenztruppen der DDR

Königs Wusterhausen,
den 21. 11. 1986
Tgb.-Nr.: 528/86

5582/16-18

auf Befehl StCes

[?]. 21.11.8

Minister
für Nationale Verteidigung

Stellvertreter des Ministers
und Chef des Hauptstabes

Werter Genosse Minister!

Werter Genosse Generaloberst!

Ich melde:

Am 21. November 1986 gegen 05.04 Uhr erfolgte im Abschnitt KARPFEN-
TEICHSTRASSE, Stadtbezirk BERLIN-TREPTOW, gegenüberliegender Verwaltungsbezirk von BERLIN (WEST) NEUKÖLLN, der Versuch eines gewaltsamen Grenzdurchbruchs.

Die Täter näherten sich mit einem LKW W-50, polizeiliches Kennzeichen KY 59-79, entlang der KARPFENTEICHSTRASSE, durchbrachen die
Tore der Hinterlandsicherungsmauer und des darauffolgenden Grenz-
signalzaunes.

Die in diesem Abschnitt eingesetzten Grenzposten eröffneten das
Feuer (49 Schuß) und verletzten beide Täter.
Die Grenzverletzer kamen mit dem LKW etwa 50 cm vor der Grenzmauer
75 zum Stehen. Nach Bergung und erweisen der Ersten Hilfe wurden
die Täter zum Krankenhaus der Deutschen Volkspolizei überführt.

Es handelt sich um

1. G r o ß , Rene

   geb. am: 01. 06. 1964
   wohnhaft: BERLIN-MAHLSDORF
   MEMBRANSTRASSE 65

146

2. M ä d e r , Manfred
geb. am: 23. 08. 1948
wohnhaft: BERLIN-TREPTOW
ONKENSTRASSE 10

Auf dem Transport verstarben beide Personen infolge der erlittenen
Verletzungen.

Der LKW W-50 wurde 05.58 Uhr aus dem Grenzabschnitt geborgen.

Kräfte der Westberliner Schutzpolizei und des Grenzzolldienstes
handeln seit 05.20 Uhr im grenznahen Gebiet von BERLIN (WEST).

Die Untersuchung des Vorkommnisses erfolgt durch den Kommandeur
des Grenzkommandos MITTE in Zusammenarbeit mit der Spezialkommission der Bezirksverwaltung MfS BERLIN.

Ich bitte um Kenntnisnahme.

i.V. Teichmann
Generalmajor

Michael Bittner (geb. 21.8. 1961), gestorben 24.11. 1986

(Siehe Seite 42 ff.)

[...]

Am 24. 11. 1986, 01. 19 Uhr, Festnahme des

B i t t n e r , Michael
geb.: 21. 08. 1961
wohnh.: BERLIN-ROSENTHAL,
Friedrich-Engelsstraße 48

durch einen Grenzposten der 3. GK im Abschnitt 50 m nördlich der
LINDENSTRASSE, GLIENICKE-NORDBAHN, Krs. ORANIENBURG.
Der GV hatte sich unter Ausnutzung der Grundstücke nördlich der
LINDENSTRASSE angenähert, die Hinterlandsicherungsmauer mit Signal-
teil unter Nutzung einer 3 m langen Leiter mit Auslösung überstiegen
Seit ca. 02.15 Uhr wurden gegenüber dem Ereignisort gegnerische
Kräfte festgestellt.
Untersuchungen durch eine Kommission unter Leitung des K-GKM in
Verbindung mit der Spezialkommission MfS (Siehe Sonderbericht
Tgb.-Nr.: 529/86)

[...]

Lutz Schmidt (geboren 8.7. 1962), gestorben 12.2. 1987

Grenztruppen der Deutschen Demokratischen Republik.
Tagesmeldung Nr. 043/87.

[...]   Geheime Verschlußsache!

(2) Festnahmen durch die Grenztruppen wegen VGDb

GR-33 BERLIN-TREPTOW   SiA-III, 1. GK

Am 12.02.1987, 21.34 Uhr, Festnahme einer
    männlichen Person
nach Anwendung der Schußwaffe im Abschnitt Reingoldstraße,
Südrand der Siedlung AM REHPFUHL, Stadtbezirk BERLIN-TREPTOW.
Der Täter war nicht im Besitz von Personaldokumenten, es handelt
sich vermutlich um den Bürger

     S c h m i d t , Lutz
     geb.: 08.07.1962

Auf Grund der schlechten Sichtverhältnisse zur Tatzeit (Sicht-
weite unter 50 m) wurde durch den Grenzposten ein Grenzverletzer
auf Höhe der vorderen Sperrelementes (Grenzmauer -75) erkannt.
Dieser reagierte nicht auf den Anruf des Grenzposten und die
Abgabe eines Warnschusses. Bei der Führung des gezielten Feuers
wurde der GV verletzt. Nach Leisten der Ersten Hilfe erfolgte die
Überführung in das VP-Krankenhaus und Übergabe an die zuständigen
Organe.
Gegnerische Kräfte handelten ab 21.38 Uhr im gegenüberliegenden
Abschnitt.

[...]

Chris Gueffroy (geboren 21.6. 1968), gestorben 5.2. 1989

(siehe Seite 58 ff.)

[...]

Am 05.02. 1989, um 23.40 Uhr, Festnahme des

     G o e f f r o y , Chris
     geb.: 21.06. 1968
     wohnh.: 1197 BERLIN ,JOHANNISTHAL, Südostallee 218

und des

     G a u d i a n , Christian
     geb.: 17.10. 1968
     wohnh.: 1115 BERLIN BuCH, Wolfgang-Heinz-Str. 50

durch eingesetzte GP im Abschnitt ca. 300 m ostwärts der Straße 16
in BERLIN TREPTOW unmittelbar freundwärts des GZ-I.
Die Täter überwanden unerkannt ohne Hilfsmittel die Hinterlandssicherungsmauer und lösten um 23.39 Uhr den 5 m entfernten GSZ aus.
Die 200 m ostwärts und 300 m westlich des Tatortes auf dem Kollonne
weg eingesetzten GP "Staße 16" und "Britzer Allee" führten sofort
grenztaktische Handlungen durch und nahmen beide GV fest.

Winfried Freudenberg (geb. 29.8. 1956), gest. 8.3. 1989

Bei dem Versuch, mit einem Ballon von Ost- nach West-Berlin zu flüchten, stürzte Freudenberg über West-Berlin tödlich ab.

Ministerium des Innern – persönlich –
Information vom 08.03. 1989

Geheime Verschlußsache!

Betr.: Versuch des ungesetzlichen Verlassens der DDR mittels Ballon

Am 08.03. 1989 gegen 1.50 Uhr wurde dem Diensthabenden der VP Inspektion Berlin-Pankow von einem Berliner Bürger gemeldet, daß er gegen 1.35 Uhr aus einem fahrenden Linienbus auf dem Gelände des VEB-Energiekombinats Berlin, Ortsregelstation für Gasversorgung, Berlin-Weißensee, Ortsteil Blankenburg, Schefferstege 1–14, einen gefüllten Ballon gesehen hatte. Die Besatzung eines sofort eingesetzten Funkstreifenwagens stellte gegen 2.10 Uhr das Aufsteigen eines Ballons von ca. fünf Metern Durchmesser mit einer Person fest. Der Ballon kollidierte mit einer Stromleitung 380 Volt. Es kam zu einem Kurzschluß, wodurch die Stromversorgung der Kleingartenanlage ausfiel. Aufgrund der Dunkelheit konnte die weitere Flugrichtung nicht bestimmt werden. Bei der Überprüfung des Ereignisortes wurde festgestellt, daß die ansonsten verschlossene Regelstation für Gas geöffnet war und aus einem Plastikschlauch, der offensichtlich zum Füllen des Ballons verwendet worden war, Gas ausströmte. Im Zusammenhang mit der Überprüfung von Personalangaben aus einem vorgefundenen Kalender wurde als Täter ermittelt: Freudenberg, Winfried, geb. am 29. Aug. 1956 in Osterwieck, Hauptwohnung Lütgerrode, Kreis Halberstadt, Dorfstraße 55.
Eine erste Befragung der vorläufig festgenommenen Ehefrau, Sabine Freudenberg, bestätigte die Durchführung dieser Straftat durch ihren Ehemann. Sie selbst hatte ihm bei der Anfertigung und beim Füllen des Ballons geholfen. Aus ihren Aussagen geht hervor, daß diese Straftat langfristig vorbereitet war. Aus diesem Grund nahm ihr Mann eine Tätigkeit beim Energiekombinat an. Vorgesehen war, daß beide mit dem Ballon aufsteigen. Durch Annäherung eines Autos wurden sie in der Durchführung gestört. Daraufhin brachen sie den Füllvorgang ab. Sie selbst trat von dem Vorhaben zurück, und ihr Ehemann begann überstürzt mit dem Aufsteigen.
Unmittelbar nach Bekanntwerden des Vorkommnisses wurden im Zusammenwirken mit den anderen Schutz- und Sicherheitsorganen weiträumige Suchmaßnahmen unter Einbeziehung der Bezirke Frankfurt/Oder und Potsdam eingeleitet. Gegen 9.15 Uhr wurde in der Nähe des Ereignisortes der PKW des Freudenberg, Trabant P C 27/85, aufgefunden und sichergestellt. Nach Auskunft der Flugwetterstelle Schönefeld war zum Zeitpunkt der Straftat Wind aus nordostwärtiger Richtung zu verzeichnen. Mit Tagesanbruch wurden die Suchmaßnahmen unter Einbeziehung eines Hubschraubers des MdI fortgesetzt. Die weitere Bearbeitung erfolgt durch die Kriminalpolizei des PDVP Berlin in engem Zusammenwirken mit den zuständigen Diensteinheiten des Ministeriums für Staatssicherheit.
[...]

III. Sterben an der deutsch-deutschen Grenze

Geheime Protokolle

Tagesberichte der Deutschen Volks- und Grenzpolizei
und der Grenztruppen von 1949 bis 1989

Verbrechen gegen die Menschlichkeit, Gewaltakte des SED-Machtappa-
rates wurden erst nach Errichtung der Berliner Mauer 1961 in der Bundesrepublik systematisch verfolgt. Mit der Gründung der »Zentralen Erfassungsstelle der Landesjustizverwaltung in Salzgitter« im November 1961
begann die Registrierung von Todesfällen in Berlin und an der innerdeutschen Grenze. Die Westberliner Polizei lieferte den Juristen in Salzgitter erste Ermittlungsakten über fünfzig Fälle, in denen Flüchtlinge an den Sektorengrenzen be- oder erschossen worden waren. War die Tätigkeit der Erfassungsstelle zunächst nur auf Gewaltakte am Ring um Berlin und an der
innerdeutschen Grenze beschränkt, wurde ihr Aufgabenbereich schon
bald auf die Registrierung aller Gewaltakte in der DDR erweitert.

Bis zur Wende war die Zentrale Erfassungsstelle die einzige Institution
in der Bundesrepublik, die Opfer an Mauer und Grenze registrierte. Sie
stützte sich dabei auf Aussagen der Westberliner Polizeibehörde, auf In-
formationen der Grenzschutz- und Zollbeamten an der innerdeutschen
Grenze, auf Zeugenaussagen geflüchteter DDR-Bürger, auf Meldungen
von Grenzgängern und Spaziergängern. Die Behörde in Salzgitter setzte
die niedrigste Verdachtsschwelle an und machte manches Gerücht zum
Fall, zum Todesfall an Mauer und Grenze. Hier wurde vom Hörensagen
eine Flucht mit tödlichem Ausgang bekannt, da brüsteten sich Jugendliche
mit Sensationsstories. Salzgitter war eine Vorermittlungsbehörde. Man
notierte, was in der Zeitung stand, hielt fest, was in den Jahren des Kalten
Krieges von Kalten Kriegern in die Welt gesetzt wurde. Die Todesliste der
Zentralen Erfassungsstelle in Salzgitter ist daher verständlicherweise ei-
nerseits lückenhaft, andererseits aufgebauscht.

So werden über achtzig Todesopfer registriert, die es überhaupt nicht
gegeben hat. Sie sind in den Archiven der früheren DDR nicht nachzuwei-
sen und werden für die westdeutsche Justiz ohne Bedeutung sein. Es ist geradezu unverantwortlich, daß es die Braunschweiger Staatsanwaltschaft
zuließ, noch nach der Wende eine Todesliste zu veröffentlichen, in der
Menschen aufgeführt werden, die niemals auf der Flucht aus der früheren
DDR zu Tode gekommen sind.

Die Angehörigen der Deutschen Volkspolizei und der Grenztruppen haben über vierzig Jahre lang exakt Buch geführt. Beinahe jeder Schuß wurde

festgehalten und protokolliert. In den Archiven der ehemaligen DDR, vor allem in den »Tagesberichten« der Grenztruppen und der Deutschen Volkspolizei, fanden wir über achtzig Opfer, von denen bisher niemand außerhalb der Grenzorgane und dem SED-Parteiapparat Kenntnis hatte.

Das Sterben an der innerdeutschen Grenze durch Minen und Selbstschußanlagen war noch grausamer als der gezielte Todesschuß. Viele Flüchtlinge verbluteten, verendeten wie angeschossene Tiere. Mit der Gründung der DDR im Jahre 1949 begann auch das Sterben an der Grenze.

Adolf Wieczorek (geb. 12. 5. 1910), gestorben 11. 1. 1949

Abteilung
Grenzpolizei u. Bereitschaften
Land Thüringen
Referat   G 2

Durchgang G. / Sekr. Weimar, den 19.1.1949
An Ref./G........./Sch./Nis.

6 97/54/4953

Bei allen Rückfragen Zeichen und Tagebuchnummer angeben

B e r i c h t .

Betr.: Erschießen des Bürgers Adolf W i e c z o r e k wegen versuchter Flucht nach vollzogenem illegalen Grenzübertritt von West nach Ost.
Bezug: Tätigkeitsbericht vom 12.1.1949

Am 11.1.1949 gegen 7.10 Uhr wurde der Bürger Wieczorek Adolf geb. am 12.5.1910 wohnhaft und polizeilich gemeldet in Kauschen Krs. Cahlau Wolkenbergerstr.Nr.11 während des illegalen Überschreitens der Zonengrenze von West nach Ost an der Durchenmühle bei Seibis von einem Posten der sowjetischen Besatzungsmacht durch Abgabe von mehreren Schüssen tödlich verletzt.
Die Streife des Kommandos Seibis - Pol.Anw. Zebdies und Lerche vernahmen die Schüsse und begaben sich sofort zum Tatort,wo ein Angehöriger der sowjetischen Besatzungsmacht bei dem am Boden liegenden o.g vorgefunden wurde. Pol.Anw. Zebdies benachrichtigte sofort das in Seibis liegende sowjetische Grenzkommando, sowie den Leiter des Grenzpolizeikommandos in Seibis. Vom Kdo.Seibis wurde Dr. Zellfelder aus Blankenstein verständigt. Dr. Zellfelder traf um 7.48 Uhr am Tatort e und stellte bei W. den Tod durch Lungenschuß und innere Verblutung fest.
Die Grenzpolizei-Kommandantur Wurzbach verständigte den Kreispolizeiposten in Lobenstein,der die Aufhebung der Leiche vornahm.
Nach Freigabe der Leiche wurde dieselbe nach Harra überführt und am 12.1.1949 auf dem dortigen Friedhof beigesetzt.

Bearbeitet: Abteilungsleiter GP/B
(S c h u s t e r)   (V o g t)
Polizei - Meister   Polizei - Kommandeur

154

Hermann Hille, gestorben 29.1.1949

Abt. GP/B Sachsen-Anhalt   Geheime Verschlußsache!
Halle

Besonderes Vorkommnis am 29.1.1949

Ihr FS. Nr. 639 v. 31.1.1949
Die mit o. a. FS erstattete Meldung über die tödliche Verletzung des illegalen Grenzgängers Hermann Hille durch Angehörige des Kommandos Wackersleben ist nicht vollständig. Ausführlicher Bericht über den Sachverhalt ist zum 16.2.49 der Hauptabt. GP/B mit FS. zu erstatten.
Nach einer Mitteilung im »Sozialdemokrat« v. 7.2.49 wurde der Lehrer Hille von einem jungen betrunkenen Polizisten beim Grenzübertritt bei Gusleben nach einmaligem Anruf erschossen.

Hauptabteilungsleiter GP/B
(Rentzsch)

Werner Hofmann (geb. 15.9.1917), gestorben 24.6.1949

Abteilung
Grenzpolizei und Bereitschaften
Land Thüringen
OD./B. u. M.   Geheime Verschlußsache!

Weimar, den 6. Juli 1949.
Ri/Rud.

Bericht

Betr.: Schußwaffengebrauch mit tödlichem Ausgang durch die Vp.-Wm. (SB) Hentrich und Rogowsky, vom Kdo. Berlingerode II, Kdtr. Teistungen, Bereitschaft Worbis.
Bezug: Tätigkeitsbericht vom 23.7. zum 25.6.1949.

Am 24.6.1949, 19.30 Uhr, versuchte der als Lieferwagen umgebaute PKW Opel P 4, Pol. Kennzeichen St-27-0777, mit zwei männlichen Insassen illegal von Ost nach West im Kommandobereich Berlingerode II bei Bläckenroda die Zonengrenze zu passieren.
Derzeitig befanden sich die Hentrich und Rogowsky vom Kdo. Berlingerode II in der Nähe der Zonengrenze bei Bläckenroda auf Streife. Sie bemerkten das Fahrzeug und gaben Stoppzeichen, welches durch die Insassen auf jeden Fall bemerkt werden mußte. Dessen ungeachtet erhöhte der Fahrer die Fahrgeschwindigkeit und bog in eine Seitenweg ein. Ein durch Hentrich abgegebener Warnschuß wurde nicht beachtet. Da nun die letzte Möglichkeit zur Festnahme erschöpft war, gaben beide Polizisten je einen gezielten Schuß ab, wonach das Fahrzeug in kurzer Zeit zum Halten gebracht werden konnte. Bei der Ankunft am Fahrzeug stellten die Polizisten fest, daß der Fahrer des Wagens durch einen Kopfschuß und einen Brustschuß getötet worden war.

155

Nach Feststellung der Personalien handelte es sich um den zonenflüchtigen Kaufmann Werner Hofmann, geb. am 15. 9. 1917 in Gössnitz, wohnhaft in Gössnitz, Genossenschaftsstraße 3. Selbiger war am 24. 6. 1949 durch die Kriminalpolizei Mühlhausen wegen Zonenflucht in Fahndung gestellt worden. Der Schußwaffengebrauch der beiden Polizisten war somit berechtigt.

[…]

Unbekannte Person, gestorben 22. 6. 1949

A b t e i l u n g   Weimar, den 5. Juli 1949.
Grenzpolizei und Bereitschaften   Ri/Rud.
        Land Thüringen
        OL./B.u.M.

                    B e r i c h t

Betr. : Verletzung eines Grenzverletzers durch Schußwaffengebrauch
Bezug : Tätigkeitsbericht vom 21.6. - 22.6.1949.

Am 22.6.1949 gegen 10,45 Uhr versuchten zwei männliche Grenzverletzer im Alter von 20 - 25 Jahren illegal die Zonengrenze von Ost-
nach West im Kommandobereich Tastungen, Kdtr. Teistungen, Bereitschaft Worbis, zu überschreiten. Trotz mehrmaliger Haltrufe und
eines Warnschusses versuchten beide sich durch die Flucht in die
englische Zone der Festnahme durch die VP.-Wm. (SB) B e c k und
A m b o s , welche z.Zt Dienst an der Zonengrenze versahen, zu entziehen.
Der Wm. Ambos gab daraufhin 2 gezielte Schüsse ab, worauf einer der
Grenzverletzer zusammenbrach. Trotzdem konnte es aber noch beiden
gelingen, die Zonengrenze zu überschreiten. Nach dem Verlauf von
ca. 5 Minuten erschienen in der englischen Zone 5 Polizisten, die
die Grenzverletzer mitnahmen.

                              Abteilungsleiter Gp/B

                                    V o g
                              Volkspol.-Inspekteur.

Brigitte Frauendorf (geb. 18.12.1937), gest. 26.7.1949

Landesbehörde der Volkspolizei
Land Thüringen
Abt. Grepo

Geheime Verschlußsache!

Weimar, den 28. Juli 1949.
Ri/Rud.

Bericht

Betr.: Tötung der Brigitte Frauendorf durch Schußwaffengebrauch
Bezug: Tätigkeitsbericht vom 23.7. zum 24.7.1949
Am 26.7.1949 wurde um 02.10 Uhr von dem Pol. Wm. Weilepp vom Kdo. Kirchgandern, Kdtr. Arenshausen, Bereitschaft Worbis, ca. 500 m vor der Dem. Linie das Mädchen, Brigitte Frauendorf, geb. am 18.12.1937 in Leipzig, wohnhaft in Leipzig C 1, Gustav Adolfstraße 1, beim versuchten illegalen Grenzübertritt von Ost nach West im Kommandobereich Kirchgandern angeschossen.
Brigitte Frauendorf befand sich in Begleitung ihrer Eltern (Stiefvater Karl Berg, geb. am 23.7.1909 in Leipzig, Mutter Gertrude Berg, geb. am 16.11.1892 – verwitwete Frauendorf, geb. Richter –).
Diese 3 Personen befanden sich auf dem Wege von Leipzig nach Frankfurt/Main und wollten im Kommandobereich Kirchgandern die Dem.-Linie illegal überschreiten. Sie trafen in Kirchgandern mit noch etwa 7 illegalen Grenzgängern zusammen und wurden von einem Grenzführer bis an die Zonengrenze geführt. Dabei wurden sie durch die Streife des Kdo. Kirchgandern, Wachtmeister Paul Weilepp, geb. am 7.8.1926 in Apolda und Wachtmeister Walter Rauh, geb. am 22.8.1914 in Leipzig-Lindenau, gestellt. Dieses ereignete sich am 26.7.1949 gegen 02.10 Uhr. Durch die Streife wurde ihnen zugerufen: »Halt! Grenzpolizei!« Daraufhin versuchten alle illegalen Grenzgänger sich durch die Flucht der Festnahme zu entziehen, u. a. auch die Familie Berg. Die beiden Polizisten verfolgten die Grenzgänger und versuchten nochmals durch Haltrufe und Signalpfiffe die Grenzgänger zum Stehenbleiben zu veranlassen. Jedoch alle Bemühungen waren ergebnislos. Da nun die letzte Möglichkeit zur Ergreifung der Grenzgänger erschöpft war, zumal es in dieser Nacht sehr dunkel war und die Grenzgänger sich in ein Kornfeld geflüchtet hatten, gab der Wachtmeister Paul Weilepp einen Warnschuß in die Luft ab. Derselbe wurde nicht beachtet. Ein abgegebener Zielschuß durch den Wm. Weilepp in die Richtung, wo er die Grenzverletzer vermutete, verletzte die Brigitte Frauendorf. Daraufhin begaben sich Weilepp und Rauh in das Kornfeld. Dabei vernahm Weilepp eine Frauenstimme, die sagte: »Komm Brigitte, steh auf.« Worauf die Angesprochene erwiderte: »Ich kann nicht, ich bin getroffen.« Weilepp und Rauh begaben sich zu der Unfallstelle und sahen dort ein ca. 10–12 Jahre altes Mädchen am Boden liegen. Daneben stand eine Frau und äußerte, daß ihr Kind tot wäre. Hierauf kam der Vater des Mädchens hinzu. Da Weilepp sich überzeugen wollte, wo das Kind verletzt war, fühlte er den Körper desselben ab und stellte fest, daß in der Nähe des Oberschenkels Blut vorhanden war. Vermutlich hatte das Kind einen Bauchschuß erhalten.

Das Kind wurde dann zum Kommando gefahren und ist dabei gestorben. Wie aus den Vernehmungen der Eltern hervorgeht, ist zu ersehen, daß ein Verschulden von seiten des Wachtmeisters Weilepp nicht vorliegt, sondern die beiden Polizisten in der rechtmäßigen Ausübung ihres Dienstes gehandelt haben. Somit ist auch der Gebrauch der Schußwaffe gerechtfertigt.

Die Leiche des Kindes wurde in das Spritzenhaus der Gemeinde Kirchgandern überführt.

Gegen 04.00 Uhr geschah das Inkenntnissetzen der Mordkommission Mühlhausen, die um 05.00 Uhr beim Grenzpolizeikommando Kirchgandern eintraf. Hier waren anwesend der KPA-Leiter, Volkspol. Oberrat Barth, aus Heiligenstadt, der KPA-Leiter, Pol. Oberkommissar Hög aus Heiligenstadt, ein russischer Offizier aus Heiligenstadt, sowie der Leiter der Grenzpolizeikommandantur Arenshausen, Polizeirat Halbauer. Der hinzugezogene Arzt, Dr. Kaspari aus Hohengandern, stellte den Tod des Mädchens fest.

Die weitere Bearbeitung des Vorfalles übernahm die Mordkommission, und nach ausreichender Klärung wurde selbiger an den Oberstaatsanwalt in Nordhausen abverfügt.

Abteilungsleiter G
(Dams)
Volkspolizei-Kommandeur

Irmgard Stark, gestorben 16.3. 1950

Sie wurde beim Versuch, zwischen Philippsthal und Vacha in die Bundesrepublik zu fliehen, von Volkspolizist Manfred Gransky erschossen.

Hermann Meyer (geb. 14.10. 1909), gestorben 24.3. 1950

HV Deutsche Volkspolizei   Berlin, den 25. März 1950
Hauptabteilung G   Ws

An den
Chef der Deutschen Volkspolizei
- Herrn Dr. K. Fischer -

im H a u s e
==============

Betr.: Meldung besonderer Vorkommnisse Nr. 54/50

3. Am 24.3.1950 gegen 12.30 machte die Sonderstreife des Bahnhofs=
   kommandos Drewitz, Kommandantur Klein-Machnow, Grenzbereitschaft
   Teltow, von der Schusswaffe Gebrauch, als sie zwei Personen die
   mit einem Fahrradanhänger ein geschlachtetes Kalb transportierten
   vergeblich mündlich verwarnten. Die Täter versuchten unter Aus=
   nutzung eines unbewachten Weges sich der Kontrolle zu entziehen.
   Als die VP.-Wm Jahn und Dietrich die Verfolgung aufnahmen, ließen
   sie den Fahrradanhänger stehen und setzten die Flucht getrennt
   fort. Der durch den Vp.-Wm Jahn verfolgte Täter konnte nach Ab=
   gabe von 4 Warnschüsse festgenommen werden, während der durch
   den Vp.-Wm Dietrich,Verfolgte
        Hermann M e y e r , geb. 14.10.09 wohnhaft in Groß-Briesen,
        Kreis Zauch-Belzig, Dorfstr.8
   nach Abgabe von drei Warnschüssen durch einen Zielschuss getötet
   wurde.

                                        Hauptabteilungsleiter G

                                        (Schuldt)
                                        Chef - Inspekteur

Herbert Muhs (geboren 27.11. 1929), gestorben 25.9. 1950

Beim Versuch, die Trave bei Lübeck mit einem Schlauchboot zu überqueren, von einem Volkspolizisten erschossen. -

Gerhard Oelse, gestorben 27.10. 1950

+t.qtc - c. stab.- s s d - lbdvp hle nr3101 29.10. 50 1245 lungert .–

Geheime Verschlußsache!

[...]

betr.: schusswaffengebrauch mit toedlichem ausgang.–
bezug: ssd. – rr. 3034 vom 28.10. 50 der lbdvp .–

die durchgefuehrten und zum abschlusz gebrachten ermittlungen ergaben
folgenden tatbestand:
die vp.-wm korn, josef und loebe, kurt, befanden sich auf ihrem streifen-
posten 4 .–
sie bemerkten gegen 13.10 uhr zwei grenzverletzer, die sich beide auf
fahrraedern in richtung beendorf bewegten.
sie versuchten beide, unter allen umstaenden die grenzverletzer zu stellen,
da diese trotz mehrmaliger »halt«-rufe nicht stehen blieben, sondern ihre
fahrtgeschwindigkeit enorm erhoehten und in wilder flucht versuchten, beendorf zu erreichen. daraufhin sah sich der vp.-wm korn veranlaszt, 3 warnschuesse abzugeben und rief zwischen allen 3 schuessen laut und deutlich
»halt stehen bleiben«. der vp.-wm loebe hatte darueber hinaus ebenfalls einen warnschusz abgegeben, so dasz insgesamt vor abgabe des toedlichen
schusses von seiten des vp.-wm. korn 4 warnschuesse abgegeben wurden.
da nun alle 4 warnschuesse nicht von den fluechtenden beachtet wurden und
ebenfalls auch nicht die mehrmaligen »halt«-rufe, obwohl sich die grenzverletzer nach den volkspolizisten umgeschaut hatten und diese unbedingt gesehen haben, gab der vp.-wm. korn den bereits erwaehnten 5. schusz ab mit
der zielrichtung auf den 1. der beiden fluechtenden radfahrer, dieser stuerzte
sofort zu boden und blieb bewegungslos liegen. die aerztliche untersuchung,
welche etwa 20 minuten spaeter erfolgte, ergab, dasz der mann bereits an
der verletzung verstorben war. als verletzung selbst wurde eine voellige le-
berzerreissung mit innerer blutung festgestellt. der einschusz lag somit in der
lcbergegend und der ausschusz auf der linken brustseite in hoehe der ach-
sel. bei dem verstorbenen handelt es sich, wie bereits schon in der spitzenmeldung erwaehnt, um den gerhard oelze, die ermittlung nach der 2. person,
welche sich in der begleitung des oelze befand, ergab, dasz es sich tatsaech-
lich um die person gerhard zoeffzig aus magdeburg handelt. dieser gab zu,
mit dem oelze in der westzone gewesen zu sein, um lebensmittel sowie fahr-
radteile zu beschaffen, nach der protokollarischen vernehmung wird zoeffzig
der grenzkdo. beendorf gemeldet wegen bestrafung des illegalen grenzu-
ebertrittes. als medizinischer sachverstaendiger wurde dr. med. seeliger aus
beendorf herangezogen, die sichergestellten nachlaszsachen des verstorbenen oelze sind bei der grenz-kdo. beendorf hinterlegt. –
die ermittlungen gelten somit als abgeschlossen, da der schuszwaffenge-
brauch auf grund des vorliegenden tatbestandes gerechtfertigt erscheint .–
lbdvp. sachsen-anhalt einsatzstab. –
ez.: due/he. – tgb. rr. 2326/50. –
einsatzstab der lbdvp.: d u e b e n, (uml) vp.-komm. +
+ 29.10. 50 1350 rr. 3101 hvdvn piotkowiak +

Anneliese Walter (geb. 19.4. 1920), gest. 28.10. 1950

LBDVP Sachsen-Anhalt, Einsatzstab.
Spitzenmeldung vom 28.10. 1950.

[...]   <u>Geheime Verschlußsache!</u>

b) anneliese walther geb. tietz, geb. 19.4. 20 in quedlinburg, wohnhaft daselbst, birkholzweg 62.
9) nach verletzung der frauen leuschner und walther wurden dieselben gegen 00.35 uhr in das krankenhaus osterwieck eingeliefert. bei der verletzung der frau walther handelt es sich um einen schweren bauchschusz verbunden mit lebensgefahr. angehoerige wurden verstaendigt. bei der frau leuschner handelt es sich ebenfalls um einen bauchschusz und sogleich um einen rechten unterarm-streifschusz. die angehoerigen sind ebenfalls verstaendigt. die l. sowie auch die w. sind bei der kdtr. luettgenrode als staendige grenzgaenger bekannt.

Richard Hillebrand, gestorben 28.1. 1951

Deutsche Volkspolizei. Meldung vom 29.1. 1951.

[...]   <u>Geheime Verschlußsache!</u>

<u>Schußwaffengebrauch in Ausübung des Dienstes.</u>
Am 28.1. 1951 gegen 18.20 Uhr wurde beim versuchten illegalen
Überschreiten der Demarkationslinie im Bereich des Kdos. Rimbach
Kdtr. Arenshausen, GB Wihla, tödlich verletzt:
Richard Hillebrand, Eisenbahner, wohnhaft Hohengandern.
H. hatte Warnrufe und auch einen Warnschuß unbeachtet gelassen. Die
Spezialkommission Mühlhausen wurde verständigt.
[...]

Martin David (geboren 25.11. 1909), gestorben 15.6. 1951

Deutsche Volkspolizei   Berlin, den 16. Juni 1951
-Hauptabteilung G-   Spra Su

Betr.: Meldung besonderer Vorkommnisse Nr. 142/51 für die
     Zeit vom 15.6.61, 06,00 Uhr bis 16.6.51, 06,00 Uhr.

I. Agenten-, Spionage-, und Sabotagetätigkeit: Fehlmeldung

II. Desertionen von VP.-Angehörigen: dto.

II. Schusswaffengebrauch in Ausübung des Dienstes:

    Ergänzung zur Meldung 140/51 v. 15.6.51

    Bei der Durchsuchung des Gepäcks des O. wurde festgestellt,
    dass derselbe
          3 Armbanduhren, 6 Oberhemden
      und   7 Paar Socken

    in die Westzone ausführen wollte.
    O. z.Zt. noch nicht vernehmungsfähig.

Nachtrag zu III (Schusswaffengebrauch in Ausübung des Dienstes)

Kdo. Gehrendorf, Kdtr. Öbisfelde, GB Gardelegen meldet
15. 6. 51 einen Schusswaffengebrauch auf einen illg. Grenzgänger
mit tödlichem Ausgang.

          D a v i d , Martin geb. 25. 11. 09
          in Salsdorf /Helmstedt
          wohnh. Gardelegen, Stendalerstr. 36.

Der o.A. überschritt die D.-Linie von West nach Ost und wollte
durch mehrmaliges Anrufen, sowie durch Abgabe von 2 Warnschüssen
sich einer Festnahme entziehen. D. führte ein Fahrrad bei sich.

Der VP.-Wm. F a u s t, Gerhard versah seinen Streifendienst und
gab auf Grund der geschilderten Tatsachen, in der Annahme es handle
sich um ein verbrecherisches Element, einen Zielschuss ab, der D.
die Wirbelsäule, den oberhalb befindlichen Hüftknochen, sowie
den rechten Oberarm zerschmetterte.
D. wurde nach Öbisfelde zum Krankenhaus überführt, wo er an seinen
Verletzungen verstarb.
Die Entfernung von Wm. Faust bis zu David betrug 500 m.
Die Spezialkommission, sowie die sowj. Dienststelle wurde verständigt.

               Hauptabteilungsleiter G
               i.V.

               (Hopp)
               VP.-Kdr.

Gerhard Palzer, gestorben 29.7.1952

Ministerium für Staatssicherheit
Verwaltung Deutsche Grenzpolizei
Berlin, am 30.7. 52
Ne/Pe

Meldung besonderer Vorkommnisse Nr. 178/52, für die Zeit vom 29.7.
06.00 Uhr bis 30.7. 52 06.00 Uhr

Desertionen von VP-Angehörigen   Fehlmeldung
Besondere Vorkommnisse – Provokationen
Am 29.7. 52 gegen 16.40 Uhr kam es im Bereich des Kdo. Stedtlingen, Kdtr.
Hermannsfeld, GPB Meiningen zu einer Provokation des westl. Zollschutzes
mit anschließendem Schußwaffengebrauch durch eine Streife des Kdo. Stedtlingen.
Der Beobachtungsposten des Kdo. Stedtlingen, besetzt mit 4 Grenzpolizisten, beobachteten einen westl. Zöllner, der den 10-m-Kontrollstreifen überschritt und versuchte, die Grenzpolizisten in ein Gespräch zu verwickeln. Er
versprach unseren Grenzpolizisten amerik. Zigaretten und verwies dabei auf
bereits von ihm geführte Gespräche mit anderen Angehörigen des Kdo., vor
allem wollte er mit Kameraden sprechen, die kürzlich von der Staatsgrenze
zur D.-Linie versetzt wurden. Als unsere Grenzpolizisten nun die Festnahme
vornehmen wollten, widersetzte sich der Zöllner und zog seine Dienstpistole.
Es gelang unseren Grenzpolizisten, ihm diese aus der Hand zu schlagen und
ihn zu überwältigen. Kurz danach riß er sich los und stürzte in Richtung D.-
Linie davon. Hierauf wurden von unseren Grenzpolizisten insgesamt 2 Kara-
biner- und 3 Pistolenschüsse abgegeben, wodurch der Zöllner durch Kopfschuß tödlich verletzt wurde. Er stürzte 2 m vom Kontrollstreifen entfernt, auf
westlichem Gebiet, nieder. Der im selben Augenblick eintreffende Offizier der
Op.-Gruppe ordnete an, den Verwundeten auf das Gebiet der DDR zu tragen,
um ihm erste Hilfe zu leisten. Inzwischen war der Zöllner jedoch verstorben,
so daß er wieder auf westliches Gebiet zurückgetragen wurde.
SKK und Op.-Gruppe Meiningen wurden sofort verständigt. Am Tatort befinden sich: Stabschef der GPB, Kdtr.-Leiter, SKK-Bataillonskommandeur und
ein Offizier der Op.-Gruppe.
Nach telefonischer Mitteilung der GPB Meiningen befinden sich auf westlicher
Seite eine amerik. Kommission und eine Anzahl Zöllner am Tatort. Weitere
Ermittlungen werden getätigt. Nach Aussagen der beteiligten Grenzpolizisten
wurde von dem Zöllner ebenfalls ein Pistolenschuß abgegeben. Verletzungen
traten hierdurch nicht ein.
[...]

Max Grübner (geboren 9.5. 1911), gestorben 9. 11. 1955

Grenzbereitschaft   O. U., den 14. November 1955
- Dittrichshütte -

A b s c h l u ß b e r i c h t

über die Tötung eines illegalen Grenzverletzers
in rechtsmässiger Anwendung der Schußwaffe.

/ Soldatenfall

Am 9/ 11. 1955 gegen 10.40 Uhr wurde im Bereich des Kdo. Lichtentanne, Kdtr. Weitisberga, etwa 200 m südwestlich der Steinbachmühle,
der Kaufmann Max G r ü b n e r , geb. 9. 5. 1911 in Lengefeld Krs.
Weimar, wohnhaft in Blankenhain Krs. Weimar, Rudolstädterstr. 4,
verheiratet, beim Versuch, die Grenze von DDR nach West zu überschreiten, durch rechtsmässige Anwendung der Schußwaffe durch den
getötet. Der Grenzverletzer konnte die Grenzlinie noch
überschreiten und brach erst zusammen, als er sich bereits auf
westlichem Gebiet befand.
Durch die Westpresse wird dieses Vorkommnis ausgenutzt, eine Ver-
leumdungskampagne gegen die DDR zu starten und berichtet, daß
der Grenzverletzer erst getroffen worden sei, als er bereits die
Grenze überschritten hatte und sich auf westlichem Gebiet befand.
Die Untersuchung dieses Vorkommnisses wurde vom Kommandeur der Grenzbereitschaft durchgeführt. Die Untersuchungen, durch photographische
Dokumente nachgewiesen, zeigen folgendes Ergebnis:

1) Bereits am 6. 11. 1955 wurde dem Kommando Lichtentanne durch
   Zivilpersonen mitgeteilt, daß eine ortsfremde Person sich im
   Grenzgebiet aufhält und versucht, die Grenze nach Westdeutschland
   zu überschreiten. Die unbekannte Person versuchte, einen
   Schäfer als Grenzführer zu dingen und bot dafür 100,-- DM.
   Die sofort eingeleiteten Fahndungsmassnahmen mit Unterstützung
   der Grenzpolizeihelfer blieben zunächst ohne Erfolg.
   Am 7. 11. 1955 wurde der Aufenthalt der unbekannten Person durch
   Waldarbeiter erneut bestätigt. Die von ihnen gesichtete Person
   war nach ihrer Personenbeschreibung indentisch mit jedem Unbekannten, der bereits am Vortage den erwähnten Schäfer für die
   Grenzführung ausnutzen wollte. Auch hier blieben Fahndungsmassnahmen, die auch über den 8. 11. 1955 fortgesetzt wurden, erfolglos. Der Grenzabschnitt wurde verstärkt gesichert.
   Die von dem erwähnten Schäfer und durch die Waldarbeiter abgegebene Personalbeschreibung stimmt überein mit Alter, Aussehen
   und Bekleidung des getöteten Grenzverletzers. Es ist somit erwiesen, dass er sich zumindest seit dem 6. 11. 1955 im betr.
   Gebiet aufgehalten hat. Ermittlungen ergaben, dass er sich eines
   Wirtschaftsdeliktes als Leiter eines HO-Betriebes schuldig gemacht hat und seit dem 2. 11. 1955 von seinem Wohnort abgängig
   ist. Gegen Grübner läuft ein kriminalpolizeiliches Untersuchungs-
   verfahren. Er wurde vermutlich im Grenzgebiet illegal beherbergt
   und suchte in dem unübersichtlichen und dichtbewaldeten Gebieten
   nach einer günstigen Möglichkeit, die Grenze überschreiten zu
   können. Bei der Verfolgung seiner Spur vom 10 m Kontrollstreifen
   in das Hinterland wurde in ca. 50 m Entfernung von der Grenze
   im dichten Unterholz in einer kleinen Senke festgestellt, dass
   das Bodengras stark niedergetreten ist. Vermutlich hat der Getötete dort einige Zeit gewartet und beobachtet.

                                                          - 2 -

164

Coldelafau

2) Am 9. 11. 1955 gegen 10.40 Uhr befand sich der ████████████ vom
Kommando Lichtentanne etwa 200 m südwestlich der Steinbachmühle
auf dem Wege von Lichtentanne nach Probstzella (Falkenstein).
Er hatte Befehl, die Überwachung von Holzarbeitern durchzuführen,
die mit zwei Traktoren Langholz abführen. Da die Verladearbeiten
nur kurze Zeit in Anspruch nahmen und ein Überfahren der Grenze
in diesem Abschnitt auf Grund der Geländeverhältnisse unmöglich
ist, entschloss der Stellv. Allgemein des Kommandos, Gen. ████████
████████ den ████████████ allein mit der Überwachung zu beauftragen. Er wählte den ████████████ besonders aus, da dieser
bisher seine dienstlichen Aufgaben zuverlässig erfüllt hat und
Mitglied der Partei ist. Der Entschluss des Gen. ████████████
ist gerechtfertigt, da auch im Abschnitt ca. 300 m im Hinterland
ein Wachposten eingesetzt war, der den ████████████ jederzeit
unterstützen konnte.
Als gegen 10.40 Uhr die Traktoren beladen waren und hinterein-
ander in Richtung Lichtentanne abfuhren, bemerkte der ████████
████████ der selbst hinter dem 2. Traktor herlief, wie eine unbekannte Zivilperson von links aus einem an einem Steilhang ge-
legenen dichten Unterholz in schnellen Schritten herauslief,
vor dem zweiten Traktor den Weg überquerte und über einen Hang
sich direkt auf den 10 m Kontrollstreifen zu bewegte. Der ████████
████████, der sich ca. 3 40 m von dieser Person entfernt befand, rief die Person sofort in der richtigen Form an, stehen
zu bleiben. Die Person reagierte auf diesen Anruf nicht, überquerte den Weg und war für wenige Augenblicke durch den Steilhang und durch das Gebüsch gedeckt, der Sicht des ████████████
entzogen (siehe photographische Aufnahme Nr. 1). Der ████████
blieb an seinem Platz stehen und gab zwei Warnschuss ab. Auch
diese wurden vom dem Grenzverletzer nicht beachtet. Der ████████
████████ handelte richtig, in dem er auf seinen Platz stehen blieb.
Die Entfernung des Grenzverletzers zur Grenze war weitaus kürzer
als die Entfernung des ████████████ zum Grenzverletzer selbst
oder zur Sperrung seines Weges in Richtung Renze. Bei einer Verfolgung hätte er selbst erst den ca. 8 m hohen Steilhang mit
dichtem Himbeergestrüpp und Krüppelbuchen überwinden müssen und
hätte dem Grenzverletzer das Überqueren des 10 m Kontrollstreifens
gestattet, weil er in dieser Zeit selbst keine Sicht mehr hatte
und von der Schusswaffe keinen Gebrauch machen konnte. Als der
Grenzverletzer den 10 m Kontrollstreifen betreten hatte und ihn
in grossen Schritten zu überqueren versuchte - Schrittlänge
1,50 m - gab der ████████████ einen Zielschuss ab. Die Abgabe eines
Zielschusses entspricht den Bedingungen der Instruktion für die
Deutsche Grenzpolizei, weil der Grenzverletzer durch Anruf zwei
Warnschuss ausreichend gewarnt war und keine andere Möglichkeit
vorhanden war, ihn am unkontrollierten Grenzübertritt zu hindern.
Auf Grund des hohen Standpunktes des ████████████ und der
spitzen Schussrichtung zur Grenze war ein Überschiessen der
Grenze ausgeschlossen, selbst wenn der Schuss sein Ziel verfehlt
hätte.
Der Grenzverletzer wurde getroffen, als er den Kontrollstreifen
ca. 7 m überquert hatte. Obgleich er den 10 m Kontrollstreifen
rechtwinklig anlief, überquerte er ihn schräg, wobei er dem
████████████ den Rücken zudrehte.

- 3 -

165

[...]

Es muss noch bemerkt werden, dass der ▬▬▬▬▬▬ nachdem der Grenzverletzer tot liegen geblieben war, das festgelegte Signal "Offizier zur Grenze" schoss. In dem sensationslüsternen und verlogenen Bericht der Westpresse wird diese Tatsache zu der Behauptung ausgenutzt, dass "die Vopos noch ein paarmal über die Grenze schossen, nachdem der Grenzverletzer bereits getroffen war". Schon aus der Berichterstattung heraus, dass "die Vopos noch ein paarmal über die Grenze schossen" wird ersichtlich, dass es sich um eine willkürliche Auslegung handelt, die zeugenschaftlich nicht nachgewiesen ist und aus der politischen Gewinn geschlagen werden soll, weil sonst ebenso festgestellt worden wäre, dass in Wirklichkeit nur ein einzelner Grenzpolizeiangehöriger im betr. Abschnitt gewesen ist. Ebenso entspricht es nicht den Tatsachen, dass Offiziere der Deutschen Grenzpolizei die Auslieferung der Leiche forderten, wie es in der Westpresse abgedruckt ist. Es wurde die erforderliche Tatortsicherung durchgeführt und lediglich dem Leiter der Mordkommission des VPKA Saalfeld gestattet, photographische Aufnahmen vom Tatort zu fertigen, da bei der Sachlage unsererseits diesen Dokumenten grösste Bedeutung beigemessen wurde.

Diese Aufnahmen wurden vom Gebiet der DDR aus durchgeführt. Dabei teilte ein Angehöriger des westlichen Grenzschutzes dem Leiter der Mordkommission die Personalien des Getöteten mit und erbot seine Bereitwilligkeit, mit einem Offizier der DGP Verhandlungen über die Auslieferung der Leiche zu führen, wobei er nach dem Offizier Kroitzsch (Leiter der Kdtr. Gräfenthal) verlangte. Dieses Ansinnen wurde abgelehnt.

4) Die Vernehmungsprotokolle und photographischen Aufnahmen weisen nach, dass der Grenzverletzer Grübner tödlich verletzt wurde, als er sich auf dem 10 m Kontrollstreifen befand und sowohl die Aufforderung, stehen zu bleiben, als auch zwei Warnschüsse unbeachtet gelassen hatte. Er war nicht sofort tot, sondern brach erst zusammen, als er die Grenze ca. 7 m überschritten hatte. Er fiel dabei auf die Hände, war jedoch bereits ohne Bewußtsein und kroch instinktmässig bis zum Eintritt des Todes weiter, wobei er nicht mehr fähig war, sich zu orientieren und wieder in Richtung DDR zurückkroch. Erst nachdem er nach vorne auf die Hände gefallen war, konnte das Blut aus der grossen Ausschußwunde im Gesicht ausströmen. Es sind auf der Kriechspur zwei grössere Blutflecken im Gras vorhanden, die von der westlichen Grenzpolizei mit Papier abgedeckt wurden und auf der photographischen Aufnahme Nr. 7 deutlich sichtbar sind.
Die Anwendung der Schusswaffe durch den ▬▬▬▬▬ erfolgte in Übereinstimmung mit den Dienstvorschriften und Befehlen und ist somit rechtmässig.

Kommandeur der Grenzpolizeibereitschaft
- Oberstleutnant -   (Greiner - Mai)

Unbekannter Mann, gestorben Juli 1961

Nach Zeugenaussagen soll Klaus Breuger den Flüchtling erschossen haben.

Kurt Lichtenstein (geb. 1.12.1911), gest. 12.10.1961

Fernschreiben

Geheime Verschlußsache!

Von: Route 78
An: Induktion 78

O. U., den 12.10.1961

Betr.: Festnahme einer westdeutschen Person durch Anwendung der Schußwaffe mit Verletzung im Abschnitt Kp. Jahrstedt Krs. Krötze GB Gardelegen

Am 12.10.1961 gegen 12.05 Uhr kam auf der Straße aus Richtung Zicherie
in Richtung Kaiserwinkel ein PKW entlang der Grenze, der ca. 2000 m südlich der Ortschaft Zicherie hielt.
Dem Fahrzeug entstieg eine männliche Person, die, mit einer Filmapparatur
ausgerüstet, die Grenze und den 10-m-Kontrollstreifen in Richtung DDR
überschritt und das auf dem Gebiet der DDR arbeitende Kartoffelkombinat
filmte.
Der westdeutsche Bürger
                Lichtenstein, Kurt
                geb. am 01.12.1911 in Berlin
                wohnh.: Dortmund, Ering, Ostenfelderstr. 181
                Redakteur der »Westfälischen Rundschau«
befand sich ca. 20 m auf unserem Gebiet. Der eingesetzte Grenzposten Gefreiter Steklis, Peter, geb. am 14.05.1942 und Soldat Schmidt, Werner,
geb. am 29.05.1943, riefen die Person an.
Dem Anruf der eingesetzten Posten leistete L. nicht Folge. Daraufhin wurden
Warn- und Zielschüsse abgegeben, wobei L. am Bein und Brust verletzt
wurde. L. wurde in das Krankenhaus Klötze überführt. 16.40 Uhr teilte das
Krankenhaus mit, daß bei L. starkes Lungenbluten eingetreten ist und Lebensgefahr besteht. 13.30 Uhr erschienen an der Provokationsstelle 5 BGS-
Angehörige und drei Zöllner, die die Untersuchung des Vorkommnisses auf
unserem Gebiet beobachteten.
Im Provokationsabschnitt wurden 4 Posten und 1 Offiziersbeobachtungspo-
sten zur Sicherung eingesetzt.
Untersuchung wird durch den Kommandeur der Grenzbereitschaft Gardele-
gen in Verbindung mit der Abteilung K des VPKA durchgeführt.
Der Durchbruch erfolgte in der Grenzbereitschaft Gardelegen, Kompanie
Jahrstedt.

Route 78

Karl-Heinz Krüger, gestorben Frühjahr 1962

Der Flüchtling soll an den Folgen einer Minendetonation im Raum
Wiesenfeld gestorben sein.

Peter Reisch (geboren 26.2. 1943), gestorben 5.6. 1962

Nationale Volksarmee, Kommando der Grenztruppen.
Tagesmeldung Nr. 156/62.
[...]

```
Am 05.06.1962, gegen 18.40 Uhr, entschlossene Anwendung
der Schußwaffe zur Verhinderung eines Grenzdurchbruches in
Richtung DDR West an der Straße Schierke-Bad Harzburg (WD)
durch den Postenführer
                              Hauke, Fritz
         Stabsgefr.
         geb. am 07.01. 1941 NVA seit 10.02.1959
         Mitglied der SED und FDJ

gegen den

         R e i s c h , Peter
         geb. am 26.02.1943
         wohnh.: in Egeln Krs.Staßfurt
         ( R. hat schon einmal die DDR illegal verlassen
         und kehrte im März 1962 zurück).

R. ließ den Anruf und Warnschuß unberücksichtigt und versuchte,
im erhöhten Tempo die Grenze zu durchbrechen.
Durch den Zielschuß wurde er lebensgefährlich am Kopf verletzt.
R. wurde erste Hilfe erwiesen und in das Kreiskrankenhaus
Wernigerode eingeliefert.
```

[...]
Fritz Hauke flüchtete kurze Zeit später in die Bundesrepublik. Das
Schwurgericht Stuttgart verurteilte ihn am 11.10. 1963 »wegen eines Verbrechens des versuchten Totschlags zu der Gefängnisstrafe von 1 Jahr und
3 Monaten«.

Unbekannte Person, gestorben Juni 1962

Der unbekannte Flüchtling wurde bei Kronau/Elbe tödlich verletzt.

168

Joachim Weinhold (geb. 11. 6. 1931), gestorben 9. 7. 1962

Nationale Volksarmee, Kommando der Grenztruppen.
Tagesmeldung Nr. 190/62.

[...]   Geheime Verschlußsache!

Andere Vorkommnisse im Grenzgebiet:

GRgt. Oschersleben   GKp. Marienborn

Am 09.07.1962 gegen 04.30 Uhr wurde der Westberliner

                W e i n h o l d , Joachim
                geb. 11.06.1931 in Berlin-Wilmersdorf
                wohnhaft: Berlin, SW 61, Baumstr. Nr. 1

beim Versuch die Grenze in Richtung DDR zu durchbrechen
nach erfolgtem Anruf und Abgabe eines Warnschusses, die
vom Grenzverletzer nicht beachtet wurde, durch einen gezielten Schuß schwer am Bauch verletzt.
Der Grenzposten beobachtete den Grenzverletzer in einer
Entfernung von oa. 250 m, gab den Zielschuß in einer Entfernung von oa. 100 m zum Grenzverletzer ab.
W. hat am 07.07.1962 eine Transitreise unterbrochen um
in der DDR zu verbleiben. Durch die Bezirksdienststelle
MfS Magdeburg wurde er am 08.07.1962 in die Westzone
zurück geschleust. Vermutlich reiste er am 09.07.1962
mit dem um 07.40 Uhr das GZA Marienborn in Richtung Westberlin passierenden Militärzug erneut in die DDR ein.
W. wurde erste Hilfe durch den Grenzposten zu teil und
anschließend in das Kreiskrankenhaus Neindorf eingeliefert.
Der Abgegebene Zielschuß wurde längs zur Staatsgrenze
abgegeben.

[...]

c) Andere Vorkommnisse:

    Ergänzung zur Tagesmeldung 190/62

    GRgt. Oschersleben   GKp. Marienborn

    Der am 09.07.1962 beim Versuch, die Grenze zu durchbrechen,
    verletzte Westberliner Bürger

                W e i n h o l d , Joachim

    ist am 10.07.1962 gegen 19.10 Uhr im Kreiskrankenhause
    Neindorf infolge akutem Herz- und Kreislaufversagen seinen
    Verletzungen erlegen.
    Die Überführung der Leiche wird durch das VPKA und Rat des
    Kreises Oschersleben organisiert.

[...]

Unbekannte Person, gestorben 13. 7. 1962

Der Flüchtling wurde an der Werrabrücke bei Lauchröden/Thüringen
erschossen.

Hans-Peter Bachmura (geb. 27. 10. 1940), gest. 14. 7. 1962

Nationale Volksarmee, Kommando der Grenztruppen.
Tagesmeldung Nr. 193/62
[...]

Am 14. 07. 1962, gegen 03.15 Uhr, Grenzdurchbruch
in Richtung DDR-WD nordwestlich Vöckfey durch

       B a c h m u r a , Hans-Peter
       geb. 27.10.1940
       wohnhaft in Barbe/Elbe.

Gegen 03.15 Uhr, hörte der Grenzposten von der Elbe
Rufe: " Hilfe, Grenzpolizei! " Die Person konnte nicht
festgestellt werden. Am Ufer wurden die Kleidungsstücke
und Personalunterlagen des B. aufgefunden. Es wird vermutet, daß B. beim Überqueren der Elbe ertrunken ist.
Der eingesetzte Grenzposten befand sich in einer Entfernung von 400 m vom Durchbruchsabschnitt. Die Ablösung
erfolgte nicht im Postenbereich. Im gesamten Abschnitt
der GKp. kam lediglich 1 Signalgerät zum Einsatz.
Der Zugang zur 5-km-Sperrzone wurde in den letzten 24
Stunden nicht durch Kräfte der VP gesichert.

Gegen den Kp.-Chef wurden Disziplinarmaßnahmen eingeleitet

GRgt. Gardelegen   GKp. Buchhorst
[...]

Gerd Köhnkamp (geboren 1947), gestorben 5.8. 1962

Nationale Volksarmee, Kommando der Grenztruppen.
Tagesmeldung
[...]

II. Eigenes Grenzgebiet

Grenzdurchbrüche   von DDR   nach DDR   mitgeführt
Staatsgrenze West   3/4   -   -

GR Grabow   GK Vöckfey
Am 05. 08. 1962 gegen 04.15 Uhr versuchten die Jugendlichen

       B u x k e r , Herrmann
       geb. 06. 01. 1945 in Schwerin
       wohnhaft in Schwerin, Goethestr. 41

       K ö h n k a m p , Gerd
       geb. 1947
       wohnhaft in Schwerin, Goethestr.

   und R i c h t e r , Hannes
       geb. 1945
       wohnhaft in Schwerin, Lübecker Str.

die Elbe in Höhe der Fahrstraße Darchau zu durchschwimmen
und in die Westzone flüchtig zu werden.
Sie begaben sich gedeckt zum Elbufer. Richter durchschwamm
die Elbe im angekleideten Zustand, während sich Köhnkamp
und Burkert auszogen. Dabei wurden sie von einem Grenzposten
überrascht. Nach einem abgegebenen Warnschuß stellte sich
Burkert während Köhnkamp in die Elbe sprang. Der Postenführer gab daraufhin mehrere kurze Feuerstöße aus der MPi ab.
Vermutlich wurde Köhnkamp getroffen, denn es wurde beobachtet,
daß er unterging. Ein Leichensuchgerät der Feuerwehr wurde
zur Bergung der Leiche eingesetzt. Gegen 15.50 Uhr lief das
westdeutsche Zollboot "Dannenberg" aus und fuhr bis in die
Nähe des eigenen S-Bootes. Über Lautsprecher wurde gerufen,
daß in den Morgenstunden an der Elbe geschossen wurde und im
Namen der Bundesrepublik dagegen protestiert wird.
Die Untersuchung führt der 1. Stellv. des Regimentskommandeurs.

[...]

Hans-Joachim Jankowiak (geb. 11.5.42), gest. 13.8.62

Nationale Volksarmee, Kommando der Grenztruppen.
Tagesmeldung Nr. 225/62.

[...]

b) Besondere Festnahmen

Verhinderung eines Grenzdurchbruchs unter Anwendung der Schußwaffe mit tödlichem Ausgang.

GR Eisenach   GK Lauchröden

Am 13.08.1962 gegen 1o.3o Uhr Festnahme des

          J a n k o w i a k, Hans-Joachim
          geb. 11.o5.1942 in Unzeburg

wohnhaft in Osterweddingen, Krs. Wanzleben, unter Anwendung
der Schußwaffe mit tödlichem Ausgang.
J. versuchte gemeinsam mit dem R a a b e, Klaus geb. 19.09.44
wohnhaft in Breitenworbig, die Grenze in Richtung DDR - WD
ca. 3oo m westl. Göringen zu durchbrechen.
Sie wurden durch den Grenzposten, bestehend aus

     Postenführer Gefreiter H a c k e r, Norbert

     Posten   Soldat   Franke, Günter

gestellt.
R. wurde festgenommen. J. versuchte sich durch die Flucht
der Festnahme zu entziehen. Er ließ den Anruf und Warnschuß
unberücksichtigt.
Postenführer Gefr. H. nahm die Verfolgung auf und wandte
als sich J. bereits in der Grenzsperre befand die Schußwaffe
an. Er gab insgesamt 41 Schuß aus der MPi ab.
J. wurde am Rückgrad tödlich verletzt. Ihm wurde sofort erste
Hilfe erwiesen. Er verstarb gegen 11.1o Uhr.
Der Grenzposten wurde zur Auszeichnung vorgeschlagen.
Die Untersuchung führt der Militärstaatsanwalt in Verbindung
mit der Ab-wehr und der Abt. K des VPKA Eisenach.

[...]

Nationale Volksarmee, Kommando der Grenztruppen.
Tagesmeldung Nr. 228/62.
[...]   <u>Geheime Verschlußsache!</u>

III. Eigene Einheiten

In der Berichtszeit wurden gemeldet :

- 1 Fahnenflucht eines Uffz. und im Zusammenhang damit
  die tödliche Verletzung eines Soldaten

GR Sonneberg   GKP Rotheul

Am 15.08.1962 gegen 12.55 Uhr wurde vom Grenadienst unter Mitnahme der Pi 7145 und seiner Munition der

                Uffz. Z i e p a r t , Gerhard
                geb. 2o.12.1942 in Litzmannstadt
                wohnhaft Niederschmalkalden , Zwick 94
                Kr. Schamlkalden
                NVA 5.5.61
                WKK Schmalkalden
                Gruppenführer   GR Hühnbach
                FDJ
                Onkel und Tante in WD

in die Westzone fahnenflüchtig.
Der Uffz. Z. war mit einer Sicherungsgruppe , Stärke 1:11
(zusammengestellt aus dem Bereich des GR Sonneberg) im
Abschnitt der GK Rotheul eingesetzt. Durch diese Sicherungs-
gruppe wurde unter der Rädelsführung des Uffz. Z. laufend
Kontakt mit den BGS und westd. Zivilpersonen aufgenommen.
Dabei wurden Genußmittel und Zeitschriften angenommen.
Von diesen Kontaktaufnahmen hatten alle Genossen der Gruppe
Kenntnis und machten keine Meldung darüber.
Gegen 11.3o Uhr wurde einer der zu sichernden Waldarbeiter
republikflüchtig. Der Uffz. Z. meldete diesen Grenzdurchbruch
nicht, sondern beeinflußte seine Soldaten, das Vorkommnis zu
verschweigen und versuchte, 5 Soldaten der Sicherungsgruppe
zur Fahnenflucht zu verleiten. Während der Mittagspause
gegen 12.5o Uhr entfernte sich der Gefr. H ü n g e r ohne
Wissen des Uffz. aus dem Postenbereich, um die Vorkommnisse
in der GK zu melden. Dieses Vorhaben wurde durch den Uffz. Z.
bemerkt. Gegen 12.55 Uhr sprang er auf, gab 2 kurze Feuerstöße
aus seiner MPi in die Luft ab und rannte über den 1o m KS
1 ooo m südwestlich Vetterewusting in die Westzone. Durch den
Soldat K e s s l e r wurde hinter dem flüchtigen Uffz. ein
Feuerstoß ohne Erfolg abgegeben. Der Soldat W i n k l e r
sprang auf, stellte sich mit durchladener Waffe auf dem 1o m KS

und rief " hier haut keiner mehr ab, sonst wird geschossen ".
Der Soldat B u s s e , der sich ca. 100 m vom Tatort entfernt befand, führte von dort Feuer in Richtung des
10 m KS.
Es wird vermutet, daß der

         Soldat W i n k l e r , Edgar
         geb. 3.12.1943 in Schönkleina
         wohnhaft Schönkleina 26 , Kr. Stadt Roda
         NVA 14.9.1961
         WKK Stadt Roda
         Posten   (IK Steudach
         ledig
         FDJ

durch die Schüsse des Soldat B u s s e durch Kopfschuß
tödlich verletzt wurde.
Die Obduktion der Leiche ist noch nicht abgeschlossen.
[...]

Klaus Winkler

Ein schwerer Verlust

Mein Bruder Edgar wurde am 3. Dezember 1943 in Schöngleina geboren. Unser Vater Johannes Winkler war von Beruf Schäfer und ist seit dem Zweiten Weltkrieg vermißt. Unsere Mutter Elisabeth Winkler arbeitete als Landarbeiterin und später als Genossenschaftsbäuerin in Schöngleina. Edgar besuchte die Grundschule in Schöngleina und erlernte nach Abschluß der achten Klasse bei einem privaten Tischlermeister in Jena-Ost den Beruf eines Tischlers. Edgar war in seinem Charakter ein sehr ruhiger Mensch, »der keiner Fliege etwas zuleide tun konnte«, wie der Volksmund sagt. Er war offen, ehrlich und liebenswert.

In seinem letzten Urlaub vor dem bekannten Unglück zeigte er sich sehr wortkarg, soweit ich mich erinnere. Ein wesentlicher Punkt ist mir noch genau im Gedächtnis. Entgegen den sonstigen Gepflogenheiten nach dem Urlaub – sich bereits abends von mir zu verabschieden – hat er mich sehr früh am Morgen seines letzten Urlaubes zum Abreisezeitpunkt geweckt und verabschiedet.

Damals hatte ich diesem Umstand keine Bedeutung beigemessen. Jetzt sehe ich das allerdings mit anderen Augen. Nach dem Unglück erschienen die Dienstvorgesetzten meines Bruders und teilten die Nachricht meiner Mutter mit, die sich gerade zur Arbeit auf dem Feld aufhielt. Die damalige Situation und Stimmung in unserem Haus kann nicht mit Worten wiedergegeben werden. Selbst mir erscheint heute noch manches, was um uns herum geschah, wie in einem Nebel.

Die Nachricht der Grenzoffiziere lautete: Edgar sei in »Ausübung seines Dienstes an der Grenze erschossen worden«. Folgende Version wurde uns mitgeteilt: Mein Bruder habe aufgrund seiner Größe bei dem Versuch, einen Grenzverletzer zu stellen, einen Hang erklommen und sei dabei über dem linken Auge getroffen worden.

Aus heutiger Sicht erscheint selbst mir diese Version zweifelhaft, da Edgar nirgendwo, in keiner Aufstellung als ein »Grenzopfer« der ehemaligen DDR genannt wurde. Für mich sind aus diesem Grund die genauen Umstände seines Todes von besonderem Interesse, auch um endlich die bestehenden Zweifel auszuräumen. Der Tod meines Bruders war ein schwerer Verlust. War er doch zu dem damaligen Zeitpunkt die Hauptstütze der Familie.

| **Werner Dobrick,** gestorben 27.8. 1962 |

Bei seinem Fluchtversuch ist er in der Nähe von Travemünde ertrunken.

| **Klaus Körner** (geboren 21.7. 1939), gestorben 14.12. 1962 |

| **Erich Janschke** (geb. 19.6. 1941), gestorben 14.12. 1962 |

Berlin, den 18. 12. 62

i. V.

Mitglied des Politbüros des Zen-
tralkomitees der Sozialistischen
Einheitspartei Deutschlands
Genossen Erich H o n e c k e r

Werter Genosse Honecker!

Wie mir vom Chef der Grenztruppen gemeldet wird, wurden am
14. 12. 62 im Bereich des 6. Grenzregiments der 11. Grenzbrigade im Raum Untersuhl bei Instandsetzungsarbeiten an der
Drahtsperre unmittelbar in der Sperre Richtung Feind 2 Leichen
gefunden.
Die sofort eingeleiteten Untersuchungen, die in Verbindung mit
der Morduntersuchungskommission Erfurt erfolgten, ergaben, daß
es sich um

1. K ö r n e r   Klaus
geb. am 21. 07. 1939 in Arnstadt
zuletzt wohnhaft: Bremerhaven
Schiffdammchaussee 30

2. J a n s c h k e   Erich
geb. am 19. 06. 1941 in Dankmarshausen

handelt.
Die erste Leiche wurde 3 Meter, die zweite 1½ Meter vom
Drahtzaun ca. 1 Meter neben der Detonationsstelle der Mine
gefunden.

Bei der Leiche des Körners wurde ein westdeutscher Personalausweis, eine Lohnabrechnung einer westdeutschen Firma vom
24.09.62 und eine Bescheinigung über die Einziehung des Per-
sonalausweises, ausgestellt von der Zolldienststelle Helmstedt
gefunden.

– 2 –

175

Dagegen wurden bei der Leiche des Janschke nur ein Arbeitsbuch von der DDR und mehrere Schriftstücke über Arbeitsver-
mittlungen in Westdeutschland sichergestellt.

Die weiteren Untersuchungen am Fundort ergaben:

- Beide Personen überschritten gemeinsam die Grenze aus
  Richtung West-DDR, durchkrochen den Drahtzaun, lösten
  dabei die erste Mine feindwärts aus und wurden tödlich
  verletzt,

- beide wurden offensichtlich nicht vom westdeutschen Zoll
  festgenommen, da bisher allen Grenzverletzern vom Zoll der
  Personalausweis abgenommen wurde und eine Einweisung derselben in den Grenzverlauf erfolgte. Der Zoll wies dabei
  bisher alle Grenzverletzer ein, die Bahnlinie nach Untersuhl beim Grenzübertritt in diesem Abschnitt zu benutzen,

- am 15. 11. 62 gegen 21.30 Uhr war in dem genannten Abschnitt eine Minendetonation gemeldet worden. Die Untersuchung zur Ermittlung der Ursachen der Detonation wurde
  aufgrund der hohen Vegetation in der Sperre nicht festgestellt,

- es wurde eine weitere Minendetonation, ausgelöst durch ein
  aufgelaufenes Wildschwein, im gleichen Abschnitt festgestellt. Diese Detonation der Mine wurde von der Kompanie
  nicht bemerkt, offensichtlich dadurch, daß zur Nachtzeit
  in diesem Abschnitt durch den Eisenbahnverkehr starke Geräusche verursacht werden.

In Auswertung dieses Vorkommnisses hat der Chef der Grenztruppen folgenden Befehl erteilt:

1. Verbindung aufnehmen mit der Bezirksleitung der SED Erfurt
   um Auswirkungen unter der Bevölkerung des Grenzabschnittes
   zu verhindern. (Janschke war ehemaliger Bewohner des Sperrgebietes)

- 3 -

- 3 -

2. Alle Kommandeure haben sofort die Minensperren - besonders die Abschnitte mit den Minentypen PQMS - einer gründlichen Überprüfung zu unterziehen und bei allen Minendetonationen die Ursachen des Auslösens einwandfrei zu ermitteln. Kann die Ursache von außerhalb der Sperre nicht festgestellt werden, sind dazu Pionieroffiziere einzusetzen.

3. Im Abschnitt der 11. Grenzbrigade ist eine Erprobung durchzuführen. Dabei ist zu ermitteln, wie durch den Einsatz von Kraftfahrzeugen eine Erhöhung des Standpunktes zur besseren Einsichtnahme in die Sperre erreicht werden kann. (Zur Zeit noch hohe Vegetation in der Sperre).

Ich bin mit den getroffenen Maßnahmen des Chefs der Grenztruppen einverstanden und bitte um Kenntnisnahme.

In diesem Zusammenhang darf ich Dir noch mitteilen, daß wir gegenwärtig in Zusammenarbeit mit dem Ministerium für Landwirtschaft, Erfassung und Forstwirtschaft überprüfen, wie wir auf eine zweckmäßigere Art das Problem der Unkrautvernichtung zur Verbesserung des Schußfeldes, der Sicherung der Sperren und des Kontrollstreifens lösen können.

Mit sozialistischem Gruß!

- Admiral -

/ Werner /

177

Helmut Breuer, gestorben 13.1.1963

Er wurde bei dem Versuch, die Elbe (Boizenburg) zu durchschwimmen,
von Grenzern erschossen.

Unbekannte Person, gestorben 29.4.1963

Nationale Volksarmee, Kommando der Grenztruppen.
Tagesmeldung Nr. 120/63.

Geheime Verschlußsache!

[...]

GR-Schönberg   GK Groß-Thurow

Am 29.04.1963 gegen 03.40 Uhr Grenzdurchbruch in Richtung
DDR – WD südl. Groß-Thurow durch

      Z i p p e l, Horst
      geb. 17.05.1933
      wohnhaft in Gera

      L a u b e, Klaus
      geb. 22.09.1943
      wohnhaft in Gera

   und eine weitere noch unbekannte männl. Person

Die Grenzverletzer durchschwammen den Südteil des Goldensees.
Der Grenzposten bemerkte die Grenzverletzer aus einer Ent-
fernung von ca 150 m.
Die Grenzverletzer ließen Anruf und Warnschuß unbeachtet und
erreichten trotz Anwendung der Schußwaffe den nahegelegenen
Goldensee.
Vom Grenzposten, dem Nachbar-Grenzposten und der eingetroffe
Alarmgruppe wurde das Feuer auf die schwimmenden Grenzverlet
weitergeführt. Insgesamt wurden 171 Schuß abgegeben.

Nach Angaben der Grenzposten hatte nur ein Grenzverletzer da
westdeutsche Ufer des Goldensees erreicht.
Diese Angaben sind jedoch noch unbestätigt.

Die Untersuchung führt der Kommandeur des GR.
Der Abschlußbericht wird am 30.04.1963 durch Kurier vorgeleg

[...]

Hans-Ulrich Kilian (geb. 2.5. 1944), gestorben 20.6. 1963

Nationale Volksarmee, Kommando der Grenztruppen.
Tagesmeldung Nr. 171/63.
[...] Geheime Verschlußsache!

Nachtrag zur Tagesmeldung
Besondere Festnahme
GR Zschachenmühle   GK Probstzella
Am 20.06.1963 gegen 02.00 Uhr wurden die Bürger

      K i l i a n, Klaus-Ullrich
      geb. 02.05.1944
      wohnhaft: Saalfeld

      und

      H e n s e l, Wilfried
      geb. 13.05.1944
      wohnhaft: Saalfeld

durch den eingesetzten Grenzposten unter Anwendung der Schußwaffe festgenommen.
K. und H. versuchten südlich Probstzella die Grenze in Richtung
DDR - Westdeutschland zu durchbrechen. Sie ließen den Anruf u.
Warnschuß unberücksichtigt, worauf der Grenzposten die Schußwaffe anwandte. Dabei wurde K. mit 2 Schuß am Rückgrat verletzt. Er wurde in das Kreiskankenhaus Gräfenthal eingeliefert
Lebensgefahr besteht nicht. Der Grenzverletzer wurde der Auf-
klärung/MfS übergeben.

- Major -   / W e n d e l /

Helmut Kleiner (geboren 14.8. 1939), gestorben 1.8. 1963

Nationale Volksarmee, Kommando der Grenztruppen.
Tagesmeldung Nr. 214/63.
[...] Geheime Verschlußsache!

2.   Besondere Festnahmen

    GR Blankenburg   GK Sorge

    Am 01.08.1963, gegen 13.45 Uhr, Festnahme von 2 Grenzverletzern
    DDR - WD durch Anwendung der Schußwaffe mit tödlicher Ver-
    letzung des einen Grenzverletzers durch die Kontrollstreife

        Hauptmann K r a u s e, Bruno
        Offizier des GR

        Uffz. S c h u l z, Ewald
        Gruppenführer der GK und

        einem Grenzposten im Abschnitt nördlich
        der Straße Sorge - Hohegeiß.

    Die Grenzverletzer
        K l e i n e r, Helmut
        geb. 14.08.1939
        Schlosser
        wohnhaft: Quedlinburg
        Mitglied der SED - Reservist

        K l e i n e r, Margit
        geb. 12.02.1941
        ohne Beruf
        wohnhaft: Quedlinburg

versuchten trotz Anruf und Abgabe eines Warnschusses die
Grenze zu durchbrechen. Durch taktisch gutes Verhalten,
gelang es,die Frau ohne weitere Anwendung der Schußwaffe
festzunehmen.Da K. die Flucht fortsetzte, wurde durch den
Uffz. Sch. und einem im Abschnitt eingesetzten Grenzposten
das gezielte Feuer eröffnet. Trotzdem K. am Bein verletzt
wurde, versuchte er die Sperre zu überwinden. Durch weiteres
gezieltes Feuer (Es wurden insgesamt 60 Schuß abgegeben)
wurde K. in der Sperre tödlich verletzt.
Der Abschnitt ist vom Gegner nicht einzusehen. Trotzdem
gab es auf westlichem Gebiet, aufgrund des unorganisierten
Schießens,eine Ansammlung von ca. 200 Personen.
Die Leiche wurde durch Kräfte des GR geborgen. Die Mord-
kommission befindet sich am Tatort.
Zur Sicherung des Abschnittes wurde ein Zug der RGK Mit
SPW eingesetzt.
Die Untersuchungen führt der 1. Stellvertreter des K-GBr.
Bericht erfolgt nach Abschluß der Untersuchung.

[...]

Frieda Klein (geboren 13.10. 1944), gestorben 11.8. 1963

Nationale Volksarmee, Kommando der Grenztruppen.
Meldung vom 11.8. 1963.

Geheime Verschlußsache!

[...]

Betr.: Festnahme von 2 Grenzverletzern im Abschnitt der 3. GK (Obersachs-
werfen), GR-5 (Nordhausen) mit tödlicher Verletzung eines Grenzverletzers
[...]
Im Abschnitt Waldstück war am 10.08. 1963 in der Zeit von 11.30–19.30 Uhr
zur Sicherung des Grenzabschnittes der Wachposten an der Grenze, bestehend aus dem

Unteroffizier Eichler, Reinhard
geb. 10.08. 1943 in Wigstadt (ČSFR)
NVA: 15.09. 1961
Mitglied der SED und FDJ, FDJ-Sekretär
Beruf: Betriebs- und Verkehrseisenbahner
Gefreiter Heinze, Horst
geb. 11.07. 1941 in Langhanswindel
NVA: 04.04. 1962
Mitglied der FDJ
Beruf: Schmied

eingesetzt.

Der Grenzposten, der am Waldrand getarnt Stellung bezogen hatte, erkannte die Grenzverletzer. Auf Grund der Entfernung von 300 m zu den Grenzverletzern gab der Postenführer Befehl, sofort ohne Anruf Warnschüsse durch je einen kurzen Feuerstoß aus der MPi in Richtung der Grenzverletzer abzugeben.

Auf die abgegebenen Warnschüsse reagierten die Grenzverletzer nicht, sondern erhöhten ihr Tempo in Richtung Staatsgrenze, um sich durch Flucht über die Staatsgrenze der Festnahme zu entziehen.

Da ein Abschneiden der flüchtigen Grenzverletzer durch die Grenzposten nicht mehr möglich war, gab der Postenführer Befehl zum gezielten Feuer. Daraufhin begaben sich die Grenzverletzer in Deckung und versuchten kriechend die Staatsgrenze zu erreichen.

Durch Abgabe von mehreren Feuerstößen (41 Schuß insgesamt) aus der Bewegung, verhinderte der Grenzposten die weitere Bewegung der Grenzverletzer und nahm beide Grenzverletzer ca. 6 m vor dem 6-m-Kontrollstreifen fest.

Der am 10.08. 1963 um 11.00 Uhr abgelöste Wachposten an der Grenze (siehe Karte), bestehend aus dem

Gefreiten Müller (Postenführer)
und Gefreiten Werthhausen

befand sich zu dieser Zeit ca. 500 m vom Einsatzort des Wachposten an der Grenze, Unteroffizier Eichler, und hörte die Abgabe der Schüsse.

[...]

Ich beabsichtige, den Grenzposten Unteroffizier Eichler und Gefreiten Heinze, auf Grund ihrer ausgezeichneten und taktisch klugen Handlungen und vorbildlichen Erfüllung ihres Kampfbefehls bei der Sicherung der Staatsgrenze der Deutschen Demokratischen Republik mit der Medaille »Für vorbildlichen Grenzdienst« auszuzeichnen.

– Oberst –   / P e t e r /

Bernhard Simon (geb. 31.7. 1945), gestorben 28.10. 1963

Nationale Volksarmee, Kommando der Grenztruppen.
Tagesmeldung Nr. 303/63.

[...]

II. Lage im eigenen Grenzgebiet

Grenzdurchbrüche

	Von DDR	nach DDR	mitgeführt
Staatsgrenze West	2/4	–	–
Staatsgrenze VR Polen	1/1	–	–

GR Salzwedel   GK Ziesau

Am 28. 10. 1963, gegen 19.20 Uhr, schwerer Grenzdurchbruch
DDR - West durch

        S i m o n, Siegfried
        geb. 30.3.1944
        wohnhaft: Leipzig-Markkleeberg, Patzwitzstr. 5

und   S i m o n, Bernhard
        geb. 31.7.1945
        wohnhaft: Leipzig-Markkleeberg, Wilkösterstr. 13

im Abschnitt nordwestlich der Ortschaft Ziesau.
Gegen 19.30 Uhr stellte der Grenzposten eine Minendetonation
fest. Um 20.30 Uhr erfolgte 300 m nordnordwestlich eine weitere
Detonation. Die unter Leitung des Stellv. für Grenzsicherung
der GK eingesetzte Kontrollstreife sowie der Kdr. der GB beo-
bachteten 2 Kfz.Kübel auf westlicher Seite, deren Insassen
das Gelände absuchten. Gegen 21.00 Uhr wurden Rufe gehört,
"Hier ist er, sofort einen Sankra holen".
Nach ca. 8 Min. erschien ein weiteres Kfz. und transportierte
vermutlich beide Grenzverletzer ab.
Die bisherigen Untersuchungen ergaben im Abschnitt der ersten
Detonation eine Spur DDR - West auf den K-6. Der untere Draht
der Sperre war durchschnitten. Es wurden Stoffreste der linken
Jackentasche, linke Hosentasche und Teile der Hose, sowie ein
Fernglas mit Blutspuren gefunden.
Auf der Gegenseite war BGS eingesetzt. Um 22.15 Uhr wurde durch

Ergänzung zur Tagesmeldung 302/62

GR Salzwedel   GK Zießau

Die Untersuchung des Grenzdurchbruchs DDR-WD vom 28.10.63
gegen 19.30 Uhr ergab:

Einer der Grenzverletzer, vermutlich S i m o n, Bernhard
wurde beim Überwinden der Minensperre schwer verletzt.
Er wurde von seinem Bruder auf westdeutsches Gebiet gebracht.
Aufgefangene Funksprüche des ZGS lassen darauf schließen,
daß S. noch vor seinem Abtransport seinen Verletzungen erlegen
ist.

Der im Abschnitt des Grenzdurchbruchs eingesetzte Grenzposten
befand sich ca. 250 m entfernt. Er stellte die Grenzverletzung
nicht fest.

Am 29.10.1963 gegen 11.00 Uhr hielten sich an der Durchbruchstelle 5 Zivilpersonen (vermutlich Presse) und gegen 15.45 Uhr
2 englische Offiziere auf. Die am 29.10.1963 eingesetzte
10-m-Kontrollstreife wurde durch Angehörige des ZGS in wüster
Weise beschimpft.

[...]

Unbekannte Person, gestorben 3.11.1963

Der Flüchtling wurde von einer explodierenden Mine tödlich verletzt.

Bernd Ickler (geboren 30.6.1945), gestorben 3.11.1963

Geheime Verschlußsache!

Genossen			
Honecker	Sicherheitsfragen	Brs/L	05.11.63

Werter Genosse Honecker!

Wir möchten Dich über folgende besondere Vorkommnisse an der Staatsgrenze West der Deutschen Demokratischen Republik informieren:
Am 03.11.1963 gegen 21.50 Uhr versuchten im Abschnitt der Grenzkompanie Pferdsdorf, Grenzregiment Eisenach, die Jugendlichen
Ickler, Bernd, geb. 30.06.1945 und
Helbig, Dieter, geb. 12.03.1945,
beide wohnhaft in Pferdsdorf, Kreis Eisenach, unsere Minensperren zu überwinden. Dabei lief der Ickler auf eine Mine, die ihn folgenschwer verletzte
und an deren Folgen er am 04.11.1963 gegen 6.00 Uhr im Krankenhaus Eisenach verstarb.
Der Jugendliche Helbig lief daraufhin nach Hause, wo er nach den Ermittlungen dann festgenommen wurde.
Am 05.11.1963 gegen 01.40 Uhr versuchten die Jugendlichen
Marwan, Karl-Heinz, 16 Jahre und
Bley, Volkmar, 16 Jahre,
beide wohnhaft in Fischbach, Kreis Bad-Salzungen, die Minensperren bei An-
denhausen, Grenzregiment Dermbach, zu durchbrechen.
Bei diesem Versuch wurde dem Marwan der rechte Fuß bis zum Knöchel
weggerissen und der Bley durch Splitterwirkung verletzt.
Beide befinden sich im Krankenhaus Bad-Salzungen.
Wir bitten um Kenntnisnahme.

Mit sozialistischem Gruß

Borning

183

Werner-Hans Piorek (geb. 3. 11. 1929), gest. 6. 12. 1963

Nationale Volksarmee, Kommando der Grenztruppen.
Tagesmeldung 341/63.
[...]

2. Besondere Festnahmen.

GR Schönberg   GK Lüdersdorf

Am 6.12.1963 07.55 Uhr Festnahme West-DDR des

P i o r e c k , Werner-Hans
geb. 3.11.1929
weitere Angaben nicht bekannt

im Abschnitt 300 m nördlich der Strasse Eichholz-Herren-
burg durch Grenzposten.
Nach Eintreffen der Alarmgruppe sollte der Festgenommene
durchsucht werden. Der dreimaligen Aufforderung, die
Hände hoch zu nehmen, kam er nicht nach, sondern ergriff
die Flucht nach Westdeutschland. Aufgrund der Nähe der
Staatsgrenze war ohne Anwendung der Schusswaffe eine
Wiederfestnahme nicht möglich.

[...]

Unbekannte Person, gestorben 15. 1. 1964

Der Flüchtling wurde von einer explodierenden Mine tödlich verletzt.

Peter Müller (geboren 15. 5. 1944), gestorben 14. 6. 1964

Nationale Volksarmee, Kommando der Grenztruppen.
Tagesmeldung Nr. 166/64.
[...]

Die Grenzverletzer DDR- WD

M ü l l e r , Peter
geb. 15.5.1944 in Gernrode
wohnh. Gernrode am Stapel 11 Krs. Quedlinburg
Kraftfahrer VEB Kraftverkehr Quedlinburg

S t a d t , Dieter,
geb. 21.5.41 in Gernrode
wohnh. Gernrode, Gartenstr. 2,
Hilfsarbeiter Fa. Henning, Gernrode,

verliessen am 13.6.1964 gegen 12.00 Uhr mit dem Motorrad
Jawa 350 ccm, poliz.Kennzeichen: KT 50-22 (Eigentümer
Stadt,Dieter), die Stadt Gernrode mit dem Ziel, die
Staatsgrenze nach WD zu durchbrechen.
In Wernigerode stellten sie das Krad aufgrund eines Reifen-
schadens auf den Parkplatz in der Borgstr. ab. Fuhren am
13.6.1964 mit dem Linienbus nach Elbingerode, begaben
sich zu Fuss nach Königshütte und von dort nach der Ortschaft Sorge, Ortsteil Wiedfeld.

Wege und Strassen wurden von den Grenzverletzern nicht benutzt. Gegen 21.45 Uhr erreichten sie Wietfeld, überwanden
eine Drahtsperre auf 2 Pfählen(alt) und übernachteten im
Wald. Ab 14.6.1964, 05.3o Uhr beobachteten die Grenzverletzer die zur Grenzsicherung eingesetzten Grenzposten,
den Sperren-und Grenzverlauf. Gegen 07.oo Uhr bewegten sich
die Grenzverletzer kriechend in Richtung Staatsgrenze und
verhielten ca. 4m vor der kombinierten Sperre (Minentyp PMD-6)
wo sie sich tarnten und wiederum den Sperren-und Grenzverlauf beobachteten. Gegen 18.3o Uhr begannen sie die
kombinierte Sperre kriechend zu überwinden.
M. überwand als Erster die Strecke vom freundwärtigen
Drahtzaun bis zur 3.Minenlinie und forderte von dort St.
auf, ihm zu folgen. Als sich St. M. genähert hatte,
sagte M:" Hier liegen keine Minen, die Minenschilder sind
nur zur Abschreckung angebracht". Als M. sich kriechend
weiterbewegen wollte, brachte er eine Mine zur Detonation
und wurde tödlich verletzt.
Die sich im Grenzabschnitt befindende Kontrollstreife begab sich sofort zu dem Detonationsort und führte die
Festnahme des St. durch.
[...]

Fritz Zapf (geboren 26.8. 1926), gestorben 7.7. 1964

Nationale Volksarmee, Kommando der Grenztruppen.
Tagesmeldung Nr. 189/64.

[...]

2. Andere Vorkommnisse

Am 07.07.1964, 09,00 Uhr erfolgte am KPP Horst, GR Wittenburg
die Übergabe des LKW SIS, mit dem am 30.06.1964 ein
Angehöriger der Luftstreitkräfte fahnenflüchtig wurde, durch
3 BGS, 2 Zivilpersonen sowie 2 Zivilpersonen mit Kamera.
Bei der Übergabe waren zugegen, der KPP-Leiter Horst,
1 Offz. am GR, der Leiter Abwehr des GR und 1 Offz. der
Luftstreitkräfte. Die Übernahme erfolgte ohne Vorkommnisse,

Am 07.07.1964, 20.00 Uhr, wurde im Abschnitt der GK Neuenbau,
GR Zschachenmühle der

                    Z a p f , Fritz
                    geb.am: 26.08.1926
                    wohnh.: Lichte Krs. Neuhaus-Rennweg
                    Porzellanformer

beim Versuch die Staatsgrenze in Richtung WD zu durchbrechen, durch Anwendung der Schußwaffe tötlich verletzt.
Z. befand sich bereits in der Minensperre. Da er auf Anruf
nicht stehen blieb, gab der Grenzposten 6 Warn- und 31
Zielschüsse ab, wobei der Z. einen Kopf- und Lungenschuß
erhielt. Er verstarb kurz nach seiner Einlieferung in das
Krankenhaus Gräfenthal.

[...]

185

Karl Matz (geboren 1915), gestorben 3.8. 1964

Nationale Volksarmee, Kommando der Grenztruppen.
Tagesmeldung Nr. 215/64.

[...]

GR Zschachenmühle   GK Neuenbau

Am 03.08.1964, gegen 02.15 Uhr, wurde der DDR-Bürger

> M a t z , Karl
> Alter 49 Jahre
> wohnhaft Neuenbau, Krs.Sonneberg
> (Schutzstreifen)

beim Versuch, die Grenze mit Waffengewalt zu durchbrechen,
am Südausgang Neuenbau durch Grenzposten gestellt und unter
Anwendung der Schußwaffe festgenommen.

M. zog nach dem Anruf der Grenzposten eine Pistole und
machte sie schußfertig. Daraufhin wandte der Grenzposten
entschlossen die Schußwaffe an und verletze M. an beiden
Unterschenkeln. M. wurde nach Erweisung der ersten Hilfe in
das Krankenhaus Sonneberg eingeliefert. Bei ihm wurden eine
Pistole 08 mit 119 Patronen gefunden.

M. hatte am 02.08.1964 in den Abenstunden einen Funktionär
der SED-Kreisleitung Sonneberg tätlich angegriffen.
Die Untersuchung führt die Abwehr des GR.

[...]

Gertrud Danke (geboren 26.12. 1933), gestorben 5.9. 1964

Adolf Mahler (geboren 21.8. 1943), gestorben 5.9. 1964

Nationale Volksarmee, Kommando der Grenztruppen.
Tagesmeldung Nr. 249/64.

[...]

II. Lage im eigenen Grenzgebiet

1. Grenzdurchbrüche	von DDR	nach DDR	mitgeführt
Staatsgrenze/West	1/1	–	–

GR Salzwedel   GK Gollensdorf

Am05.09.1964 gegen 04.10 Uhr Grenzdurchbruch DDR - WD
mit Verletzung durch Minendetonation durch

> D a n k e, Gertrud
> geb. am 26.12.1933
> wohnh. Bömenzien Kr. Seehausen (Sperrzone)
> Melkerin in der LPG Bömenzien

im Abschnitt 1 000 m westlich der Straße Bömenzien -
Kapern.

Geheime Verschlußsache

VS-AO.-Nr.: 1 3 2 2 4 / 6 4   1. Ausf. Blon

3

Die D. benutzte eine 3 m lange Stange zum Aufspüren von
Minen, indem sie diese Stange vor sich auf den Boden
aufschlug. Etwa 2 m vor Ende der Sperre trat sie auf
eine Mine. Der ca. 2 000 m entfernte Grenzposten hörte
Hilferufe, verständigte sofort die GK und eilte zur Hilfe.
Bei ihrem Eintreffen hatte sich die D. bereits bis an die
Grenzlinie geschleppt. Außerdem waren bereits Zöllner mit
einem VW zu Stelle, welche die D. bargen und abtransportierten.
Am Detonationsort befand sich ein blutdurchtränktes
Taschentuch, Stoffreste eines blauen Arbeitsanzuges,
sowie ein bis zum Knöchel abgerissener Schaft eines Leder-
stiefels.
Eine Gruppe Offz. unter Leitung des K - GR führen die
Untersuchung.

2. Besondere Festnahmen:

GR Plauen   GK Hirschberg

Am 05.09.1964 17.30 Uhr versuchten die Staatsgrenze in
Richtung Westdeutschland zu durchbrechen

        K u h n e r t, Wolfgang
        geb. am 21.07.1947
        wohnhaft Gera Dr. Friedrich - Wolf - Str. 8

        M a h l e r, Alexander
        geb. am 23.03.1944
        wohnhaft Gera Dr. Friedrich - Wolf - Str. 6

        M a h l e r, Adolf
        geb. am 21.08.1943
        wohnhaft Gera Dr. Friedrich - Wolf - Str. 6

Sie fuhren mit einem Trabant - PKW den sie in Gera
gestohlen hatten bis zur Autobahnausfahrt Schleiz und
bewegten sich weiter zu Fuß in Richtung Staatsgrenze.
Im Abschnitt 300 m nordostwärts der Autobahnbrücke
Hirschberg versuchten sie die Staatsgrenze zu durchbrechen.
Im Zusammenwirken mit Kräften des Pionier - Bataillons
gelang es den Grenzposten 2 Grenzverletzer festzunehmen,
während der dritte GV M a h l e r, Adolf in die Sperre
gelangen konnte und auf eine Mine lief. An den erlittenen
Verletzungen erlag er trotz sofortiger ärztlicher Hilfe
um 18.11 Uhr. Todesursache: Herz- und Kreislaufschwäche
durch Explosionsambutation des linken Beines.
Der Pionier-Offz. der Grenzbr. und der Arzt des Pionier-
Bataillons leisteten erste Hilfe.
Der K - GR führte die Untersuchung.

[...]

Rudolf Kreuter (geboren 17.2. 1941), gestorben 7.4. 1965

VVS-Tgb.-Nr. 373 /65

03/09-10

Vertrauliche Verschlußsache

.... Ausfertigungen

.7. Ausfertigung ... Blatt

F   0 9. APR. 1965

v. ....

Nationale Volksarmee
Grenzregiment-6
- Der Kommandeur -

Vertrauliche Verschlußsache

Chef d. Stabes
U Brig KOV leyfln., den 08.04.1965
Bericht K.

Abschlußbericht

zum Betreten der Minensperre durch einen Grenzverletzer
im Abschnitt der 4. GK mit Todesfolge.

I. 1. Am 07.04.1965, 17.40 Uhr meldet der Kommandeur
des I. Grenzbataillons, daß um 17.30 Uhr der Kp.-Chef
der 3. GK, Oltn. B e r g in Begleitung des Uffz.
G r ü t t n e r und des Kraftfahrers, Sold.
L u d w i g im Minenfeld an der Naht zwischen der
3. und 4. GK (73 - 19 - 7 Kartenblatt 1 : 50 000
N - 32 - 82 - B) einen Gegenstand festgestellt haben,
den sie nicht genau definieren können. Der Kp.-Chef
vermutet das es sich um einen Menschen handeln kann,
bittet jedoch um einen Offz. des Stabes zwecks gemein-
samer Prüfung.

2. Um 17.50 Uhr wurden von mir zum Minenfeld befohlen,
der Offz. Pionierdienst, Oltn. W o l f und der
Regimentsarzt, Hptm. Dr. G r e m s . Um 18.25 Uhr
erstattete der Pionier-Offz. Meldung und berichtete,
daß nach gründlicher Beobachtung mit dem Fernglas
der Gegenstand als eine männliche Person aufgeklärt
wurde.

- 2 -

188

[...]

II. 1. Am 08.04.1965, um 07.00 Uhr begann die Bergung des
Getöteten aus dem Minenfeld. Sie wurde durchgeführt
durch Kräfte der Pionierkompanie der Grenzbrigade in
Gegenwart von Offz. des MfS, Abwehr und Aufklärung,
des Kreisstaatsanwaltes Grevesmühlen, Genossen J a h r.
und war um 08.25 Uhr ohne Vorkommnisse beendet.

2. Bei der geborgenen Person handelt es sich um einen
gewissen K r e u t e r ,. Rudolf, geb. am 17.02.1941.
Nach der Information des Leiters Mfs, Abwehr im GR,
handelt es sich um einen Angehörigen der Bundeswehr.

[...]

Nach Einschätzung der Pionier-Offz. muß der Grenz-
verletzer die Staatsgrenze in Richtung West/DDR
überschritten haben. Beim Betreten des Minenfeldes
hat er eine Mine der 1. Minenreihe, feindwärts des
Feldes, betreten (ausgelöst, da es sich um den Typ
POMS handelt). Zum Zeitpunkt der Detonation muß der
Grenzverletzer mit dem Rücken zur Mine gestanden
haben, da die Untersuchungen ergeben haben, daß die
Brieftasche und die darin befindlichen Papiere, welche
der Grenzverletzer in der Gesäßtasche trug, durch
Splitter zerfetzt waren.
Nach dem ärztlichen Gutachten, sind dem Grenzverletzer
die Splitter mit großer Wahrscheinlichkeit in die Lunge
gedrungen, so daß dieser durch starke innere Blutungen
kurze Zeit nach der Detonation der Mine an Erstickung
verstorben ist.

Dem Zustand des Grenzverletzers nach zu urteilen,
muß die Grenzverletzung und das Betreten des Minenfeldes wahrscheinlich im September/Oktober 1964 erfolgt sein.

[...]

III. 1. Die Ursachen dafür, daß die Person im Minenfeld nicht
sofort aufgeklärt wurde, sind darin zu sehen, daß die
Überprüfung nach erfolgten Detonationen ausschließlich
von der freundwärtigen Seite durchgeführt werden.
Da bei den bisherigen Überprüfungen auf dem 6 m KS
keine Spuren festgestellt wurden und die Drahtsperre
keinerlei Beschädigungen aufwies, war mit größter
Wahrscheinlichkeit anzunehmen, daß die Detonationen
durch Wild verursacht wurden.

[...]

Vertrauliche Verschlußsache

VS-Tgb. Nr.:   1 ? ? / 6 5   1. Ausf. Blatt 3

Um das Minenfeld einigermassen sicher einsehen zu
können, ist es notwendig bei Tage eine gründliche
Kontrolle unter Verwendung von Hilfsmitteln (LKW,
Leiter oder beweglicher B-Turm) durchzuführen.
Dies wurde bei allen drei Detonationen nicht durchgeführt, da von der Kompanie in allen Fällen "Wild"
als Ursache gemeldet wurde.
Damit wurde verstoßen gegen den Befehl des Chefs
der Grenztruppen, in dem festgelegt wird, daß
Detonationen die Nachts erfolgen, nochmals bei Tagesanbruch zu überprüfen sind und wenn auch hier keine
restlose Klärung herbeigeführt wird der Pionier-Offz.
eine weitere Überprüfung durchzuführen hat.

2. Allen Kommandeuren und Kp.-Chefs wird dieser Befehl
bis zum 12.04.1965 nochmals aktenkundig bekanntgegeben.

3. Die Leiche wurde nach ärztlicher Überprüfung und
Ausstellen des Totenscheines dem Kreisstaatsanwalt,
Genossen   J a h r   übergeben und nach Grevesmühlen
überführt.

/ J a h r /

Oberstleutnant

Klaus Noack (geboren 7.6. 1940), gestorben 4.8. 1965

Genossen
E. Honecker   Sicherheitsfragen   Bre/Gu   05.08.65

Verhinderung einer Fahnenflucht durch Anwendung der Schußwaffe im Grenzregiment Heiligenstadt, Grenzkompanie Rustenfelde

Werter Genosse Honecker!

Am 04. 08. 1965, gegen 19.35 Uhr, wurde die Fahnenflucht des

      Gefreiten N o a c k , Klaus,
      Postenführer, NVA seit 04. 05. 1964

durch die Anwendung der Schußwaffe des Postens

      Soldat K n e s c h k e

verhindert.
Noack wurde dabei getötet.

Noack war mit dem Posten in der Zeit von 19.00 bis 03.00 Uhr zum
Grenzdienst eingesetzt. Gegen 19.30 Uhr forderte Noack seinen Posten
auf, ein Signalgerät am K-6 zu überprüfen. Da der Soldat Kneschke
Kenntnis hatte, daß dort kein Signalgerät eingesetzt war, verweiger-
te er die Ausführung. Noack lief daraufhin in Richtung des 6 m-Kon-
trollstreifens. Der Genosse Kneschke, der eine Fahnenflucht vermute-
te, versuchte dabei den Postenführer zu hindern und es kam zu einem
Handgemenge, wobei von dem Posten ein Feuerstoß von 8 Schuß aus der
MPi abgegeben wurde.
Kneschke war der Meinung, Noack erschossen zu haben und wollte deshalb
über das Grenzmeldenetz Meldung erstatten. Dabei stellte er fest, daß
Noack nicht mehr am 6 m-Kontrollstreifen lag, sondern bereits in die
Minensperre gekrochen war, um nach Westdeutschland fahnenflüchtig zu
werden. Daraufhin eröffnete er nochmals das Feuer und tötete dabei
den Fahnenflüchtigen.
Die Bergung der Leiche des Noack wurde durch Offiziere des Grenzregi-
mentes Heiligenstadt vorgenommen.

191

Eine Kommission unter Leitung des Kommandeurs des Grenzregimentes
führt die weitere Untersuchung.

Da die Sperre auf unserer Seite durch ein bewaldetes und stark
hügliges Gelände verläuft, konnte der Vorgang von westlicher Seite
nicht eingesehen werden.

Mit sozialistischem Gruß

Borning

Peter Brückner, gestorben September 1965

Christian Block, gestorben September 1965

Beide Jugendliche aus Schwerin ertranken in der Ostsee. Nach Auskunft
der Kripo wurden die Leichen der beiden Opfer bis heute nicht gefunden.

Hartmut Eisler (geboren 13. 4. 1944), gestorben 30. 9. 1965

Geheime Verschlußsache!

Genossen
E. Honecker   Sicherheitsfragen   Bre/Ga   01. 10. 65

Meldung von besonderen Vorkommnissen im Bereich der Grenzbrigade
Magdeburg in der Zeit vom 28.09. bis 30.09. 1965

Werter Genosse Honecker!

1. Vorkommnis im Grenzabschnitt Sorge (DDR) – Hohegeiß
(Westdeutschland)

In den letzten Wochen häuften sich im Oberharz die Fälle, daß im Abschnitt
der Straße Sorge (DDR) – Hohegeiß (Westdeutschland) westdeutsche Personen das Territorium der DDR mehrfach verletzten. Zur Durchführung von
Hetzveranstaltungen und sogenannten Zonengrenzbesichtigungen war in diesem Abschnitt vor längerer Zeit bereits ein großer Parkplatz auf der westdeutschen Seite angelegt worden.
Der Kommandeur der 7. Grenzbrigade, Oberst Thieme, entschloß sich deshalb, an der feindwärtigen Begrenzung unseres 10-m-Kontrollstreifens einen

Warnzaun zu errichten. Die Präzisierung der befohlenen Maßnahmen erfolgte am 28.09. 1965 durch den Stabschef des Grenzregimentes Blankenburg und dem zuständigen Bataillonskommandeur.
Während dieser Präzisierung erschienen drei westdeutsche Zöllner, die sich ca. 2 m von unserer Offiziersgruppe aufhielten. Der Bataillonskommandeur, Hauptmann Ziegenbein, sprach so laut, daß die Zöllner alle Festlegungen mithören konnten. Bei dieser Pionieraufklärung wurde erstmals durch unsere Offiziere festgestellt, daß der Bundesgrenzschutz drei Grenzschilder auf unserem Territorium aufgestellt hatte. Die Überprüfung ergab, daß die Schilder nach dem Bau unserer Minensperre im Jahre 1963 durch den BGS errichtet wurden. Diese Verletzung wurde durch die Grenztruppen nicht rechtzeitig festgestellt und demzufolge keine Maßnahmen zur Wiederherstellung der alten Lage eingeleitet. Auf Grund der Geländebedingungen sind diese Schilder auch nur dann zu erkennen, wenn man sich feindwärts unserer Minensperre befindet.

Die Zöllner sprachen unsere Offiziere mit folgenden Worten an: »Sagt das doch dem BGS oder schreibt dort hin, wir haben die Schilder nicht gesetzt.« Hauptmann Ziegenbein erwiderte daraufhin:
»Wer die Schilder gesetzt hat, interessiert uns nicht, jedenfalls müssen sie weg. Sie stehen einwandfrei auf unserem Territorium. Sagen Sie das Ihrem Vorgesetzten, daß die Schilder falsch stehen und bis morgen wegzunehmen sind.«

Am 29.09. 1965 gegen 06.30 Uhr erschienen an der Straße Sorge – Hohegeiß Kräfte des Bundesgrenzschutzes. Es wurden festgestellt: 4 Panzerspähwagen, 1 Kübel und 12 Angehörige des BGS, die unser Gebiet beobachteten. Auf dem Sportplatz Hohegeiß war ein Hubschrauber des BGS gelandet. Gegen 11.45 Uhr begab sich der Regimentskommandeur, Oberstleutnant Friedel, in den provokationsgefährdeten Abschnitt zur Überprüfung des Grenzverlaufes und nahm Kontakt mit den Offizieren des Bundesgrenzschutzes auf. Ein BGS-Offizier schlug vor, am 30.09. 1965, 08.00 Uhr, erneut im Grenzabschnitt in Anwesenheit eines verantwortlichen Offiziers des Brigadestabes zu verhandeln. Vom Regimentskommandeur wurde bemerkt, daß er über den Grenzverlauf nicht zu verhandeln habe, das sei Angelegenheit der beiden Regierungen.
Von 4 Zivilpersonen wurden im Verlaufe des Vorkommnisses Filmaufnahmen getätigt, die das westdeutsche Fernsehen am 30.09. 1965 um 20.00 Uhr mit einem entsprechenden Hetzkommentar ausstrahlte.

Das Vorkommnis wurde begünstigt:
1. weil die verantwortlichen Offiziere sich politisch und militärisch falsch verhielten und die Auswirkungen ihrer Handlungsweise nicht richtig eingeschätzt hatten;
2. da entgegen bestehender Befehle in unberechtigter Weise Verhandlungen mit dem BGS und Zoll geführt wurden;
3. da die Aufgabenstellung des Brigadekommandeurs, als Trassenführung für den Warnzaun den alten 10-m-Kontrollstreifen zu benutzen, nicht eingehalten wurde;
4. weil grobe Verstöße in der Meldeordnung zugelassen wurden.
Durch den Chef der Grenztruppen wurde befohlen:
– die Schilder nicht zu entfernen und in diesem Grenzabschnitt eine gedeckte Beobachtung durchzuführen,
– keinen Anlaß zur Provokation zu geben,

– das Vorkommnis am 01.10. 1965 mit den Regimentskommandeuren und allen Offizieren des Brigadestabes Magdeburg auszuwerten,
– dem Kommandeur des Grenzregimentes Blankenburg, den Stabschef des Grenzregimentes und den Bataillonskommandeur disziplinar zur Verantwortung zu ziehen,
– die Pionieraufklärung in diesem Grenzabschnitt bis zu einem späteren Zeitpunkt zurückzustellen.

2. Anwendung der Schußwaffe während des Grenzdienstes mit Todesfolge eines Angehörigen der Grenzkompanie Osterode, Grenzregiment Halberstadt

Am 30.09. 1965, gegen 05.30 Uhr, wurde der Soldat

> Eisler, Hartmut,
> geb. 13.04. 1944
> NVA seit 03.05. 1965

während des Grenzdienstes durch den im Grenzabschnitt eingesetzten Grenzposten

> Soldat Schönberger, Dieter
> geb. 16.09. 1943
> NVA seit 04.11. 1964
> Postenführer

durch einen Kopfschuß verletzt, an dessen Folge er verstarb. Soldat Eisler war mit dem Zugführer, Unterleutnant Kobrow, Klaus als Kontrollstreife im Grenzabschnitt eingesetzt.
Unterleutnant Kobrow hatte gegen 04.30 Uhr seinen Zug im Grenzabschnitt in die Aufgabenstellung eingewiesen. Nach der Einweisung setzte er mit Soldat Eisler seinen Dienst als Kontrollstreife fort.
Im Postenbereich der Soldaten Schönberger und Groß wurde gegen 05.30 Uhr ein Signalgerät ausgelöst. Die Grenzposten bewegten sich in Richtung des ausgelösten Signalgerätes und stellten in ca. 50 bis 100 m Entfernung eine Person fest. Nach der Geländebeleuchtung mit Leuchtpatrone rief Soldat Schönberger die Person an:
»Halt stehenbleiben, Grenzposten!«
Auf seinen Anruf erhielt er keine Antwort, sondern ihm wurde mit der Taschenlampe ins Gesicht geleuchtet. Daraufhin brachte Soldat Schönberger seine Waffe in Anschlag und gab aus der Hüfte zwei Warnschüsse ab. Durch einen dieser Schüsse wurde Soldat Eisler getroffen und verstarb.
Die bisherigen Untersuchungen ergaben, daß die Hauptschuld für dieses tragische Vorkommnis der Zugführer, Unterleutnant Kobrow, trägt, weil er in grober Weise gegen die Forderungen der Grenzdienstvorschriften verstoßen hat. Er befand sich mit Soldat Eisler bei Auslösung des Signalgeräts in unmittelbarer Nähe desselben und reagierte nicht auf den Anruf der Grenzposten.
Die Grenzsoldaten Schönberger und Groß nahmen deshalb an, es handelt sich um Grenzverletzer und der Postenführer gab daraufhin zwei Warnschüsse ab.
Bisher wurden eingeleitet:

– ein Ermittlungsverfahren gegen den Zugführer, Unterleutnant Kobrow,
– Verständigung der Eltern des Genossen Eisler und Vorbereitung der Überführung und die Beisetzung,

– verstärkte politische Arbeit in der Grenzkompanie, um kein Mißtrauen gegenüber den Vorgesetzten und ihrer Befehlsgebung aufkommen zu lassen.

Zur weiteren Untersuchung hat der Chef der Grenztruppen eine Kommission des Kommandos eingesetzt, die gemeinsam mit der Militärstaatsanwaltschaft das Vorkommnis zum Abschluß bringt. Wir bitten um Kenntnisnahme.

Mit sozialistischem Gruß

Borning

Irmgard Eisler

Er war sofort tot

Am 3. Mai 1965 wurde mein Sohn Hartmut Eisler, geboren am 13. April 1944, zum Grundwehrdienst eingezogen. Auf seinem Einberufungsbefehl stand Halberstadt, wo er in der dortigen Kaserne seine Grundausbildung erhalten sollte.

Die erste Post erhielten wir jedoch von Pabstorf, wo er im 22. Grenzregiment ausgebildet wurde. Wir erhielten regelmäßig Post von unserem Sohn, und er schrieb uns, daß die Ausbildung ganz schön hart sei. Zu Pfingsten kam er das erste Mal auf Kurzurlaub. Er erzählte uns von seiner Ausbildung und daß »ganz harter Schießbefehl ausgesprochen ist«, das heißt, daß auf Grenzverletzer geschossen werden müsse. Auch er solle auf Menschen schießen, die ihm nichts getan haben und die nichts verbrochen haben. Unser Sohn sagte, daß er das niemals könne, und daß er sich lieber einsperren lassen würde, als jemals auf einen Menschen zu zielen und ihn zu töten.

In dieser Meinung stimmten wir mit unserem Sohn überein. Diese Ansicht konnte er aber nur zu Hause äußern, denn bei der Armee wurden solche Menschen, die in den anderen Teil Deutschlands wollten, als Verbrecher hingestellt. Im August erhielt er seinen ersten Jahresurlaub. Unser Sohn erzählte uns, daß er nach seinem Urlaub direkt an die Staatsgrenze nach Osterode in den Harz versetzt wird. In Osterode war er nur wenige Wochen.

Bei seinem ersten Grenzkontrollgang passierte das Schreckliche. Im Morgengrauen des 30. September 1965 mußte unser Sohn mit seinem Gruppenführer, dem Offizier Klaus Kobrow, auf Kontrollgang.

Klaus Kobrow war gerade aus seinem Hochzeitsurlaub zurückgekehrt und wohl noch nicht richtig bei der Sache, sonst wäre dieses furchtbare Unglück nicht geschehen.

Nach Angaben eines Kameraden, der uns nach dem Tode unseres Sohnes Hartmut aufsuchte, war an diesem Tag starker Bodennebel, so daß man kaum weit sehen konnte.

Die anderen Grenzstreifenposten, die im Abstand ebenfalls Posten liefen, hörten Schritte, daraufhin riefen diese Posten unseren Sohn und seinen Gruppenführer an und forderten die Parole. Der Offizier Kobrow reagierte nicht, von den anderen Wachposten wurden Leuchtkugeln hochgeschossen.

Der Offizier gab an unseren Sohn den Befehl, daß er sich hinlegen solle. Das geschah auch, und da keine Parole oder sonstige Erkennungszeichen kamen, wurde von den anderen Posten geschossen, da ja vermutet wurde, daß es sich um Grenzverletzer handelte. Unser Sohn erhielt einen Kopfschuß und war sofort tot. Laut Angaben des Kameraden gab sich jetzt der Offizier zu erkennen und schrie: »Ihr Idioten.« Hätte dieser Offizier nicht den Befehl zum Hinlegen gegeben oder sich gleich zu erkennen gegeben, wäre dieses Unglück nicht passiert.

Noch am gleichen Tag kam ein Major der Grenzeinheit und überbrachte uns die traurige Nachricht. Es war für uns unfaßbar, daß wir unser einziges Kind verloren haben sollten. Wir konnten nicht begreifen, daß so etwas beim Armeedienst und im Frieden passieren kann.

Mein Mann hat im Zweiten Weltkrieg seinen rechten Arm verloren, wir hatten ein Elektroinstallationsgeschäft und unser Sohn war unsere einzige Stütze. Er sollte das Geschäft übernehmen. Von der Staatssicherheit ist keiner zu uns gekommen, es handelte sich ja beim Fall unseres Sohnes nicht um Grenzverletzung. Zur Beerdigung waren einige Offiziere und eine Abordnung von Soldaten zugegen.

Unser Sohn wollte ja nicht über die Grenze, und er ist praktisch schuldlos durch die falsche Verhaltensweise seines Zugführers um sein junges Leben gekommen. Bis zum heutigen Tag war ich noch nicht an der ehemaligen Grenze, wo mein Sohn erschossen wurde, aber im Sommer werde ich mit Verwandten dorthin fahren. Ich habe erfahren, daß am Unglücksort ein Stein mit der Inschrift meines Sohnes sein soll.

Ich hätte nie gedacht, daß sich einmal alles so wenden könnte. Auch ich hoffe, daß die Schuldigen, vor allem diejenigen, die die Grenze errichten und ausbauen ließen und den Schießbefehl gaben, zur Verantwortung gezogen werden. Auch wenn ich dadurch meinen Sohn nie wieder haben kann. Es ist so furchtbar, alles zu verstehen, und nach den vielen Jahren tut es immer noch weh, wenn man daran denkt. Nun bin ich allein und alt, mein Mann verstarb 1974.

Erich Schmidt (geboren 3.3. 1939), gestorben 29.12. 1965

Nach mißglückter Fahnenflucht verübte er Selbstmord mit seiner Dienstpistole.

Alfred Lill (geboren 11.3. 1933), gestorben 1.1. 1966

Genossen
E. Honecker   Sicherheitsfragen   Bre/Ga   03.01. 66

Besondere Vorkommnisse

Werter Genosse Honecker!

1. Festnahme des am 07.10. 1965 fahnenflüchtig gewordenen Leutnant der Grenztruppen

> Schmidt, Erich
> ehemaliger Leutnant der NVA, Kommando Grenze
> Zugführer der Grenzkompanie Stedtlingen
> geb. 03.03. 1939
> wohnhaft: Helmershausen (Kr. Meiningen)

Am 28.12. 1965 gegen 22.00 Uhr wurde im Bereich der Grenzkompanie Stedtlingen, Grenzbrigade Meiningen, der ehemalige Zugführer Leutnant Schmidt nach erfolgtem Grenzdurchbruch aus Richtung Westdeutschland festgenommen. Schmidt brachte sich vor der Festnahme mit der sich noch in seinem Besitz befindlichen Dienstpistole eine schwere Kopfverletzung bei. Am 29.12. 1965 verstarb Schmidt im Krankenhaus Erfurt.
[...]

4. Grenzregiment Grabow, Grenzkompanie Neu-Garge
Am 01.01. 1966, gegen 03.00 Uhr, wurde beim tätlichen Angriff auf einen Grenzposten und der Versuch des Entwaffnens der DDR-Bürger

> Lill, Alfred
> geb. 11.03. 1933
> wohnhaft Gühlsdorf – Viehle (Kr. Hagenow)
> LPG-Bauer, Mitglied der SED
> verheiratet, 4 Kinder im Alter von 1/2 bis 9 Jahren

durch Anwendung der Schußwaffe tödlich verletzt.
Der eingesetzte Grenzposten stellte gegen 02.00 Uhr auf dem Elbdeich 3 Personen, 1 Mann, eine Frau und einen Jugendlichen mit Fahrrädern fest. Auf den Anruf des Postenführers, stehenzubleiben, reagierte nur der

Jugendliche. Der Postenführer befahl seinem Posten bei dem Jugendlichen zu bleiben, während er die beiden Flüchtigen verfolgte und nach Abgabe von Warnschüssen zum Stehen brachte. Alle drei Personen standen unter Alkoholeinfluß. Der Postenführer erklärte ihnen, daß sie bis zum Eintreffen eines Offiziers festgenommen seien. Der Mann und die Frau begannen den Grenzposten zu beschimpfen und zu beleidigen und bewegten sich zu dem Haus des Lill, wo sie vorher Silvester gefeiert hatten. Trotz nochmaligem Warnschuß setzten sie ihren Weg fort. Lill kam aus dem Haus und drohte, sofort dem Postenführer mit einer Stablampe zu erschlagen und die MPi zu entreißen. Er schlug mit der Lampe auf den Diensthund ein und griff auch den Postenführer an, mit dem Ziel, ihm die MPi zu entreißen. Die Frau des Lill und eine Frau Brand, wohnhaft in Gühlsdorf (Kr. Hagenow) versuchten Lill vergeblich zurückzuhalten. Daraufhin gab der Postenführer einen Feuerstoß von 4 Schuß ab, der Lill tödlich und Frau Brand durch einen Streifschuß an der linken Hüfte leicht verletzte. Frau Brand bemerkte erst zu Hause ihre Verletzung und begab sich nach Neuhaus in ärztliche Behandlung. L. war bereits 1957 wegen illegalen Waffenbesitzes und Angriff auf Grenzposten mit feststehendem Messer zu Gefängnis verurteilt. Desweiteren waren Ermittlüngsverfahren 1960 wegen Trunkenheit am Steuer und 1964 wegen Widerstand gegen die Staatsgewalt gegen ihn eingeleitet worden.

Im Zusammenwirken mit der Kreisleitung der SED Hagenow wurden die entsprechenden Maßnahmen eingeleitet.

5. Grenzregiment Salzwedel, Grenzkompanie Gollensdorf

Am 01.01. 1966, gegen 02.05 Uhr, Verhinderung einer Fahnenflucht durch Anwendung der Schußwaffe mit tödlichem Ausgang durch den Postenführer

Stabsgefreiter Jäger, Harald
geb. am 07.05. 1945
wohnhaft Gotha, Fuldorfstr. 50
NVA seit 04.05. 1964

Soldat Dahms, Reinhard
Posten
geb. am 19.05. 1944
wohnhaft Finofurt/Eberswalde, Zum Krugacker 5,
NVA seit 03.05. 1965
nicht organisiert,
keine Verwandten in Westdeutschland und Westberlin

Am 31.12. 1965 von 20.00 bis 01.01. 1966, 04.00 Uhr, war der Stabsgefreite Jäger und Soldat Dahms zur Grenzsicherung im Abschnitt nördlich der Ortschaft Bömzien eingesetzt.

Im Postenbereich vernahmen sie auf der Straße Bömzien – Schnackenburg auf der westlichen Seite Stimmen und Leuchten von Taschenlampen. Der Posten begab sich daraufhin entgegen des Befehls über die vordere Linie des Posteneinsatzes, um besser beobachten zu können. Als sie sich beide ca. 50–80 m vor der Spree befanden, sagte Dahms zu Jäger, machs gut, ich haue ab. Daraufhin forderte J. Dahms auf, hierzubleiben. Dieser Aufforderung kam Dahms nicht nach, sondern hetzte seinen Schutzhund auf Jäger und begab sich in Richtung Grenze.

Jäger lud seine MPi durch und schoß mehrere Feuerstöße auf den Diensthund und den Dahms.
Der Dahms sowie der Diensthund wurden gegen 02.05 Uhr tödlich verletzt.
Der Tatort wurde gesichert; Maßnahmen zur Untersuchung wurden eingeleitet.

Wir bitten um Kenntnisnahme.

Mit sozialistischem Gruß

Borning

Reinhard Dahms (geb. 19.05. 1944), gestorben 1.1. 1966

Geheime Verschlußsache |
VS-Nr. G/ 00251 1,Ausf,Bl,3,
GHGr. aufgehoben

GR Salzwedel   GB Ziemendorf   GK Gollensdorf

Am 01.01.1966,gegen 02.05 Uhr Verhinderung einer Fahnenflucht durch
Anwendung der Schußwaffe mit tödlichem Ausgang

St.Gefr. ~~Japer, Harald~~   *Japer, Harald*
          Postenführer
          geb.am 07.05.1945
          wohnhaft : Gotha, Fuldorfstr,50
          NVA seit: 04.05.1964
          nicht Organiesiert
          Verwandte in WD und WB keine

          Sold. D a h m s , Reinhard
                 Posten
                 geb.am   19.05.1944
                 wohnhaft :Finofurt/Eberswalde zum Krugacker 5
                 NVA seit : 03.05.1965,
                 nicht Organisiert
                 Verwandte in WD und WB keine

Am 31.12.1965 von 2o,oo bis o1,o1.1966, o4,oo Uhr war der St,Gefr,
▓▓▓▓ und Sold,D a h m s als WG im Abschnitt nördlich der Ortschaft
B ö m z i e n eingesetzt.
Gegen 01,oo Uhr begab sich der Obengenannte Grenzposten entgegen des
Befehls zu seinem Nachbarposten,dort tranken alle 4 Gen,gemeinsam
drei kleine Flaschen Schnaps aus und nach kurzem Aufenthalt begaben
sie sich wieder in ihr Postenbereich,Als sie dort angelangt waren,ver-
nahmen sie auf der Straße Bömzien - Schnackenburg auf der westlichen
Seite Stimmen und leuchten von Taschenlampen,Der Posten begab sich
daraufhin entgegen des Befehls über die vordere Linie des Posteneinsatzes um besser beobachten zu können,als sie sich beide ca.5o - 8o m
vor der Sperre befanden,sagte D a h m s zu ▓▓▓▓ mache gut ich   *Japer*
haue ab,daraufhin forderte ▓, Dahms auf hierzubleiben dieser Aufforderung kam D, nicht,sondern hetzte seinen Schutzhund auf ▓▓▓▓
und begab sich in Richtung Grenze,▓▓▓ lud seine MPi,durch und schoß
mehre Feuerstöße auf den Diensthund und den Dahms.
Der D,sowie der Diensthund wurden gegen 02,05 Uhr tödlich verletzt,

Tatort wurde gesichert,Maßnahmen zur Untersuchung wurden eingeleitet,
Leiter der Untersuchungskommission ist der 1.Stellv,des K -GR,
Ergänzungsmeldung folgt nach Abschluß der Untersuchung,

                                          Butow
                                          Major

201

Brunhilde Döll

Schreckliche Tage

In den Abendstunden des 1. Januar 1966 suchten uns drei Vertreter der Dienststelle meines Bruders Richard Dahms auf. Mitgeteilt wurde uns, daß mein Bruder bei Fahnenflucht erschossen wurde. Diese Nachricht war für uns unfaßbar. In einer Plane brachte man die Sachen meines Bruders und das ersparte Geld und schüttete sie auf mein Bett – an den Schuhen klebte noch Lehm. Es fehlte noch die Armbanduhr, die man zwecks Zeitfeststellung einbehalten hatte. Da mein Bruder Hundeführer war und den schärfsten Hund der Kompanie hatte, konnte dort niemand etwas mit dem Hund anfangen. Man bot unserer Familie den Hund an. Ich fand dies äußerst unverschämt; denn beim schärfsten Hund wäre mein Bruder, wenn er tatsächlich hätte abhauen wollen, wohl ganz bequem über die Grenze gegangen. Wir bekamen keine genauen Aussagen.

In den darauffolgenden Tagen tauchten Angestellte des Wehrkreiskommandos Eberswalde bei uns auf. Die Aussagen dieser Leute stimmten mit denen der Dienststelle nicht überein. Es wurde alles für die Beisetzung am Donnerstag, dem 6. Januar 1966, festgelegt. Plötzlich erschienen am Dienstag, dem 4. Januar 1966, wieder Leute vom Wehrkreiskommando Eberswalde. Zu meinem Vater sagte man wörtlich: »Ihr Sohn rollt auf der Autobahn und wird heute beerdigt!« Wir waren natürlich nicht damit einverstanden, da die Beisetzung erst zum Donnerstag geplant war. Es wurde wörtlich von Herrn Koppe, Wehrkreiskommando Eberswalde, angewiesen: »Wenn Ihnen das nicht paßt, wird er eingescharrt wie ein Hund!«

Im Ort herrschte große Aufregung. Der damalige Bürgermeister stand uns zur Seite und half uns. Über das unmögliche Benehmen des Herrn Koppe im Elternhaus beschwerte auch er sich beim Wehrkreiskommando Eberswalde.

Es war die Stunde der Beisetzung gekommen. Auf dem Friedhof waren viele fremde Personen. Alle in Zivil. Es wimmelte von Aufpassern. Links und rechts vom Friedhof stand Polizei.

Ich ging in die Leichenhalle, wo der Sarg aufgebahrt war. Am Kopf- und Fußende war ein dicker Draht durchgezogen worden. Ich versuchte den Draht zu öffnen, aber es gelang mir nicht. Ein Mann im Ledermantel stand in der Ecke, wieder der Herr Koppe, und sagte grinsend: »Dafür stehe ich ja hier.« Die Todesanzeige erschien in der Zeitung mit dem Vermerk: »Die Beisetzung fand in aller Stille statt« – sogar dieses Recht nahmen sich diese

Leute heraus. Einige Nächte bewachte man das Grab meines Bruders, da sie Angst hatten, daß man sich davon überzeugen wollte, ob mein Bruder tatsächlich im Sarg liegen würde. Für uns waren das alles Verbrecher! Auch wir wurden nachts überwacht. Es war eine schreckliche Zeit!

Einige Zeit später wurden Flugblätter von Forstarbeitern gefunden, auf denen mein Bruder und der Mörder abgebildet waren. Es hatte aber zur damaligen Zeit jeder Angst und so mußten alle Flugblätter eingesammelt und abgegeben werden.

Auch ich beschwerte mich über die Behandlung durch die Leute vom Wehrkreiskommando Eberswalde. Einmal mußte ich im Flur dort warten und konnte mithören, wie man sich über meine Person im Betrieb erkundigte. Dann erfuhr ich nach längerem Ersuchen, daß mein Bruder von einem feststehenden LMG erschossen wurde, und ich mir nun vorstellen könnte, was von ihm noch übriggeblieben sei.

Durch einen Freund, der zu jener Zeit bei der Armee diente, erfuhren wir, daß allen Kameraden »Kontaktverbot« zur Familie befohlen worden war.

Ich schrieb an den Militärstaatsanwalt in Calbe wegen der Uhr und der restlichen persönlichen Sachen. Es wurde uns dann auch eine Uhr zugestellt, aber nicht die Uhr meines Bruders. Erneut schrieb ich, und man teilte mir mit, daß man mir brieflich nichts mehr mitteilen könne. Das war alles, was wir erfahren haben. Im August 1990 erstatteten wir Anzeige, worauf wir Antwort erhielten.

Jürgen Büttner (geboren 21.10.1951), gestorben 5.2.1966

Nationale Volksarmee
13. Grenzbrigade
– Der Kommandeur –

[...]

Geheime Verschlußsache!

O. U., den 05.02.1966

Bericht

Über die Festnahme von zwei Jugendlichen durch Anwendung der Schußwaffe am 03.02.1966 im Abschnitt der 5. GK (Hönbach) GR-15.

Am 03.02.1966, gegen 16.15 Uhr, stellte der Beobachtungsposten der
5. GK, eingesetzt auf der Oberlinder Höhe, in ca. 600 m Entfernung zwei
männliche Personen fest, die unberechtigt in den Schutzstreifen eingedrungen waren und sich aus Richtung Kleingartenanlage RTS Oberlind in Richtung Staatsgrenze bewegten.
Der Postenführer meldete diese Beobachtung über das Grenzmeldenetz seinem Zugführer und erhielt den Befehl, die Personen vorläufig festzunehmen.
Durch den Stellvertreter für Grenzsicherung der 5. GK wurde die Alarmgruppe zur Abriegelung des Abschnittes Kleingartenanlage RTS Oberlind
befohlen.
Als der Beobachtungsposten sich bis auf ca. 400 m den Grenzverletzern genähert hatte, befanden sich in Höhe des Signalzaunes. Die Grenzverletzer
hatten den Grenzposten bemerkt und liefen entlang der Straße Hönbach –
Oberlind in Richtung Oberlind.
Ohne den Anruf und die Abgabe von fünf Warnfeuerstößen von den Grenzposten zu beachten, liefen sie weiter. Daraufhin führte der Grenzposten aus
einer Entfernung von ca. 200 m gezieltes Feuer.
Durch den Grenzposten wurde nicht festgestellt, daß einer der Grenzverletzer verletzt war, weil dieser noch ca. 250 m weiterlief und dann mit
erhobenen Händen am Straßenrand stehenblieb, ca. 100 m südwestlich
der Wegegabel Straße Oberlind – Hönbach – Weidenweg und vorläufig
festgenommen werden konnte.
Der zweite Grenzverletzer setzte die Flucht entlang der Straße fort und wurde
gegen 16.25 Uhr an der Kleingartenanlage durch die Kräfte der Alarmgruppe
vorläufig festgenommen.
Die Handlungen des Beobachtungspostens wurden vorbildlich durch den
Nachbarposten unterstützt.
Durch die Grenzposten wurde dem Verletzten sofort erste Hilfe geleistet. Anschließend erfolgte ohne Zeitverzögerung die Überführung des Verletzten in
das Kreiskrankenhaus Sonneberg mit Kfz. des GR, das sich zu dieser Zeit im
genannten Grenzabschnitt befand.

Personalien der Grenzverletzer:
a) Büttner, Jürgen, geb. 21.10.51, wohnhaft: Sonneberg III, Querstr. 4,
   Sperrzone, Schüler der Oberschule Sonneberg III
b) Behr, Reinhardt, geb. 18.02.52, wohnhaft Sonneberg III, Steinacher
   Str. 96, Schüler der Oberschule Sonneberg III.

Diagnose:
Bei Büttner wurde durch den behandelnden Arzt des Kreiskrankenhauses
Sonneberg folgende Diagnose gestellt:
Lungendurchschuß linkes Oberfeld, Höhe 3. Rippe, besteht Lebensgefahr.

Klaus-Gerd Schaper (geb. 5.6. 1948), gest. 11.3. 1966

Nationale Volksarmee, Kommando der Grenztruppen.
Tagesmeldung Nr. 71/66.
[...]

GR Blankenburg   GB Elend   GK Elend

Am 11.03.1966 gegen 15.50 Uhr, tötliche Verletzung, durch Minendetonation, einer

                unbekannten männlichen Person

beim Versuch die kombinierte Sperre kriechend, in Richtung WD, zu überwinden.

Gegen 15.50 Uhr, stellte aus ca. 500 m nördlich der Straße Tanne – Braunlage eingesetzte Grenzposten eine Minendetonation fest und erstattete Meldung über GMN an die GK. Gegen 16.15 Uhr stellte die zur Überprüfun befohlene Offiziers-Kontrollstreife eine männliche jugendliche Leiche in der kombinierten Sperre liegend fest. Die Leiche wurde, da der Offizier für Pionierdienst des GR außerhalb vom Stab des GR arbeitete, und bei Eintreffen in der GK die Dunkelheit bereits angebrochen war, noch nicht geborgen. Die Bergung erfolgt am 12.03.1966 bei Tagesanbruch. Der Tatort wird bis zur Bergung der Leiche durch einen Grenzposten mit MG und NSP-2 Gerät gesichert.

Gegen 16.00 Uhr erschien eine Mot.-Punkt-Patrouille des ZGD gegenüber der Detonationsstelle (ca. 150 m entfernt) und führte bis gegen 16.10 Uhr Beobachtung in Richtung DDR. Die Detonationsstelle ist von westlicher Seite durch die bestehenden Gelände- und Bewachungsbedingungen nicht einsehbar.

Untersuchung: Stabschef GR und K-GB. Mordkommission VPKA Wernigerode wurde informiert.

Ergänzungsmeldung folgt.

[...]

Ursula Schaper

Ich werde dies alles nie vergessen!

Unser Sohn ging am Morgen des 10. März 1966 wie immer zur Arbeit. Er hatte eine Stelle als Rundfunkmechaniker. Von da aus muß er zur Grenze gegangen sein nach Elend. Mehr wußten wir auch nicht. Wir machten uns sehr große Sorgen und wachten die Nacht durch, weil wir uns nicht vorstellen konnten, wo er war.

Am nächsten Morgen kam die Polizei und sagte uns, er wäre auf eine Mine gelaufen und tot. Dann brachten sie uns nach Wernigerode zur Stasi. Sie wollten wissen, ob wir Verbindungen nach drüben haben. Da ich von Braunschweig stamme, blieb das ja nicht aus. Sie waren erst höflich und wurden dann immer schnodderiger. Ob wir viel West-Fernsehen sähen, wollten sie wissen. Sie konnten nichts weiter erfahren und brachten uns wieder nach Hause. Wir wurden dann noch zweimal von der Arbeit geholt und immer wieder dasselbe gefragt. Dann fehlte der Ausweis, darüber waren sie ganz wütend. Sie wollten wissen, was sie ins Protokoll schreiben sollten, warum er gegangen sei, ohne Rücksicht auf unseren Kummer. Ich sollte mich nicht so anstellen, er hätte ja nicht zur Grenze zu gehen brauchen.

Dann brachten sie unseren Sohn nach Wernigerode in die Leichenhalle des Krankenhauses. Dort lag er auf dem Fußboden, zugedeckt. Ich sollte mitkommen und ihn ansehen, ob es Klaus Schaper ist. Ich durfte nicht nahe heran, sie hielten mich fest, warum, weiß ich nicht! Sein Gesicht war heil, alles andere war zugedeckt. Der Bestatter sagte, er wäre auf zwei Minen gefallen. Wir durften nicht unseren Sarg nehmen, denn sie hatten ihn schon in einen Zinksarg gelegt, den wir nicht mehr öffnen durften für ein paar Blumen. Auch bei der Beerdigung waren Polizisten zur Stelle. Weiter kann ich nichts berichten. Ich werde dies alles nie vergessen. Auch meine beiden anderen Kinder mußten darunter leiden. Mein Sohn mußte bei der Hochseeflotte sofort aufhören, und die Tochter durfte nicht studieren.

Hans Kessel (geboren 4.6. 1947), gestorben 12.3. 1966

Genossen
E. Honecker   Sicherheitsfragen   Bre/Sa   14.03.66
Verhinderung eines gewaltsamen Grenzdurchbruchs mit LKW
Typ Büssing an der Grenzübergangsstelle Marienborg –
Autobahn

Werter Genosse Honecker!

Am 12. 03. 1966 gegen 21.10 Uhr versuchte der

      K e s s e l , Hans
      geb. 04. 06. 1947
      wohnhaft Calbe (Saale)

mit dem LKW Typ Büssing (4,5 t), polizeiliches Kennzeichen HF 24-04
vom VEB Roh-Konserven Calbe in Marienborn-Autobahn einen gewaltsamen
Grenzdurchbruch durchzuführen.
Durch das gute Zusammenwirken der Kräfte der Deutschen Volkspolizei,
der Paß-Kontrolleinheit und der Sicherungskräfte der Grenztruppen
konnte dieser Grenzdurchbruch verhindert werden.
Der Kessel fuhr mit dem LKW auf die geschlossene Hauptsperre, wobei beide Achsen abrissen und das Oberteil des Kfz über die Sperre
geschleudert wurde. Kessel selbst wurde mit mittleren Verletzungen
in das Krankenhaus Magdeburg eingeliefert.
In der Zeit von 21.10 bis 21.40 mußte aus diesen Gründen der Verkehr
in Richtung Westdeutschland gesperrt und über die Südbahn umgeleitet
werden. Um 03.25 Uhr wurde nach Beseitigung des beschädigten LKW und
Instandsetzung der Sperre die gesperrte Richtung wieder freigegeben
und der Verkehr konnte wieder normal in Richtung Westdeutschland laufen. Während des Vorkommnisses befanden sich ca. 10 bis 15 Fahrzeuge
an der Grenzübergangsstelle, die jedoch nicht gefährdet wurden.
Es ist damit zu rechnen, daß der Gegner dieses Vorkommnis in der Presse zu Verleumdungen gegen unsere Republik ausnutzt.
Wir bitten um Kenntnisnahme.

                      Mit sozialistischem Gruß

                      Borning

Eberhard **Schulze** (geboren 1946), gestorben 30.3. 1966

Nationale Volksarmee, Grenzregiment 43.
Bericht vom 30.3. 1966.
[...]

Im Durchbruchsabschnitt war in der Zeit vom 29.03., 21.00 Uhr
bis zum 30.03., 05.00 Uhr eingesetzt ein Grenzposten im Bestand :
Postenführer   Ufw. ▓▓▓▓▓▓▓▓ *Ludwig, Rolf   Schmidt, Dieter*
2. Postenführer Uffz.-Schüler ▓▓▓▓▓▓ (Praktikum)
Posten   Gefr. ▓▓▓▓▓▓▓ (Diensthundeführer)
                                     Brekas, Karl-Heinz
Gegen 03.03 Uhr wurde der Posten durch die Signale des Zusammenwirkens (Schiessen einer Pfeifpatrone und 2 maliges Aufleuchten
des Scheinwerfers)davon in Kenntnis gesetzt, daß das 9. Feld
des Signalzaunes auf Höhe des Rudower Wäldchens ausgelöst hat.
Der Postenführer, Ufw. L. gab daraufhin den Befehl, er befand
sich zu diesem Zeitpunkt ca. 350 m entfernt von diesem Signalfeld,
im Laufschritt in den durchbruchsgefährdeten Abschnitt zu gehen.
Auf dem Wege zum Signalzaun wurde 2 mal Gefechtsfeldbeleuchtung
geschossen. Beim 2. Schuss in einer Entfernung von ca. 120 m
nahm der Grenzposten in unmittelbarer Nähe des Signalzaunes 1
Person liegend wahr. Durch den Postenführer wurde unter ständiger
Vorwärtsbewegung diese Person aufgefordert, aufzustehen und die
Hände hoch zu nehmen.

Auf diese Aufforderung hin stand jedoch nicht nur 1 Person ,
sondern noch eine, in einer Mulde liegende, 2. Person mit auf.
Beide Grenzverletzer verhielten sich äusserst provokatorisch
und widerspenstig und kamen nicht allen Weisungen des Postenführers nach.

1 Grenzverletzer hatte bereits den Signalzaun überwunden, welcher
funktionssicher war und auslöste. Der 2. Grenzverletzer lag noch
vor dem Signalzaun. Beide ca. 15 m voneinander entfernt.

Durch den Postenführer wurde befohlen, die Sicherung und Durchsuchung des Grenzverletzers vorzunehmen, der bereits den Signalzaun überwunden hatte. Er selbst wollte diese Handlungen bei
dem 2. Grenzverletzer, der sich hinter dem Signalzaun befand,
durchführen.

Da der Postenführer zu diesem Zeitpunkt sich noch nicht klar war,
ob noch mehrere Grenzverletzer sich in unmittelbarer Nähe befanden,
schoss er die Signale " Durchbruch ins Hinterland " und " Eilt
zur Hilfe ".

Während dieser Zeit setzten die Grenzverletzer ihre provokatorischen
Reden und ihren passiven Widerstand fort. Auf Grund dessen sah
sich der Postenführer veranlasst, einen Warnschuss und kurze Zeit
darauf einen Warnfeuerstoss abzugeben.

Als der 2. Grenzverletzer, der sich hinter dem Signalzaun befand
die Hände herunter nahm, in die Jackett-Tasche fasste und An-
stalten zur Flucht unternahm, schoss der Postenführer gezieltes
Feuer. Dieses Feuer wurde geführt um einen möglichen Angriff auf
den Postenführer bezw. eine Flucht zu vereiteln. Zu bemerken ist,
dass beide Grenzverletzer zu diesem Zeitpunkt auf Grund ihres
Verhaltens noch nicht nach Schuss und Stichwaffen untersucht waren.
Der Grenzverletzer erlag auf Grund der Anwendung der Schusswaffe
seinen Verletzungen.
Die Eskordierung und Bergung der Grenzverletzer verlief ohne
Zwischenfälle.

[...]

208

Unbekannte Person, gestorben Mai 1966

Beim Versuch, den Hinterlandzaun zu überwinden, wurde der Flüchtling von den Soldaten Thalhöfer und Erich Matzke von der Grenzkompanie Geisa erschossen.

Unbekannter Jugendlicher, gestorben Juni 1966

Der Flüchtling wurde in der Nähe von Probstzella von dem Grenzsoldaten Manfred Schiffner erschossen.

Werner Möhrer (geboren 29. 7. 1945), gestorben 18. 8. 1966

Dieter Reinhardt (geb. 15. 1. 1945), gestorben 19. 8. 1966

Nationale Volksarmee, Kommando der Grenztruppen.
Tagesmeldung Nr. 231/66.
[...]   Geheime Verschlußsache!

GR Oschersleben   GB Groß Bartensleben   GK Morsleben

Am 18.08.1966 in der Zeit von 07,00 bis 08,00 Festnahme der

     M ö h r e r,Werner
     geb.am 29.07.1945
     wohnhaft : Grabow,Kanalstr.16 Kr.Ludwigslust

     M ö h r e r,Hans
     geb.am 17.09.1943
     wohnhaft: Grabow,Kr.Ludwigslust
     ehem.Angeh.der GK von 1964 - 1965

     G r e v e s m ü h l,Karin
     geb.am 13.04.1944
     wohnhaft:Neustadt-Gleve Parchimerstr.16

wegen versuchten Grenzdurchbruch DDR - WD.

Festnahmeort :   ca. 1000 m westlich der Ortschaft Morsleben.
Annäherung: vermutlich aus Richtung Morsleben.

Handlungen des
Grenzpostens: Gegen 07.00 Uhr bemerkte der zur Sicherung von
Feldarbeiten eingesetzte Grenzposten ca. 40 - 50 m
von seinem Standort entfernt im angrenzenden Wald
Geräusche. Bei der Überprüfung stellte er eine
männliche und eine weibliche Person fest, die ver -
mutlich die Staatsgrenze in Richtung WD durchbrechen
wollten. Nachdem beide Personen die Weisungen des
Grenzpostens nicht Folge leisteten, und versuchten
durch Flucht sich der Festnahme zu entziehen, gab
der Grenzposten einen Warnschuß in Richtung Erde ab,
wobei der Möhrer , H. am linken Knöchel verletzt
wurde. Durch den Kraftfahrer der GK , der sich zu
diesem Zeitpunkt im Grenzabschnitt befand, um Grenzposten
in den Grenzabschnitt zu bringen, verständigte hiervon
die GK. Durch den Kompaniechef wurde sofort Grenzalarm
ausgelöst und Maßnahmen zur verstärkten Grenzsicherung
befohlen. Der zur verstärkten Grenzsicherung einge -
setzte Grenzposten stellte nördlich der Straße Morsleben-
eine weitere Person fest, die sich in Richtung Staats -
grenze bewegte und nahm sofort Verfolgung auf.
Nachdem der Grenzverletzer auf den Anruf sowie die
Abgabe von 3 Warnschüssen nicht reagierte, inzwischen
jedoch schon die alte Sperre überwunden hatte und alle
Möglichkeiten einer Festnahme erschöpft waren, gab der
Grenzposten gezieltes Feuer ab, wobei der Möhrer, W.
tödlich verletzt wurde. Alle 3 Grenzverletzer waren
mit selbstangefertigten Tarnanzügen ausgerüstet, führten
insgesamt 4 000.-MDN sowie 2 Ferngläser bei sich.

Maßnahmen :   - Sicherung des Tatortes
                  - der Möhrer, H. wurde in das Krankenhaus Haldensleben
                   eingeliefert

Untersuchung: Militärstaatsanwalt der GBr., 1. Stellv. K-GR, VPKA
Haldensleben sowie Bezirksdienststelle MfS

[...]

GR Beetzendorf   GB Diesdorf   GK Nettgau

Am 19.08.1966 gegen 02.10 Uhr Verhinderung der Fahnenflucht des

                Uffz. R e i n h a r d t , Dieter
                Waffenuffz. der GK
                geb. 15.01.1945
                wohnhaft Schönebeck/Elbe , Leipziger Strasse 43
                NVA seit 05.05.1964
                Mitglied der FDJ
                Soldat auf Zeit

durch den   Feldwebel F r i e b e l , Lutz
                Staffelhundeführer der GK
                geb. 08.02.1943
                wohnhaft Oschatz, Kantstrasse 10
                NVA seit 01.08.1961
                Mitglied der SED
                Soldat auf Zeit

Die Genannten hatten am 18.08.1966 , 18.00 Uhr - 19.08.1966, 01.00 Uhr
Ausgang nach Schinkenmühle. Gegen 01.00 Uhr kehrten beide im stark ange-
trunkenen Zustand zur GK zurück. Aus bisher noch nicht geklärten Ursachen
entnahmen beide aus der Waffenkammer je eine Pistole und entfernten sich
unerlaubt aus dem Objekt der GK. In der GK wurde sofort Grenzalarm ausgelöst
und zur verstärkten Grenzsicherung übergegangen. Gegen 02.14 Uhr wurde der
Uffz. R. durch den Grenzposten tödlich auf einer Wiese unmittelbar am 6 m KS
am Westrand der Ortschaft Nettgau aufgefunden. Gegen 02.30 Uhr stellte sich
der Feldwebel F. den Grenzposten und gab an, Uffz. R. durch 2 Schuß getötet
zu haben, da er fahnenflüchtig werden wollte.
Motiv und Ursache z.Zt. noch nicht bekannt, Ergänzungsmeldung folgt nach
Abschluß der Untersuchung.
Untersuchung Militärstaatsanwalt der 5. GBr. und K - GR mit einer Gruppe
von Offizieren.

Holz
Major

Walter Fischer (geboren 23. 2. 1938), gestorben 11. 10. 1966

Nationale Volksarmee, Kommando der Grenztruppen.
Tagesmeldung Nr. 285/66.

Geheime Verschlußsache!

[…]

Am 11. 10. 1966 gegen 17.40 Festnahme des
                    Fischer, Walter
                    geb. 23.02. 1938
                    wohnhaft: Harras, Kr. Hildburghausen (Sperrzone)
wegen versuchten Grenzdurchbruch DDR – WD unter Anwendung der
Schußwaffe mit tödlichem Ausgang.
Festnahmeort: ca. 550 m ostwärts der Straße Harras – Ahlstedt ca. 20 m vor
der Staatsgrenze.
Annäherung: Harras – Walleskuppe – Festnahmeort.
[…]

Jürgen Kleesattl (geb. 7.2. 1944), gestorben 23. 4. 1967

NATIONALE VOLKSARMEE
Kommando der Grenztruppen
Operativer Diensthabender

GVS-Tgb.-Nr.: A/02614 /

Tagesmeldung Nr. 114 /67

für die Zeit vom 22.04.1967, 18.00 Uhr bis 23.04.1967 18.00 Uhr

und Sofortmeldungen bis 24.04.1967 04.00 Uhr

III. Vorkommnisse in den eigenen Einheiten

GR Eisenach   GB Herda   GK Dippach

Am 23.04.67 gegen 03.30 Uhr Verhinderung einer Fahnenflucht durch
Anwendung der Schußwaffe mit tötlichem Ausgang.
Vom 22.04.67, 22.00 Uhr bis 23.04.67, 06.00 Uhr waren

Uffz. ▇▇▇▇▇ (Postenführer) _Gräfe, Harald_
geb. 23.08.1947 in Leipzig
wohnhaft Leipzig, Zwenkauer Str. 22
NVA seit 02.05.1966
Mitglied der FDJ
ledig
Belobigungen: 3
Bestrafungen: keine

Gefr. K l e e s a t t l, Jürgen (Posten)
geb. 07.02.1944 in Weida
wohnhaft Ziegenrück, Saalestraße 5
ledig
Belobigungen: 3
Bestrafungen: 2

zur Grenzsicherung eingesetzt.
Der Grenzposten versah seinen Dienst in einer Erdbeobachtungsstelle.
Gegen 03.30 Uhr wurde Uffz. ▇▇▇▇▇ durch Gefr. Kleesattl tätlich
angegriffen, entriß ihm seine MPi sowie Leuchtpistole und flüchtete
in Richtung Staatsgrenze.
Uffz. ▇▇▇▇▇ nahm die Verfolgung auf und stellte Kleesattl am 6-m-
Kontrollstreifen. Es kam zu einer körperlichen Auseinandersetzung
wobei Uffz. ▇▇▇▇▇ in den Besitz einer MPi gelang, eröffnete das
Feuer auf Kleesattl, welcher dabei tötlich verletzt wurde.

Verletzungen des Uffz. ▇▇▇▇▇
Platzwunden und Druckstellen am Kopf sowie vermutlich linker Jochbeinbruch. Er wurde in den Med.-Punkt des GR eingeliefert.
Verständigung des Elternhauses des Kleesattl erfolgt durch den Militärstaatsanwalt der Grenzbrigade und dem Stellvertreter für Politische
Arbeit des GB.
Untersuchung erfolgte durch eine Kommission unter Leitung des Stellvertreters für Politische Arbeit der Grenzbrigade. Weitere Bearbeitung
erfolgt durch Abteilung Abwehr und Militärstaatsanwalt.

Petzold
Major

212

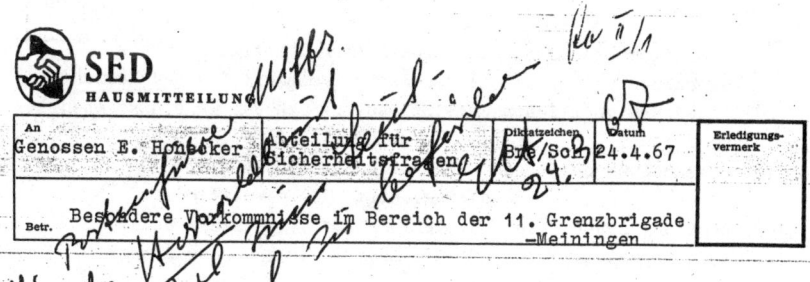

SED
HAUSMITTEILUNG

An Genossen E. Honecker	Abteilung für Sicherheitsfragen	Diktatzeichen Brö/So	Datum 24.4.67	Erledigungsvermerk

Betr. Besondere Vorkommnisse im Bereich der 11. Grenzbrigade
—Meiningen

Werter Genosse Honecker!

Am 23. April 1967, gegen 03.30 Uhr, verhinderte der Unteroffizier
G r ä f e , Harald (Postenführer) durch Anwendung seiner Schuß-
waffe die Fahnenflucht seines Postens, Gefreiter K l e e s a t t e l.
Kleesattel wurde dabei tödlich verletzt.
Der Unteroffizier war mit seinem Posten im Grenzabschnitt Dippach,
Grenzregiment Eisenach, in einer Erdbeobachtungsstelle zur
Sicherung der Staatsgrenze eingesetzt. Gegen 03.30 Uhr griff
Kleesattel seinen Postenführer an, entriß ihm die MPi und Leucht-
pistole und flüchtete in Richtung Staatsgrenze. Unteroffizier
Gräfe nahm sofort die Verfolgung auf, stellte Kleesattel im
6m-Kontrollstreifen, wobei es zu einer körperlichen Auseinander-
setzung kam. Es gelang Gräfe wieder in den Besitz seiner MPi
zu gelangen, und er eröffnete das Feuer auf den Fahnenflüchtigen.
Unteroffizier Gräfe zog sich bei den körperlichen Auseinandersetzungen
Platzwunden am Kopf sowie einen vermutlichen Jochbeinbruch zu.
Er wurde zur ärztlichen Behandlung in den medizinischen Punkt des
Grenzregimentes eingeliefert.
Das Vorkommnis konnte durch den westlichen Grenzschutz bzw. das
Zollorgan nicht eingesehen werden.

Soeben wurden wir durch den Chef der Grenztruppen, Genossen
Generalmajor Peter, telefonisch informiert, daß in den frühen
Morgenstunden aus der Nachbargrenzkompanie des gleichen Grenzregiments eine Gruppenfahnenflucht (1 Unteroffizier und 1 Soldat)
erfolgte.

213

Es ist damit zu rechnen, daß beide Fahnenflüchtige Kenntnis
vom besonderen Vorkommnis in der Nachbarkompanie Dippach hatten
und dieses den westlichen Geheimdienstorganen zur Kenntnis geben.

Zur Untersuchung der besonderen Vorkommnisse ist eine
Kommission der Grenzbrigade eingesetzt, die gemeinsam mit
der Abteilung Abwehr des Ministeriums für Staatssicherheit und
der Militärstaatsanwaltschaft die näheren Ursachen ermittelt.

Mit sozialistischem Gruß

Borning

ZENTRALKOMITEE
Abteilung für Sicherheitsfragen   Berlin, den 25. April 1967
                                    Bre/Sch

Minister für Nationale Verteidigung
Genossen Armeegeneral H o f f m a n n   *H.*

S t r a u s b e r g

Werter Genosse Hoffmann!

Wie Dir bereits bekannt, verhinderte am 23. April 1967 der
Unteroffizier Harald G r ä f e , Postenführer in der Grenzkompanie Dippach, unter Anwendung der Schußwaffe die Fahnenflucht des Grenzpostens K l e e s a t t e l .
Genosse Gräfe zeigte bei dieser Handlung Mut und Entschlossenheit
und verhinderte unter Einsatz seines Lebens das Überlaufen eines
Verräters zum Klassengegner.
Das Mitglied des Politbüros, Genosse Erich Honecker, den wir
eingehend über dieses Vorkommnis informierten, hat entschieden,
Genossen Gräfe für seine vorbildliche Handlungsweise sofort
zum Leutnant zu befördern.

Wir bitten Dich, die dazu erforderlichen Maßnahmen einzuleiten
und in würdiger Form die Ernennung zum Offizier durchführen
zu lassen.

Informiere uns bitte über die Durchführung.

                              Mit sozialistischem Gruß
                              [Unterschrift]
                              Borning

REGIERUNG
DER DEUTSCHEN DEMOKRATISCHEN REPUBLIK
MINISTERIUM FÜR NATIONALE VERTEIDIGUNG
Der Minister

Berlin, den 27. 4. 1967
A-61/67

Mitglied des Politbüros des Zen-
tralkomitees der Sozialistischen
Einheitspartei Deutschlands
Genossen Erich   H o n e c k e r

Werter Genosse Honecker!

Entsprechend Deines Hinweises habe ich die Möglichkeit der
Beförderung des Genossen Unteroffizier Harald   G r ä f e ,
stellvertretender Zugführer in der Grenzkompanie Dippach, der
unter Anwendung der Schußwaffe die Fahnenflucht des Grenzpostens
Kleesattel verhindert hat, geprüft und den Genossen Unteroffizier
H. Gräfe in Anwesenheit leitender Offiziere unserer Armee am Mittwoch, dem 26. 4. 1967, in Strausberg empfangen.

Bei dieser Gelegenheit wurde Genosse Unteroffizier Gräfe in der
bei uns üblichen Form zum ersten Offiziersdienstgrad - Unterleutnant -
ernannt. Genosse Unterleutnant H. Gräfe ist im Zivilberuf Maurer mit
einer 8-Klassenschulbildung und Mitglied der Freien Deutschen Jugend.
Sein Vater ist Kraftfahrer, seine Mutter Hausfrau. Beide sind partei-
los. Unterleutnant Gräfe hat in der Vergangenheit nicht nur bei diesem Vorkommnis eine ausgezeichnete Haltung zu unserem Staat und zur
Politik unserer Partei gezeigt. Er ist ein vorbildlicher Soldat und
stellvertretender FDJ-Sekretär der FDJ-Gruppe seiner Kompanie. Seine
Zukunftspläne sehen nach Beendigung seiner 3-jährigen Dienstpflicht
(d. h. in 2 Jahren) seine berufliche Qualifizierung auf dem Gebiet
des Bauwesens vor. Eine Weiterverpflichtung in der Armee hat er bisher nicht erwogen, hauptsächlich aus familiären Gründen.

- 2 -

216

Dem Chef der Grenztruppen, Generalmajor Peter, habe ich befohlen, den Unterleutnant Gräfe sofort zu einem Sonderlehrgang zur Erlangung der mittleren Reife zu kommandieren. Anschließend soll Genosse Unterleutnant Gräfe als Zugführer eingesetzt werden. Weitere Qualifizierungsmaßnahmen werden dann festgelegt werden. Sollte Genosse Unterleutnant Gräfe sich für die Offizierslaufbahn entscheiden, werden wir ihn zu einem Sonderkurs auf unsere Offiziersschule delegieren.

Mit sozialistischem Gruß

H o f f m a n n
Armeegeneral

Erich Tesch (geboren 20.7.1902), gestorben 10.10.1967

Werter Genosse Honecker!

Am 10. Oktober 1967, gegen 10.25 Uhr, versuchten 2 männliche
Personen im Abschnitt der Grenzkompanie Morsleben / Grenzregiment
Oschersleben unsere Staatsgrenze aus Richtung Westdeutschland
zur Deutschen Demokratischen Republik zu durchbrechen.
Der Grenzverletzer

           T e s c h ,   Erich, geb. 20.07.1902,
           wohnhaft in Köln,
wurde beim Durchschreiten der Minensperre durch eine Mine verletzt
und zog sich schwere Körperverletzungen zu. Nach seiner Bergung
gegen 11.35 Uhr wurde er in das Kreiskrankenhaus Haldensleben
überführt, wo er gegen 20.30 Uhr an den Folgen seiner Verletzungen
verstarb.
Der zweite Grenzverletzer, der die Minensperre noch nicht betreten hatte, zog sich daraufhin in das westliche Hinterland
zurück.
Es ist damit zu rechnen, daß die Westpresse dieses Vorkommnis
zur Verleumdung unserer Republik ausnutzt.

                        Mit sozialistischem Gruß

                        i.V. Wansierski

218

Unteroffizier Wirth, gestorben 3. 4. 1969

Ministerium für Nationale Verteidigung, Operativer Diensthabender.
Tagesmeldung Nr. 03/IV/69.

Geheime Verschlußsache!

[...]

Am 03. 04. 1969, gegen 18.30 Uhr, gerieten die Posten Ufw.
W e t z e l und Uffz. W i r t h, während des Grenzdienstes
im Abschnitt der 9. GK, in Streit mit Tätlichkeiten des Ufw.
Wetzel. Uffz. Wirth schoß in dieser Auseinandersetzung einen
Warnschuß, worauf Ufw. Wetzel sofort gezieltes Feuer eröffnete
und Uffz. Wirth, während des Feuerwechsels tödlich verletzte.
Ufw. Wetzel fügte sich vorsätzlich eine Schußverletzung an der
linken Hand zu, um eine Verhinderte Fahnenflucht vorzutäuschen.
Gegen Ufw. Wetzel wurde ein E-Verfahren eingeleitet und die
U-Haft beantragt. Die weitere Untersuchung führt MfS. Der Tatort
befindet sich ca. 500m von der Staatsgrenze entfernt.

[...]

Peter Eck, gestorben April 1968

Er wurde von einer explodierenden Mine auf der Flucht bei Oberweid
tödlich verletzt.

Unbekannte Person, gestorben 27. 7. 1969

Der Flüchtling wurde von einer explodierenden Mine tödlich verletzt.

Uwe Preußner (geboren 9.1. 1950), gestorben 6.8. 1969

Ministerium für Nationale Verteidigung, Operativer Diensthabender.
Tagesmeldung Nr. 06/VIII/69.

Geheime Verschlußsache!

[...]

1. Verhinderte Fahnenflucht   GR-9/11.GBr.

Am 06.08.1969, gegen 13.43 Uhr, versuchte der Soldat P r e u ß e,
Angehöriger der 11.Pi-Kp., während der Durchführung von Pi-Arbeiten
im Abschnitt der 4.GK/GR-9 nach WD fahnenflüchtig zu werden.
Unter Anwendung der Schußwaffe wurde die Fahnenflucht verhindert.
Soldat P r e u ß e wurde mit Schußwunden am Kopf, 10 m auf westlichem Gebiet durch die eingesetzten Sicherungskräfte geborgen
und in das Kreiskrankenhaus HILDBURGHAUSEN eingeliefert. Er verstarb
an den Folgen der Verletzungen am 06.08.1969, gegen 16.15 Uhr.
Auf westl. Gebiet waren zur Tatzeit zwei Zivilpersonen ca. 50 m
und BGS-Streifen ca. 150 m vom Tatort entfernt. Der Gegner konnte
die Handlungen beobachten. Die Pi-Arbeiten wurden abgebrochen und
in diesem Abschnitt zur verstärkten Grenzsicherung übergegangen.
Untersuchung führen Stabschef 11.GBr, Kdr. GR-9, MSTA und Vertreter
der Bezirksdienststelle MfS.

[...]

Minister
für Nationale Verteidigung

– Armeegeneral H o f f m a n n –

Genosse Minister !

Ich melde Ihnen:

Die Fahnenflucht und tödliche Verletzung des Pioniers
P r e u ß n e r, Uwe wurde durch eine Kommission unter
Leitung des Stabschefs der 11. Grenzbrigade, Oberst
R i c h t e r, untersucht und dabei ermittelt:

Am 06.08.1969, 13.43 Uhr, versuchte der Pionier

P r e u ß n e r, Uwe
11. Pionierkompanie

während der Pionierarbeiten am Sperrensystem der Grenzkompanie MENDHAUSEN/Grenzregiment HILDBURGHAUSEN,
fahnenflüchtig zu werden.

P. war eingesetzt mit der Aufgabe, den Draht der alten
Sperre abzuschlagen und abzulegen.

Die Ablage erfolgte 5 m freundwärts des ausgelegten
Trassierbandes in 25 m Entfernung von der Staatsgrenze.
Die Ablage des Drahtes ausnutzend, entfernte sich P.
im Laufschritt in Richtung Staatsgrenze.
Beim Überschreiten der Sicherungslinie (Trassierband)
gab der Sicherungsposten, Gefreiter ~~████████~~ *Förster*,
Hluz Gefreiter ~~████████~~ nach Nichtbeachten der Auf-
forderung stehenzubleiben, 3 Warnschüsse ab.

Preußner flüchtete weiter in Richtung Staatsgrenze und
überschritt diese. 5 m auf westlichem Territorium
ging P. in Deckung und versuchte gleitend, parallel
zur Staatsgrenze ein angrenzendes Getreidefeld zu
erreichen. Es gelang ihm, sich 22 m auf gegnerischem
Territorium, in einer Tiefe von 10 m parallel zur
Staatsgrenze, zu bewegen.
Huck
Durch den Sicherungsposten und den Polit-Stellvertreter
der 11. Pionierkompanie, Hauptmann ~~████████~~ wurde auf
den Flüchtenden längs der Grenze gezieltes Feuer geführt,
wobei P. verletzt wurde und liegenblieb.
Insgesamt wurden 11 Schuß aus der MPi und 4 Schuß aus
der Pistole abgegeben.
Eckert *Huck*
Oberleutnant ~~████████~~ Offizier für Sperren,
11. Pionierkompanie und Hauptmann ~~████████~~ überschritten
auf kürzestem Weg die Staatsgrenze und brachten P.
auf das Territorium der DDR zurück.
Erhardt
Der sich in unmittelbarer Nähe befindliche Regimentsarzt,
Leutnant ~~████████~~, leistete Erste Hilfe und
organisierte den sofortigen Abtransport des P. in das
Kreiskrankenhaus Hildburghausen.
Am 06.08.1969, 16.45 Uhr, verstarb P. an den Folgen der
Kopfverletzung.

Durch das entschlossene Handeln der Offiziere der
11. Pionierkompanie und der zur Sicherung der Pionierarbeiten eingesetzten Kräfte, konnten die im
gegenüberliegenden Abschnitt in 200 m Entfernung vom
Ort der Handlung eingesetzten Kräfte des BGS keine
aktiven Handlungen zur Verhinderung der Bergung des
Preußner durchführen.

Zur Zeit des Vorkommnisses hielten sich 2 Zivilpersonen
in ca. 50 m Entfernung vom Handlungsort auf, die durch
das Feuer nicht gefährdet wurden.

Im weiteren Verlauf erfolgte ein verstärkter Einsatz
von BGS mit Kfz. und Hubschrauber, des ZGD, der BGP,
Kräften der US.-Armee und Zivilpersonen.

Genosse Minister !

Entsprechend der telefonischen Rücksprache am 08.08.1969
gestatte ich mir, Ihnen den Entwurf eines Befehls
vorzulegen.

i.V. Baumgarten
Oberst

Hans-Dieter Genau (geb. 15. 3. 1951), gestorben 24. 8. 1969

Ministerium für Nationale Verteidigung, Operativer Diensthabender.
Tagesmeldung Nr. 21/VIII/69.

[...]

Festnahme mit Schußwaffenanwendung   GR-1/9. GBr.

Am 24. 08. 69, gegen 22.20 Uhr, versuchten die Jugendlichen
S c h o t t und G e n a u (beide 18 Jahre), wohnhaft in
TREFFURT, im Abschnitt der 5. GK, die Staatsgrenze der DDR
schwimmend in der Werra zu durchbrechen. Der Aufforderung
der Grenzposten an das Nordufer zu schwimmen, auch nach
Abgabe von Warnschüssen, wurde nicht Folge geleistet. Nach
Abgabe von gezielten Schüssen wurde der Jugendliche Schott
festgenommen. Der Jugendliche Genau ist vermutlich durch
Schüsse tödlich verletzt und in der Werra ertrunken. Such-
und Sicherungsmaßnahmen wurden eingeleitet.

[...]

Unbekannte Person, gestorben 13. 9. 1969

Der Flüchtling wurde im Raum Hildebrandtshausen erschossen.

Uffz. Schüler Hauck, gestorben 5. 2. 1970

Er wurde beim Versuch, in die Bundesrepublik zu fliehen, erschossen.

Seine Leiche lag zwei Tage lang für jedermann sichtbar auf dem Kasernenhof.

Nationale Volksarmee, Kommando der Grenztruppen.

Bericht vom 18.2. 1971.

Geheime Verschlußsache!

Werter Genosse Minister!

Ich melde:

Am 17.02.1971, gegen 19.10 Uhr, versuchte nach erfolgter Überschreitung der Staatsgrenze in Richtung Deutsche Demokratische Republik im Abschnitt der Grenzkompanie WIESENFELD – GEISA, Grenzregiment DERMBACH der

M ö l l e r , Frank aus Westdeutschland
(1970 im gleichen Abschnitt republikflüchtig)

sich der Festnahme durch die Grenzposten zu entziehen.

Der Grenzverletzer, der sich auf ca. 60 m den Grenzposten genähert hatte, eröffnete nach Anruf des Postens auf diesen aus einer Kleinkaliberpistole das Feuer.

Der Grenzposten Soldat G r a n e r , Wolfgang und
Soldat H e l m , Klaus

beide im zweiten Diensthalbjahr, brachten die Schußwaffe zur Anwendung, um den Grenzverletzer zu stellen. Dabei wurde der Grenzverletzer durch drei Geschosse schwer verletzt.

Nach Leistung der Ersten Hilfe erfolgte der Abtransport des Schwerverletzten zum Krankenhaus GEISA. Auf dem Transport verstarb er an seinen Verletzungen durch innere Verblutung.

Der Kommandeur des Grenzkommandos Süd, in dessen Verantwortlichkeit das Vorkommnis untersucht wird, wurde von mir beauftragt, den Grenzposten für sein entschlossenes und pflichtbewußtes Verhalten auszuzeichnen und dieses Vorkommnis in seinem Verband auszuwerten.

Peter
Generalleutnant

Gerhard Rettinger (geb. 19.7.1934), gestorben 13.2.1971

SED
HAUSMITTEILUNG

An Genossen E. Honecker	von Abteilung für Sicherheitsfragen	Diktatzeichen Bau/Ko.	Datum 15.2.71	Erledigungs-vermerk
			Telefon Nr.	
Betr.				

Werter Genosse Honecker!

Durch das Kommando der Grenztruppen wird uns folgendes mitgeteilt:

Am 13. 2. 1971, gegen 03.02 Uhr, erfolgte im Grenzabschnitt Bad Salzungen eine Minendetonation ca. 1 000 m südlich von Motzlar.
Nach eingeleiteten Maßnahmen wurde gegen 04.15 Uhr der Bürger R e t t i n g e r , Gerhard, geboren am 19. 7. 1934, wohnhaft in Arnstadt, aus der Minensperre geborgen.
Dem Bürger Rettinger wurden beide Füße bis zum Knöchel abgerissen. Er wurde in das Krankenhaus in Vacha eingeliefert.
R. hatte versucht, die Staatsgrenze der DDR in Richtung Westdeutschland zu durchbrechen.
In seiner Begleitung befand sich vermutlich noch der Bürger S a c h s , Siegfried, geboren am 2. 12. 1940.
S. war Angehöriger der Grenztruppen von 1959 bis 1961 und versah seinen Dienst in einem Grenzabschnitt der Grenzkompanie Walkes. Entsprechende Such- und Fahndungsmaßnahmen wurden am 13. und 14. 2. 1971 durchgeführt, sie verliefen jedoch bis zu diesem Zeitpunkt ohne Erfolg.

Die Bergungsmaßnahmen des Rettinger wurden von westdeutscher Seite nicht beobachtet.

Mit sozialistischem Gruß

Wansierski

225

Bernhard Sperrlich (geboren 1952), gestorben 24. 3. 1971

Ministerium für Nationale Verteidigung, Operativer Diensthabender.
Tagesmeldung Nr. 12/III/71.

Geheime Verschlußsache!

[...]

Versuchter Grenzdurchbruch mit Todesfolge   GR-15/GKdo. Süd

Am 24.03. 71, gegen 17.00 Uhr, stellten die Grenzposten, im Abschnitt der
3. GK, drei Jugendliche, die die Staatsgrenze DDR-WD zu durchbrechen versuchten, fest. Bei der Festnahme wurde ein Jugendlicher flüchtig. Nach Anwendung der Schußwaffe wurde er, verletzt (Bauchschuß), festgenommen.
Die erste Hilfe wurde geleistet. Auf dem Transport zum Kreiskrankenhaus
GRÄFENTHAL erlag der 19jährige Sperrlich aus JENA seinen Verletzungen. Die Untersuchung wird vom Kdr. GR-15 geleitet.
[...]

Karl-Heinz Fischer, (geb. 14. 6. 1934), gestorben 28. 3. 1971

Nationale Volksarmee, Kommando der Grenztruppen.
Tagesmeldung Nr. 075/71.

Geheime Verschlußsache!

[...]

```
b) Grenzdurchbrüche              von DDR        nach DDR

   Staatsgrenze West               1/1              -

   GR Hildburghausen        GB Römhild        GK Behrungen

   Am 28.03.1971, vermutlich in der Zeit von 22.30 Uhr bis
   23.00 Uhr, Grenzdurchbruch DDR - WD durch

                 F i s c h e r, Karl-Heinz
                 geb. 14.06.1934
                 wohnhaft: Meiningen, Spitalweg 6
                 verheiratet, 2 Kinder
   Durchbruchstelle: ca. 750 m südlich der Straße Behrungen -
                     Sondheim

   Annäherung:      Feldweg Behrungen - Sondheim
```

Sperre: Die kombinierte Draht- Minensperre wurde durch-
           brochen.

Handlungen des Grenzposten/GK:

           Am 28.03.1971, gegen 22.30 Uhr, wurde im Abschnitt
           der Straße Behrungen - Sondheim der Grenzsignalzaun
           ausgelöst. Gegen 22.38 Uhr erfolgte im gleichen Ab-
           schnitt eine Minendetonation. Bei den sofort einge-
           leiteten Maßnahmen der Überprüfung der Ursachen
           wurde keine Grenzverletzung festgestellt.
           Am 29.03.1971, gegen 08.20 Uhr, wurde durch die 6-n-
           Kontrollstreife der Grenzdurchbruch sowie Blutspuren
           in der Minensperre festgestellt. Gegen 10.30 Uhr
           begannen Angehörige der BGP mit der Suche im west-
           lichen Vorfeld und fanden gegen 11.17 Uhr eine männ-
           liche Person ca. 500 m südostwärts der Ortschaft
           Sondheim (Entfernung zur Staatsgrenze ca. 800 m).
           Gegen 12.20 Uhr traf am Fundort ein VW - Kombi mit
           einem Sarg ein. Gegen 14.05 Uhr erfolgte der Ab-
           transport in Richtung Sondheim.
           Diese Handlungen lassen darauf schließen, daß der
           Grenzverletzer an den Folgen seiner Verletzungen
           verstorben ist.

Untersuchung: Stabschef BR

Unbekannte Person, gestorben 29.3. 1971

Der Flüchtling wurde von einer explodierenden Mine getötet.

Unbekannte Person, gestorben Mai 1971

Der Flüchtling wurde in der Nähe von Probstzella erschossen.

Klaus Seifert, gestorben 9.4. 1971

Im Grenzabschnitt Schwickershausen lief der Flüchtling auf eine Mine, die explodierte. Schwerverletzt schleppte er sich auf das Gebiet der Bundesrepublik. In einem westdeutschen Krankenhaus erlag er den Verletzungen.

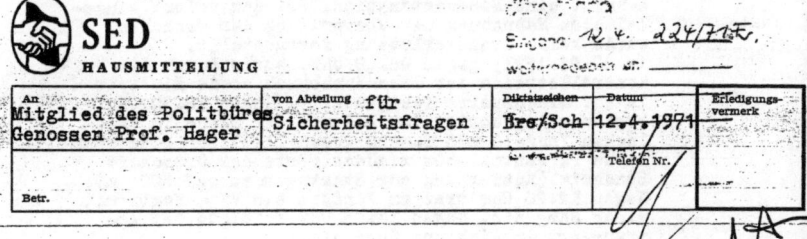

SED
HAUSMITTEILUNG

An Mitglied des Politbüros Genossen Prof. Hager	von Abteilung für Sicherheitsfragen	Diktatzeichen Bre/Sch	Datum 12.4.1971	Erledigungs- vermerk
			Telefon Nr.	
Betr.				

Werter Genosse Prof. Hager!

Am 9. April 1971, gegen 05.05. Uhr, erfolgte im Abschnitt der Grenzkompanie Behrungen, Grenzregiment Hildburghausen, ein Grenzdurchbruch mit schwerer Körperverletzung durch Minendetonation nach der BRD.
Der DDR-Bürger   S e i f e r t , Klaus
                                    geb. 1953
                                    wohnhaft Bibra, Kreis Meiningen

bereitete den Grenzdurchbruch langfristig vor und wurde durch zwei weitere Jugendliche aus dem gleichen Ort begleitet.
Die Minensperre wurde mittels eines Ankers mit Leine überklettert und das Minenfeld durchlaufen, wobei eine Mine zur Detonation gebracht wurde. Dem Grenzverletzer wurde vermutlich der linke Fuß abgerissen. Trotzdem gelang es ihm, den feindwärtigen Signalzaun zu überwinden und in die BRD zu gelangen.
Die Jugendlichen Fehringer und Franke wurden am 9. April 1971, gegen 05.30 Uhr, durch den Abschnittsbevollmächtigten von Nordheim festgenommen.
Die Presse der BRD und Westberlins hat dieses Vorkommnis am 10. April 1971 entsprechend kommentiert.

Durch den Chef der Grenztruppen wurden entsprechende Maßnahmen veranlaßt, um weitere Vorkommnisse und Provokationen in diesem Abschnitt zu verhindern.

Mit sozialistischem Gruß

Borning

Wolfgang Graner (geboren 17.9.51), gestorben 31.5.1971

Der Gefreite der Grenztruppen wurde drei Monate zuvor »für sein entschlossenes und pflichtbewußtes Verhalten« ausgezeichnet, nachdem er den Flüchtling Frank Möller erschossen hatte.

Nationale Volksarmee, Kommando der Grenztruppen.
Tagesmeldung Nr. 126/71.

Geheime Verschlußsache!

[...]

IV. Vorkommnisse in den eigenen Einheiten

GR Dermbach   GB Geisa   5.GK Geisa

Am 31.05.71, gegen 01,30 Uhr, Verhinderung einer Fahnenflucht
vom Grenzdienst durch Anwendung der Schußwaffe mit tötlichem
Ausgang, gegen den Gefr. Graner. In der Zeit von 21,00 - 05,0
Uhr waren im Abschnitt der Straße Wiesenfeld - Setzelbach 200
NO der GS Nr. 1730 als Grenzstreife eingesetzt.

     Postenführer, Gefreiter
     G r a n e r , Wolfgang
     geb. 17.09.51
     Wohnort: Radebeul Il, Altkötschenbroda 36
     NVA seit: I./1970
     Organisiert: FDJ
     Belobigungen: 6
     Bestrafungen: keine

     Posten, Gefreiter
     C ä s a r , Eberhard
     geb. 15.11.47
     Wohnort: Berlin/Karlshorst, Hermann-Dunker-Str.91
     NVA seit: I/1970
     Organisiert: FDJ
     Belobigungen : keine
     Bestrafungen : keine

Gegen 01,30 Uhr, hörte der Nachbarposten Postenführer
Gefreiter Lehmann aus der genannten Richtung einen Feuerstoß aus der MPi und meldete es dem Führungspunkt der GK.
Die eingesetzten Kräfte unter Leitung des Leutnant Franke
stellten am Tatort folgende Lage fest.
Der Postenführer Gefr. Graner lag von mehreren Schüssen
getroffen auf dem 6 m KS.
Der Posten Gefr. Cäsar meldete: Der Postenführer wollte
fahnenflüchtig werden und er hat gegen ihn die Schußwaffe
angewandt.
Die sofort eingeleiteten Maßnahmen zum Abtransport des
Verletzten blieben erfolglos, der Verletzte verstarb auf
dem Wege zum Krankenhaus Geisa.

Die Untersuchung wird durch eine Spezialkommission der
BV/MfS Suhl geführt.
Zur Auswertung des Vorkommnisses wurden durch den
Kommandeur des GKdo. Süd weitere Maßnahmen befohlen.

          Gruhn
          Major

Gespräch mit dem ehemaligen Grenzsoldaten Eberhard Cäzor

Eberhard Cäzor hat als Grenzsoldat am 31. Mai 1971 seinen Postenführer Wolfgang Graner an der Grenze bei Geisa in Notwehr erschossen. Cäzor, von Beruf KFZ-Schlosser, arbeitet heute bei den Berliner Verkehrsbetrieben.

Können Sie sich an ein besonderes Vorkommnis im Jahre 1971 erinnern?

Natürlich kann ich mich daran erinnern.

Wie ist es denn passiert, war es in der Nacht?

Natürlich war es in der Nacht.

Das war der Postenführer, der fliehen wollte?

Ich weiß nicht, ob er fliehen wollte. Das kann ich nicht sagen. Wir haben uns immer gut verstanden, davon abgesehen. Wir sind auch meistens immer zusammen draußen gewesen. Wir haben uns unterhalten, ein paar Späßchen gemacht... – all solche Dinge, die verboten waren. Und um auf den Vorfall zu kommen: wir sind beide an der Grenze entlang gelaufen. Ich bekam Schwierigkeiten mit meinen Stiefeln, und ich habe gesagt, warte mal, ich muß das mal richten. Ich habe mich also in den Graben gesetzt, etwa zwanzig Meter von ihm entfernt, und habe die Stiefel ausgezogen. Und als ich in dem Graben saß, wurde ich beschossen.

Von Ihrem Postenführer?

Ja, das hat man mir im nachhinein gesagt. Also ich wurde beschossen und habe dann zurückgefeuert. Ich lasse mich doch nicht umlegen. Ob er nun abhauen wollte oder nicht, das weiß ich nicht. Wir haben vom Abhauen eigentlich nie gesprochen.

Hat er mit seiner Waffe geschossen?

Ja, es wurde bei der Vernehmung gesagt, daß aus seiner Waffe geschossen wurde.

Und dann haben Sie sich geduckt und zurückgeschossen?

Ja, ich war ja schon in dem Graben drin und habe zurückgeschossen. Auch mit der Kalaschnikow und auch Dauerfeuer.

Und ganz gezielt?

In die Richtung, wo die Schüsse herkamen. Es war ja dunkel. Ich hatte bloß aus meinen Augenwinkeln heraus das Feuern gesehen und die Dinger über mir pfeifen gehört. Ich wußte in dem Moment wirklich nicht, was los war.

Wie schnell hat man eigentlich den Finger am Abzug gehabt?

Wir hatten meistens eine Waffe umgehängt, und das ging dann ziemlich schnell.

Das muß doch eine Streßsituation sein?

Ja, sicher, weil es oft fraglich war, auf was gezielt wurde. Und dazu kam die Reflexhandlung, das Feuer zu erwidern. Ich weiß jedoch nicht, wie es wäre, wenn jemand unbewaffnet am Zaun entlang gerannt wäre.

Hätten Sie dann danebengeschossen?

Höchstwahrscheinlich ja, oder gar nicht.

Aber Sie hätten dann Ihren Kampfauftrag nicht erfüllt?

Doch, ich hätte ihn erfüllt. Wenn ich nicht treffe, dafür kann ich doch nichts.

Hätten Sie auch bei Wolfgang Graner danebenschießen können? Würden Sie es heute tun?

Natürlich. Aber es kommt auf die Reflexhandlungen in der Situation an und wie man aus Angst reagiert. Ich hatte damals überhaupt keine Zeit, nachzudenken. Ich habe das Ding genommen und einfach zurück-geschossen.

Was war Wolfgang Graner für ein Mensch?

Ich muß sagen, daß er sehr kollegial war, und ich habe mich eben gut mit ihm verstanden. Wir hatten eigentlich ein gutes Vertrauensverhältnis. Aber er hatte nie eine Andeutung gemacht, daß er fliehen wollte.

Wußten Sie, daß Wolfgang Graner schon einmal ausgezeichnet worden war, weil er einen Flüchtling erschossen hatte?

Nein, das wußte ich nicht. Davon hat er nie erzählt.

Was passierte, als Ihre Kameraden kamen?

Nein, meine Kameraden kamen nicht, denn in einem solchen Fall kam die sogenannte Einsatztruppe vom Regiment.

War Graner sofort tot? Hat er geschrien?

Nein, ich habe nichts gehört. Ich war völlig kopflos. Ich weiß nicht mehr, wie viele Schüsse ich abgegeben hatte. Vielleicht habe ich auch ein Magazin gewechselt – ich weiß es nicht mehr. Ich habe dann plötzlich aufgehört zu schießen.

Und dann kam die Einsatztruppe vom Regiment?

Ja, ich war völlig fertig. Ich wußte nicht, daß Graner tot ist; ich war nicht mehr zu der Stelle gegangen. Ich weiß auch nicht mehr, ob sie mich auf einen LKW gesetzt haben. Wir sind ins Regiment gefahren. Ich wurde in ein Zimmer gebracht, da war der...

Staatssicherheitsdienst?

Ja, und denen habe ich dann praktisch das gleiche wie jetzt erzählt. Mehr Details können nicht dabeigewesen sein, denn so etwas vergißt man nicht. Dann wurde mir mitgeteilt, daß mein Posten tot sei.

Was ging da durch Ihren Kopf?

Ich war mit den Nerven fertig. Es wurde mir gesagt, daß eine Untersuchungskommission rausgefahren ist, und daß aus seiner Waffe auf mich geschossen worden sei. Leichter wurde mir auf keinen Fall dabei, egal wie die Umstände aussahen. Sie haben mich dann wieder ins Regiment gebracht und am Sonntag für acht Tage nach Hause geschickt, weil ich zu nichts zu gebrauchen war.

Konnten Sie mit jemandem darüber sprechen? Mit Ihren Eltern?

Meinem Vater habe ich es erzählt.

Wie hat er reagiert?

Wie soll er reagiert haben? Er hat gesagt, was hast du denn da gemacht, und ich sagte, daß es sich aufgeklärt hätte, daß ich nur indirekt schuld sei.

Was passierte nach den acht Tagen?

Nach den acht Tagen kam ich zurück zum Regiment und wurde sofort nach Berlin in die Werkstatt versetzt. Ich bin dann in der Werkstatt geblieben.

Haben die Kameraden an der Grenze das alles erfahren? Wurde darüber gesprochen?

Kann ich nicht sagen. Ich bin von dort ja gleich weggekommen.

Wurden Sie von Ihren Vorgesetzten gelobt? Bekamen Sie eine Auszeichnung oder wurden Sie befördert?

Nein, befördert wurde ich nicht. Ich habe dann später in Berlin vom Minister für Nationale Verteidigung die Verdienstmedaille bekommen, das war alles. Keine Beförderung, nichts.

Die Medaille, weil Sie Wolfgang Graner erschossen haben, der möglicherweise fahnenflüchtig wurde?

Das mit der Fahnenflucht wurde ja so ausgelegt. Wir beide haben darüber keine Silbe verloren, auch keine Andeutung. Mit einem anderen Kameraden konnte man ja mal prüfen, wie er dazu steht. Aber mit ihm nicht – über Hinz und Kunz haben wir gesprochen, über allen Blödsinn; wir sind auch zusammen in die Kneipe gegangen.

Würden Sie mit dem Vater von Wolfgang Graner sprechen?

Wenn es sein muß, ja.

Was würden Sie ihm sagen?

Ich kann das nicht wiedergutmachen. Ich mag mich nicht hinstellen mit den Worten »Tut mir leid!« Natürlich tut es einem leid, aber auf eine andere Art.

Welche Art?

Sagen wir mal, in der Seele tut es einem leid. Ich weiß nicht, wie ich das ausdrücken sollte.

Denken Sie noch oft an die Ereignisse? Wie werden Sie damit fertig?

Ich denke sehr oft daran, und es belastet mich. Es kommt manchmal im Traum, manchmal ganz plötzlich. Ich kann es nicht vergessen. Zwanzig Jahre sind es jetzt her, und es hat sich für mich nicht erledigt. Für mich ist es erst dann erledigt, wenn ich selber tot bin, das sage ich ganz ehrlich.

Was sagen Sie denjenigen, die Sie als Mörder bezeichnen?

Ich betrachte mich nicht so direkt als Mörder. Ich meine, so wie man es mir erläutert hat, habe ich in Notwehr gehandelt.

Strafrechtlich werden Sie unter Umständen wegen Totschlags vor Gericht kommen. Wie denken Sie darüber?

Wenn es sein muß, muß es sein.

Haben Sie Angst vor einer Bestrafung?

Natürlich, Angst vor einer Bestrafung hat jeder.

Ohne die Wende wäre Ihre Tat nie veröffentlicht. Bedauern Sie die politische Wende in Deutschland?

Nein.

Wer hat den Schießbefehl gegeben?

Der kam von oben – vom Zentralkomitee.

Waren Sie SED-Mitglied?

Natürlich. Ich war lange Zeit echt überzeugt. Aber es hat sich etwas gewandelt, nachdem man alles gehört hat, was man mit uns gemacht hat.

War der Dienst an der Grenze ein Kampfauftrag der Partei?

Ja. Als ich jung war, war ich auch überzeugt, daß alles richtig ist, was wir machen.

Nochmals zurück in das Jahr 1971. Für Ihre Vorgesetzten haben Sie ja richtig gehandelt?

Das kann ich nicht beurteilen. Es war wohl im Sinne der Vorgesetzten richtig, im Sinne des Systems überhaupt.

Haben Sie noch einmal die Schußwaffe benutzt?

Nein, nie wieder. Ich hatte die Schnauze voll. Ich war froh, daß ich in Berlin in der Werkstatt war.

Wen klagen Sie heute an?

Die, die uns das alles eingeredet haben. Wir sind doch von Anfang an so erzogen worden. Wir kannten doch nichts anderes.

Was werden Sie dem Richter sagen, der Sie wegen Totschlags verurteilt?

Ich werde die Strafe annehmen.

Fühlen Sie sich schuldig?

Wie gesagt, im Sinne der Notwehr, ja.

Sie haben in Notwehr gehandelt und fühlen sich gleichzeitig schuldig?

Ja, natürlich. Es wäre skrupellos, sich nicht schuldig zu fühlen. Wenn man jemandem Leid zufügt, fühlt man sich automatisch schuldig, auch wenn man in Notwehr gehandelt hat.

Haben Sie einen Wunsch?

Ja, mein Wunsch wäre, eines Tages damit fertig zu werden. Und natürlich wünsche ich mir, nicht in den Knast gehen zu müssen.

Hans-Erich Masur (geb. 14.3.1924), gestorben 22.6.1971

Nationale Volksarmee, Kommando der Grenztruppen.
Tagesmeldung Nr. 145/71.

[...]

GR Blankenburg   GB Ilsenburg   GK Abbenrode

Am 22.06.1971 um 18.28 Uhr Festnahme eines Grenzverletzers BRD-DDR unter Anwendung der Schußwaffe mit tödlichem Ausgang. Grenzposten Postenführer Gefr. Bormann, Wilfried, NVA seit 1970
Posten Sold. Naumann, Wolfgang, NVA seit II./70
Grenzverletzer Masur, Hans-Erich, geb. am 14.03.1924 in Königsthal, Kr. Johannisburg/Ostpr., wohnhaft: Vorsfelde BRD, Laubenweg 6
Am 22.06.1971 wurde in der Zeit von 18.00–18.28 Uhr die Staatsgrenze an der Grenzsäule 923 aus Richtung BRD-DDR überschritten. Die Minensperre wurde überwunden.
Gegen 18.28 Uhr wurde der Grenzverletzer durch den im Abschnitt eingesetzten Grenzposten ca. 3250 m nordostwärts der Straße Lochtum/Abbenrode unter Abgabe eines Warnschusses festgenommen. Zur Tarnung der Durchsuchung wurde der Grenzverletzer zu einem gedeckten Geländeabschnitt etwa 50 m südl. des Festnahmeortes eskortiert.
Während der Durchsuchung setzte sich der Grenzverletzer zur Wehr und stieß den durchsuchenden Posten zur Erde. Dabei gab dieser im Fallen einen Warnschuß (kurzer Feuerstoß mit zwei Schuß) ab. Der Grenzverletzer erhob sich plötzlich und griff den sichernden Postenführer an. Dieser gab sofort einen gezielten Feuerstoß mit vier Schuß aus einer Entfernung von ca. 2 m ab und traf den Grenzverletzer tödlich.
Während der Festnahme wurde der Grenzverletzer ordnungsgemäß über das Verhalten bei der Eskortierung belehrt.
Die Festnahme wurde wahrscheinlich durch einen ZGB-Angehörigen aus einer Entfernung von 300–400 m beobachtet.
Die Handlungen am Durchsuchungsort konnten vom Territorium der BRD nicht eingesehen werden.
Die Untersuchung erfolgte durch eine Gruppe von Offizieren unter Leitung des Stabschefs der GR Blankenburg.
Maßnahmen:
1. Sicherung des Tatortes und Ablösung des Grenzpostens durch einen Offizierposten.
2. Verstärkte Sicherung des Raumes der Handlungen.
3. Überführung des Toten zur Medizinischen Klinik Magdeburg.

GR Groß Glienicke   5. GK Groß Glienicke

Am 22.06.1971 gegen 20.38 Uhr Festnahme wegen versuchten Grenzdurchbruchs unter Anwendung der Schußwaffe ohne Verletzung.
Durch den eingesetzten Grenzposten wurde beobachet, wie eine männliche Person im Laufschritt auf den Sicherungsstreifen in Richtung Staatsgrenze bis Sperrmauer sich bewegte. Das eingesetzte Postenpaar eröffnete sofort das Feuer und verhinderte ein weiteres Vordringen dieser Person.
[...]

An Genossen E. Honecker	von Abteilung für Sicherheitsfragen	Diktatzeichen Bre/Sch	Datum 23.6.71	Erledigungsvermerk
			Telefon Nr.	

Betr.

Werter Genosse Honecker!

Am 22. Juni 1971 wurde im Abschnitt der Grenzkompanie Abbenrode
(Kreis Wernigerode) in der Zeit von 18.00 - 18.28 Uhr die Staatsgrenze
durch den Grenzverletzer

        Hans-Erich   M a s u r
        geb. 14.03.1924
        wohnhaft: Vorsfelde, BRD

durchbrochen.

Gegen 18.28 Uhr wurde der Grenzverletzer durch den im Abschnitt
eingesetzten Grenzposten unter Abgabe eines Warnschusses festgenommen. Zur Tarnung der Durchsuchung wurde der Grenzverletzer zu
einem gedeckten Geländeabschnitt etwa 50 m südlich des Festnahmeortes
eskortiert. Während der Durchsuchung setzte sich der Grenzverletzer
zur Wehr und stieß den durchsuchenden Posten zur Erde. Dabei gab
dieser im Fallen einen Warnschuß ab. Der Grenzverletzer erhob sich
plötzlich und griff den sichernden Postenführer an. Dieser gab
sofort einen gezielten Feuerstoß aus einer Entfernung von ca. 2 m
ab und traf den Grenzverletzer tödlich. Während der Festnahme wurde
der Grenzverletzer ordnungsgemäß über das Verhalten bei der Eskordierung belehrt.
Die Festnahme wurde wahrscheinlich durch einen Angehörigen des
Zollgrenzdienstes beobachtet.
Die Handlungen am Durchsuchungsort konnten vom Territorium der BRD
nicht eingesehen werden.
Die Untersuchung erfolgt durch eine Kommission des Grenzregimentes
Blankenburg.

                Mit sozialistischem Gruß

                Borning

Hauptmann Görtzen, gestorben 23.2.1972

SED-Hausmitteilung
An: Genossen Erich Honecker
Von: Abteilung für Sicherheitsfragen

24. Febr. 1972

Erledigungsvermerk Erich Honecker

Werter Genosse Honecker,

am 23. Februar 1972 gegen 21 Uhr 25 wurde im Abschnitt des Grenzregiments 24 eine Spur DDR/BRD gesichert. Gegen 0 Uhr 35 wurde in der dort befindlichen Minensperre die Leiche des Hauptmann Görtzen, Stellvertreter Polit der Nachrichten-Kompanie 23, gefunden und geborgen. Die bisherigen Untersuchungen ergaben, daß Hauptmann Görtzen am Vormittag des 23. Februar 1972 die Genehmigung erhalten hatte, sich auf Grund eines besonderen Vorkommnisses (unsittliche Handlungen an Unterfeldwebel Müller nach übermäßigem Alkoholgenuß) mit seiner Ehefrau auszusprechen. Görtzen suchte jedoch seine Frau nicht auf, sondern begab sich zu seinen Eltern nach Harpe, Kreis Osterburg, und danach zum Abschnitt des Grenzregimentes 24. Diesen Grenzabschnitt kannte Görtzen durch seine frühere Tätigkeit als Zugführer. Gegenwärtig ist eine Untersuchungskommission dabei, die näheren Umstände dieses Vorkommnisses zu ermitteln.

Wir bitten um Kenntnisnahme.
Mit sozialistischem Gruß
i. V. Wansierski

Heide Schabitz (geboren 19.1.1953), gestorben 7.4.1972

Nationale Volksarmee, Kommando der Grenztruppen.
Tagesmeldung Nr. 098/72.
[...]

Besondere Festnahme:
GR Gardelegen   GB Oebisfelde   7. GK Oebisfelde
Am 07.04.1972, gegen 22.30 Uhr, Festnahme von zwei
Jugendlichen aus dem Bezirk Magdeburg unter Anwendung
der Schußwaffe im Abschnitt Straße Oebisfelde-Büstedt.

    1. J a c h m i g e n, Gunar, geb. 1954
    2. S c h a b i t z,   Heidi, geb. 1957 (getötet)

Eine dritte Person, G r a h l, Siegfried, wurde flüchtig
und durchbrach die Staatsgrenze in Richtung BRD.
[...]

Hans-Leo Hoffmann (geb. 25.8. 1941), gest. 14.11. 1972

Ministerium für Nationale Verteidigung, Operativer Diensthabender.
Operative Tagesmeldung Nr. 13/XI/72.
[...]

Minendetonation   GR-4/GKdo.-Süd

Am 14. 11. 72, 20.07 Uhr, wurde beim Versuch des Grenzdurchbruchs
DDR - BRD, im Abschnitt der 7. GK, der Bürger H o f m a n n
(31 Jahre) aus TEISTUNGEN/WORBIS, durch Auslösen von 2 Minen,
Sperrentyp SM-70, schwer verletzt. Gegen 20.25 Uhr erfolgte die
Bergung und die Einlieferung in das Krankenhaus WORBIS.
H. verstarb gegen 21.20 Uhr an den Folgen der Verletzungen.
Während des versuchten Grenzdurchbruchs und der Bergung wurden
keine Handlungen auf BRD-Gebiet festgestellt. Erst ab 21.05 Uhr
wurde durch Personen mit Taschenlampen und Hunden der Abschnitt
abgesucht.

[...]

Hans Frank, gestorben 16.1. 1973

Minister für Nationale Verteidigung   17.01. 73
Erster Sekretär des ZK der SED
Leiter der Abteilung Sicherheitsfragen beim ZK der SED
Stellvertreter des Ministers und Chef des Hauptstabes

Ergänzend zum Grenzdurchbruch mit tödlichem Ausgang in dem mit der Minensperre SM-70 ausgebauten Abschnitt der 6. Grenzkompanie (BRIETZ),
Grenzregiment-24 (SALZWEDEL) am 16.01. 73 melde ich Ihnen:
Am 19.01. 73 gegen 11.20 Uhr näherten sich aus Richtung BLÜTLINGEN
(BRD) 10 PKW besetzt mit 10 Angehörigen des BRD-Zollgrenzdienstes und
14 Zivilpersonen der Staatsgrenze.
Die Kraftfahrzeuge wurden etwa 100 m von der Staatsgrenze entfernt
geparkt. Die Insassen näherten sich zu Fuß bis auf 10 m der Staatsgrenze
am Durchbruchsabschnitt und setzten dort ein Kreuz aus Birkenholz.
2 Angehörige des Zollgrenzdienstes nahmen seitlich des Kreuzes Aufstellung. Es folgte eine Kranzniederlegung und eine der anwesenden Zivilpersonen hielt eine Gedenkrede von ca. 5 Minuten Dauer. Nach einer Schweige-
minute fuhren die Versammelten gegen 11.35 Uhr in Richtung BLÜTLINGEN
zurück. Das gesamte Geschehen wurde durch eine Zivilperson fotografiert.
Der Abschnitt wird durch Grenzposten verstärkt gesichert, die Handlungen
wurden fotografisch dokumentiert.

Ich bitte um Kenntnisnahme

Peter
Generalleutnant

Fred Woitke (geboren 16. 10. 1949), gestorben 21. 4. 1973

Nationale Volksarmee, Kommando der Grenztruppen.
Tagesmeldung Nr. 112/73.
[...]

```
Gkdo. NORD                          GÜSt Marienborn
Am 21.04.73, gegen 01.15 Uhr, versuchter gewaltsamer Grenz-
durchbruch durch drei männliche Personen, unter Ausnutzung
eines gestohlenen LKW  W 50.
Durch schnelles Reagieren und entschlossenes Handeln der
Sicherungskräfte konnte der Durchbruch verhindert werden.
Die Fahrzeuginsassen, die nach Aufprall auf die Kfz.-Sperre
zu flüchten versuchten, wurden durch Anwendung der Schußwaffe
verletzt und festgenommen.
Die verletzten Personen wurden in das Krankenhaus Magdeburg
eingeliefert.
Durch das Auffahren auf die Kfz.-Sperre erlitt der
              W e i t k e , Fred
              geb. 16.10.1949
              wohnhaft: Eisenhüttenstadt, Thälmannstr. 189
tödliche Verletzungen.
Die Grenzübergangsstelle musste aufgrund des Vorkommnisses
in der Zeit von 01.15 bis 03.55 Uhr für den Verkehr gesperrt
werden.
Ein größerer Stau trat in diesem Zeitraum beiderseitig der
Grenzübergangsstelle nicht auf.
```

[...]

Laszlo Balogh (geboren 1951), gestorben 22. 6. 1973

Nationale Volksarmee, Kommando der Grenztruppen.
Tagesmeldung Nr. 174/73.
[...]

```
Am 22.06.1973, gegen 03.2o Uhr, Festnahme wegen versuchtem
Grenzdurchbruch DDR - BRD der Grenzverletzer
      B a l o c h , Lazlo (Ungarischer Staatsbürger) und
      B u n d e, Sieglinde (DDR-Bürgerin).

Beim Überwinden der PTA wurde durch die Bunde, S. eine Mine
ausgelöst, bei deren Detonation sie sich schwere Verletzungen
zuzog. Der Baloch, L. versuchte in Richtung BRD zu flüchten
und wurde durch die Anwendung der Schußwaffe tödlich verletzt.
Die Bergung der Grenzverletzer wurde 04.00 Uhr abgeschlossen.
Die Handlungen zur Bergung wurden vermutlich von 03.45 Uhr bis
04.00 Uhr durch 2 Angehörige des ZGD beobachtet.
Untersuchung: Stellv. d. Stabschefs f. op. Fragen des GKdos. SÜD
              und K-GR-15.
```

[...]

Nationale Volksarmee, Grenzkommando SÜD.
Untersuchungsbericht vom 23.6.1973.
[...]

I. Angaben zum Sachverhalt

Am 22.06.1973, gegen 03.18 Uhr erfolgte ca. 1200 m südwestlich
der Straße SPECHTSBRUNN, TETTAU eine Minendetonation, bei der
eine weibliche Person verletzt und gegen 03.22 Uhr durch Anwendung der Schußwaffe eine männliche Person tödlich verletzt
wurden.
Durch Einsatz des Bergetrupps der 10./GR-15 wurden die Grenzverletzer gegen 04.00 Uhr geborgen und um 04.10 Uhr in das
Krankenhaus GRÄFENTHAL, Kreis Neuhaus/Rwg eingeliefert.

Bei den Grenzverletzern handelt es sich um:

1. BALOGH, Laszlo
   geboren am 07.10.1954 in BONGHAD / VR Ungarn
   Zeitweilig in der DDR wohnhaft: Leipzig, Barleyweg 32

2. BUNDE, Sieglinde, geborene Schletter,
   geboren am 11.02.1952
   Wohnort: Grimma/Sa. Weberstr. 32
   Arbeitsstelle: VEB Elektroschaltgeräte Grimma/Sa.

Der Angriff auf die Staatsgrenze erfolgte unter Ausnutzung des
stark bewaldeten Geländes, der Nachtzeit und von Bodennebel.
Infolge des Angriffes auf die Staatsgrenze sind als Folgen
eingetreten:

- Verletzungen am rechten Bein des weiblichen Grenzverletzers
  nach Auslösung einer Mine;

- tödliche Schußverletzung beim männlichen Grenzverletzer
  durch Anwendung der Schußwaffe durch den eingesetzten Grenzposten, Postenführer Gefreiter ▬▬▬▬ *Engelbrecht, Volker*

Als Auswirkungen sind zu erwarten:

- provokatorische Handlungen des Gegners an der Staatsgrenze,
  besonders Versuch der Kontaktaufnahme;

- Verleumdungen gegen die DDR in Presse, Rundfunk und Fernsehen.

Das Vorkommnis wurde am 22.06.1973, gegen 03.18 Uhr durch
den Grenzposten der 10./GR-15

        Postenführer Gefreiter ▬▬▬▬ *Engelbrecht, Volker*
        Posten   Soldat ▬▬▬▬ *Franzke, Gerd*

festgestellt.

Der Grenzverletzer BALOGH war im Besitz des durch das VPKA Leipzig unter der Nr. XIII/081628/73 am 18.06.1973 erteilten Ausreisevisums, gültig bis 20.06.1973. Offensichtlich hatte B. die Absicht, die BUNDE in die BRD zu schleusen.

Die Grenzverletzer näherten sich vermutlich in der bekannten wahrscheinlichen Richtung der Bewegung der Grenzverletzer (WRG) LAUSCHA, HASENTHAL an die Staatsgrenze an. Der Abschnitt des versuchten Grenzdurchbruches ist aus der Tiefe des Grenzgebietes feststellbar und es sind in dieser Richtung günstige geografische Merkmale vorhanden, die die Aufklärung und Annäherung der Grenzverletzer an die Staatsgrenze erleichtern.
Nach Überwindung des freundwärtigen Streckmetallzaunes löste der weibliche Grenzverletzer 1 Mine der 3. Reihe der Minensperre vom Typ 66, verlegt mit PMP-71 aus.
Der männliche Grenzverletzer half dem verletzten weiblichen Grenzverletzer beim Überwinden des feindwärtigen Streckmetallzaunes.
Der männliche Grenzverletzer wurde beim Überwinden des feindwärtigen Streckmetallzaunes, nachdem er die Haltrufe des Grenzpostens mißachtete, durch 1 Schuß tödlich verletzt.
Während der Bergung der Grenzverletzer wurden gegen 03.50 Uhr 2 Angehörige des ZGD an der Grenzlinie zwischen den Grenzsäulen 2438 und 2439 festgestellt.
Die eigenen Handlungen bei der Bergung konnten durch den Gegner nicht eingesehen werden. Nach Besteigen eines Baumes jenseits der Grenzlinie wurde das Verladen der Grenzverletzer im Sankra beobachtet. Gespräche der ZGD-Angehörigen wurden nicht identifiziert. Nach dem Abtransport der Grenzverletzer wurden keine weiteren Handlungen des Gegners beobachtet.
[...]

V. Vorschläge
[...]
2. Nachfolgende Armeeangehörige durch den Chef der Grenztruppen auszuzeichnen:
Für das entschlossene Handeln bei der Vernichtung und Festnahme von Grenzverletzern:
(1) Mit der »Verdienstmedaille der NVA« in Bronze
Gefreiter Engelbrecht, Volker, geboren am 16.3. 1953, Postenführer
(2) Mit der »Medaille für vorbildlichen Grenzdienst«
Soldat Franzke, Gerd, geboren am 15.3. 1954, Posten
[...]

Wolfgang Vogler (geboren 8. 9. 1948), gestorben 14. 7. 1974

Nationale Volksarmee, Kommando der Grenztruppen.
Tagesbericht Nr. 195/74.

[...]

```
GR-20 Blankenburg                    7. GK Sorge
Am 14.07.1974, gegen 18.40 Uhr, wurde im Abschnitt ca.
400 m südlich der Straße BENNECKENSTEIN, HOHEGEISS an
der GS Nr. 1020 nach Auslösung der Sperre 501 der

             V o g l e r , Wolfgang
             geb. am 08.09.1948
             wohnhaft PARCHIM

schwerverletzt festgenommen. Die Bergung wurde durch
den Bergetrupp der 7. GK ohne Vorkommnisse bis 19.00
Uhr abgeschlossen und der Verletzte in die Med.Akademie
MAGDEBURG überführt.
```

[...]

Hans-Georg Lemme (geb. 1. 7. 1953), gestorben 19. 8. 1974

Nationale Volksarmee, Kommando der Grenztruppen.
Tagesmeldung Nr. 231/74.

[...]

```
Am 19.08.1974, 22.34 Uhr, verhinderter Grenzdurchbruch
DDR - BRD einer männlichen Person am Elb-Kilometer 472,5,
500 m südostwärts der Ortschaft LÜTKENWISCH.
Der zur Sicherung der Trennungslinie zum GR-8, GRABOW
eingesetzte Grenzposten stellte den Grenzverletzer auf
einer Entfernung von ua. 70 m auf der Elbe fest. Er
forderte ihn auf, an das Ufer zu kommen. Da er der Auf-
forderung nicht nachkam, eröffnete der Grenzposten das
Feuer.
Ein Grenzsicherungsboot des GR-8, das 350 m südostwärts
von LÜTKENWISCH auf Position lag, fuhr zur Unterstützung
der Grenzposten in den Handlungsabschnitt. Die Besatzung
des Bootes stellte den Grenzverletzer in der Elbe schwim-
mend fest und forderte diesen auf, an Bord zu kommen.
Der Grenzverletzer weigerte sich und nahm den Bootshaken
nicht an. Beim zweiten Anfahren des Bootes wurde er durch
den Bootskörper erfaßt, verletzt und ist vermutlich er-
trunken.
Trotz intensiver Beobachtung wurde ein Auftauchen des
Grenzverletzers nicht mehr festgestellt.
```

[...]

Fey (geboren 1956), gestorben 24.12. 1975

Ministerium für Nationale Verteidigung.
Operative Tagesmeldung Nr. 22/XII/75.

[...]

1. Besondere Vorkommnisse
(1) Minendetonation   GR-3/GKdo.-SÜD

Am 24.12. 1975, gegen 04.12 Uhr, wurde der Bürger Fey (19 Jahre aus
WEILAR, Kr. BAD SALZUNGEN, beim versuchten Grenzdurchbruch DDR-
BRD, im Abschnitt der 5. GK, 1800 m nw. GEISA/BAD SALZUNGEN nach
Auslösung einer Mine der Minensperre SM 70, verletzt festgenommen,
Bürger Frenske (31 Jahre), ebenfalls aus WEILAR, der in das Hinterland
flüchten konnte, wurde 3000 m östl. GEISA, leicht verletzt festgenommen.
Untersuchung wird geführt.

[...]

Michael Gartenschläger (geb. 13.1. 44), gest. 30.4. 76

Der ehemalige DDR-Bürger wurde in der Nacht zum 1. Mai 1976 von
zwei wartenden Scharfschützen des Ministeriums für Staatssicherheit erschossen. Es soll sich um Unterfeldwebel Fleik und Unteroffizier Walter
Lieberam handeln.

Grenztruppen der Deutschen Demokratischen Republik.
Tagesmeldung Nr. 121/76.

[...]

Am 30.4. 1976, 23.45 Uhr, erfolgte im Abschnitt 2000 m Ortschaft LEISTER-
FÖRDE Krs. HAGENOW, Grenzsäule Nr. 231 die Festnahme einer männlichen Person unter Anwendung der Schußwaffe, in deren Folge die Person
getötet wurde.

[...]

1 06

GRENZTRUPPEN
DER DEUTSCHEN DEMOKRATISCHEN REPUBLIK   O.U., den 04.06.1976

Bz.: *18 01 03*

Geheime Verschlußsache

Geheime Verschlußsache !
GVS-Nr.: G/400678
1. Ausfertigung = *9* Blatt

Genossen Generale !
Genossen Offiziere !

Eine Gruppe von Provokateuren hatte im Abschnitt des Grenzregimentes 6 aufeinanderfolgend dreimal Anschläge auf die Grenzsicherungsanlagen der Deutschen Demokratischen Republik verübt,
wobei 2 Minen SM-70 entwendet und beim dritten Versuch der
Provokateur G a r t e n s c h l ä g e r erschossen worden ist.
In der Nacht vom 29. zum 30.05.1976 gelang es Komplizen des
Gartenschläger erneut, diesmal im Abschnitt des Grenzregimentes 24
gleichzeitig 3 Minen SM-70 zu entwenden.

Aus bestimmten Veröffentlichungen der BRD ist zu entnehmen, daß
die Provokateure angestachelt,durch ihre Auftraggeber in Bonn,
ein Stück Anlage 501 aufbauen und mit allen publizistischen Mitteln
gegen die Deutsche Demokratische Republik offensiv werden wollen.

Nach der Entwendung mehrerer Minen SM-70 gibt es Anzeichen, daß
der Gegner auch Verteilerkästen und weiteres Gerät in Besitz nehmen
will.

Dem Gegner kommt dabei sehr gelegen, daß einige Anlagen 501 entgegen den Bestimmungen der Anordnung Nr. 22/75 des Stellvertreters des Ministers und Chef der Grenztruppen weniger als
30 m von der Staatsgrenze entfernt aufgebaut sind.

Besonders gefährdet sind Anlagen 501, die in Waldabschnitten
errichtet und wo für den Gegner günstige Annäherungsmög-
lichkeiten gegeben sind.
Für den Einsatz eigener Kräfte ist hinderlich, daß in
verschiedenen minengesperrten Abschnitten entgegen der
Anordnung Nr. 22/75 über 5 bis 15 km keine Gassen und keine
anderen Durchlässe vorhanden sind.

Im Befehl Nr. 32/76 des Stellvertreters des Ministers und
Chef der Grenztruppen sind umfassende Aufgaben zur Grenzsicherung an Anlagen 501 gestellt. Es ist eine Umrüstung
der Sperren befohlen.
Mit dieser Umrüstung wird die Gewähr dafür geschaffen, daß
dem Gegner der Zugriff zu Minen SM-70 bedeutend erschwert
wird.
Dabei kann nicht außer Acht gelassen werden, daß die Gefahren
sich auch für die eigenen Kräfte erhöhen.

Die Lageentwicklung erfordert, daß zum Befehl Nr. 32/76
des Stellvertreters des Ministers und Chef der Grenztruppen
eine Ergänzung erlassen wird. Sie wird Ihnen heute übergeben und ist ohne Zeitverzug konsequent zu verwirklichen.

Der Kern des Befehls Nr. 32/76 des Stellvertreters des
Ministers und Chef der Grenztruppen und der 1. Ergänzung
ist der Einsatz, im Zusammenwirken mit der Verwaltung 2000,
ausgewählter und ausgebildeter Kräfte feindwärts der Anlagen
501 und deren forcierte Umrüstung, um Voraussetzungen dafür
zu schaffen, daß die Provokateure im Ergebnis ihrer weiteren
Angriffe auf die Grenzsicherungsanlagen vernichtet werden.

Der Gegner führt offensichtlich einen Generalangriff auf die
minengesicherte Staatsgrenze.
Vom entschlossenen Handeln der einzusetzenden Kräfte hängt
in der nächsten Zeit vieles ab, in der Gewährleistung der

Unverletzlichkeit unseres Territoriums sowie des Ansehens
der Deutschen Demokratischen Republik und ihrer Grenztruppen.

Im vorgelegten Untersuchungsbericht des Kommandeurs des
Grenzkommandos NORD wird deutlich, daß ungenügende Schlußfolgerungen aus den Vorkommnissen im Grenzregiment 6 gezogen wurden.

Die im Befehl Nr. 32/76 des Stellvertreters des Ministers
und Chef der Grenztruppen vom 03.05.1976 festgelegten Maßnahmen wurden nicht mit der erforderlichen Konsequenz in
Angriff genommen.
Wie zeigt sich das ?

Uns ist allen klar, daß ein Befehl mit seinem Erlaß nicht
automatisch bis zum Dienst unserer Führungskräfte und
Grenzposten wirksam wird.

Über die Kommandeure, Stäbe und Politorgane müssen die
befohlenen Maßnahmen organisiert und sichergestellt werden.
Das erfordert natürlich Zeit. Aber der Zeitfaktor ist ab-
hängig von den Handlungen des Gegners. -

Wenn aber im Grenzkommando NORD erst nach dem Vorkommnis
am 29./30.05.1976
- die besonders gefährdeten Abschnitte präzisiert wurden,
- Kräfte feindwärts der Sperranlage zum Einsatz kamen,
- eine Beratung zur Durchsetzung des Befehls Nr. 32/76 mit
  den Kommandeuren befohlen wurde,
dann wurde Zeit zugunsten des Gegners verloren.

246

Unverständlich ist auch die Tatsache, daß in den Grenz-
regimentern 24 und 25 dieser Befehl am 15.05. noch nicht
bekannt war, obwohl die VS-Stelle des Grenzkommandos NORD
den Eingang dieses Befehls am 07.05.1976, 11.00 Uhr, quittierte.
Damit geben wir die Initiative aus der Hand.

Eine falsche Auslegung des Befehls Nr. 32/76 erfolgte im
Grenzkommando SÜD, wie der teilweise Abbau der oberen Minen-
linie im Grenzregiment 1 und 3 beweist.
So können die Probleme auch nicht geklärt werden.

Genossen Generale !
Genossen Offiziere !

Ich habe dem Minister für Nationale Verteidigung Meldung
erstattet sowie Schlußfolgerungen und Vorschläge unterbreitet, die von ihm bestätigt wurden.
Daraus ergeben sich, die in der 1. Änderung zum Befehl Nr.
32/76 präzisierten Maßnahmen.

Im Zusammenhang mit den verstärkt feindwärts der Sperranlage einzusetzenden Kräften ergeben sich eine Reihe von
Problemen.
Sie beginnen mit:
- der gewissenhaften Auswahl der Kräfte aus den grenzsichernden Einheiten im engen Zusammenwirken mit den Genossen der
  Verwaltung 2000;

247

- ihrer gründlichen politischen, militärischen und spezial-
fachlichen Vorbereitung auf diese komplizierte, verant-
wortungsvolle und gefährliche Aufgabe.
Die Brutalität des zu erwartenden Gegner verlangt u.a.
für diesen Einsatz politisch bewußte, physisch und psysisch
starke Soldaten und Unteroffiziere auszuwählen, die bereit und in der Lage sind, unter allen Lagebedingungen ihren
Kampfauftrag entschlossen zu erfüllen.

Die Methoden der Handlungen dieser Kräfte müssen über die
bisher praktizierten taktischen Handlungen hinausgehen .
Sowohl die offene Demonstration der Sicherung des den Sperranlagen vorgelagerten Territoriums ist durch diese Kräfte
zu gewährleisten wie auch das findige, listige, überraschende
und entschlossene Handeln zur Festnahme oder Vernichtung
von Provokateuren und Diversanten.

Ihnen ist ihre hohe politische Verantwortung bewußt zu machen.
Grenzzwischenfälle dürfen nicht zugelassen werden.
Es kommt vor allem darauf an, Provokateure beim Versuch des
Anschlages auf Grenzsicherungsanlagen auf unserem Terri-
torium unschädlich zu machen.

Wie sollte der Bestand und die Ausrüstung dieser Grenzposten aussehen ?
Ich betrachte eine Mindeststärke von 3 Genossen für erforderlich.
Sie sind grundsätzlich mit Funkgerät und weitreichenden Stab-
lampen auszurüsten und möglichst mit einem Diensthund zu
verstärken.

Die Handlungen der freund- und feindwärts eingesetzten Kräfte
müssen im Komplex organisiert, geführt und sichergestellt
werden.

Der Regimentskommandeur hat die dazu erforderlichen Aufgaben im Befehl zur Grenzsicherung exakt festzulegen
und über die Bataillonskommandeure durchzusetzen.
Besonders sorgfältig ist das Zusammenwirken in den Grenzabschnitten zu organisieren, in den die Sperranlagen über
die Trennungslinien von Sicherungsabschnitten hinausgehen.
Zur klaren Abgrenzung der Verantwortlichkeit ist die zeitweilige Festlegung operativer Trennungslinien zu prüfen.

Die Kräfte sind in jedem Fall über die Zugführer in den
Sicherungsabschnitten zu führen.
Die Verbindungen sind über Funk und zeitweilige Stichlei-
tungen zum Grenzmeldenetz sicherzustellen. Vorrang draht !

Gründlich zu beurteilen und exakt zu organisieren ist das
Passieren der Sperranlage bzw. des vorderen Sperrelementes.
In Abhängigkeit davon ist der Ort und die Art des zu
schaffenden Durchlasses zu bestimmen.
(Varianten der Durchlässe gemäß Anlage 1)
Durch die Kommandeure der Grenzregimenter ist die Ordnung
des Passierens der Durchlässe zu befehlen.
Die für die Sperranlage festgelegten Sicherheitsbestimmungen
sind strikt einzuhalten.

Die unbefugte Nutzung der Durchlässe ist auszuschließen.
Die geschaffenen Durchlässe sind in den Führungskarten
zu dokumentieren.

Die Eskordierung bzw. Bergung feindwärts der Sperranlage
festgenommener, verletzter oder vernichteter Kräfte des
Gegners ist wie folgt zu organisieren:

- Festgenommene sind an den Durchlässen den freundwärts eingesetzten Kräften zu übergeben;

249

Geheime Verschlußsache !
GVS-Nr.: G/400678   1.Ausf.Bl. 7

- Verletzte oder Vernichtete sind mit Unterstützung des
  freundwärts handelnden Bergetrupps durch zu schaffende
  Öffnungen im Streckmetallzaun zu bergen.
  Das Bergen hat so zu erfolgen, daß die Fotodokumentation
  durch den Gegner ausgeschlossen wird.

Bei schweren Provokationen, z.B. Beschießen vom Territorium
der BRD aus, haben sich die Grenzposten auf kein Feuerge-
fecht einzulassen und sich gedeckt durch die Durchlässe
zurückzuziehen.

Genossen Generale und Offiziere !

Einen weiteren Schwerpunkt bildet die schnelle Umrüstung
der oberen Minenlinie an den Sperranlagen.
Der Termin wurde präzisiert.
In den gefährdesten Richtungen, darunter verstehe ich

- Abschnitte, die die gedeckte Annäherung des Gegners
  ermöglichen (stark durchschnittenes oder bewaldetes
  Gelände) und solche

- Abschnitte, in denen sich die Sperranlage in geringer
  Entfernung von der Staatsgrenze befindet

sind diese Arbeiten bis 30.06.1976 abzuschließen.

Die Sperranlagen, denen eine andere Minensperre vorgelagert
ist, sind vorerst nicht umzurüsten.
Die Umrüstung der restlichen Abschnitte ist bis 31.07.1976
zu beenden.
Diese Termine erfordern, diese Arbeiten der Montagezüge
der Verbände sofort einzustellen und diese Kräfte auf Entschluß der Kommandeure der Verbände zur beschleunigten Umrüstung einzusetzen.

250

Ich weise daraufhin, daß die Umrüstung der oberen Minen-
linie den Diebstahl von Minen zwar erschwert aber nicht
absolut verhindert.
Darüberhinaus ist der Diebstahl nicht umgerüsteter Minen
der unteren und mittleren Reihe weiterhin möglich.
Deshalb sind an den gefährdesten Abschnitten zusätzliche
Maßnahmen über die Umrüstung hinaus erforderlich.
Darunter verstehe ich den bereits erläuterten Einsatz von
Kräften feindwärts der Sperranlage in Verbindung mit Sig-
nalmitteln (Signalgeräte und Signalminen, gemäß Anlage 2)

Die Verstärkung des Grenzzaunes I mit S-Rollen und Signal-
geräten in besonders gefährdeten Abschnitten.
Errichtung zusätzlicher Scheinwerferanlagen und im begrenzten
Umfang von Hundelaufanlagen.

Die zur Realisierung erforderlichen Materialien sind nur im
geringen Umfang Bestandteil der materiellen Pläne.
In Verantwortlichkeit der Kommandeure der Verbände und
Truppenteile ist im hohen Maße die Eigenbeschaffung, unter
Nutzung aller örtlichen Reserven,zu gewährleisten .

Die Sicherstellung, einschließlich des Ankaufs von Halogen-
scheinwerfern und Stabtaschenlampen (als Ausnahmegenehmigung)
hat mit Haushaltsmitteln des Bedarfsträgers 181 bzw. in
Anwendung der gegenseitigen Deckungsfähigkeit zu erfolgen.
Notwendige Nachforderungen sind per 31.08.1976 an das
Kommando der Grenztruppen zu richten.

251

Genossen Kommandeure !

Es ist nicht möglich, alle erforderlichen Maßnahmen im
Detail darzulegen.

Die sich aus dem Befehl Nr. 32/76 und der 1. Änderung er-
gebenden Aufgaben sind in den nachgeordneten Führungsebenen
in hoher Eigenverantwortlichkeit der Kommandeure, Stäbe
und Politorgane der Truppenteile zu realisieren.

Ich erwarte von Ihnen, daß durch ein straffes System der
Anleitung und Kontrolle die befohlenen Maßnahmen bis zu
den Grenzposten exakt und initiativreich erfüllt werden.

Benito Corghi, gestorben 5. 8. 1976

Ministerium für Nationale Verteidigung.
Operative Tagesmeldung Nr. 05/VIII/76.

[...]

Am 05.08. 1976, gegen 03.40 Uhr, drang ein italienischer Staatsbürger, aus Richtung BRD kommend, ca. 600 m tief in den Grenzstreckenabschnitt der GÜST ein. Er widersetzte sich der Festnahme und wurde flüchtig. Nach Anwendung der Schußwaffe durch den Sicherungsposten festgenommen, wurde der Grenzverletzer wegen vermutlicher Schußverletzung in das Krankenhaus SCHLEIZ überführt. Dort wurde gegen 04.50 Uhr dessen Tod festgestellt. Weitere Ermittlungen führen die zuständigen Organe unter Leitung des MfS. Von 03.40 bis 03.52 Uhr war der grenzüberschreitende Verkehr unterbrochen. Aktivitäten der BRD-Grenzüberwachungsorgane wurden nicht festgestellt.

[...]

André Bauer (geboren 7.10. 1963), gestorben 7. 8. 1981

Grenztruppen der Deutschen Demokratischen Republik.
Tagesmeldung Nr. 219/81.

[...]

Am 07.08. 1981, 08.00 Uhr, erfolgte wegen Versuch des Grenzdurchbruches DDR-BRD nach der Auslösung der Anlage 501 (8 Geräte) ca. 2000 m westlich SORGE die Festnahme der Jugendlichen
1. Bauer, André, geb. 07.10. 1963, wohnhaft: LEIPZIG 703, Armeniushof Nr. 7, Lehrling, B. verstarb am Festnahmeort an den Folgen der Verletzung.
2. Seiptius, Rene, Schüler, geb. 23.06. 1964, wohnhaft: LEIPZIG 703, Triftweg Nr. 8, S. wurde mit mittleren Verletzungen in das Krankenhaus WERNIGERODE aufgenommen.
3. Luoebe, Gido, Schüler, geb. 23.03. 1965, wohnhaft: LEIPZIG 703, Rübezahlweg Nr. 32, unverletzt.
Die Festgenommenen hatten den Grenzsignalzaun ohne Auslösung im Flußbett der WARMEN BODE überwunden. Die Festnahme erfolgte durch einen zur Überprüfung der Auslösung der Anlage 501 eingesetzten Grenzposten. Aktivitäten des Gegners wurden nicht beobachtet. Die Untersuchung führt der K-GR-20 und die Spezialkommission.

[...]

Heinz-Josef Große (geb. 11.10.1947), gest. 29.3.1982

MINISTERRAT
DER DEUTSCHEN DEMOKRATISCHEN REPUBLIK
MINISTERIUM FÜR NATIONALE VERTEIDIGUNG
Stellvertreter des Ministers
und Chef der Grenztruppen der DDR

O.U., den 29.03.1982

Tgb.-Nr.: 141/82

5079/440-449

Minister
für Nationale Verteidigung

Stellvertreter des Ministers
und Chef des Hauptstabes

Werter Genosse Minister !
Werter Genosse Generaloberst !

Ich melde:

Am 29.03.1982, gegen 15.08 Uhr, wurde im Abschnitt 1500 m
südostwärts der Ortschaft WAHLHAUSEN, Kreis HEILIGENSTADT,
Bezirk ERFURT, Grenzregiment 4 HEILIGENSTADT, der Versuch
des Grenzdurchbruches Richtung DDR-BRD nach Anwendung der
Schußwaffe verhindert und die Person mit tödlichen Verletzungen
geborgen.

Bei dem Grenzverletzer handelt es sich um

G r o ß e , Heinz-Josef
geb.am: 11.10.1947
wohnhaft: THALWENDEN, Kreis HEILIGENSTADT
Arbeitsstelle: Meliorationsgenossenschaft UDER.

G. war am 29.03.1982, ab 07.30 Uhr mit einem Überkopflader vom
Typ KSH-50 im betroffenen Grenzabschnitt am Kolonnenweg zu
planmäßigen, durch die Grenztruppen vertraglich abgeschlossenen

NVA 18725

Ag 117-VIII-1-222-81

254

Arbeiten zur Vorbereitung der Errichtung eines Beobachtungs-
turmes eingesetzt.
Die Arbeiten wurden durch Grenzposten gesichert.

Gegen 15.05 Uhr wendete der Grenzverletzer seinen Traktor, fuhr
an den Grenzzaun I mit Anlage 501 und legte die Schaufel des
Fahrzeuges auf den oberen Rand der Sperranlage. Danach versuchte er die Sperre über die Schaufel zu überwinden.

Der zur Sicherung der Arbeiten eingesetzte Grenzposten
forderte den Grenzverletzer durch Zuruf zum Stehenbleiben auf.
Da der Grenzverletzer darauf nicht reagierte, gaben die Posten
einen Warnschuß ab und führten gezieltes Feuer.
Daraufhin stürzte der Grenzverletzer von der Sperranlage
und blieb 10 m entfernt auf dem den Sperranlagen vorgelagerten
Hoheitsgebiet der DDR liegen.

Die Anwendung der Schußwaffe erfolgte parallel zur Staatsgrenze,
ohne das Territorium der BRD zu verletzen.

Nach Abschluß der Bergung stellte der Regimentsarzt gegen
16.05 Uhr den Tod des G. fest.
Er wurde in die Kaserne der 8. Grenzkompanie WAHLHAUSEN überführt
und dort gesichert.

Im gegenüberliegenden Abschnitt eingesetzte Angehörige
des Grenzzolldienstes beobachteten die Handlungen des Grenzverletzers und der Grenzposten.

Die Bergung wurde durch Angehörige des BGS mit Hubschrauber
und durch Reporter in Zivil fotografiert.

Der Tatort wird durch den Einsatz von zusätzlichen Kräften
der Grenztruppen verstärkt gesichert.

Die weitere Untersuchung erfolgt in Zusammenarbeit mit der
Spezialkommission der Bezirksverwaltung des MfS ERFURT.

Für ihre vorbildliche Pflichterfüllung werden die beteiligten
Angehörigen der Grenztruppen belobigt.

Ich bitte um Kenntnisnahme.

                                        i.V. Leonhardt
                                             Generalmajor

Unbekannte Person, gestorben 2.8. 1982

Ein Reichsbahnbediensteter wurde auf der Flucht im Bereich der Übergangsstelle Gerstungen von Angehörigen der Grenztruppen erschossen.

Frank Mater (geboren 1.5. 1963), gestorben 22.3. 1984

Grenztruppen der Deutschen Demokratischen Republik.
Tagesmeldung Nr. 82/84.

Geheime Verschlußsache!

[...]

Festnahmen durch Grenztruppen an der Staatsgrenze zur BRD
GR-1 MÜHLHAUSEN I. GÜ HILDEBRANDSHAUSEN SiA IV TREFFURT
Am 22.03. 1984, gegen 13.45 Uhr Festnahme des
Mater, Frank, geb. am 01.05. 1963, wohnhaft: MIHLA, Kreis EISENACH,
durch Kräfte der Grenzsicherung im Abschnitt ca. 2500 m westlich der Ortslage WENDEHAUSEN, Kreis MÜHLHAUSEN, zwischen den GSä. 1385 und
1386.
Der Grenzverletzer, der sich aus Richtung WENDEHAUSEN annäherte, löste
den GSZ beim Überwinden gegen 12.42 Uhr aus und bewegte sich unter
Ausnutzung des Waldgeländes zum GZ I mit Splitterminen.
Beim Versuch der Überwindung dieser Sperranlage wurde der Grenzverletzer
durch Auslösung einer mittleren Mine (gegen 13.37 Uhr) schwer verletzt.
Die Festnahme erfolgte im Rahmen der nach der Auslösung des GSZ eingeleiteten taktischen Handlungen durch den Sicherungsposten Gefr. Pöschk
und Soldat Heising.
Nach Abschluß der Bergung des Grenzverletzers gegen 14.05 Uhr und Abtransport zum befohlenen Übergabepunkt wurde durch den Regimentsarzt
gegen 14.20 Uhr der Tod festgestellt.
Gegnerische Aktivitäten wurden während und nach Abschluß der Handlungen
nicht aufgeklärt.
Die Untersuchung erfolgte durch eine Kommission unter Leitung des
Kommandeurs des GR-1 unter Hinzuziehung der Spezialkommission der
Bezirksverwaltung MfS ERFURT.

[...]

MINISTERRAT
DER DEUTSCHEN DEMOKRATISCHEN REPUBLIK
MINISTERIUM FÜR NATIONALE VERTEIDIGUNG
Der Minister

Berlin, den   22.03. 1984

Tgb.-Nr.:   M-30   /84

Generalsekretär des Zentralkomitees der
Sozialistischen Einheitspartei Deutschlands und
Vorsitzenden des Nationalen Verteidigungsrates
der Deutschen Demokratischen Republik

Genossen Erich   H o n e c k e r

Werter Genosse   H o n e c k e r !

Im Zusammenhang mit der Verhinderung eines Grenzdurchbruchs an der Staatsgrenze der DDR zur BRD gestatte ich mir, Ihnen folgendes zu melden:

Am 22. 03. 1984, gegen 13.37 Uhr, wurde im Grenzabschnitt WENDEHAUSEN,
Kreis MÜHLHAUSEN, Bezirk ERFURT, der Bürger der DDR

> M a t e r ,   Frank
> geb. am 01. 05. 1963
> wohnhaft: MIHLA, Kreis EISENACH

beim Versuch des Grenzdurchbruchs in Richtung der BRD nach Auslösung der
Minensperranlage vom Typ SM-70 verletzt festgenommen.

Dem Festgenommenen wurde unverzüglich die Erste Hilfe erwiesen. Der eintreffende Arzt der Grenztruppen stellte gegen 14.20 Uhr den Tod fest.

Zum Zeitpunkt der Festnahme wurden im gegenüberliegenden Abschnitt keine gegnerischen Handlungen festgestellt.

Es ist jedoch nicht auszuschließen, daß gedeckt handelnde Kräfte des Gegners die Auslösung der Minensperranlage sowie die Handlungen der Grenztruppen beobachteten.

Die Untersuchung des Vorkommnisses erfolgt durch den Kommandeur des Grenzkommandos SÜD in Zusammenarbeit mit den zuständigen Untersuchungsorganen.

Ich bitte um Kenntnisnahme.

Mit sozialistischem Gruß

I. V.

Generalleutnant

Generalsekretär des Zentralkomitees der
Sozialistischen Einheitspartei Deutschlands und
Vorsitzenden des Nationalen Verteidigungsrates
der Deutschen Demokratischen Republik

Durchschriftlich an das
Mitglied des Politbüros
und Sekretär des Zentral-
komitees der SED

Genossen Erich   Honecker

Genossen Egon   K r e n z

Werter Genosse   Honecker !

Im Zusammenhang mit dem Fund eines Leichnams an der Staatsgrenze der
DDR zu WESTBERLIN gestatte ich mir, Dir folgendes zu melden:

Am 02. 07. 1984, gegen 16.10 Uhr, wurde im Grenzabschnitt der SPÄTH-
STRASSENBRÜCKE, Stadtbezirk BERLIN-TREPTOW, der Leichnam einer
Person festgestellt.

Bei dem Toten handelt es sich vermutlich um eine ca. 60jährige männliche
Person.
Der Fundort befindet sich ca. 6 m von der Staatsgrenze entfernt auf dem den
Grenzsicherungsanlagen vorgelagerten Hoheitsgebiet der DDR.

Der Leichnam ist mit einem Oberhemd und einer langen Hose bekleidet. Er
ist nicht im Besitz von Ausweispapieren.

Der Tod trat vermutlich in den frühen Morgenstunden des 02. 07. 1984 ein.
Zur Klärung der Todesursache wurde die Leiche zur gerichtsmedizinischen
Untersuchung überführt.

Im gegenüberliegenden Grenzabschnitt handelten Angehörige der Westberliner
Schutzpolizei und Feuerwehr sowie ein Angehöriger der US-Armee.
Dabei kam es durch diese Personen zur Verletzung des Territoriums der
DDR von ca. 2 m.

Der Fundort wird gesichert.
Die weitere Untersuchung erfolgt durch die Spezialkommission der Bezirksverwaltung für Staatssicherheit BERLIN in Zusammenarbeit mit dem Militärstaatsanwalt.

Den Vorschlag für eine Pressemitteilung unterbreitet nach Abschluß der Überprüfung das zuständige Untersuchungsorgan.

Ich bitte um Kenntnisnahme.

Mit sozialistischem Gruß

Hoffmann
Armeegeneral

261

Unbekannte Person, gestorben 1984

Generalsekretär des Zentralkomitees der
Sozialistischen Einheitspartei Deutschlands und
Vorsitzenden des Nationalen Verteidigungsrates
der Deutschen Demokratischen Republik

Durchschriftlich an das
Mitglied des Politbüros
und Sekretär des ZK der SEI

Genossen Erich Honecker

Genossen Egon Krenz

Werter Genosse Honecker!

Im Zusammenhang mit dem Fund eines Leichnams an der Staatsgrenze der DDR
zur BRD gestatte ich mir, Dir folgendes zu melden:

Am 30. 09. 1984, gegen 14.30 Uhr, wurde im Grenzabschnitt 1000 m westlich
NEU-BLECKEDE, Kreis HAGENOW, Bezirk SCHWERIN, am Ufer der ELBE
durch Kräfte der Wasserschutzpolizei der Leichnam einer Person aufgefunden.

Die Untersuchung durch die Morduntersuchungskommission SCHWERIN ergab, daß
es sich vermutlich um eine junge männliche Person handelt. Der Zustand der Leiche
läßt auf eine Liegezeit von einem halben Jahr und länger schließen.

Die Leiche wurde zur weiteren gerichtsmedizinischen Untersuchung nach SCHWERIN
überführt.

Handlungen gegnerischer Grenzüberwachungsorgane wurden nicht festgestellt.

Ich bitte um Kenntnisnahme.

Mit sozialistischem Gruß

Hoffmann
Armeegeneral

262

Jörg Martelok (geboren 22.10. 1969), gestorben 8.5. 1989

Der Flüchtling wollte über die Ostsee in die Bundesrepublik gelangen und ertrank.

Ingrid Martelok

Ein schwarzer Tag

Am 7. Mai 1989 blieb unser Sohn den ganzen Tag zu Hause. Es war ein Sonntag. Er war sonst sehr unternehmungslustig. Im nachhinein kam es mir vor, als ob er die letzten Stunden mit uns verbringen wollte. Am Montag, den 8. Mai 1989, weckte ich unseren Sohn gegen fünf Uhr, ermahnte ihn, sein Zimmer in Ordnung zu bringen. Mein Mann und ich wollten nachmittags in den Garten gehen, um einige Arbeiten zu erledigen und erst abends nach Hause kommen. Ich verließ früh als erste das Haus und ging zur Arbeit. Als wir vom Garten nach Hause kamen, fanden wir den Wohnungs- und den Haustürschlüssel im Briefkasten. In der Küche lag ein Zettel auf dem Tisch: »Hallo, Ihr beiden! Ich habe mich entschieden. Ich haue ab. In der Dose auf dem Schrank sind die Papiere vom Motorrad. Es ist ja noch nicht umgeschrieben. Vati, da kannst Du es ja wieder benutzen. Vom Opa ist der Zettel dabei, wo er mir die Schleifmaschine geschenkt hat. Gebt ihm das bitte zurück. Mutti, meine neuen italienischen Stiefel habe ich zu den anderen Schuhen gestellt, vielleicht passen sie Dir. Meine Matchbox-Autos gebt bitte Doreen und Ellen. Tschüß, bis bald. Euer Euch liebender Sohn Jörg.«

Wir waren wie vor den Kopf geschlagen. Ich betete, es möge ihm nichts passieren. Seine Sachen, die ihm wichtig und wertvoll erschienen, hatte er im Wohnzimmer in der Schrankwand verteilt. Sein Zimmer verließ er in einem schmutzigen Zustand. Er dachte wohl, wenn sie herumschnüffeln, soll keine Ordnung herrschen. Ich putzte noch am Abend das Zimmer und verbrannte alles Überflüssige.

Abends waren wir bei meinen Eltern. Meine Mutter arbeitete zu der Zeit wie Jörg bei meinem Bruder. Da erfuhren wir, daß Jörg nicht zur Arbeit gegangen war. Ich bat meine Eltern, nicht darüber zu reden. Zu diesem Zeitpunkt war gerade das Telefon bei meinem Bruder kaputt, so brauchten wir nicht gleich etwas zu unternehmen. Wir wollten vermeiden, daß Jörg gehetzt wird wie ein Hund.

Er war zierlich und klein. Zum Erwachsensein fehlte ihm noch einiges. Deshalb brauchte er noch Anleitung, was ihm sicher manchmal mißfiel. Er wollte mit seinem Vorhaben beweisen, daß er erwachsen ist und etwas allein entscheiden kann. Wenn er sich was in den Kopf setzte, wollte er kämpfen und nicht nachgeben. Er war freundlich und aufgeschlossen. Doch wenn er Probleme hatte, kam man schwer an ihn heran. Dann war er in sich gekehrt und verschlossen, wollte selbst damit fertig werden. Er sagte nur manchmal zu mir: »Mutti, ich will mein Leben genießen.«

Am Dienstag, den 9. Mai 1989, gingen wir zur Arbeit und versuchten uns nichts anmerken zu lassen. Ich hoffte vergebens auf ein Telefonat. Abends suchten wir meinen Bruder auf. Wir mußten ja das Ausbleiben auf der Arbeit erklären. Wir kamen überein, am Mittwoch früh eine Vermißtenmeldung aufzugeben.

Wir hofften, daß er genügend Vorsprung hat. Jörg hatte kurz zuvor einen Bericht im Fernsehen verfolgt, wie in Ungarn der Stacheldraht beseitigt werden sollte. In der ČSSR war er auch schon gewesen. So hofften wir, daß er es dort versuchen würde. Der Polizei verschwiegen wir seine letzten Zeilen. Ich hätte es nicht verkraftet, wenn er dadurch gejagt oder erschossen worden wäre. Es waren lange Tage der Ungewißheit und Bangen. Meine Hoffnung, unser Kind lebend wiederzusehen, schwand mit jedem Tag, doch wir durften uns nichts anmerken lassen.

Mittwoch, den 10. Mai 1989 früh, gaben wir die Vermißtenanzeige auf. Die Kripo suchte uns noch am Mittwoch auf. Am Anfang glaubten sie uns wohl nicht recht und meinten, Jörg treibe sich irgendwo herum. Wir sagten, daß wir nicht wüßten, was er vorhat. Da ich sein Zimmer gesäubert hatte und wir den Zettel verschwiegen, sahen sie sich nur oberflächlich bei uns um.

Ich war dann krankgeschrieben. Die Polizei hatte eine Fahndung ausgerufen. Jörg war mit seinem sehr auffälligen Moped unterwegs. Angeblich fand man ihn nicht. Auch das Moped sei niemand aufgefallen. Erst am 23. Mai 1989 war die zermürbende Warterei zu Ende. Wir wurden zur Volkspolizei bestellt. In der Nacht vom 22. Mai 1989 war er um 23.30 Uhr in Klütz, Ortsteil Steinbeck, Kr. Grevesmühlen, tot aufgefunden worden – von den Grenztruppen (laut Kripo).

Es war der furchtbarste Tag in meinem Leben. Wir wurden gefragt (von der Volkspolizei), ob wir seine Urne wollten oder ob der Sarg hergebracht werden solle. Es sei aber nicht ratsam. So stimmten wir einer Feuerbestattung zu. Sie wollten alles für uns erledigen, wir könnten nichts tun. Doch am 25. Mai 1989 suchte uns am späten Nachmittag die Kripo im Garten auf, und wir mußten Hals über Kopf nach Grevesmühlen fahren. Eine Zugverbindung teilten sie uns gleich mit. Angeblich hatte die Staatsanwältin in eine Feuerbestattung nicht eingewilligt. Wir sollten, da die Zeit drängte, am 26. Mai 1989 mit dem Bestattungsauto zurückfahren. Das war für uns ein unmöglicher Gedanke. Wir verweigerten das in Grevesmühlen.

Die Kripo in Grevesmühlen zeigte uns einige persönliche Sachen von Jörg (Portemonnaie mit zehn Mark, die er kurz vorher von seinem Vater erhalten hatte, einen kleinen Autoatlas und seine Turnschuhe, die sie am Strand gefunden hatten).

Dann brachte man uns ins Bestattungsamt. Dort wartete bereits das schwarze Auto auf uns. Es war furchtbar. Jörg lag zu der Zeit in Wismar. Er sollte dort abgeholt werden und anschließend ca. fünfhundert Kilometer nach Greiz gebracht werden. Er sollte möglichst gleich bestattet werden. Es waren keine Vorbereitungen getroffen, und Jörg sollte nicht eingescharrt werden wie ein Hund. Deshalb verweigerten wir diesen Transport. Die Dame im Bestattungsamt war nett zu uns. Sie konnte wohl nachfühlen, wie es uns erging. Sie telefonierte mit der Staatsanwältin und erreichte eine Feuerbestattung. Wir bekamen später die Urne und konnten ihn in Greiz im Familienkreis beisetzen.

Jörg soll mit seinem Moped nach Boltenhagen gefahren sein und das Fahrzeug hinter Hohlblocksteinen versteckt haben. Es wäre schon am 9. Mai 1989 aufgefallen. Näheres weiß ich aber nicht.

Jörg war unternehmungslustig, verreiste gern und fuhr leidenschaftlich gern Moped. In den ersten Schuljahren hatten wir keine Probleme. Später war er manchmal unkonzentriert und sein Lernfleiß hätte besser sein können. Die zehnte Klasse schloß er mit Befriedigend ab. Seinen Beruf als Parkettleger mochte er. Doch Ausdauer und physische Kraft fehlten ihm. Er fühlte sich wegen seiner Körpergröße benachteiligt. Ich bin überzeugt, daß er niemand weh tun wollte. Er hoffte durch Kämpfen seine Ziele zu erreichen. Sein Vorhaben konnte er nicht genügend einschätzen.

Nach einer so langen Fahrt muß er erschöpft gewesen sein. Nach Auskünften der Polizei war er völlig bekleidet. Wahrscheinlich trug er sogar seinen Nierengurt. Er meinte wohl, daß das Wasser kalt sei. Mit Schwimmflossen versuchte er das aussichtslose Unternehmen. Ein Kinderboot wurde auch gefunden. Ob es zu ihm gehörte, konnte nicht festgestellt werden.

Er wollte wahrscheinlich zu meinem Cousin beziehungsweise zu dessen Sohn. Für Jörg schien es der kürzeste Weg zu sein (Wildeshausen). Anders kann ich mir sein Verhalten nicht erklären. Jörg hat sich eigentlich nicht um Politik gekümmert. Nur kurz vor der Wahl im Mai äußerte er, daß er nicht hingehen werde. Einer müsse ja den Anfang machen, wenn was geändert werden solle. Ich überredete ihn am Samstag vor der Wahl, am 6. Mai 1989 wählen zu gehen. So mußte er nicht in seine Schule, die als Wahllokal benutzt wurde. Ich wolle nicht, daß er Nachteile ertragen muß. Als er zurückkam, sagte er zu mir: »Ich war in der Kabine und habe alle durchgestrichen!« Wir selbst hatten seit neun Jahren einen Ausreiseantrag laufen (von 1976 bis 1985). Leider ohne Erfolg. Jörg wußte damals nichts davon. Wir versuchten so weit wie möglich, ihn dabei herauszuhalten.

Mein Mann hatte Alkoholprobleme. Der Druck durch den Tod von Jörg ließ ihn nicht zur Ruhe kommen. So nahm er sich knapp ein Jahr danach, am 6. Juni 1990, das Leben.

Wir beteiligten uns später auch an Demonstrationen (z. B. als Rainer Kunze in Greiz war). Wir wollten, daß der Tod von Jörg nicht umsonst war.

Es ist für mich sehr traurig, noch einmal alles aufzuschreiben. Mit vierzig Jahren verwitwet zu sein, das einzige Kind zu verlieren und nun auch noch den Arbeitsplatz, ist bitter. Am Tag ließ ich mir wenig anmerken, doch viele Nächte habe ich in den letzten zwei Jahren weinend verbracht. Nun hoffe ich, daß ich langsam zur Ruhe komme und vielleicht noch einmal neu beginnen kann. Es tut sehr weh, wenn die eigentlichen Übeltäter, die hier alle Menschen so lange eingesperrt haben, nicht zur Verantwortung gezogen würden.

IV. Frontdienst
im Kalten Krieg

Unvergessene Helden

Nach dem Sturz Honeckers im Oktober 1989 hatten die Ostberliner Schriftsteller Reinhold Andert und Wolfgang Herzberg Gelegenheit, viele Stunden mit ihm im sowjetischen Militärhospital in Beelitz zu sprechen. Andert und Herzberg erlebten einen ideologisch verkrusteten Greis. Sie fragten ihn unter anderem auch, ob es ihm leid tue, daß über zweihundert Menschen an Mauer und Grenze getötet worden seien. Honeckers Antwort: »Mir tun unsere fünfundzwanzig Genossen leid, die meuchlings an der Grenze ermordet wurden. Entsprechende Ersuche von uns an die damalige Regierung der Bundesrepublik, diese Leute an uns auszuliefern, wurden negativ beantwortet.«

Kein Wort zu den Mauerflüchtlingen, deren Leben mit einem Feuerstoß aus der Kalaschnikow ausgelöscht wurde. In der ehemaligen DDR galten sie als Verräter und Verbrecher.

Dagegen wurden die fünfundzwanzig Grenzsoldaten wie Helden verehrt. Die meisten verloren ihr Leben durch tödliche Schüsse fahnenflüchtiger Kameraden. Bevor sich die Fluchtwilligen von ihren Kollegen mit Waffengewalt zurückhalten ließen, schossen sie sich vorsorglich ihre Flucht frei. Solches Handeln war unverantwortlich und nicht zu rechtfertigen. Nur wenigen Todesschützen wurde in der Bundesrepublik der Prozeß gemacht.

Nach offizieller DDR-Lesart standen die getöteten Grenzsoldaten in den Reihen derer, »die in den nationalen und internationalen Klassenkämpfen, vor allem in den bewaffneten Kämpfen der Arbeiterklasse mit der Reaktion, dem grausamen Wüten der Konterrevolution zum Opfer fielen«. Weiter heißt es in einem Gedenkband der ehemaligen DDR-Grenztruppen: »Sie waren die Helden unserer sozialistischen Revolution. Ihrer Arbeiter- und Bauern-Macht treu und fest verbunden, setzten sie ihr Leben für den Sozialismus ein.«

Pionier- und FDJ-Organisationen, Kollektive in Betrieben und Institutionen trugen die Namen der erschossenen Grenzer. Nach ihnen wurden auch Schulen und Straßen benannt, ebenso sportliche Wettkämpfe. Grab- und Gedenkstätten sollten die Erinnerung an sie wachhalten. Die »unvergessenen Helden« waren in der Bundesrepublik bisher weitestgehend unbekannt. Sie zählen auch zu den Opfern von Mauer und Grenze.

Gerhard Hofer (geboren 2.2. 1924), gestorben 3.8. 1949

Der Volkspolizeiwachtmeister vom Grenzkommando Schlagbrügge wurde von einem Grenzgänger erschossen.

Fritz Otto (geboren 22.10. 1923), gestorben 1.9. 1949

Der Wachtmeister wurde an der Grenze zur Tschechoslowakei von einem Grenzgänger mit einem Messer erstochen.

Siegfried Apportin (geb. 30.11. 1930), gestorben 2.7. 1950

A k t e n v e r m e r k. -   Herrnburg den 3. Juli 1950

Am 2.7.50 gegen 21,30 Uhr benachrichtigte ein Posten des Kommandos Palingen-Dorf vom Fernsprecher des KPP Herrnburg die Wache der
Kommandantur Herrnburg,dass der VP.-Wachtmeister

               A p p o r t i n, Siegfried

auf Standposten II erschossen worden ist. Der andere Kamerad
               K n ö p k e, Leo
sein nicht im Postenbereich.
Die Wache verständigte sofort den PK.-Leiter der Kommandantur
VP.-Kommissar A s t e r und dieser weiter den Leiter der Grenz-
kriminaldienststelle VP.-Kommissar B e r g.

                         (P ö t z s c h)
                         Volkspolizei - Meister

Herbert Liebs (geboren 11.5. 1929), gestorben 21.2. 1951

Volkspolizei-Kreisamt - Abt. K   Eisenach, d. 21.2.1951
   - E i s e n a c h -   Wi./Gr.

                    M e l d u n g !
          ==

Am Mittwoch, dem 21.2.1951 gegen 19 Uhr wurde Unterzeichneter von
dem VP.-Komm.-Habicht verständigt, dass an der D.Linie in Richtung
Pferdsdorf Willerhausen in der Nähe des Schlagbaumes " Köpfchen "
der VP.-Wm. Herbert Liebs gegen 16 Uhr 40 während seines Streifendienstes von unbekannten Personen erschossen worden sei-.
Zur Zeit dieses Verfalles versah Liebs mit seinem Kameraden Wm.
Schulze Streifendienst.
Desweiteren wurde mitgeteilt, dass der Verletzte Liebs in das sich
in der Nähe befindliche Haus des Neulehrers Jahn gebracht wordensei,
wonach er infolge seiner schweren Verletzungen verstarb.

                              gez. W i l d n e r
·F.d.R.d.A.   (W i l d n e r)
(Heß)   Leiter d. Abt. K
VP.-Wm.in

272

Werner Schmidt (geboren 26.6.1929), gestorben 2.3.1951)

Heinz Janello (geboren 11.12.1931), gestorben 2.3.1951

Hauptverwaltung Deutsche Volkspolizei   Berlin, den 5.3.51
    Hauptabteilung G   St./W.
- - - - - - - - - - - - - - - - -

An die

Sowjetische Kontrollkommission
Leiter der Abteilung für administrative
Angelegenheiten
Herrn Oberstleutnant L j u l k a

<u>Berlin - Karlshorst</u>

<u>Betr.:</u> Erschiessung von zwei Grenzpolizisten durch amerikanische
       Soldaten in Oberzuhl.
<u>Bezug:</u> Unser Schreiben vom 3.3.51.

    Im Nachgang zu dem obigen Bericht konnte im weiteren
Verlaufe der Ermittlungen festgestellt werden, dass die von
den westlichen Söldnern gemachten Angaben nicht dem wirklichen
Tatbestand entsprechen.
Der Mord an den beiden VP.-Angehörigen
                S c h m i d t und
                J a n e l l o
ist in engsten Zusammenhang zu bringen mit den Vorfällen der
letzten Tage, die sich in diesem Grenzabschnitt ergeben haben.
Und zwar:

1. Erschiessung des VP.-Wm. L i e b s c h vom Kommando
    Pferdsdorf am 21.2.51 durch amerikanische Soldaten.

2. Verletzung der D.-Linie durch amerikanische Soldaten
    am Schlagbaum Köpfchen, im Kdo.-Bereich Pferdsdorf, am
    1.3.51, 15.30 Uhr, verbunden mit einer Provokation
    gegenüber zwei Angehörigen der Kreispolizei, indem die
    amerikanischen Soldaten versuchten auf dem Territorium
    der DDR die beiden VP.-Angehörigen an sich heran zu
    locken. Aufenthalt der amerikanischen Soldaten auf dem
    Territorium der DDR war ca. 15 Minuten.

3. Verletzung der D.-Linie durch amerikanische Soldaten
    am 28.2.51 gegen 11.30 Uhr am Schlagbaum Kasseler Str.
    Im sowjetischen Kommandobereich Ifta, verbunden mit
    einer Provokation gegenüber 2 VP.-Angehörigen vom
    Kommando Pferdsdorf und 2 sowjetischen Soldaten vom
    Kommando Ifta, indem die amerikanischen Soldaten ver-
    suchten, die vorgenannten Posten auf amerikanisches
    Gebiet zu locken. Diese Provokation ging so weit, dass
    die amerikanischen Soldaten nach vergeblichem Rufen und
    Anlocken gegen die VP.-Angeh. und sowjetischen Soldaten
    die Schusswaffen in Anschlag brachten. Bei dem Versuch,
    den amerikanischen D.-Linienverletzern den Rückweg ab-
    zuschneiden, entfernten sich dieselben mit einem Jeep-
    Fahrzeug in Richtung amerikanische Zone.

4. Erschiessung der VP.-Angeh. Schmidt und Janello am 2.3.51
    gegen 20.30 Uhr in Oberzuhl, durch amerikanische Soldaten.

- 2 -

273

Hieraus ergibt sich eine klare Schlussfolgerung über eine
Kette von Provokationen seitens der amerikanischen Besatzungs-
truppen gegenüber der Volkspolizei und Angehörigen der
Sowjetarmee.

Die inzwischen weitergeführten Ermittlungen ergaben folgende
neue Feststellungen:

a) Es trifft nicht zu, dass die beiden VP.-Angeh. von der
   Schusswaffe Gebrauch gemacht haben, denn die gesamte,
   lt. Munitionsquittungsbuch ausgegebene Munition (je VP.-
   Angeh. 15 Schuss = 30 Schuss) wurde bei der Übergabe der
   Leichen, am 3.3.51 um 16.oo Uhr, durch Angehörige der
   amerikanischen Besatzungstruppen dem übernehmenden Kommandanturleiter, VP.-Rat Kunze, einschliesslich der Waffen
   übergeben.
   Eine an Ort und Stelle durchgeführte Überprüfung der
   Gewehrläufe durch VP.-Rat Kunze und die anwesenden soje-
   tischen Offiziere ergab, dass sich die Gewehrläufe in
   einem nicht beschlagenen Zustand befanden und ausserdem
   Pulvergeruch nicht wahrzunehmen war. Die Karabiner wurden
   von der Mordkommission der Kriminalpolizei vorläufig sichergestellt.
b) Festgestellte Spuren von amerikanischen Jeep-Fahrzeugen
   in unmittelbarer Nähe des Tatortes bis ca. 120 m auf dem
   Territorium der DDR. Diese Spuren enden an unserem dort
   befindlichen Schlagbaum.
c) Bei Begehung des Tatortes waren deutliche Spuren unserer
   Volkspolizisten zu erkennen. Zu diesen Fußspuren traten
   ca. 120 m vor der D.-Linie auf dem Territorium der DDR
   weitere Spuren, hervorgerufen durch Ami-Gummischuhe und
   Hundespur. Alle 4 Spuren führten bis 6 m vor das Garten-
   grundstück des Taterthauses (12 m ostwärts der D.-Linie).
   An diesem Punkt befindet sich ein tief ausgetretener
   Trampelplatz, von dem die gefrorenen Schneemassen bis zu
   1,5 m im Umkreis zur Seite geschleudert sind, um diesen
   Platz verläuft ringförmig, mehrmals gelaufen bzw. gesprungen
   Hundespur. Dieses zeugt deutlich davon, dass an dieser
   Stelle auf dem Territorium der DDR ein Kampf stattgefunden
   haben muss. Durch Hinzukommen mehrerer Spuren können von
   diesem Trampelplatz aus einzelne Spuren, die weiter zum
   Tatort führen - in Richtung Westzone - ausser der Hundespur, nicht mehr ermittelt werden.
d) Von der D.-Linie aus, in Richtung Westzone gesehen, befindet sich ca. 18 m von der D.-Linie entfernt auf der
   linken Seite ein einstöckiges Wohnhaus mit der Hausnummer
   Obersuhl Nr. 43. Eigentümer dieses Hauses ist ein Herr
   G r i e m . Im Parterre dieses Hauses wohnt ein gewisser
   E i s e n b e r g . Dieser Eisenberg ist vor nicht allzu-
   langer Zeit aus der DDR - aus noch unbekannten Gründen -
   (früherer Wohnsitz Berka/Werra) in die Westzone nach Obersuhl geflohen. Einer Beschäftigung in Obersuhl ist Eisenberg bisher nicht nachgegangen. Trotzdem lebte er, nach
   Aussagen der Bevölkerung gut, hatte aber keinen Kontakt
   mit ihr.
   Die illegale Grenzgängerin Ursula G e r n e r , geb. am
   22.3.23 in Naumburg, wohnhaft in Bad Kösen, Karl-Marx-
   Strasse 12, erklärte in ihrer Vernehmung, dass am Tage der
   Tat von obersuhler Einwohnern beobachtet wurde, dass am
   morgen des 3.3.51 2 amerikanische Soldaten bei dem Eisenberg

- 3 -

in der Wohnung gewesen sind und diesem eine grössere
Menge Zigaretten gegeben haben. Etwa eine Stunde vor der
Tat waren dieselben amerikanischen Soldaten nochmals bei
dem Eisenberg. Vor der Wohnung des Eisenberg wurden die
beiden Volkspolizisten erschossen.
Beachtenswert in diesem Zusammenhang ist, dass nach
Aussagen von Einwohnern aus Obersuhl Eisenberg seit
dem Mord an den Volkspolizisten aus Obersuhl verschwunden
ist und wurde angeblich von den amerikanischen Soldaten
mitgenommen.

e) Auf der gegenüberliegenden Strassenseite des Hauses Nr.43
in Obersuhl befindet sich ein grüner Lattenzaun, vor dem
- mittels Fernglas deutlich sichtbar - und durch die Bevölkerung ebenfalls bestätigt, sich eine längliche Blut-
lache befindet.
Nach Auswertung der getroffenen Feststellungen wurden
die Volkspolizisten an dieser Stelle ermordet. Erwähnenswert in diesem Zusammenhang ist, dass die Volkspolizisten
nach ihrem Ableben von den amerikanischen Soldaten durch
Schmutz und Dreck geschleift wurden, was an Augen- und
Mundhöhlen, die vollkommen mit Dreck verschmiert waren,
deutlich zu erkennen war und ausserdem von dem Kaufmann
Hilmar L e p a k aus Obersuhl, dahingehend bestätigt
wurde, dass am Tatort eine grössere Schleifspur sichtbar
sei.
Als Anlage werden die Obduktionsbefunde des Schmidt und
Jamello, die einen weiteren Aufschluss über den vermut-
lichen Tatbestand ergeben, in Abschrift überreicht.
Hieraus ist ersichtlich, dass Schmidt mit einem harten
Gegenstand erst niedergeschlagen und dann erschossen wurde.
Janello wurde auf der Flucht erschossen, da beide Ein-
schüsse in der Rückenpartie erfolgten.

f) Als weitere Anlagen werden beigefügt:
Eine kurze Lageskizze über den Tatort und nähere Umgebung,
sowie eine Skizze über die Regelung des Streifendienstes
des VP.-Grenzkommandos Untersuhl, aus der ersichtlich ist,
dass die Posten- und Streifenwege sich in einer Tiefen-
staffelung von ca. 150 bis 200 m von der D.-Linie befanden.
Entsprechend wurde auch an Schmidt und Janello vor Dienst-
beginn der Diensteauftrag erteilt.
Bei Berücksichtigung der bereits aufgezeigten Tatbestands-
merkmale ergibt sich, dass die VP.-Angeh. Schmidt und
Janello durch bestimmte Feststellungen und Wahrnehmungen
sich über den Rahmen des festgelgten Streifenbereiches der
D.-Linie genähert haben.

g) Bei der Tätigkeit der Ermittlungen am Tatort wurden durch
einige Obersuhler Einwohner folgende Bemerkungen gemacht:
Der Hausbesitzer Krien erklärte, dass Eisenberg über alles
informiert sei und entsprechend aussagen könnte, derselbe
sei aber von den Amerikanern mitgenommen worden. Er selbst
könnte wohl auch noch einiges sagen, aber er dürfe sich
nicht den Mund verbrennen, denn er wisse nicht, wer alles
mithören würde. Er war aus Angst vor den Amerikanern nicht
zu bewegen weitere Ausführungen, die im Zusammenhang mit
dem Tatbestand stehen, zu machen.
Eine Frau erklärte, dass wäre die reinste Schiesserei auf
der Strasse gewesen, jetzt wären ihr endlich die Schuppen
von den Augen gefallen und sie wüsste, wer die wirklichen
Feinde Deutschland seien.

Nach einer Mitteilung des PK-Leiters des KPP Wartha, wurde derselbe

- 4 -

von einem in Westdeutschland wohnhaften Omnibusfahrer in obiger Mordangelegenheit angesprochen, ohne dass der PK-Leiter von diesem Vorgang Kenntnis hatte. Dieser Omnibusfahrer erklärte, dass man im Westen darüber sprechen werde, dass derselbe amerikanische Sergeant, der den VP.-Angeh. in Pferdsdorf erschossen habe, auch die Erschiessung der VP.-Angeh. in Obersuhl durchgeführt habe.
Der Omnibusfahrer befindet sich auf dem Wege nach Leipzig und wird nach Rückkehr nochmals unter Festhaltung seines Namens zu dieser Angelegenheit gehört werden.

Abschliessend ist noch erwähnenswert, dass für diesen aufgezeigten Abschnitt einunddieselbe Einheit verantwortlich zeichnet und diese Einheit erst seit ca. 6 Wochen dort ihren Dienst versieht. Von Einwohnern der Westzone wird erklärt, dass diese amerikanischen Soldaten frisch aus Texas gekommen seien.

Generalinspekteur der VP

(Seifert)

Manfred Portwich (geb. 7.5. 1925), gestorben 27.10. 1951

Volkspolizei-Grenzbereitschaft   Mühlhausen,den 27.lo.51.
    M ü h l h a u s e n   Zä/Hg.

T .-Nr.: **3460** /51.

An die
Hauptverwaltung
Deutsche Volkspolizei
- Hauptabteilung G -

B e r l i n
.-.-.-.-.

Betr.: Erschiessung des VP.-Hptwm. P o r t w i c h , durch bewaffnete
     Banditen.
Bezug: Spitzenmeldung v. 27.lo.51

Am Donnerstag,den 25.lo.51 wurden dem Stabschef der VPGB Mühlhausen
durch den Kdtr.-Leiter Geimar,gemeldet,dass gegen o7.oo Uhr des
gleichen Tages ein hellgrauer Zweisitzer-PKW (Porsche) illegal
die Demarkationslinie zwischen Wendehausen und Faulungen von West
nach Ost passierte.Auf Grund des starken Nebels war eine Verfolgung
durch die Reiterstreife nich möglich,so dass das weitere Suchen
ergebnislos verlief.
Der Kommandanturleiter wurde angewiesen,sofort zu veranlassen,dass
dieser Punkt unter verstärkte Kontrolle gestellt wird.
Bis Sonnabend,den 27.lo.51 ereignete sich nichts mehr.
Am gleichen Tag gegen o7.oo Uhr befand sich der PK.-Leiter des Kdos.
Faulungen, VP.-Hptwm. Menge, mit einem Gruppenführer,VP.-Hptwm.
Portwich auf Streifenkontrolle.
Auf der oben näher beschriebenen Stelle,einem Feldweg zwischen Wende-
hausen und Faulungen (R 86 o8o, H 71 44o) hörten beide plötzlich
Motorengeräusch eines sich nähernden PKWs.Beide dachten sofort an
den bewussten PKW und ergriffen weitere Massnahmen,d.h., der VP.-Hptwm.
Portwich stellter sich hinter einen Baum und sicherte den VP.-Hptwm.
Menge, welcher den Wagen anhielt.Der Wagen schleuderte etwas und hielt
dann.Daraufhin forderte der VP.-Hptwm. Menge die beiden Insassen auf,
auszusteigen und die Hänge hoch zu heben.Die Insassen leisteten der
Aufforderung Folge,stiegen aus und hoben die Hände in Brusthöhe.
Bei der Aufforderung, die Hände gänzlich hochzuheben,sprang der
Fahrer plötzlich drei Schritt zurück und zog die Pistole.
Der VP.-Hptwm. Menge,der die geladene Pistole in der Hand hielt,
versuchte dem Banditen zuvorzukommen und zu schiessen.
Es stellte sich jedoch heraus,dass zwar der Schlagbolzen vorschnellte,
aber der Schuss nicht losging.Wie später festgestellt wurde,ist das
Zündhütchen der Patrone nicht angeschlagen worden.Erst bei der
fünften Patrone hatte er Erfolg und der Schuss brach,womit der
Bandit in den rechten Unterarm getroffen wurde.
In der Zeit hatte der Grenzverletzer jedoch schon acht Schuss auf
unsere beiden Volkspolizisten abgegeben.Davon ging einer dem VP.-Hptwm.
Menge an der rechten Schulter vorbei,durchlöcherte die Uniformjacke
und den Pullover,beschädigte jedoch das Hemd nicht mehr.
Von den anderen Schüssen traf einer den VP.-Hptwm. Portwich in den
Unterleib,so dass er sofort zusammenbrach.In diesem Augenblick
erschienen am Tatort eine Streife vom Kdo. Wendehausen, eine Reiterstreife des Kdos. Faulungen und die reguläre Streife des Kdos.
Faulungen,die diesen Punkt zu besetzen hatte.Die reguläre Streife eröffnete sofort das Feuer auf den Bieber,welcher von einem Karabiner-
geschoss in die Brust getroffen wurde,lt. ärztlichem Befund besteht
jedoch keine Lebensgefahr.

Daraufhin konnten die beiden Banditen gestellt werden.

Ulrich Krohn (geboren 28.8. 1931), gestorben 16.5. 1952

Darstellung des Sachverhaltes:

Am 16.5.1952 gegen 14 Uhr tötete der VP-Unterwm.

Hartmut **T r ü b e**
geb.am 28.3.1935 in Domnau Krs.Bartenstein
wohnhaft in Domsühl Krs.Parchim

den VP-Oberwm.

Ulrich **K r o h n**
geb.am 23.8.1931 in Zachow Krs.Neustrelitz
wohnhaft in Zachow Krs.Neustrelitz

in Thurow Horst Krs.Schwerin auf ihrem Postenstand an
der D-Linie durch 3 Karabinerschüsse und flüchtete an-
schliessend in die Westzone.
Die beiden Obengenannten, die bei der Grenzwache Thurow-
Horst Dienst tun, bezogen am 16.5.1952 um 1o Uhr ihren
Postenstand. Um 13.2o Uhr brachte ihnen der VP-Wachtm.
Horst R a f f e l ihr Mittagessen und hielt sich dort ca
15 Minuten lang auf. Sodann begab er sich zur Grenzwache
zurück. Als um 14.3o Uhr die VP-Wachtm. Heinz K r o h n
und Kurt P a l l a s auf dem Postenstand zur Ablösung
eintrafen, wurde VP-Oberwm. Ulrich K r o h n im Postenstand erschossen aufgefunden. VP-U.-Wm. Hartmut T r ü -
b e war zur Westzone desertiert, nachdem er dem Ermordeten noch dessen Armbanduhr, Brieftasche mit sämtlichen Ausweispapieren und Karabiner entwendet hatte.
Das Motiv zu dieser Tat konnte durch die bisherigen Ermittlungen noch nicht einwandfrei geklärt werden.

(B r a n d t)
VP-Meister

278

DER OBERBÜRGERMEISTER VON GROSS-BERLIN

BERLIN C 2, PAROCHIALSTRASSE 1-3 (NEUES STADTHAUS) · FERNRUF: 42 00 51

31. Dezember 1952

An den
Präsidenten der Volkspolizei in Berlin
Genossen Waldemar S c h m i d t
B e r l i n C 2
Neue Königstr. 27-37

Werter Genosse Polizeipräsident!

Ihre Mitteilung von dem feigen Mord an dem jungen Unterwachtmeister
der Volkspolizei Helmuth J u s t hat mich tief erschüttert. Das
Verbrechen erfolgte wenige Stunden nach der niederträchtigen Mord-
hetze, die vor dem Schöneberger Rathaus von den Gewalthabern in Westberlin zur Vorbereitung der amerikanischen Aggression gegen die
Deutsche Demokratische Republik und die Sowjetunion betrieben wurde.
Helmuth Just ist ein neues Opfer der fortgesetzten Provokationen,
die von den amerikanischen Imperialisten und ihren deutschen Hand-
langern gegen den Frieden der Welt und die Wiedervereinigung Deutschlands unternommen werden. Sein Tod muß insbesondere allen Angehörigen
der Deutschen Volkspolizei und unserer Jugend überhaupt eine ernste
Mahnung sein, die Wachsamkeit und die Bereitschaft zur Verteidigung
der demokratischen Errungenschaften und des sozialistischen Aufbaues
zu erhöhen.

Ich bitte Sie, werter Genosse Polizeipräsident, den Eltern des
ermordeten Unterwachtmeisters Helmuth Just das aufrichtigste Beileid
des Magistrats von Groß-Berlin zu übermitteln.

Mit sozialistischem Gruß

279

Waldemar Estel (geboren 5.2.1932), gestorben 3.9.1956

Geheime Verschlußsache!

Bezirksbehörde Deutsche Volkspolizei
Suhl / Sitz Meiningen
Abteilung K/Mord-Unfallkommission
Tagebuch-Nr.: 178/56

z. Zt. Buttlar den 3.9.1956

Tatortbefundsbericht

Betr.: Mord durch Erschießen am 3.9.56 an der Hauptstraße 84 zwischen
Buttlar und Grüsselbach.

I. Meldung und Veranlaßtes:

Am 3.9.56 um 16.50 Uhr wurde die MUK der BDVP Suhl davon verständigt,
daß im Dienstbereich des Grenzkommandos Buttlar/Krs. Bad Salzungen ein
Angehöriger der DGP von einem Grenzverletzer durch Schußwaffengebrauch
tödlich verletzt worden ist.
Eine Einsatzgruppe der BDVP Suhl, bestehend aus
       VP.-Oberrat Schranz, als Leiter,
       VP.-Komm. Körner, als Sachbearbeiter und
       VP.-Ukomm. Sorge, als KT-Sachbearbeiter,
begab sich mit einem PKW unverzüglich zum Tatort, wo sie gegen 18.30 Uhr
eintraf.
Der Tatort war durch Angehörige des VP-Grenzkommandos Buttlar
abgesperrt.
Am Tatort befanden sich:
       der Stellvertreter Allgemein vom VPKA Bad Salzungen,
       VP.-Okomm. Goschalla,
       der Sachbearbeiter AK 1, von der Abt. K Bad Salzungen,
       VP.-Hptwm. Sandlass,
       der KT-Sachbearbeiter von der Abt. K Bad Salzungen,
       VP.-Ukomm. Huss
sowie der zuständige ABV, der Dienststellenleiter des VP-Grenzkommandos
Buttlar und der Arzt Dr. Weissmantel aus Geisa. Am Tatort waren bereits
Veränderungen vorgenommen.
Die Lage der Leiche war unverändert.
Die Ermittlungen wurden sofort aufgenommen.
[…]

IV. Die Lage der Leiche und Spuren an derselben.

Die Leiche liegt von der Straße aus gesehen mit dem Kopf nach Südosten in
der Mitte des vorbezeichneten Weges auf dem Bauch. Der Kopf ist nach links
verdreht, die rechte Gesichtshälfte berührt den Erdboden. Der Körper ist lang
ausgestreckt. Der linke Arm ist eingewinkelt, die linke Hand liegt in Höhe der
Hüften etwa 15 cm vom Körper entfernt mit dem Handrücken auf dem Erdboden. Der rechte Arm ist stark eingewinkelt, die rechte Hand ist zur Faust
geballt und liegt über der rechten Schulter am Hinterkopf.Das rechte Bein ist
lang ausgestreckt und liegt in Richtung der Körperachse. Das linke Bein ist
nach links vorn angewinkelt, der Absatz des linken Stiefels befindet sich in
Höhe des Knies des rechten Beines.

Von der Leiche bis zur Straßenkante besteht eine Entfernung von etwa 20 m. Die Leiche ist mit einer Uniform der Deutschen Grenzpolizei, jedoch ohne Koppel und Mütze, bekleidet.
An der rechten Hand befindet sich eine Schußverletzung (Durchschuß), welche in der Handinnenfläche einschußseitig einen deutlichen Schmauchhof erkennen läßt. Die Uniformjacke zeigt auf der Rückseite 3 Schußlöcher, wovon bei zweien dunkelbraune Rückstände zu erkennen sind. An den Vorder- und Seitenteilen sowie am rechten Jackenärmel sind weitere 4 Schußlöcher zu erkennen.

V. Allgemeines.
Der Tatort wurde fotografiert und skizziert. Die Leiche wurde zur Durchführung der gerichtsmedizinischen Obduktion in die Leichenhalle des Krankenhauses Vacha überführt. Das gesicherte Beweismaterial wird den KTI Berlin zur Begutachtung übersandt.

(Sorge)
VP.-Ukomm.

Jörgen Schmidtchen (geb. 28.6. 1941), gest. 18.4. 1962

(Vgl. »Sterben an der Mauer«, Seite 96 f.).

Geheime Verschlußsache!

MINISTERIUM FÜR NATIONALE VERTEIDIGUNG   O. U., den 27.4. 62
            Stellvertreter des Ministers
            Chef der Luftstreitkräfte u.
            Luftverteidigung

An den
Minister für Nationale Verteidigung

Betr.: Abschlußbericht zur Fahnenflucht der Offiziersschüler Gundel und Böhme der Flakartillerie-Schule
Bezug: Sofortmeldung vom 16.4. 62

Als Anlagen werden der Abschlußbericht zu o. g. Verbrechen und ein Bericht der 2. Grenzbrigade zum schweren Grenzdurchbruch mit tödlichem Ausgang am 18.4. 62 vorgelegt.
Am 16.4. 62 wurden die Obengenannten gegen 07.30 unter Mitnahme von 2 Pistolen und 96 Patronen aus der Kaserne heraus fahnenflüchtig. Sie konnten, obwohl sie sich bis 18.4. im Gebiet Potsdam aufhielten, trotz umfangreicher Fahndungsmaßnahmen nicht festgenommen werden.
Beim gewaltsamen Grenzdurchbruch am Gleisdreieck Griebnitzsee wurden beide gestellt und Böhme bei einer von den Banditen begonnenen Schießerei getötet. Der Postenführer, Gefr. Schmidchen, fand bei der Verhinderung des gewaltsamen Grenzdurchbruchs den Tod.
An der Untersuchung des Verbrechens nahmen neben der Leitung der Flakartillerie-Schule und einer Kommission mehrere verantwortliche Offiziere des Stabes des Kommandos der Luftstreitkräfte und Luftverteidigung teil.
Der Untersuchungsbericht wird in vorliegender Form bestätigt.

Neben den im Abschlußbericht aufgeführten Ursachen und begünstigenden Umständen wurden grobe Mängel in der Führungs- und Leitungstätigkeit und in der politischen Arbeit mit den Offiziersschülern festgestellt. So wurde von der Leitung der Schule der Tatsache, das ca. 20 Offiziersschüler des 1. Lehrganges, darunter Gundel und Böhme, bereits bei ihrer Zuversetzung die Frage der Rückversetzung in die Truppe bzw. der Entlassung aus der NVA stellten, nur ungenügende Bedeutung beigemessen.

Man begnügte sich mit formalen Aussprachen, in denen die Betreibenden ihr Einverständnis zum Bleiben erklärten. Eine weitere schwerpunktmäßige Einflußnahme auf diese Genossen unterblieb.

Weiterhin wurde der Erziehung der Offiziere (Kompaniechefs, Zugführer usw.) von der militärischen Leitung der Schule wie auch von der Parteileitung zu wenig Aufmerksamkeit geschenkt. Das kam besonders zum Ausdruck in dem oft hilflosen Verhalten jüngerer Offiziere bei Auftreten von Erziehungsschwierigkeiten sowie im ungenügenden Vertrauen, sich bei komplizierten Fragen an ältere und erfahrenere Vorgesetzte zu wenden.

Zur schellen Überwindung dieses Zustandes und zur Verbesserung der Leitungs- und Führungstätigkeit wurde im Ergebnis der Untersuchung des Verbrechens eine Kommission des Kommandos unter Führung des Leiters der Politischen Verwaltung eingesetzt. Dieser Kommission gehören weiterhin Offiziere der Abteilung Kader und des Stellvertreters für Flakartillerie an.

Die Kommission hat die Aufgaben, die gesamte politische und militärische Erziehungsarbeit der Schule zu untersuchen und im Ergebnis geeignete Maßnahmen vorzuschlagen.

Es ist vorgesehen, nach Abschluß dieser Untersuchungen das Vorkommnis in einem Befehl auszuwerten.

Neben den vom Kommandeur der Schule festgelegten Disziplinarmaßnahmen wird der

Major Riege, Stellvertreter des Kommandeurs der FAS für Technik
wegen Vernachlässigung der Kontrollpflichten mit einem strengen Verweis bestraft.

– Generalleutnant –   Keßler

Manfred Weiss (geboren 1.12.1943), gestorben 19.5.1962

A b s c h r f i t

NATIONALE VOLKSARMEE
11. Grenzbrigade
– Der Kommandeur –   O.U., den 20.05.1962

Tgb.-Nr.: 506/62

An den
Chef der Grenztruppen
– Gen. Oberst Peter –
– – – – – – – – – –

Ich melde:

Am 20.05.1962, 01.20 Uhr, erhielt der OP-DH der Grenzbrigade
die Meldung vom GR 9, daß gegen 00.45 Uhr, 500 m nordostwärts
des Jungberges (9495 a), durch die Kontrollstreife, Gefr.
B r ü h l und Sold. S c h i l l e r, der Postenführer Gefr.
W e i ß erschossen aufgefunden wurde.
Der Posten, Sold. J a b l o n s k i, war nicht aufzufinden.
Über den Kopf des Gefr. W e i ß war die Jacke des Kampfanzuges
vom Sold. Jablonski gebreitet. In Höhe des Gürtels lag die MPi
in gespanntem und gesichertem Zustand. Weiter lagen die Gegenstände wie ein Hirschfänger, Sturmgepäck des J. am Tatort.
Es wurden 4 eng beieinanderliegende Einschüsse im Rücken (Höhe
der Hüftlinie) des W. festgestellt. Nach Aussagen des Gefr. Brühl
hatte W. noch eine gewisse Körperwärme.

Nach dem Gefr. B. die GK über Grenzmeldenetz verständigt hatte,
hörte er Schrittgeräusche auf dem Hang in Richtung Grenze.
Nach Anruf gab er einen Warnschuß ab. Eine Verfolgung in Richtung
Grenze blieb ohne Erfolg. Es wurde lediglich eine Spur auf dem
10-m-KS festgestellt.

In Zusammenarbeit mit dem Leiter der Abwehr der Brigade und
dem MStA führte ich mit einer Kommisson die Untersuchung des
Vorkommnisses. Die MUK des Bezirkes wurde sofort verständigt
und nahm nach Eintreffen die Ermittlungen auf.

– 2 –

283

Im Verlaufe der Untersuchung wrde festgestellt:

- Gefr. Weiß hat leztmalig 00.20 über OMN (Sprechstelle 12 m
  vom Tatort entfernt) die Kp. angerufen;

• der Grenzposten des Gefr. W. sollte 24.00 Uhr den WG an
  der Straße Henneberg – Mellriohstadt ablösen. Da diese
  Ablösung zur festgelegten Zeit nicht erfolgt, begab sich
  zwischen 00.15 – 00.20 Uhr die dort anwesende Kontrollstreife
  in das Postenbereich des Grenzpostens Weiß (Entfernung ca.
  1.300 m) und fand diesen erschossen auf;

- die beim Toten liegende MPi gehört lt. Waffenausgabebuch
  dem Sold. Jablonski. In der Trommel fehlten 4 Schuß – vier
  Hülsen wurden am Tatort gefunden. Die Waffe des Gefr. W.
  fehlte. Durch einen zur Sicherung der Spur eingesetzten Grenzposten wurde 08.10 Uhr beobachtet, daß 3 Zöllner eine MPi
  ca. 12 m jenseits der Grenze im Wald aufnahmen;

- der Zustand der Leiche läßt darauf schließen, daß sich J.
  nach der Verletzung seines Postenführers um Hilfe bemühte;

  a) ein Taschentuch vor dem Mund des Toten muß von J. benutzt
     worden sein, um dem sich erbrechenden Gefr. W. die Sekre-
     mente vom Mund zu entfernen. W.

  b) vermutlich nach Eintritt des Todes legte J. die Jacke seines
     Kampfanzuges über den Kopf des Gefr. W.

Im bisherigen Verlauf der Untersuchung konnte noch nicht geklärt
werden, ob es sich um einen fahrlässigen Schußwaffengebrauch oder
um eine vorsätzliche Handlung des J. handelt.
Die dargelegten bisherigen Untersuchungsergebnisse lassen allerdings den Schluß zu, daß es sich um einen fahrlässigen Schußwaffengebrauch handelt. Das Motiv der anschließenden Fahnenflucht
des Sold. J. ist vermutlich Angst vor den Folgen seiner Handlung.

Die bisherigen Versuche der Aufklärer vom westdeutschen Zoll Auskünfte über die Aussagen des J. zu erhalten, waren erfolglos. Die Aufklärung führt diese Arbeit fort.

Obwohl die bisherigen Ermittlungsergebnisse noch keine Klärung darüber gebracht haben, ob es sich um eine vorsätzliche Tötung mit dem Ziel der Fahnenflucht handelt, oder um einen fahrlässigen Schußwaffengebrauch mit anschließender Fahnenflucht, aus Angst vor der Verantwortung, ergeben sich entsprechend dem bisherigen Stand der Untersuchung für die Grenzbrigade bereits folgende Probleme:

1. In der Kompanie war bei meinem Eintreffen festzustellen, daß die Stimmung allgemein auf Mord orientiert war, das Problem der Fahnenflucht wurde völlig unberücksichtigt gelassen.
Die anwesenden Soldaten und Unteroffiziere brachten ihren Haß gegenüber J. zum Ausdruck.
Gleichzeitig zeigte sich aber auch Trauer und Niedergeschlagenheit und in verschiedenen Momenten Ängstlichkeit.
Weiter konnte aber festgestellt werden, daß der in der Kp. anwesende diensthabende Offizier die Führung der Kompanie fest in der Hand hatte (1. Meldung wurde ordnungsgemäß abgesetzt; der Einsatz der Kräfte erfolgte schnell, zweckmäßig und organisiert zur Abriegelung des Grenzabschnittes; die Führung der eingesetzten Kräfte über GMN war ununterbrochen gewährleistet).

Der Zustand der Kompanie wird so eingeschätzt, daß sie weiter in der Lage ist, ihre Aufgaben voll zu erfüllen.
Um über die Einschätzung des Vorkommnisses in der Kp. Klarheit zu schaffen, wurde durchgeführt:

- Dienstbesprechung mit den Offizieren;
- Beratung mit der Grundorganisation;
- Aufgabenstellung an alle Parteimitglieder zur Führung von Gesprächen in den Gruppen;

- 4 -

- Nach Meldung des Btl.-Kdrs. traten in den Morgenstunden in der Nachbarkompanien Diskussionen zu dem Vorkommnis auf. Der Stellv. für Politische Arbeit des GR wurde angewiesen, das zu überprüfen und in diesen Einheiten wie in der 1. Kp. zu verfahren;

- da angenommen werden muß, daß in den nächsten Tagen in weiteren Einheiten Diskussionen zu diesem Vorkommnis auftreten, ist vorgesehen, die Delegiertenkonferenzen der GR 3 und 9 am 22. und 23.05.1962 zur Klärung mit auszunutzen.

2. Unabhängig vom Abschließen dieses Untersuchungsergebnisses, ergeben sich für die Ausbildung und den Grenzdienst folgende Schlußfolgerungen:

- die Mängel im Verhalten der Grenzposten fordern die bereits aus vorangegangenen Vorkommnissen gezogenen Schlußfolgerungen über die Verstärkung der Arbeit mit den Postenführern zum Beispiel spezielle Ausbildung der Postenführer, Beratungen und Konferenzen mit den Postenführern in Grenzkompanien und Grenzbtl. intensiv fortzusetzen;

- die Erfüllung des gegebenen Befehls über verstärkte Nachtkontrollen des Grenzdienstes durch die GR und GBtl. durch den Stab der Grenzbrigade stärker zu kontrollieren.
Nach Abschluß der Untersuchungen werde ich eine eingehende Auswertung mit meinen Stellvertretern und den Kommandeuren der GR durchführen und entsprechend dem Ergebnis, notwenige weitere Maßnahmen einleiten.
Der Kdr. des GBtl. suchte am heutigen Nachmittag die Pflegeeltern des Gefr. Weiß in Erfurt auf und überbrachte die Mitteilung vom Todes des Sohnes. Der Kdr. des GR wurde angewiesen, eine Kommission zur Bestattung des Genossen W. zu bilden. Nach Freigabe der Leiche wird die Überführung nach Erfurt durchgeführt. Die Bestattung erfolgt in Zusammenarbeit mit der Stab der 9.GBr.

Peter Göring (geboren 28.12.1940), gestorben 23.5.1962

LPP 3   den, 23.5.1962

4

B e r i c h t

<u>netr.</u>: Grenzdurchbruch mit Schußwaffengebrauch

Vertrauliche Verschlußsache

VS-Tgb.-Nr.: 3556/63   1. Ausf. Blatt

Am 23.5.1962 gegen 17,25 Uhr erfolgte über den Invalidenfriedhof
Humboldkanal ein Grenzdurchbruch durch eine männliche Person.
Er übersprang die Mauer und durchschwamm dann den Kanal.Durch die
Genossen der Linie wurde ein Schuß abgegeben bevor er die Mauer
übersprang,und ein weiterer beim Überspringer der Mauer.Als die
Person das Wasser erreicht hatte konnte er von den Posten
1 Gefr. L i e b n e r und Posten 2. Uff. B a l z e r eingesehen
werden. Diese eröffneten sofort das Feuer gemeinsam mit den Genosse
der Linie.Die Person durchschwamm den Kanal bis zur westlichen
eite an der sich eine Treppe befand und blieb auf dem Potest
der Treppe liegen.Bei diesem Vorgang kam der Gen.Ofw. a n e t e r
und eröffnete ebenfalls das Feuer auf diese Person. Es wurden
Vom KRP 3 insgesamt 50 Schuß aus der MPi Kalaschnikow abgegebn.
Nachdem die Person ca. 3 Minuten auf dem Potest gelegen hat
erschien auf westlicher eite ca. 4 Duepo. mit Funkwagen und
versuchten dei männliche Person die Treppe hoch zu holen.
Durch Schüsse kurz vor die Treppe wurden sie daran gehindert.
Darauf gingen sie in tellung und eröffneten das Feur auf unsere
Posten.Von unseren Posten wurde westberliner Gebiet nicht
beschossen.Nachdem stieg eine Zivilperson die Treppe hinunter,
band die Person an einen Strick und wurde dann von der Duepo
die Preppe hinaufgezogen.Die Person machte einen leblosen Eindruck.
Er wurde in ein Feuerwehrauto geladen und abgefahren.Die Duepo
verschanzte sich darauf an dieser Stelle. Sie verblieb dort bis
zur Dunkelheit.

(Ltn. D a r g e l)
Zugführer

287

Reinhold Huhn (geboren 8.3. 1942), gestorben 18.6. 1962

MINISTERIUM DES INNERN
  Bereitschaftspolizei
  1.Grenzbrigade (B)
  IV. Grenzabteilung

O.U., den 18.06.1962

Vertrauliche Verschlußsache

VS-Tgb.-Nr.: 3557/63 1. Ausf. Blatt

S p i t z e n m e l d u n g

Betr.: Verletzung eines Postens an der Staatsgrenze zu Westberlin durch Anwendung der Schußwaffe durch unbekannten Täter

Personalien des Verletzten

Name: **H u h n**	Vorname: Reinhold
geb.am: 08.03.1942	in: Braunsberg
wohnhaft: Niederdorf/Erzgeb.	Dorfstraße 24
VP seit: 12.09.1960	eingestellt: VPKA Plauen
Dienstgrad: Gefreiter	Dienststellung: Posten
Dienststelle: 1. Kompanie IV. GA	zuversetzt: 9. Bereitschaft
Dienstbuch-Nr.: 029 515	vereidigt am: 29.11.1960
Beruf: Melker	sozi.Herkunft: Arbeiter
FDJ seit: 1957	Schulbildung: 7. Kl. Grundsch.
Westverwandtschaft: II. Grades in Dortmund	

Am 18.06.1962 gegen 14.55 Uhr besetzten die Genossen Gefreiter Kuhn als Posten und Gefreiter Hofmann als Postenführer die Staatsgrenze am Posten 5 (Unterabschnitt I) Jerusalemerstraße.
Bereits bei der Ablösung konnte festgestellt werden, daß sich gegenüber unserem Postenturm, welcher sich ca. 75 m links von der Jerusalemerstraße befindet, auf westlicher Seite der Fernsehfunk befand.
Gegen 17.oo Uhr stellton wir fest, daß sich auf dem Dach des westberliner Zeitungskonzerns 2 Zivilisten befanden welche unsere Posten beobachten. Zur gleichen Zeit bestieg eine Zivilperson das Dach der auf westlicher Seite stehenden Baracke und nagelte Latten fest.
Gegen 17.2o Uhr kam aus dem Haus Zimmerstraße 56 eine männliche Person heraus und begab sich bis kurz vor die Volksbuchhandlung, welche in der Leipziger Straße Ecke Markgrafenstraße steht.
Dort konnte festgestellt werden, daß sich einige Personen angesammelt hatten und unterhielten. Nachdem der Stützpunkt davon in Kenntnis gesetzt wurde, wurde eine Hinterlandstreife eingesetzt um diese Personen zu kontrollieren.
Bei Annäherung der Hinterlandstreife entfernten sich jedoch diese Personen.
Gegen 18.45 Uhr kam dieselbe männliche Person in Begleitung von 2 Frauen und einem Kind und wollten sich in das Haus Zimmerstraße 56 begeben.
Gefreiter Huhn ging auf die Personen zu und forderte diese auf stehen zubleiben da er sie kontrollieren wollte. Sie mußten erst mehrmals

- 2 -

Vertrauliche Verschlußsache

– ㏑S-Tgb.-Nr.: 3557/63   1. Ausf. Blatt

zum stehenbleiben aufgefordert werden bevor sie stehenblieben.
Dabei hatten die Frauen mit dem Kind einen Abstand von 10 Metern
zu der männlichen Person.
Die männliche Person griff in die Innentasche seiner Jacke. Kurze
Zeit darauf fiel ein Schuß und der Genosse Huhn fiel zu Boden.
Genosse Hoffmann eröffnete mit seiner Maschinenpistole das Feuer
auf die männliche Person wobei er 10 Schuß abgab.
Die Zivilpersonen verschwanden sofort in dem Haus Zimmerstraße 56.
Bei der Durchsuchung der Kellerräume dieses Hauses konnte festge-
stellt werden, daß sich von dort aus ein Tunnel in Richtung West-
berlin befindet.
Es ist daher zu vermuten, daß die Zivilperson durch diesen Tunnel
nach Westberlin entkommen sind.
Genosse Huhn wurde mittels Rettungswagen ins VP-Krankenhaus gebracht,
wo er verstorben ist.

Eingeleitete Maßnahmen:

– Verständigung des im Befehl 22/62 festgelegten Personenkreises,

– Einsetzung einer Untersuchungskommission,

– Sicherung des Tatortes

Offizier für Kommandantendienst

– Oberleutnant –   (P o h l)

289

Rudi Arnstadt (geboren 3.9. 1926), gestorben 14.8. 1962

Nationale Volksarmee, Kommando der Grenztruppen.
Tagesmeldung Nr. 227/62.

Geheime Verschlußsache!

[...]

Am 14.08.1962 gegen 11.05 Uhr , bewaffnetes Eindringen in die
DDR durch 3 BGS Angehörige, mit Beschießen eines Grenzpostens
und Ermordung des

        Hptm. A r n s t a d t , Rudi
        geb. 3.9.1926
        wohnhaft Wiesenfeld, Kreis Bad Salzungen
        NVA seit 1.6.1949
        GK -Chef
        SED , verheiratet, 2 Kinder

am Pkt. 357,8 250 m nordwestlich der Ortsverbindung.strasse
Wiesenfeld - Setzelbach (WD) .
Der Hauptmann A. war als Kontrollstreife mit Begleitposten
im Grenzabschnitt eingesetzt. Die BGS-Angehörigen , darunter
ein Hauptmann i.BGS hatten die Grenze um ca. 2 - 3 m über-
schritten und befanden sich auf dem Territorium der DDR.
Hptm. A. rief die Provokateure an " Halt stehend bleiben -
Hände hoch ". Der Begleitposten gab einen Warnschuß in die
Luft ab. Die BGS-Angehörigen brachten ihre Schnellfeuergewehre
in Anschlag und eröffneten das Feuer auf den Grenzposten.
Im Verlaufe eines kurzen Feuerwechsels zogen sich 2 der Provokateure in die Westzone zurück, während der 3. , aus einem
Haferfeld vom Territorium der DDR das Feuer führte und vermut-
lich den tödlichen Schuß auf den Genossen Hptm. A. abgab.

[...]

Siegfried Widera (geb. 12.2. 1941), gestorben 23.8. 1963

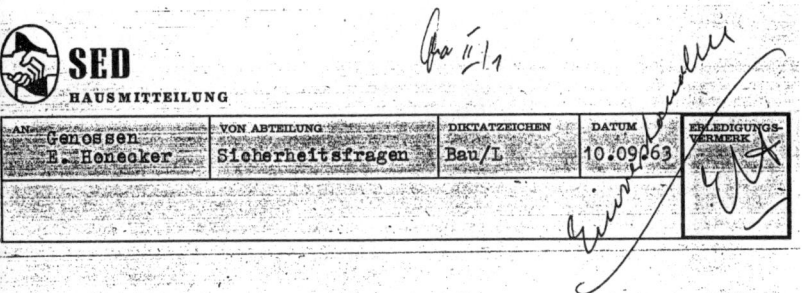

SED
HAUSMITTEILUNG

AN:	VON ABTEILUNG	DIKTATZEICHEN	DATUM	ERLEDIGUNGS-VERMERK
Genossen E. Honecker	Sicherheitsfragen	Bau/L	10.09.63	

Werter Genosse Honecker !

Wie bereits bekannt, verstarb am 08. 09. 1963 der Unteroffizier
der Grenztruppen der Nationalen Volksarmee, Genosse Siegfried
W i d e r a.

Bekanntlich wurde nach der Ermordung von Peter Göring und Reinhold
Huhn durch den 1. Sekretär des Zentralkomitees und Vorsitzenden
des Staatsrates, Genossen Walter Ulbricht, den Angehörigen ein
Beileidsschreiben übermittelt und an seinem Grabe ein Kranz
niedergelegt.

Wir halten es für richtig, auch in diesem Falle das gleiche zu
veranlassen.

Beiliegend übermitteln wir Dir den Entwurf eines Beileidschreibens.
Die Beisetzung findet am 11. 09. 1963, 16.00 Uhr in seinem Heimatort Gorenzen, Kreis Hettstedt, mit allen militärischen Ehren statt.

Wir schlagen vor, daß das Beileidsschreiben am Tage der Beisetzung
durch einen Mitarbeiter unserer Abteilung den Angehörigen persönlich überreicht wird.

Wir bitten um Kenntnisnahme und Bestätigung.

Mit sozialistischem Gruß

Borning

Anlage

B E F E H L   Nr. 37 /72
des Kommandeurs

Über   die Wahrung des Andenkens des Unteroffiziers
        Siegfried Widera im Grenzregiment 42

vom   28. 8. 72

Auf der Grundlage des Befehls nur 18/72 des Chefs der Grenztruppen über die Wahrung des Andenkens der vom Klassenfeind
ermordeten Genossen, zur Führung und Verstärkung der klassen-
mäßigen Erziehung der Angehörigen unseres Truppenteils und
der militärpolitischen Arbeit in der Öffentlichkeit

B E F E H L E   I C H :

1. Das Grenzregiment 42 wahrt das Andenken des in unserem
   Grenzabschnitt am 8. 9. 1963 ermordeten Angehörigen der
   Grenztruppen Unteroffizier Siegfried   W i d e r a ,
   Der Name des ermordeten Genossen ist sofort in das Befehls-
   buch der 1. Grenzkompanie, die mit der unmittelbaren Wahrung des Andenkens des Unteroffiziers Widera beauftragt
   wird, einzutragen.

2. Am Jahrestag der Ermordung sind in allen Einheiten Gedenkmeetings durchzuführen.
   In der 1. Grenzkompanie hat die Ehrung des Genossen Widera
   in einem Kompanieappell entsprechend der Anlage 1 zu erfolgen.

3. Im Objekt der 1. Grenzkompanie ist am Gebäude eine Ehren-
   tafel anzubringen und innerhalb des Gebäudes eine Gedenk-
   ecke einzurichten.

-2-

4. Am Jahrestag der Ermordung und am Tag der Nationalen
   Volksarmee sind unter Verantwortung des Stabes des GR
   an der Gedenkstätte in Berlin-Johannisthal und an der
   Grabstätte in Gorenzen Gedenkmeetings durchzuführen,
   an denen Delegationen der Einheiten teilnehmen.
   Bei diesen Meetings ist die Teilnahme der Bevölkerung
   zu gewährleisten.

5. Die Verbindung mit der Mutter des ermordeten Genossen
   ist unter Verantwortlichkeit meines Stellvertreters für
   politische Arbeit zu halten. Zum Geburtstag sind ihr
   Glückwünsche zu übermitteln.

6. Mit der Kontrolle aller befohlenen Maßnahmen wird mein
   Stellvertreter für politische Arbeit beauftragt.

7. Dieser Befehl tritt mit sofortiger Wirkung in Kraft und
   ist gültig bis auf Widerruf.

                              Geschke
                              Oberst

Egon Schultz (geboren 4.1. 1943), gestorben 5.10. 1964

Abteilung für Sicherheitsfragen   Berlin, den 3o. 1o. 1964
                                          Re/schd.

Ministerium für Staatssicherheit
Genossen Minister M i e l k e

Berlin-Lichtenberg

Werter Genosse Mielke!

Im Auftrage des Mitglieds des Politbüros, Genossen
H o n e c k e r , untersuchte die Abteilung für Sicherheitsfragen beim ZK einige nähere Umstände im Zusammenhang
mit dem Mord an Unteroffizier Egon S c h u l t z durch
Westberliner Terroristen.

Bei der Überprüfung dieser Vorkommnisse und der Einschätzung
der Handlungen wurden eine Reihe von Schwächen festgestellt,
die offensichtlich den tragischen Ausgang dieser Operation
begünstigt haben.

Um in Zukunft Handlungen des Gegners mit einem solchen Ausgang
weitgehendst zu vermeiden, wurden auf der Grundlage der Ergebnisse der geführten Überprüfung durch den Genossen
H o n e c k e r folgende Schlußfolgerungen und Vorschläge
als verbindlich bestätigt:

1. Die operative Absicherung der Staatsgrenze nach Westberlin
   durch die Organe des Ministeriums für Staatssicherheit ist
   von einer Stelle aus zu organisieren und zu führen.

2. Um auf dem Gebiet des Zusammenwirkens zwischen den
Kräften des Ministeriums für Staatssicherheit, der
Stadtkommandantur Berlin und der Volkspolizei an
der Staatsgrenze nach Westberlin eine feste Ordnung
zu schaffen, ist durch die zuständigen Minister
eine gemeinsame Direktive zu erarbeiten, deren Entwurf bis zum 2o.11.64 dem Mitglied des Politbüros
und Sekretär des Nationalen Verteidigungsrates, Genossen
H o n e c k e r , vorzulegen ist.
Diese Direktive müßte unter anderem solche Fragen regeln
wie:

   - das Zusammenwirken der genannten Organe in normalen
     und besonderen Lagen;

   - ihre Verantwortlichkeit;

   - den regelmäßigen Informations- und Erfahrungsaustausch
     zwischen ihnen.

3. Durch das Ministerium für Staatssicherheit, die Stadtkommandantur Berlin und das Präsidium der Volkspolizei
sind die Ausbildungspläne hinsichtlich der spezifischen
Besonderheiten der Sicherung der Staatsgrenze in einer
Großstadt zu überprüfen und zu präzisieren sowie unter-
einander abzustimmen.
Zur Befähigung der Soldaten, Unteroffiziere und Offiziere,
unter allen Bedingungen die Grenze erfolgreich zu sichern,
sind konkrete Lagen in die Ausbildung aufzunehmen und
teilweise gemeinsam zu üben.
Durch das Ministerium für Nationale Verteidigung und
das Ministerium für Staatssicherheit sind gemeinsam
Maßnahmen einzuleiten, um in kurzer Zeit dafür die entsprechende Ausbildungsbasis auf einem dafür geeigneten
Übungsplatz zu schaffen.

- 3 -

4. Durch das Ministerium für Staatssicherheit und das
Ministerium für Nationale Verteidigung ist zu überprüfen,
ob die vorhandene Spezialtechnik (zur Aufklärung von
Tunnelbauten, Funkverbindungen u.a.) ausreicht.
Es sind Maßnahmen einzuleiten, die gewährleisten, das
Grenzgebiet und die Aktionen des Gegners unter Anwendung
der modernsten Technik unter Kontrolle zu bringen.

5. Dem Minister für Staatssicherheit und dem Minister
für Nationale Verteidigung wird empfohlen, dieses Vorkommnis in allen dafür in Frage kommenden Dienstzweigen
und unter Beachtung der unterbreiteten Vorschläge auszuwerten und für eine durchgreifende Verbesserung der
Arbeit in dieser Richtung an der Staatsgrenze nach Westberlin Sorge zu tragen.

Um die Vorschläge zu realisieren, ist es erforderlich,
daß Du Dich mit dem Minister für Nationale Verteidigung
und dem Minister des Innern in Verbindung setzt, um gemeinsame Maßnahmen zu treffen.

Mit sozialistischem Gruß

Borning

296

Rolf Henniger (geboren 30. 11. 1941), gestorben 15. 11. 1968

Geheime Verschlußsache!

NATIONALE VOLKSARMEE
2. Grenzbrigade
– Der Stabschef –

O. U., den 16. 11. 1968

Chef des Stabes
Stadtkommandantur
Berlin

Betr.: Bericht über verhinderten Grenzdurchbruch mit Anwendung der
Schußwaffe

Am 15. 11. 68 gegen 22.55 Uhr fuhr der Kommandeur des Zugabschnittes
zur Kontrolle des KF-Klein-Glienicke.
Während der Fahrt bemerkte er ca. 10 m vom Altersheim Pq. 1071-8 hinter
einem Baum einen VP-Angehörigen. Da er der Annahme war, daß es sich um
den Abschnittsbevollmächtigten von Klein-Glienicke handelt, befahl er seinem
Posten, den Trabant anzuhalten und zurückzustoßen. Als die Scheinwerfer
des Trabanten den genannten Baum beleuchteten, trat hinter diesem eine
Person hervor, die mit der Maschinenpistole sofort auf das Fahrzeug Feuer
führte. Nach dem ersten Feuerstoß wurde der Fahrer des Trabanten

> Gefr. Henniger, Rolf
> geb. am 30. 11. 41 in Saalfeld
> NVA seit 01. 11. 67
> verheiratet

tödlich verletzt.
Der Kommandeur Zugabschnitt ließ sich aus dem Trabant fallen und eröffnete
sofort das Feuer auf den Grenzverletzer.
Nach dem ersten Feuerstoß ließ der Grenzverletzer die MPi sinken. Der Zugführer nahm an, daß der Grenzverletzer getroffen sei, da dieser jedoch nicht
umfiel und er inzwischen bemerkte, daß sein Kraftfahrer tot war, eröffnete er
wieder das Feuer, bis der Grenzverletzer zusammensank. Insgesamt gab der
Zugführer 30 Schuß aus seiner Maschinenpistole ab.
In der weiteren Untersuchung wurde festgestellt, daß der Grenzverletzer aus
seiner MPi »K« 15 Schuß abgab. 14 Einschüsse konnten am Trabant festgestellt werden.
Der Kraftfahrer, Gefr. H., wurde durch Herz- und Kopfschuß getötet. Der
Grenzverletzer hatte noch bei sich 2 volle Magazine zu je 15 Schuß.
Auf Grund des Standortes sowie des Schußwinkels kann es auf Westberliner
Gebiet keine Einschläge geben. Es ist jedoch anzunehmen, daß die in unmit-
telbarer Nähe wohnenden Bürger einschließlich des Altersheimes Wasser-
straße die Schüsse gehört haben müssen.
Bei dem Grenzverletzer handelt es sich um den Körner, Horst geb.
12. 07. 47 in Greppin, Neue Str. 20.
[...]

Anlage zur Aktennotiz von Oberst Thieme zur Fahnenflucht des Sold. Kinzel und der Tötung des Leutnant Meier, Lutz, am 18. 01. 72 in der 5./GR-20.

Geheime Verschlußsache!

18.01.   72

30 /72

Stellvertreter des Ministers
für Nationale Verteidigung
und Chef der Politischen
Hauptverwaltung

Genossen Admiral Verner   Genossen Generalleutnant Streletz

Werter Genosse Admiral !

Ich melde:

Am 18.01.1972, gegen 09.20 Uhr, wurden durch eingesetzte Grenzposten der Grenzkompanie SCHIERKE/Grenzregiment BLANKENBURG Feuerstöße in Richtung Staatsgrenze zur BRD festgestellt.
Die von der Grenzkompanie SCHIERKE eingesetzte Alarmgruppe unter
Führung von Feldwebel Feuerberg fand gegen 10.00 Uhr ca. 100 m
nordostwärts der Grenzsäule 979 den Zugführer Leutnant M e i e r
erschossen auf. Der ihm begleitende Posten Soldat Kinzel war nicht
am Ort des Vorkommnisses, es wurden Spuren über die Staatsgrenze in
Richtung Bundesrepublik festgestellt. Leutnant Meier und Soldat
Kinzel waren zur Kontrolle der im Abschnitt der Grenzkompanie
SCHIERKE eingesetzten Grenzposten befohlen.

Die Ursachen, die zum Vorkommnis führten, sind noch nicht bekannt. Untersuchungen zur Aufklärung des Sachverhaltes werden bereits durchgeführt.

Ich bitte um Kenntnisnahme.

gez. Peter
Generalleutnant

UNSERE SOLDATENANTWORT:

- In unseren Herzen und unseren Taten lebt Leutnant Lutz Meier weiter!

- Haßerfüllt gegen seine Mörder kämpfen wir in seinem Sinne diszipliniert und standhaft!

- Wir erhöhen unsere Wachsamkeit und Gefechtsbereitschaft!

- Wir fassen unsere MPi fester und geben dem Feind keine Chance!

Leutnant Lutz Meier
bei der Ausübung seines Dienstes zum Schutze der Staatsgrenzen der DDR am 18. Januar 1972 von einem Banditen feige ermordet

Der Mörder wiegt sich zur Zeit in der BRD, dem Staat der geistigen Urheber seines hinterhältigen Verbrechens, in Sicherheit.

In dem Staat, dessen führende Politiker täglich Menschlichkeit predigen und zugleich den Mord rechtfertigen:
den tausendfachen Mord an den freiheitsliebenden Völkern in Asien, im Nahen Osten, in Afrika und Lateinamerika und jetzt auch den Mord an unserem Genossen Lutz Meier, so wie sie es bei den Morden an Karl Liebknecht, Rosa Luxemburg, Ernst Thälmann, John Schehr und Tausenden Antifaschisten getan haben!

Es ist mehr als ein Zufall, daß dieser Mord auf den Tag genau am Jahrestag des aus Blut und Eisen entstandenen militaristischen Deutschen Reiches geschah.

Es ist mehr als ein Zufall, daß Lutz Meier fast auf den Tag genau 53 Jahre nach dem Mord an Karl Liebknecht und Rosa Luxemburg fiel.

Die Namen unserer gefallenen Genossen, wie Hptm. Rudi Arnstadt, Gefr. Waldemar Estel, Uffz. Egon Schulz, Uffz. Rolf Henninger und Ltn. Lutz Meier, sind Zeugnis dafür, daß die Blutspur des deutschen Imperialismus bis in unsere Tage führt.

Terror und Mord wendet er brutal gegen alle an, die den Kampf gegen den Imperialismus auf ihr Banner geschrieben haben.

Doch die Zeiten haben sich geändert!
Wir sind nicht mehr nackt unter Wölfen!

Der BRD, dem Staat des imperialistischen Verbrechens und der Unmenschlichkeit, steht unsere Deutsche Demokratische Republik, unser sozialistischer Staat des Friedens, der Menschlichkeit und der Völkerfreundschaft gegenüber.

Wir besitzen heute die stärkeren Waffen und schützen gemeinsam mit unseren Waffenbrüdern den Frieden und das Glück der Menschheit.

Wir wissen, das Rad der Geschichte dreht sich vorwärts!

Am Ende werden alle Mörder vor den Schranken des Gerichts der Völker stehn!

Schon jetzt aber wird der Feind spüren:

● Wir Grenzsoldaten der Nationalen Volksarmee lassen uns weder durch „Friedensparolen" noch durch das verlogene Geschwätz Brandt's von „innerdeutschen Beziehungen", noch durch den kaltblütig kalkulierten und verübten Mord von der Erfüllung unseres Kampfauftrages abhalten!

Der Fahneneid ist uns höchstes Gesetz!
Unser Grenzabschnitt ist und bleibt für jeden
Feind unantastbar!

Klaus-Peter Seidel (geb. 22. 10. 1954), gest. 19. 12. 1975

Jürgen Lange (geboren 8. 2. 1955), gestorben 19. 12. 1975

Grenztruppen der Deutschen Demokratischen Republik.
Tagesmeldung Nr. 352/75.

[...]

3. Handlungen des Gegners im eigenen Grenzgebiet

GR-9 HILDBURGHAUSEN   III. GB EISHAUSEN
10. GK EISHAUSEN   Sicherungsabschnitt 11

Am 19.12.1975, 02.40 Uhr, wurden im Abschnitt 2000 m südostwärts
der Ortschaft HARRAS die im Rahmen der verstärkten Grenzsicherung
eingesetzten Grenzposten durch einen bisher unbekannten Täter
aus Richtung DDR beschossen und tötlich verletzt.
Es handelt sich um den

              Gefreiten, Postenführer
              S e i d e l , Klaus-Peter
              geb. am: 22.10.54

              Soldaten, Posten
              L a n g , Jürgen
              geb. am: 08.12.55

Der Tatort wurde durch den Einsatz zusätzlicher Kräfte blockiert.
Maßnahmen der Suche und Verfolgung des Täters sind eingeleitet.
Die Untersuchung des Vorkommnisses erfolgt durch den Stabschef
des Gkdo. Süd.

[...]

          MINISTERRAT
DER DEUTSCHEN DEMOKRATISCHEN REPUBLIK
MINISTERIUM FÜR NATIONALE VERTEIDIGUNG
Stellvertreter des Ministers und Chef   O.U., den 30.12.1975
    der Grenztruppen der DDR

    Az: 46 DP01

                          Vertrauliche Verschlußsache

                          Vertrauliche Verschlußsache !
                          VVS-Nr. 1G/279974
                            2. Ausfertigung = 17 Blatt

Genossen Mitglieder des Militärrates
der Grenztruppen der DDR !
Genossen Mitglieder des Sekretariats der
Politischen Verwaltung der Grenztruppen der DDR !
Genossen Generäle !
Genossen Offiziere!

Am 19.12.1975 ereignete sich im Grenzabschnitt des III./GR-9
60 m westlich der Grenzsäule Nr. 2225 ein folgenschwerer
Anschlag auf die Staatsgrenze der Deutschen Demokratischen
Republik.

In Ausübung ihres verantwortungsvollen Dienstes zum Schutze
der Staatsgrenze der Deutschen Demokratischen Republik wurden

     der Gefreite Klaus-Peter S e i d e l   und
     der Soldat   Jürgen   L a n g e

von dem mehrfach vorbestraften, sich einem Gerichtsurteil ent-
ziehenden und in Fahndung stehenden Verbrecher W e i n h o l d
meuchlings ermordet.

Sie haben sich zu Ehren der ermordeten Grenzsoldaten von Ihren
Plätzen erhoben - ich danke.

Der Mörder flüchtete in die BRD. Westlichen Presseorganen ist
zu entnehmen, daß er inzwischen in RECHLINGSHAUSEN aufgegriffen
wurde.

Vom Generalstaatsanwalt der Deutschen Demokratischen Republik
wurde bei den zuständigen Organen der BRD ein Ersuchen um
Auslieferung des Verbrechers gestellt.

Die zuständigen Organe der Deutschen Demokratischen Republik
haben den Hinterbliebenen ihre tiefe Anteilnahme versichert.
Der Minister für Nationale Verteidigung hat in Würdigung des
selbstlosen Einsatzes die gefallenen Grenzsoldaten postum
mit dem Kampforden für Verdienste um Volk und Vaterland
in Gold ausgezeichnet.
Der Stellvertreter des Ministers und Chef der Grenztruppen hat
beide Genossen postum zum Unteroffizier ernannt.

Werner Weinhold wurde am 1. Dezember 1978 zu einer Freiheitsstrafe
von fünfeinhalb Jahren wegen Totschlags in zwei Fällen und Diebstahls
mit Waffen von der Ersten Schwurgerichtskammer des Landgerichts Ha-
gen verurteilt. Das Gericht glaubte dem Angeklagten, einem möglichen
Konfliktfall mit den Grenzsoldaten nicht durchdacht zu haben. Notwehr
habe aber nicht vorgelegen.

Ulrich Steinhauer (geb. 13.3.1956), gestorben 4.11.1980

Grenztruppen der Deutschen Demokratischen Republik.
Tagesmeldung Nr. 309/80.

Geheime Verschlußsache!

[...]

Am 04.11.1980 um 16.35 Uhr Fahnenflucht im Grenzdienst im Abschnitt Siedlung SCHÖNWALDE, Kreis NAUEN nach der Ermordung seines Postenführers mit der Schußwaffe durch

> Soldat Bunge, Egon
> geb. 02.09.1961
> wohnhaft: LEIPZIG, Gletschersteinstr. 39
> GT seit I/80

Der Postenführer

> Gefr. Steinhauer, Ulrich,
> geb. 13.03.1956
> wohnhaft: BEHRENSHAGEN Nr. 34,
> Kreis RIEBNITZ-DAMMGARTEN
> GT seit II/79

verstarb an einem Herzdurchschuß.

[...]

Wesentliches vorläufiges Ergebnis der gerichtsmedizinischen Sektion der Leiche des getöteten Gefr. STEINHAUER

Bei der gerichtsmedizinischen Obduktion der Leiche des bei dem schweren Vorkommnis am 04.11.1980 im GR-34 getöteten

> Gefr. STEINHAUER, Ulrich

wurden folgende wesentliche Feststellungen getroffen:

- Schußverletzung mit Einschuß im Rücken und Ausschuß an der Brust.
  Dieser Schuß führte zur massiven Zerstörung des unteren Teiles des Herzens und war tödlich.

- Aufgrund der Art und Schwere dieser Schußverletzung ist der Tod sofort bzw. in kürzester Zeit eingetreten.

- Ein Streifschuß am Oberbauch.
  Diese an Kleidung und Körper festgestellte Schußspur dürfte von einem weiteren Schuß des Täters stammen. Dabei konnte noch nicht festgestellt werden, ob er dem Opfer vor oder nach dem tödlichen Schuß beigebracht wurde; ebenso nicht die Richtung und die näheren Umstände (Evtl. Drehung des Körpers im Zusammenbrechen nach dem tödlichen Schuß o.a.).

304

– Im Zusammenhang mit der Obduktion wurde bekannt, daß der
Täter 5 Schuß abgegeben hat. Es fehlten 5 Schuß aus der
Waffe und es wurden 5 Patronenhülsen gefunden. Es ist hier
noch nicht bekannt, ob der Täter Dauerfeuer oder Einzelfeuer in schneller Folge geschossen hat.

– Bei der Obduktion zeigten sich keine Spuren, die auf eine
körperliche Auseinandersetzung hindeuten (Schlag-, Würge-
oder andere Spuren).

– Es wurden keine Spuren festgestellt, die auf einen absoluten
Nachschuß oder Schuß auf nahe Distanz hindeuten. Insbesondere
zeigten sich keine augenfälligen Pulvereinsprengungen oder
Schmauchspuren an Körper oder Kleidung. (Die chemische Untersuchung ist veranlaßt.)

Haase
Oberst

Klaus-Peter Braun (geb. 21. 10. 1958), gestorben 1. 8. 1981

Grenztruppen der Deutschen Demokratischen Republik.
Tagesmeldung Nr. 212/81.

Geheime Verschlußsache!

[...]

II. Vorkommnisse in den eigenen Einheiten

GR-4 HEILIGENSTADT   III. GB MENGELRODE   10. Grenzwache

Am 01.08.1981, 01:00 bis 01.30 Uhr, wurde auf der Führungs-
stelle 2000 m nördlich RUSTENFELDE, Kreis HEILIGENSTADT, der
Grenzaufklärer

                Feldwebel B r a u n, Klaus-Peter
                        geb. am: 21.10.1958
                        wohnh.: 5502 BLEICHERODE, Talstr. 82
                        GT seit: II/77
                        Org.: SED, FDJ

durch den   Soldat   H ö h n e, Roland
                        geb. am: 15.03.1957
                        wohnh.: 4440 WOLFEN, Talheimerstr. 49
                        GT seit II/80
                        Org. FDJ

erschossen. Der Täter wurde mit beiden Waffen fahnenflüchtig.
Untersuchung wird geführt durch eine Kommission des Kommandos
der Grenztruppen unter Leitung des Stellvertreters des
C hefs des Stabes für operative Arbeit.

[...]

Gen. Generalmajor!

Ich glaube wir als Rechtsmaterial der ... (handwritten, partly illegible)

Es wurden drei Schußverletzungen von der Vorderseite festgestellt:

lokalisiert im linken Brustschulterbereich.
Schußverlauf steil von oben nach unten, dabei von rechts
nach links, woraus resultiert, daß das Opfer links vom
Täter gestanden haben muß.
Keine Anhaltspunkte für einen Nahschuß und es gibt eine
Korrespondenz von im Körper festgestellten Verletzungen und
Verletzungen an der Bekleidung des Genossen Braun.

1. Schuß
Nach Öffnung des Brustkorbes die Herzspitze durchsetzt,
Lunge, Magen, Bauchspeicheldrüse und die Aorta im Bauch
geöffnet, was zum sofortigen Tod geführt hat.
Es ist ein Steckschuß.

2. Schuß
Einschuß links, Brustseite, Ausschuß linker Rückenbereich
bei diversen inneren Organverletzungen.
Bei diesem Schuß stimmt ebenfalls die Verletzung bei der
Bekleidung überein.

3. Schuß
Ein- und Ausschuß im Schulter- und Oberarmbereich linksseitig
mit einer Zuordnung eines Streifschusses der linken Wange.
Dieser Schuß ist nicht tödlich.

Oberarzt Dr. Disse
Der erste Schuß hat zum Durchschuß der Aorta geführt und Un-
fähigkeit nach sich gezogen.
Sofortiger Tod eingetreten.

Institut für gerichtliche Medizin Jena
Ein Unfall als auch Selbstbeibringung sind ausgeschlossen.

Aufgrund fehlender ... bitte ich das verfügbare
Material, welches uns vom zuständigen ...
... wurde, als Arbeitsmaterial zu akzeptieren

Euer, Generalmajor

Grenztruppen der Deutschen Demokratischen Republik.
Tagesmeldung Nr. 125/82.

Geheime Verschlußsache!

[...]

GR-25 OSCHERSLEBEN   I. GB MARIENBORN   4. GK SOMMERSDORF
Am 05.05.1982, vermutlich zwischen 01.00 und 03.00 Uhr,
wurde in der Erd-B-Stelle auf Höhe der Grenzsäule Nr. 770,
ca. 1000 m nordwestlich SOMMERSDORF, Krs. OSCHERSLEBEN,
der Postenführer des eingesetzten Grenzpostens,

       Gefr. Kno s p e , Eberhard
       geb. 12.05.1958
       wohnhaft: 8901 GERSDORF Nr. 14, Krs. GÖRLITZ
       LMG Schütze

von seinem Posten, Soldat D e c k e r , Klaus
       geb. 09.06.1962
       wohnhaft: 1106 BERLIN-PANKOW, Hauptstr. 12
       Mpi Schütze

durch Anwendung der Schußwaffe (Mpi) getötet.

Zwei Schußverletzungen befinden sich augenscheinlich im
Rücken und eine in der rechten Schulter.

Nach der Tatausführung überstieg D e c k e r den 30 m entfernten GZ I (ohne Anlage 501) und wurde ohne Waffe in die
BRD fahnenflüchtig.
Die Waffe des Postenführers, LMG-K, befand sich in der Erd-B-
Stelle, die Mpi des Fahnenflüchtigen ca. 10 m davon entfernt.
Der Einsatz des Grenzpostens war im Rahmen des Nachtaufzuges
von 21.00 - 05.00 Uhr geplant. Die letzte Verbindungsaufnahme
über Grenzmeldenetz zwischen dem Kommandeur Sichrungsabschnitt
und dem Grenzposten erfolgte gegen 00.45 Uhr. Durch den ab-
lösenden Grenzposten des Frühaufzuges Postenführer
Gefr. H e i n i c k e und Posten Sold. H e i l m a n n von
der 1. GK wurde gegen 04.35 Uhr der getötete Postenführer
aufgefunden. Auf Grund der Führung taktischer Handlungen nach
sechs Grenzsignalzaunauslösungen in dem Zeit von 00.00 bis
04.30 Uhr, wurde die Führung des Grenzpostens vernachlässigt.
D e c k e r wurde sechs Monate im GAR-7 ausgebildet und am
26.04.1982 als Mpi-Schütze/Kraftfahrer der 4. GK zugeführt.

[...]

Uwe Dittmann (geboren 8.8. 1964), gestorben 22.3. 1985

Grenztruppen der Deutschen Demokratischen Republik.
Tagesmeldung Nr. 081/85.

<u>Geheime Verschlußsache!</u>

[...]

Am 22.03. 1985 gegen 05.16 Uhr, Verhinderung eines gewaltsamen Grenzdurchbruchs des Angehörigen der GSSD

Soldat Kirjukin, Wassili, 24.03. 65
Einheit NORA
mit MPi und 120 Patronen sowie UAZ 469 (Kübel)

durch Sicherungsposten der 8. GK auf der Werrabrücke SPICHRA. Gegen 02.20 Uhr wurde bei der Überprüfung der Ursache der Auslösung eines Signalgerätes südlich der GÜST WARTHA ein Kfz. vom Typ UAZ 469 der Sowjetarmee festgestellt.

Beim Durchbrechen der Abriegelung wurde gegen 04.30 Uhr der

Gefr. Dittmann, Uwe, 08.08. 64
wohnhaft: GOTHA, Str. der Einheit 22
Fernsprechmechaniker im Na.-Zug des II. GB
GT seit: II/83
ledig, FDJ

im Abschnitt 20 südostwärts der alten Transitkontrollstelle der DVB DEUBACHSHOF durch den Täter tödlich verletzt.

Untersuchung durch eine Kommission unter Leitung des Kommandeurs des Grenzkommandos SÜD in Zusammenarbeit mit der Spezialkommission der BV des MfS ERFURT und dem zuständigen MSTA.

[...]

Berlin, den 22. 03. 1985
Tgb.-Nr.: M - 12 /85

Mitglied des Politbüros und Sekretär
des Zentralkomitees der SED

Genossen Egon K r e n z

Werter Genosse   K r e n z !

Im Zusammenhang mit einem besonderen Vorkommnis an der Staatsgrenze der DDR
zur BRD gestatte ich mir, Dir folgendes zu melden:

Am 22. 03. 1985, gegen 05.25 Uhr, wurden die Grenztruppen der DDR über die
unerlaubte Entfernung eines mit einer Maschinenpistole und 120 Patronen bewaffneten Angehörigen der Gruppe der sowjetischen Streitkräfte in Deutschland
informiert, der mit einem Kübelwagen vom Typ UAZ aus dem Standort NOHRA/bei
WEIMAR auf der Autobahn in Richtung EISENACH flüchtig wurde.

Aufgrund der Möglichkeit des Versuchs eines Grenzdurchbruchs wurden unverzüglich
alle erforderlichen Maßnahmen zu seiner Verhinderung eingeleitet.

Bei dem Flüchtigen handelt es sich um

> Soldat
> K i r j u k i n ,   Wassili
> geboren am 24. 03. 1965
> Einheit NOHRA
> in der DDR seit 1984.

Gegen 03.45 Uhr wurde im Bereich der Grenzübergangsstelle WARTHA/Kreis
EISENACH durch eine unbekannte Person das Feuer auf einen Grenzposten eröffnet.
Dabei wurde ein Angehöriger der Grenztruppen der DDR durch einen Bauchschuß
schwer verletzt.

Der Person, die das Feuer eröffnete, gelang es, sich der Festnahme zu entziehen.

Nach dem Erweisen der Erste Hilfe wurde der verletzte Angehörige der Grenztruppen der DDR in das Kreiskrankenhaus EISENACH überführt, wo er gegen
06.00 Uhr seinen Verletzungen erlag.

Bei dem zwischen der flüchtenden Person und dem Grenzposten geführten Schuß-
wechsel wurde der in Fahndung stehende Angehörige der sowjetischen Streitkräfte
erschossen.
Der Tote wird Spezialkräften der Sowjetarmee übergeben.

Der Stellvertreter des Ministers und Chef der Grenztruppen der DDR wurde angewiesen, die eingeleiteten Maßnahmen zur Verhinderung eines Grenzdurchbruchs
bis zur endgültigen Klärung des Vorkommnisses aufrechtzuerhalten sowie in
Abstimmung mit den zuständigen Organen der DDR die erforderlichen Maßnahmen
zur Benachrichtigung der Angehörigen des tödlich verletzten Angehörigen der
Grenztruppen der DDR einzuleiten.

Ich bitte um Kenntnisnahme.

Mit sozialistischem Gruß

H o f f m a n n
Armeegeneral

Norbert Janott

Dienst an der Grenze

Am 17. August 1962 wurde ich zufällig Zeuge des Todes von Peter Fechter an der Berliner Mauer.

Nicht ganz zwei Jahre später fand ich mich bei der Grenztruppe als wehrpflichtiger Soldat wieder. Gemustert war ich für die Panzer. Genauso erging es meinen Kameraden. Alle Waffengattungen waren vertreten. Erst als wir in Halberstadt auf dem Kasernenhof standen, wußten wir, daß wir bei der Grenztruppe gelandet waren. Ich wurde der vierten Ausbildungskompanie zugeteilt.

Diese vierte Kompanie war dazu auserkoren, nach einer gerafften Grundausbildung von acht Wochen auf die Grenzkompanien verteilt zu werden. Wir erhielten die übliche Infanterieausbildung, lernten schießen, exerzierten und wurden mit und ohne Gasmaske über die Sturmbahn gescheucht. Fortan erhielten wir auch regelmäßig »Rotlicht«. So nannten wir den Politunterricht. Grundlage des Politunterrichts war eine Broschüre »Wissen und Kämpfen«. Darin wurde in primitiver Verdrehung der Realitäten die Bundeswehr, besonders aber der Bundesgrenzschutz als reaktionäres Werkzeug der Imperialisten dargestellt. Die NVA war die Armee des Friedens. Der antifaschistische Schutzwall sei errichtet worden, um die Bundeswehr daran zu hindern, mit klingendem Spiel durchs Brandenburger Tor in die DDR einzumarschieren. Es war darin auch die Rede von »revolutionärer Wachsamkeit«.

Nach acht Wochen Grundausbildung kam ich nach Osterode-Fallstein. Die dortige Grenzkompanie bestand aus etwa achtzig Mann, einschließlich Offiziere und Unteroffiziere. Die Soldaten waren bis auf zwei alles Wehrpflichtige. Auch einige Unteroffiziere waren Wehrpflichtige. Ich kann mich nicht entsinnen, daß von den Soldaten jemand Mitglied der SED war. Offiziere waren alle Mitglieder der Partei. Einige Unteroffiziere waren Längerdienende. Aber auch sie waren zum Teil dazu gezwungen worden, zum Beispiel um einen Studienplatz zu erhalten.

Unser Leben spielte sich fast nur noch nachts ab. »Grenzverletzer«, wie Flüchtlinge genannt wurden, bevorzugten die Nacht. Die Grenze war damals noch nicht so perfekt wie später. Es gab noch keine Metallgitterzäune, keine Selbstschußanlagen und keine taghelle Beleuchtung. Die Nächte an der Grenze waren so finster, wie ich es mir als Stadtmensch nie hätte vorstellen können.

Meine »Mitgenossen« waren aus allen Teilen der DDR zusammengeholt worden. Alle möglichst weit weg von daheim. Es waren Thüringer, Brandenburger, Berliner, Mecklenburger und Sachsen. Fast alle waren verheiratet, viele hatten Kinder. Ein Vater von Kindern begeht keine Fahnenflucht. Niemals gingen zwei Ledige in den Grenzdienst. Im Grenzgebiet durften sich die Posten stets nur paarweise bewegen. Es war offensichtlich, daß einer auf den anderen aufpassen mußte. Bei der allnächtlichen Kontrolle des K 6, des geharkten, sechs Meter breiten Streifens direkt an der Demarkationslinie, mußte sogar der Dienstgradniedrige vor dem Höheren gehen.

So lungerten wir Nacht für Nacht hundert Meter vor der Grenze unter freiem Himmel herum. Auch bei Schneesturm und fünfzehn Grad Kälte. Wir warteten auf »Grenzverletzer«. GV waren Verbrecher, hatte man uns beigebracht. Manchmal war auch ein Sowjetsoldat ausgebüchst oder ein Häftling war entwichen. Dann gab es verstärkten Dienst. Die Postenpaare wurden verdoppelt und die Schicht von acht auf zwölf Stunden verlängert. Tagsüber saßen wir auf dem Beobachtungsturm. Wir konnten mit dem Fernglas die schmucken Häuser auf der anderen Seite der Grenze sehen, die Leute beobachten und die anderen Autos fahren sehen. Manchmal fuhr auch ein westlicher Zollbeamter an der Grenze entlang und hob grüßend die Hand. Wir durften den Gruß nicht erwidern, taten es aber nach Möglichkeit doch. So ein Widerspruch! Auf der einen Seite predigte man uns Völkerfreundschaft und verurteilte Rassenhaß, andererseits durften wir unsere eigenen, deutschsprechenden Landsleute nicht grüßen. Der Politoffizier erzählte uns Greuelmärchen über den Bundesgrenzschutz. Dabei bekam ich in vierzehn Monaten an der Grenze nur zweimal Angehörige des BGS zu sehen. Auch sie grüßten freundlich.

Auftreten des BGS und Erscheinen der Zöllner mußte sofort per Grenzmeldenetz zum Führungspunkt gemeldet werden. Es mußte angegeben werden, aus welcher Richtung sie kamen, wohin sie sich bewegten und welche Dienstgrade erkennbar waren. Sie waren Feinde unseres sozialistischen Friedensstaates und stellten eine permanente Gefahr für die DDR dar. Und immer wieder Nachtschicht. Jede Nacht mit einem anderen Partner. Gesprächsstoff war schon nach kurzer Zeit erschöpft. Dann begann das Grübeln. Man fragte sich, warum man hier herumlungerte. Wir hatten zu Hause alle Familie und ein warmes Bett.

Eines Nachts, nach stundenlangem Dauerregen, stand plötzlich mein Posten auf, warf seine Kalaschnikow in die Pfütze vor uns und setzte sich wortlos wieder hin. Die MPi blieb die ganze Nacht darin liegen.

Jede Nacht hofften wir, daß wir keinem GV (»Grenzverletzer«) begegnen. Es soll vorgekommen sein, daß Flüchtlinge Grenzposten im Schlaf überrumpelt und sie mit eigenen Waffen umgebracht hatten. Es gab aber auch Fälle, daß im Dienst einer von beiden Posten den anderen erschoß, um in die Bundesrepublik zu gelangen. Das hatte niemand nötig! Jeder

Kompanieangehörige kannte genau den Grenzabschnitt, wußte wo die Posten eingesetzt waren, wo Signalgeräte montiert und an welchen Stellen keine Minen waren. Während meiner Dienstzeit in Osterode sind drei Angehörige meiner Kompanie über den Zaun geklettert. Aber alle taten es während des Ausgangs in der Freizeit, ohne andere zu gefährden.

Konnte den Posten nachgewiesen werden, daß sie geschlafen hatten, während ein »Grenzdurchbruch« erfolgte, gab es dafür Knast. Die abgesessene Zeit mußte an den normalen Abschluß der Wehrdienstzeit angehängt werden.

Unser Befehl lautete: Bei Feststellung von Grenzverletzern als erstes anrufen. »Halt, Stehenbleiben! Hier Grenzposten, Parole!« Jede Nacht wurde eine neue Parole herausgegeben, deren zwei Wörter man sich genau einprägen mußte. Es konnte auch die Postenkontrolle sein, die mindestens einmal in der Nacht alle Postenpaare kontrollierte.

Konnte der Angerufene die Parole nicht nennen und blieb er nicht stehen, sollte ein Warnschuß in die Luft erfolgen. Blieb er dann noch nicht stehen, sollte mit gezieltem Feuer seine Bewegungsunfähigkeit erreicht werden, damit er festgenommen werden konnte. Und das bei völliger Dunkelheit! Ich persönlich, und ich glaube, auch alle »Genossen« meines Zuges hätten nie gezielt auf einen Menschen geschossen. Geschossen hätten wir, aber niemals auf den Menschen! Dann hätte man eben nicht getroffen. Auch dafür gab es drei Tage Knast. Aber das wäre immer noch besser gewesen, als sich lebenslang damit zu belasten, einen Menschen für nichts und wieder nichts ermordet zu haben.

Bei einem persönlichen Angriff allerdings auf mich hätte ich die Waffe gezielt eingesetzt. Das war die Perversion! Die Waffe gegen einen verzweifelten Menschen einzusetzen, der genauso dachte wie ich. Gott sei Dank ist während meiner unfreiwilligen Dienstzeit niemals die Situation eingetreten, daß ich in die Verlegenheit kam, die Waffe anzuwenden.

Norbert Janott war wehrpflichtiger Grenzsoldat vom 4. Mai 1964 bis 28. Oktober 1965.

Gespräch mit dem ehemaligen Polit-Offizier der Grenztruppen Jörg-Lutz Grebin

Wie kam man zu den Grenztruppen?

Ja, zu den Grenztruppen kam man, wenn man hier aufgewachsen und erzogen war, sich für politische Dinge interessierte und in der Jugendorganisation FDJ engagiert war. Wenn man also was machen wollte für den Staat! Ein Schuß Abenteuerlust war auch dabei. Und wenn man gedacht hat, also wenn schon zur Armee, dann zur Grenztruppe – nach dem Motto, dort an vorderster Stelle – das war damals eine Motivation…

Um den Sozialismus zu verteidigen?

Ja, auf alle Fälle!

Ging man freiwillig dort hin?

Zu den Grenztruppen auf alle Fälle freiwillig!

Wie ist Ihnen die Mauer erklärt worden?

So richtig erklärt wurde uns das nicht. Das war auch nicht nötig, da mit der Entscheidung, dort Dienst zu tun, schon die Voraussetzung gegeben war, daß wir erst einmal die Grenze an sich akzeptiert hatten, sie also für notwendig befunden haben! Die Mauer selber, als Form der Grenzsicherung, fiel in eine Zeit, in der wir sie als entsprechende Notwendigkeit akzeptiert hatten. Gedanken über die konkrete Form machten wir uns eigentlich nicht. Es war die Form, mit der unter diesen Bedingungen die Grenze gesichert werden mußte. Dazu kommt ja auch, daß dieser ganze geschichtliche Verlauf so dargestellt und eigentlich auch gezeigt wurde, daß sich die Form zwingend ergab. Die Hauptbegründung für die Mauer, um mal bei diesem Begriff zu bleiben, war eigentlich die Notwendigkeit 1960/61 zur militärischen Position der Grenzform überzugehen.

Es gab ja die tägliche »Vergatterung«, was war das?

Das war der Befehl, der offizielle Befehl zur Grenzsicherung für die eingesetzten Kräfte in Berlin, für die Grenzkompanie, die den Sicherungsabschnitt des Regimentes übernahm. Hier erhielt die Einheit formal, also faktisch den Befehl, die Grenzsicherung durchzuführen.

Wie hieß die Vergatterung?

Die jeweilige Einheit wurde angesprochen, das heißt, sie erhielt den Befehl, die Staatsgrenze im Abschnitt des Grenzregimentes mit der Aufgabe zu sichern, den Schutz der Staatsgrenze zu gewährleisten, Ruhe und Ordnung im Grenzgebiet zu garantieren, Grenzverletzer aufzuspüren, festzunehmen beziehungsweise zu vernichten. Das war zumindest in der Zeit, in der ich in der Grenzkompanie war. Ich weiß, daß es später geändert worden ist.

Vernichten hieß erschießen?

Schießen als letztes Mittel, um einen Grenzdurchbruch zu verhindern.

Wie war der Schußwaffengebrauch geregelt, wann mußte, wann durfte geschossen werden?

Geschossen werden mußte bei Verratsfällen, also bei Fahnenflucht. Geschossen werden konnte, das war die erste Überlegung, bei einem Angriff auf den Grenzposten. Die Waffenanwendung war ja entsprechend reglementiert. Am Anfang durch Vorschriften, später dann durch das Grenzgesetz Paragraph 27. Es gab eine einzige Ausnahme. Den Grenzposten war gestattet, bei bewaffnetem Angriff auf den Posten selber ohne Warnung von der Waffe Gebrauch zu machen. Sie hatten das Recht, bei Angriffen auf den Posten von der Waffe Gebrauch zu machen. Ansonsten war festgelegt, daß die Waffe wirklich als letztes Mittel angewandt wird. Alle taktischen Maßnahmen sollten ausgenutzt werden, um den Grenzverletzer zum Stehen zu bringen und ihn festzunehmen. Dabei war unerheblich, aus welcher Richtung er kam. Genau festgeschrieben war die Form des Anrufes. Festgeschrieben der Wortlaut: »Halt Grenzposten – stehenbleiben – Hände hoch«. Wie gesagt, das stand in der Vorschrift, und ich weiß auch, daß das im Detail trainiert wurde, bis es saß. Auch unter Streßbedingungen – das war das Ziel –, das sollte sitzen. Es sollte ja nicht irgendwelches Gestottere kommen, das der Grenzverletzer möglicherweise auch formal hätte für sich nutzen können, etwa nach dem Motto: Die haben ja nichts gesagt oder die haben irgendwelches Zeug erzählt. Das war schon trainiert! Mit dem Anruf verbunden war das hörbare Durchladen der Waffe: Ein sehr charakteristisches Geräusch, wenn die Kalaschnikow durchgeladen wird! Das Ziel war bereits, demjenigen, der sich im Grenzabschnitt aufhält, deutlich zu machen, daß er stehenbleiben soll. Dann war vorgeschrieben der Warnschuß!

In die Luft?

In die Luft! Es hat ab und zu mal Auslegungsprobleme gegeben, beispielsweise sollte vor dem Grenzverletzer auf die Mauer geschossen werden.
Wir haben das generell abgelehnt, haben gesagt, so ein Quatsch, was soll
das? Der Soldat steht in einer solchen Situation unter einem starken psy-
chologischen Druck. Ich kann von dem nicht verlangen, daß er irgendwel-
che Feinheiten berücksichtigt. In die Luft schießen, das kann sich jeder
merken. Erst dann durfte der gezielte Schuß abgegeben werden. Das war
die Grundregel. Und mir ist auch nicht bekannt, daß irgendwann von dieser Regel abgewichen wurde. Es gab sicherlich subjektive Positionen –
vom einen oder anderen Vorgesetzten faktisch vertreten –, das will ich auf
keinen Fall ausschließen. Das waren Einzelfälle. In der Regel wurden sie
durch die Vorgesetzten korrigiert.

*Was passierte, wenn ein Fahnenflüchtiger nicht mit der Schußwaffe ge-
stoppt wurde?*

Grundsätzlich war das eine Frage, die uns die Soldaten oft gestellt haben.
Beispielsweise, was passiert mir, wenn der durchbricht? Was passiert mir,
wenn das passiert? Wir haben gesagt, zunächst passiert erstmal eins, der
gesamte Vorgang wird untersucht. Das ist auch gemacht worden. Wenn
sich herausstellte, habe ich immer geantwortet, daß Sie Ihre Aufgaben korrekt durchgeführt und entsprechend gehandelt haben, ist für Sie die Sache
erledigt!

Wenn Sie aber gegen Vorschriften verstoßen haben, also auf dem Turm
geschlafen haben oder nach Auslösen des Signals nicht in der Lage waren,
den Turm zu verlassen – Sie hätten in eine bestimmte Richtung laufen,
dort sperren müssen und Sie hatten die Stiefel aus oder Sie hatten sich unterhalten und das Signal nicht beachtet, oder ähnliche Dinge –, dann müssen Sie damit rechnen, daß durch den Militärstaatsanwalt ein Ermittlungsverfahren eingeleitet wird.

Das hing auch ab von der Größe des Ereignisses, ob es eine Disziplinar-
ahndung gab oder der Militärstaatsanwalt ein Ermittlungsverfahren ein-
leitete. Im Strafgesetzbuch der DDR gab es einen Passus: Verletzung der
Dienstvorschriften. Es wurde ihm deutlich gesagt, daß nicht nach dem
Prinzip verfahren werde: Den Letzten beißen die Hunde! Und das ist meines Wissens auch nicht gemacht worden. Jedenfalls nicht in dem Zeitraum, der mir bekannt ist. Ob es irgendwo anders gewesen ist, dazu kann
ich mich heute nicht mehr äußern, weil ich mittlerweile mitbekommen
habe, daß doch vieles nicht so gewesen ist, wie wir es gesehen haben.

Wie haben Sie als Politoffizier den Schußwaffengebrauch begründet?

Politisch begründet als Notwendigkeit, faktisch als letztes Mittel, um einen möglichen Schaden von dem Land abzuhalten! Es passierte ja durchaus, daß auch Kriminelle versuchten, wirklich Kriminelle, nicht politisch Andersdenkende, sich der Strafverfolgung über die Grenze hinweg zu entziehen. Auch aufgedeckte Spione der verschiedenen Geheimorganisationen versuchten rauszukommen.

Der normale Grenzverletzer war also in der Sprache der Grenztruppen ein Verbrecher?

Nein, so stimmt das nicht! Als Verbrecher wurde er nicht eingestuft. Das haben wir den Soldaten auch konkret gesagt. Im Grenzgesetz steht ja auch sinngemäß: Es ist eine Handlung, die sich dem Anschein nach als ein Verbrechen darstellt. Und der Paragraph 213 bewertete ein Durchbrechen der Staatsgrenze faktisch als Verbrechen. Wir haben den Soldaten auch klipp und klar gesagt, ob der Grenzverletzer ein Verbrecher ist, das hat ein Gericht hinterher festzustellen. Nicht wir! Unsere Aufgabe ist es, ihn festzunehmen, vorläufig festzunehmen. Wir hatten ja auch nicht das Recht zu verhaften, sondern wir konnten nur vorläufig festnehmen. Es wurde nur ein Protokoll, faktisch ein Festnahmeprotokoll durch die Grenztruppen erstellt und der Kriminalpolizei übergeben. Wir haben den Soldaten allerdings auch eindeutig gesagt, sie müßten im Interesse ihres eigenen Lebens davon ausgehen, daß es sich um einen Gefährlichen handelt. Sicher ist auch durch den einen oder anderen der Begriff des Verbrechers gebraucht worden. Aber von der Sache her haben wir den Soldaten immer gesagt, gehen Sie während der Festnahme davon aus, daß Sie den Mann oder die Frau nicht kennen, gehen Sie von der gefährlichsten Variante aus, richten Sie Ihre Handlungen danach ein. Wenn sich hinterher rausstellt, daß der Festgenommene harmlos gewesen ist, dann war es gut gewesen, und für Sie ist auch von Interesse, daß Sie überlebt haben.

Was passierte, wenn ein Grenzdurchbruch mit Todesfolge verhindert wurde?

Eine solche Geschichte war – ich habe versucht, das schon mal zu betonen – eine Ausnahmesituation. Sie lief unter dem Stichwort »Besonderes Vorkommnis« und mußte dem Ministerium für Nationale Verteidigung gemeldet werden. Für den Fall traten vorbereitete Varianten in Kraft. Festgelegt war, wer wann mit welchen Kräften wo sofort hinfährt. Es wurde der rückwärtige Raum abgeriegelt, außerdem der Abschnitt selber abgeriegelt. Aufklärer kamen nach vorn, die die Aufgabe hatten, auch das westliche Vorfeld zu beobachten. Sie hatten zu prüfen, ob Dokumentationen von Westberliner Seite geführt werden konnten. Hauptaufgabe war, keinerlei Spuren zu verwischen. Dann begann eine kriminaltechnische Untersuchung mit Militärstaatsanwalt und zivilem Staatsanwalt. Untersuchungsorgan war in dem Falle das Ministerium für Staatssicherheit.

Wie denken Sie über Schuld? Wer trägt die Schuld für die Menschen, die an der Mauer starben, weil sie in den Westen wollten?

Das ist eine der kompliziertesten Fragen überhaupt. Ich sehe Schuld in diesem Sinne nicht, zumindest nicht bei den Soldaten. Sie hielten sich an das, was ihnen befohlen und wozu sie ausgebildet waren. Ich nehme jene Fälle aus, die es möglicherweise gegeben hat, wo faktisch Anweisungen und Befehle überschritten wurden. Also diese Soldaten möchte ich ausgrenzen.

Die sind keine Mörder?

Nein, unter keinen Umständen!

Keine Todesschützen?

Schuld liegt vielleicht, wenn man das aus heutiger Sicht sieht, bei uns Offizieren, weil wir faktisch blind waren. Wenn überhaupt von Schuld gesprochen wird, muß sie dort gesucht werden, wo eine Gesellschaft unter Vorspiegelung falscher Ziele in ein System hineingeführt wurde, das eine ganze Generation von Menschen um ihr Leben betrogen hat.

Jörg-Lutz Grebin, Jahrgang 1954, Oberleutnant a. D., Versicherungsvertreter. Von 1973 bis 1976 Offiziersschüler, ab 1976 Offizier in den Grenztruppen. Fernstudium an der Militärakademie der NVA, zuletzt Polit-Offizier im Truppenteil.

Fahneneid der Grenztruppen
der Deutschen Demokratischen Republik

Ich schwöre:
Der Deutschen Demokratischen Republik, meinem Vaterland, allzeit treu zu dienen und sie auf Befehl der Arbeiter- und Bauern-Regierung gegen jeden Feind zu schützen.

Ich schwöre:
An der Seite der Nationalen Volksarmee sowie fest verbunden mit den Armeen und den Grenztruppen der Sowjetunion und der anderen verbündeten sozialistischen Länder als Soldat der Grenztruppen der Deutschen Demokratischen Republik jederzeit bereit zu sein, standhaft und mutig, auch unter Einsatz des Lebens, die Grenzen meines sozialistischen Vaterlandes gegen alle Feinde zuverlässig zu schützen.

Ich schwöre:
Ein ehrlicher, tapferer, disziplinierter und wachsamer Soldat zu sein, den militärischen Vorgesetzten unbedingten Gehorsam zu leisten, die Befehle mit aller Entschlossenheit zu erfüllen und die militärischen und staatlichen Geheimnisse immer streng zu wahren.

Ich schwöre:
Die militärischen Kenntnisse gewissenhaft zu erwerben, die militärischen Vorschriften zu erfüllen und immer und überall die Ehre unserer Republik und ihrer Grenztruppen zu wahren.

Sollte ich jemals diesen meinen feierlichen Fahneneid verletzen, so möge mich die harte Strafe der Gesetze unserer Republik und die Verachtung des werktätigen Volkes treffen.

Anhang

1. Mauerbau am 13. August 1961

Von den 47,4 Kilometern Berliner Mauer sind nur noch acht übrig. Sie sollen bis zum Herbst 1991 beseitigt sein. Ein 750 Mann starkes Abrißkommando der ehemaligen Grenztruppen leistete gute Arbeit. Die Überbleibsel der gewaltigen Sperranlagen türmen sich in elf Zwischenlagern in und um Berlin. Seit Ende 1990 brachte die Bundeswehr als »Mauerverkäufer« Mauerteile für über eine halbe Million Mark an den Mann. Sie wurden dem Bundesvermögen gutgeschrieben.

Was nicht mehr kommerziell verwertbar ist, gelangt in die Shredder zweier Recycling-Firmen und wird für den Straßenbau oder bei Metall zu Hochofen-Schrott aufbereitet. Die Unternehmen erhalten vom Verteidigungsministerium sieben DM pro Tonne.

Die Relikte des Todesstreifens werden bald verkauft sein. Vier Mauerabschnitte wurden unter Denkmalschutz gestellt: In der Bernauer-, Mühlen- und Niederkirchnerstraße sowie am Invalidenfriedhof. Noch nicht abgerissen ist ein zweihundert Meter langes Stück »Lehrmauer« in Neu-Zittau. Hier wurden die Grenzsoldaten ausgebildet und geschult. Die »Lehrmauer« ist »echt, mit allem Drum und Dran«.

Und so hatte *1961* alles begonnen, die Chronologie der Ereignisse:

1. August: Die Zahl der Flüchtlinge aus der sowjetisch besetzten Zone ist im Monat Juli 1961 mit 30 444 Menschen die höchste Flüchtlingszahl in einem Monat seit März 1953.
2. August: In den letzten 24 Stunden sind in Berlin-Marienfelde 1322 Flüchtlinge registriert worden.
4. August: Weitere 1155 Flüchtlinge werden registriert. Der Anteil der »Grenzgänger« an der Flüchtlingszahl steigt sprunghaft auf zwanzig Prozent.
6./7. August: Über das Wochenende werden 3268 Flüchtlinge in Berlin-Marienfelde neu registriert.
10. August: 1709 Flüchtlinge in Berlin-Marienfelde. Als Fluchtgrund wird die Furcht vor der Absperrung der Fluchtwege genannt.
11. August: Das Notaufnahmelager Berlin-Marienfelde meldet 1532 neue Flüchtlinge.
In der Volkskammer kündigt DDR-Ministerpräsident Willi Stoph neue »Schutzmaßnahmen« gegen »Menschenhändler, Abwerber und Saboteure« an. Stoph deutet Maßnahmen gegen den Reiseverkehr aus der DDR

in die Bundesrepublik und nach Westberlin an, der angeblich für »Menschenhandel« ausgenutzt werde.

Die Volkskammer beauftragt den Ministerrat, entsprechende Maßnahmen vorzubereiten und durchzuführen.

12. August: Berlin-Marienfelde meldet 2400 neue Flüchtlinge.

13. August: In den frühen Morgenstunden des Sonntags sperren Sicherheitskräfte der DDR die Sektorengrenze zwischen Ost- und Westberlin mit Stacheldraht ab. Betonpfähle werden errichtet, an vielen Stellen Hindernisse angelegt. Gräben werden gezogen und Straßenpflaster aufgerissen. Der Bau des »Antifaschistischen Schutzwalls« – wie die Berliner Mauer im SED-Jargon genannt wird – kann beginnen.

An diesen »Maßnahmen« sind in der »1. Staffel« sogenannte »Kampfgruppen« – Milizionäre aus Betrieben –, Volkspolizei-Bereitschaften und Grenzpolizei beteiligt. In der zweiten Sicherungsstaffel stehen reguläre Soldaten der »Nationalen Volksarmee« (NVA) und Kräfte des »Ministeriums für Staatssicherheit« (MfS) bereit. Bei einem etwaigen Eingreifen von Westalliierten soll als dritte Sicherungsstaffel die Sowjetarmee zur Verfügung stehen. Unmittelbar an der Sektorengrenze treten vor allem Angehörige der Kampfgruppen und der Bereitschaftspolizei an; außerdem Kräfte der »Deutschen Grenzpolizei«. Beteiligt sind ferner Verbände der normalen Volkspolizei sowie der Feuerwehr beziehungsweise des »Luftschutzes«. Auch die »Transportpolizei« (Trapo) wird verstärkt eingesetzt. Ostberlin gleicht einer Stadt im Belagerungszustand.

Auf Anordnung der DDR-Regierung wird allen Bewohnern der DDR und Ostberlins das Betreten Westberlins untersagt. Diese Maßnahmen gehen auf eine Weisung der »Warschauer Vertragsstaaten« zurück. Auf Beschluß des Warschauer Paktes – der seit dem 1. April 1991 nicht mehr besteht – wird der DDR-Regierung der »Vorschlag« unterbreitet, an der »Westberliner Grenze eine solche Ordnung einzuführen, durch die der Wühltätigkeit gegen die Länder des sozialistischen Lagers zuverlässig der Weg verlegt und rings um das ganze Gebiet Westberlins... eine wirksame Kontrolle gewährleistet wird.« Die Organisation der Absperrmaßnahmen und die Errichtung der Mauer steht unter der Leitung Erich Honeckers in seiner Eigenschaft als Sekretär des »Nationalen Verteidigungsrates«.

Für alle Bewohner Ostberlins und der DDR besteht Passierscheinzwang für das Betreten von Westberlin.

Die bisherigen etwa achtzig Übergangsstellen werden bis auf dreizehn geschlossen.

Den »Grenzgängern« wird die Weiterarbeit in Westberlin untersagt. Der direkte S-Bahn-Verkehr zwischen beiden Teilen der Stadt wird eingestellt. Mehrere S- und U-Bahnhöfe in der Nähe der Sektorengrenze werden geschlossen. Die Telefon- und Fernschreiberverbindungen werden unterbrochen. Lediglich der Telegrammverkehr zwischen der DDR und Westberlin läuft normal.

Die Mauerbauer haben Buch geführt, Abläufe protokolliert, Probleme aufgeschrieben, Stimmungen in der Bevölkerung erkundet und schriftlich festgehalten. Ganze Aktenbestände aus jener Zeit wurden vor der Wende vernichtet. Die lückenloseste Dokumentensammlung über die Ereignisse nach dem 13. August 1961 fanden wir im Archiv des Präsidiums der ehemaligen Volkspolizei. Aus subjektiver Sicht der Täter entstanden ein »Kalenderplan der Maßnahmen«, das »Journal der Gefechtshandlung«, ferner Anordnungen, Aufrufe, »Rapports« und »Einschätzungen«.

Kosten für die Errichtung von einigen Grenzsicherungsanlagen und Bauten (1 km, 1 Stück)

Grenzzaun, 3 m Höhe	115,0 TM
Grenzzaun, 2 m Höhe	40,0 TM
Grenzmauer	830,0 TM
Grenzmauer (Plattenbauweise)	260,0 TM
Grenzsignal- und Sperrzaun	170,0 TM
Grenzsignalzaun	102,0 TM
Hundelaufanlage	23,0 TM
Kfz-Sperre	50,0 TM
Kolonnenweg	127,0 TM
Lichttrasse	50,0 TM
Scheinwerferanlage	55,0 TM
Führungsstelle	65,0 TM
Beobachtungsturm 11 m Höhe	16,0 TM
Grenzsicherungsanlage	40,0 TM

Quelle: Archiv der ehemaligen DDR-Grenztruppen.

Geheime Verschlußsache

E.Vdos-Qr. 71/61

Geheime Kommand...
27 (persön...

21/61   3   Exemplare je ... 1 ...ott
                2   Exemplar   1 ...latt

den 12.8.1961
Ho/Ke.

-220

Mitglied des Politbüros
des ZK der SED
Genosse Erich M ü c k e n b e r g e r

F●●kfurt/Oder

Werter Genosse Mückenberger!

Ich bitte Dich, entsprechend den getroffenen Vereinbarungen am 13. August 1961, ab 01.30 Uhr die erforderlichen Maßnahmen zu veranlassen. Die Dir bekannten Dokumente werde ich Dir im Verlaufe der Nacht übermitteln.
Den in der Anlage beigefügten Befehl an den Vorsitzenden der Einsatzleitung des Bezirkes Frankfurt/Oder, Genossen Eduard G ö t z l , bitte ich um 01.30 Uhr zu überge-
be● Desweiteren füge ich diesem Schreiben den Entwurf
eines Alarmbefehls an die Einsatzleitung des Kreises
Bernau bei sowie den Entwurf einer Bekanntmachung des
Rates des Bezirkes Frankfurt/Oder.

Mit sozialistischem Gruß

E. Honecker

326

den 12.8.1961
Ho/Ke.

Kandidat des Politbüros
des ZK der SED
Genosse Gerhard G r ü n e b e r g

P o t s d a m

Werter Genosse Grüneberg!

Ich bitte Dich, entsprechend der getroffenen Vereinbarungen am 13. August 1961, ab 01.30 Uhr die erforder-
lichen Maßnahmen zu veranlassen. Die Dir bekannten
Dokumente werde ich Dir im Verlaufe der Nacht über-
mitteln. Den in der Anlage beigefügten Befehl an den
Vorsitzenden der Einsatzleitung Potsdam, Genossen
S e i b t , bitte ich um 01.30 Uhr zu übergeben.
Desweiteren füge ich diesem Schreiben die Entwürfe für
die Alarmbefehle an die Einsatzleitungen der Kreise
Oranienburg, Nauen, Potsdam, Zossen und Königswuster-
hausen bei sowie den Entwurf einer Bekanntmachung des
Rates des Bezirkes Potsdam.

Mit sozialistischem Gruß

E. Honecker

Anlagen

327

~~74,6~~

B e f e h l Nr. 002/61

des Kommandeurs der Deutschen Grenzpolizei

Gefechtsstand Pütz   Karte 1 : 200 000
12. August 1961   Koord. 5780 / 3390 b
                                          Ausgabe 1959

1. Die Deutsche Grenzpolizei hat die Aufgabe, am Ring um
   Berlin den Verkehr aus der Deutschen Demokratischen
   Republik nach dem demokratischen Berlin – entsprechend
   dem Befehl des Ministers des Innern – einzuschränken
   und durch verstärkte Grenzsicherung die Sicherheit der
   Deutschen Demokratischen Republik im engen Zusammenwirken mit den anderen bewaffneten Organen des Ministeriums
   des Innern, den Dienststellen des Ministeriums für Staatssicherheit, der Nationalen Volksarmee und dem AZKW zu
   gewährleisten.

   "X" + 30 Minuten ist an der Staatsgrenze West eine verstärkte Grenzsicherung zu organisieren, um Verletzungen
   der Grenze in beiden Richtungen nicht zuzulassen, und die
   Ausdehnung von Provokationen auf das Territorium der
   Deutschen Demokratischen Republik zu verhindern.

2. Die 1. bis 4. Grenzbrigade haben die Aufgabe, verstärkte
   Grenzsicherung – unter Beibehaltung des 8-Stunden-Dienstes –
   durchzuführen, Verletzungen der Grenzen der Deutschen
   Demokratischen Republik zu verhindern und die Ausdehnung
   von Provokationen auf das Territorium der Deutschen Demokratischen Republik nicht zuzulassen.

Die Kontrolle über die Einhaltung der Grenzordnung
ist zu verstärken.
In den Hauptrichtungen sind die Linieneinheiten durch
den Einsatz von Reserven zu verstärken.

3. In den Stäben der Grenzbrigaden und Grenzbereitschaften ist die erhöhte Arbeitsbereitschaft der Stäbe
herzustellen. Offiziere der Stäbe sind zur Kontrolle und Anleitung der befohlenen Aufgaben in den Einheiten einzusetzen.

Die schweren Grenzabteilungen sind in Gefechtsbereitschaft zu versetzen und zur Verlegung in gefährdete
Richtungen bereitzuhalten. Die Entschlüsse der Kommandeure zur Verlegung sind mir zur Bestätigung zu
melden.
Die Verlegung hat erst auf meinen Befehl zu erfolgen.

4. Die größte Dichte an Kräften und Mitteln ist in der
Hauptrichtung der Bewegung der Grenzverletzer und an
den Flanken der Grenzkontrollämter zu schaffen.
In provokationsgefährdeten Abschnitten sind getarn-
te Grenzposten einzusetzen. In der Tiefe sind motorisierte Reserven bereitzuhalten.

5. Die Kommandeure der Verbände haben mit dem Chef der
BdVP, den Bezirksdienststellen des MfS, der NVA und
den örtlichen Organen der Staatsmacht ein enges Zusammenwirken und einen ständigen Informationsaus-
tausch zu organisieren.

6. Durch die Kommandeure und Politorgane sind in Verbindung
   mit den Partei- und FDJ-Organisationen eine verstärkte
   politisch-ideologische Arbeit unter allen Soldaten,
   Unteroffizieren und Offizieren durchzuführen.

   Es ist zu gewährleisten, daß die Befehle und Dienstvorschriften korrekt und gewissenhaft erfüllt werden
   und die Geheimhaltung aller Maßnahmen gewahrt wird.

7. Den Aufklärungsorganen der Deutschen Grenzpolizei sind
   Aufgaben zur Aufklärung des Gegners und seiner Hand-
   lungen zu stellen.
   Durch die Kommandeure ist eine verstärkte Beobachtung
   der Handlungen des Gegners zu organisieren, um seine
   Absichten und Ziele rechtzeitig zu erkennen.
   Die Beobachtungs- und Aufklärungsergebnisse sind mit
   den Aufklärungsorganen ständig auszuwerten.

8. Meldungen:
   - Übergang zur verstärkten Grenzsicherung;
   - Herstellung der erhöhten Arbeitsbereitschaft der
     Stäbe;
   - Herstellung der Gefechtsbereitschaft der schwe-
     ren Grenzabteilung;
   - Entschluß über Verlegung der schweren Grenzabtlg.;
   - Besondere Vorkommnisse sofort;
   - Lagemeldung erstmalig "X" + 4 Stunden, weitere
     Meldungen alle 6 Stunden.

- Oberst -   (P e t e r)

Präsidium der Volkspolizei Berlin   Berlin, den 12.08.1961
  - S t a b -

Kalenderplan der Maßnahmen

lfd. Nr.	Uhrzeit:	A u f g a b e n :	verantwortl. bzw. Bemerkungen
1	19.00	Leitung des PdVP verständigen, um 20.00 Uhr beim General zur Beratung.	Gen. Milich, 55 16 27 Gen. Nestler, 17 24 58 Gen. Loll, 64 12 56 Gen. Condesen, 61 13 85 Gen. Groß 27 92 93 53 05 58
2	20.00	Öffnen der gesiegelten Unterlagen - Aufgabenstellung an die Leitung und Oberstltn. Wahner.	
3	20.00	Abt.Ltr. des PdVP anrufen,- Meldung um 21.00 Uhr beim General.	Zimmer 5614 Hptm. Wilde
4	20.00	Leiter der VPI und Sonderdienststellen verständigen- Meldung um 22.00 Uhr beim General.	Zimmer 5614 Loll
5	21.00	Einweisung der Abt.Leiter des PdVP durch den General.	Zimmer 5614
6	22.00	Einweisung der Leiter der VPI und Sonderdienststellen durch den General.	Zimmer 5614
7	23.00	Leiter der VPI verständigen ihre Abt. u.Revierleiter zur Einweisung.	
8.	00.00	Leiter der VPI weisen ihre Abt.-u.Revierleiter ein.	
9	X+30 Min. 01.30	Gefechtsalarm Stufe II wird für alle Dienststellen ausgelöst.	Maj. Braun

Stabschef
- Oberstleutnant der VP -   (S c h n e i d e r)

Präsidium der Volkspolizei Berlin   Berlin, den 12.08.1961
\- Stab -

Kalenderplan der Maßnahmen

lfd. Nr.	Uhrzeit:	Maßnahmen:	Verantwortlich bzw. Bemerkung
1	X = 01.00	a) 1. Brigade Bereitschaftspolizei unterstellt dem Kommandeur des Bezirks Berlin	
		b) Sicherungskommando Berlin unterstellt dem Kommandeur 1. Brigade Bereitschaftspolizei.	
2	X + 30' 01.30	a) Schliessung der Übergänge ausser den vorges. KP für den Personen- u. Kfz.-Verkehr	
		b) Auslösung Gefechtsalarm Stufe II für PdVP Bln. ausser HG und HA.	
3	X + 3 Std. 04.00	Nachrichtenverbindung durch Draht u. bewegl. Mit el. Ab X + 3 Std. wenn notwendig auch mit Funk (gedeckt)	
4	X + 3 Std. 04.00	a) Grösste Dichte entlang der Grenze erzielt.	
		b) Umgruppierung der Kräfte Sicherungskommando Bln. zur verstärkten Sicherung an den KP.	
		c) Pioniermässige Sperrung der Übergänge ausser den 16 KP	
5	X + 4 Std. 30' 05.30	Unterstellung eines Pionierzuges von Potsdam Eiche und des Pionierlehrganges der HS Potsdam unter Kdr. Sicherungskräfte.	
6	X + 6 Std. 07.00	Bez.-Schule Berlin ist dem Kdr. 1. Brig. BP unterstellt.	
7	X + 7 Std. 08.00	MPS Aschersleben ist dem Dir. 1. Brig. BP unterstellt.	

- 2 -

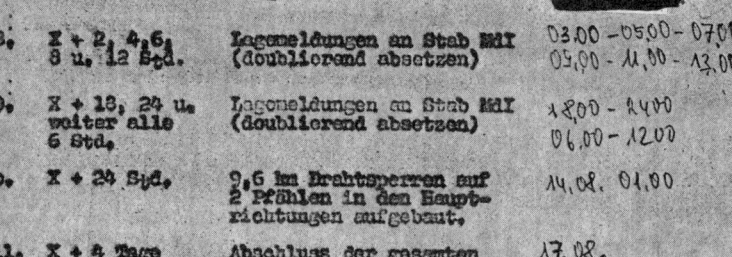

8.	X + 2, 4, 6, 8 u. 12 Std.	Lagemeldungen an Stab MdI (doublierend absetzen)	03.00 - 05.00 - 07.00 09.00 - 11.00 - 13.00
9.	X + 18, 24 u. weiter alle 6 Std.	Lagemeldungen an Stab MdI (doublierend absetzen)	1800 - 2400 06.00 - 1200
10.	X + 24 Std.	9,6 km Drahtsperren auf 2 Pfählen in den Hauptrichtungen aufgebaut.	14.08. 01.00
11.	X + 4 Tage	Abschluss der gesamten Pionierarbeiten in dem Abschnitt von 9,6 km.	17.08.

Oberstleutnant der VP
- Stabschef -   (S c h n e i d e r)

Journal der Gefechtshandlung

Datum d.Gefechts-handlung: 13.08.1951
Raum der Gefechtshandlung: Berlin
Beginn d.Gefechtshandlung: 04,00 Uhr
Ende der Gefechtshandlung:

Lfd.Nr.	Uhrzeit	Aufgaben der Einheiten bzw. Handlungen des Gegners	Entschluß des Kommandeurs oder Bemerkungen des Leiters
1.	01,00	X-Zeit	Auslösung Gefechtsalarmstufe II; 01,30 Uhr
2.	01,30	Auslösung des Gefechtsalarms für die Stadtbezirke.	
3.	01,40	Auslösung Gefechtsalarmstufe II für alle KG-Einheiten der Stadtbezirke Treptow, Mitte, Prenzlauer Berg, Pankow, Friedrichshain, I. Allgemeine Batl. Weißensee, VII. Batl. Bezirksreserve Lichtenberg, VI. Batl. Bezirksreserve sowie II. Allgm. Batl. Köpenick	Durchführung der Alarmierung über Blitz-FS von Lageoffizier FdVP zu den VPI und VPR
4.	02,10	Kdo. d, Abt. 7 erreicht Einsatzraum Ehrtstraße und beginnt mit den Arbeiten.	
5.	02,10	Oberltn. Schröder B	
6.	02,55	Stab Treptow arbeitsbereit	
7.	02,55	Stab Weißensee voll einsatzbereit:	Tel. Bekanntgabe der Telefonnummern des Stabes Treptow an FdVP ist durchzuführen
8.	02,55	Stab Pankow - Besetzt nur Org/Planung	
9.	02,55	Sicherungskdo. Hptm. Schulz: KP 34 ca. 100 Stummpolizisten sperren den ...kehr nach dem demokratischen Berlin. Stab des Sicherungskdo. seit 02,00 Uhr einsatzbereit.	
9.	03,00	Stab Weißensee meldet: Ltn. Nietsch läuft normal - Einsatzltg. und Stab arbeiten - Alarmierung läuft - 10 % der Alarmierten Kräfte eingetroffen. Alarmierung KG eingeleitet - Verbindung zur FdVP aufgenommen.	
10.	02,55	Stab Köpenick und Stab Treptow einsatzbereit Stab Köpenick: Major Hirtmann Stab Treptow: Major Elsner	
11.	02,50	Stab Friedrichshain meldet Oberltn.Baumann: Arbeitsbereitschaft hergestellt	
12.	03,00	Stab Lichtenberg - Ltn. Kdgs Höss: Arbeitsbereitschaft hergestellt:	
13.	03,05	Stab Mitte - Oberltn. Bagans: Arbeitsbereitschaft hergestellt	
14.	03,07	Stab Prenzl.Berg.- Mstr. Isberner; Stab Prenzl.Berg seit 02,20 Uhr einsatzbereit.	

Lfd. Nr.	Uhrzeit	Aufgaben der Einheiten bzw. Handlungen des Gegners	Entschluß des Kommandeurs oder Bemerkungen des Leiters
59.	09,03	Sicherungsgddo. meldet - Hptm. Schulz 6: Am KP 18 : hat sich die Ansammlung der Personen bis auf 400 Personen verstärkt; 1 Zout des Stützpunktes und 1 Zug sind zur Räumung der Straße eingesetzt.	
60.	09,11	Operativ-Prenzl.Berg meldet - Hptm. Heinsch - : Am KP 18 sind ca. 150 Personen versammelt; Auf Ersuchen von Stützp. III stellt VPI/PB. 1 Zug und 1 FSW. An der Rückseite des Stadion Kantinstraße (Schneiter Str.) haben sich 3 weitere Personen gegen 09,02 Uhr über die Mauer in den Westsektor begeben.	(Meldung an Hptm. Scholl:
61.	09,15	Sicherungsgddo. meldet Hptm. Oberissk - meldet: Um 09,05 Uhr ist Brand vom Brandenburger Tor abgefahren. Die um ihn versammelten ca. 60 Personen sind in der Auflösung begriffen. KP 52 meldet; daß der um 07,00 Uhr gemeldete amerik.Offz. auf Westberlin Kommand sich in der Warschauer Str. die Panzer angesehen hat und wieder zurückgegangen ist. Der um 06,27 Uhr gemeldete Grenzübertritt durch 1 Stützpunkt Offizier hat sich nicht bestätigt.	gemeld. 50 Pers.
62.	09,20	Operativstab Mitte - Oberltn: Slareck - meldet: In der Kremmener Str. versuchen Bürger als Haustüren einzuschlagen; um in die Bernauer Str. zu gelangen. Durch Op-stab Mitte sind 2 FSW eingesetzt.	
63.	09,20	Op-stab FdVP meldet: Auf Weißenser Güterbahnhof trifft NVA - Transport schwerer Fahrzeuge ein. Leitender NVA - Offizier bittet um VK-Posten zwecks Geleit; VK (Krad) 09,30 Uhr in Marsch gesetzt.	
64.	09,30	Stärke der KG-Einheiten:	

Kreis: / Mot.Batl. / Allg.Batl.
Prio: 82 / 151
KS: 95 / 214
L1: 157 / 0-
M1: 274 / 732
Pk. 0 / 120
Pb: 69 / 61
Trp. 127 / 103
WSB. 0 / 61

Insges: 894 = 22,5 % / 1362 = 14,1 %

[...]

335

Lfd. Nr.	Uhrzeit	Aufgaben der Einheiten bzw. Handlungen des Gegners	Entschluß des Kommandeurs oder Bemerkungen des Leiters
81.	10,45	Op-stab Mitte - Oberltn. Begann - meldet: Am KP - Köpenicker Straße haben sich auf beiden Seiten je ca. 400 Personen angesammelt. Die Personen provozieren die Posten und versuchen die Sperren zu durchbrechen. Op-stab Mitte hat 2 Hundertschaften KB in Marsch gesetzt.	
82.	11,05	Stab Treptow - Ltn. Stindel - meldet: Menschenmenge am KP Elsenstraße auf westlicher Seite ca. 400 Personen angewachsen. Menge verhält sich ruhig, beobachtet uns in demokr. Berlin vor sich geht. Posten des StKdo. wurden durch eine Aufklärungsgruppe der VP verstärkt. Schnellkdo. an den Einsatzort befohlen.	
83.	10,50	FS an alle Vorsitzenden der B-Leitungen der Stadtbezirke 1 bis 8: Zur Aufrechterhaltung der Sicherheit u. Ordn. in den Stadtbezirken sind die Btl. der KG als geschlossene Einheit und Patrouillen zum Einsatz zu bringen. Es ist nochmals auf die Erhöhung der Wachsamkeit hinzuweisen.	
84.	11,15	FS an alle Kdr. der VPI 1 - 8 : Beim Einsatz der Btl. der KG sind Platzpatronen an die Kämpfer auszugeben. Scharfe Munition ist vereinzelt mitzuführen. Einsatz von Wasserwerfern und Nebelkerzen nach Lage genehmigt.	
85.	11,15	Operativ - Pankow - Ltn. Heinrich - meldet: Anzahl der Personen am KP Wollankstr. hat sich auf 350 erhöht. Von Westberlin aus versuchten sich Personen mit dieser Ansammlung in Verbindung zu setzen.	
86.	11,15	Sicherungskdo. - Hptm. Chmieleck - meld et: KP 51 - auf westberliner Seite Ansammlung von 50 Personen - in demokr. Teil ebenfalls 150 Personen. Wie vorher gemeldet wurde, werden dort keine Sperren weggeräumt. Kräfte zur Auflösung der Ansammlung sind eingesetzt. KP 22 - Brunnenstraße - auf westberliner Seite Ansammlung von 200 und in demokr. Teil von 300 Personen. 1 Komp. zur Auflösung eingesetzt. KP 52 - Bürgermeister Kreßmann aus Westberlin ist am KP erschienen und hat s ich mit westberliner Bürgern und der Stupo unterhalten. Anschließend ist er wieder abgefahren. KP 15 meldet, gegen 10,15 Uhr, hat die ostberliner Morgenpost - Extrablatter verteilt, mit der Überschrift: Westberlin ist mit Stacheldraht abgeriegelt, die S- und U-Bahnhöfe sind geteilt". Stützpunkt VIII gegen 11,00 Uhr haben jugendliche zwischen	Auf Weisung Ltn. Operativ, Mjor Braun, wurde Befehl übermittelt, diese Ansammlung schnellstens aufzulösen notfalls unter Einsatz von MW.

Lfd. Nr.	Uhrzeit	Aufgaben der Einheiten bzw. Handlungen des Gegners	Entschluß des Kommandeurs oder Bemerkungen des Leiters
126	18.20	Abt. Operativ Mitte -O.Ltn. Sklarek- meldet: Stupo hat Sperrkette gezogen und Wasserwerfer in Nähe Branden-burger Tor in Stellung gebracht. Wasserwerfer befindet sich nicht in Einsatz. Eigene Wasserwerfer unmittelbar am Brandenburger Tor in Stellung jedoch nicht im Einsatz. KG haben entlang der Ebertstr. geräumt. In demokr. Berlin zur Zeit keine Ansammlung. In Westberlin einzelne kleine Gruppen.	
127	18.30	Meldung von Toni Zel: (18.00 Uhr) Unter den Linden/Friedrichstr. ca. 300 Personen, die jedoch keine negative Haltung einnehmen.	Militärischer Leiter Insp. Mitte hat Kenntnis
		Um 18.05 Uhr waren 80 % durch Kampfgruppen aufgelöst. Auflösung wird weiter durchgeführt. Am Brandenburger Tor, in der Durchfahrt, sind 2 SK I und 2 SK II stationiert. In demokr. Berlin z.Zt. keine Provokation.Anzugsaktivität	
128	17.52	Information durch Gen. Generalmajor Eikemeier: Ltn. Anruf von Gen. Albert Norden in der Nähe des Nationalra t: es randalisierende Jugendliche. Oberstltn. Gröbing erhält den Auftrag, mit SFW die Auflösung vor-zunehmen.	
129	18.10	Information durch Gen. Generalmajor Eikemeier: Um 19.00 Uhr soll Lipschits am Potsd mer Platz sprechen. Militä-rischer Leiter Mitte hat Kenntnis und stellt für das Sicherungs-kommando das 2. Allgem. KG-Btl. mit 162 Kämpfern zuAnztt, das in der Geschwister-Scholl-Str. stationiert ist, zur Verfügung.	Oberstltn. Pedelt erhält Auftrag die Kräfte der Kampfgruppen und eigene Einheiten sowie Wasserwerfer an Potsdamer Platz zu statio-nieren. Der Entschluß ist dem Gen. Generalmajor eikemeier zu melden.
130	18.50	Sicherungskomm ndo -Hptm. Scheziak- meldet: KP 59 - Bouchés tr. - auf Westberliner Seite ca. 150 und in demokr. Berlin 100 Personen; vorrangig Jugendliche, veranstalten wüstes Pfeifkonzert von beiden Seiten. BP, III. Abteilung zur Normalisierung des Zustandes eingesetzt. KP 51 - Köpenicker Str.- 18.30 Uhr - Drahtsperre von Jugendlichen aus Westberlin niedergetreten. Jugendliche sind nach Westberlin geflüchtet. Zwischen KP 47 und KP 43 Engelbecken können Bürger noch ungehindert nach Westberlin gelangen. Mit eigenen Kräften ist der Zustand nicht zu verändern. Maßnahmen werden eingeleitet. KP 52 - Oberbaumbrücke - 18.40 Uhr - Schleuse zur besseren Kontrolle errichtet. KP 36 - Potsdamer Platz - 18.40 Uhr - Lage allgemein unverändert. KP 18 - Wollankstr. - 18.45 - im Westberliner Raum Ansammlung von ca. 500 bis 800 Personen und brüllen rüber "Habt Ihr schon eine Karte für's Walter Ulbricht Stadion? Dort wird das letzte Stück Butter gezeigt". KP 27 - Chausseestr. - 19.00 Uhr - Krawallfahrer. Trabant, Farbe: Weiß-rot, Pol. Kz. nicht erkannt, Anzahl der Insassen ebenfalls nicht ermittelt.	
131	18.42	Meldung Operativ Pankow -U.Ltn. Striegler-: Am KP Wollankstr. sind ca. 500 Personen versammelt, überwiegend Jugendliche, die randalieren. Eingesetzt sind 2 Züge KG, 1 Zug VP, 1 S-Kdo. - Leitung Major Kleeberg.	[...]

Lfd. Nr.	Uhrzeit	Aufgaben der Einheiten bzw. Handlungen des Gegners	Entschluß des Kommandeurs oder Bemerkungen des Leiters
162	23.05	Sicherungskommando -O.Ltn.Schreiber- meldet: Am KP 71 - Rudower Chaussee - durchschwamm 22.45 Uhr eine männliche Person den Kanal am Eternit-Werk in Richtung Westsektor.	
163	23.08	VPI Mitt Treptow Stab -Hptm. Stirgl- meldet: Die am KP 68 Spätstr./Spätbrücke eingesetzten Kräfte der BP haben am heutigen Tage keine Verpflegung erhalten. Sie verfügen über keine Taschenlampen und haben teilweise keine Decken. Die Stimmung ist schlecht.	
164	23.15	Sicherungskommando -O.Ltn.Schreiber- meldet: 22.10 Uhr wurde am KP 54 und 53 (Puschkinallee, Lohmühlenstr.) die Zusammenrottung von ca. 150 Personen aufgelöst und die Ordnung wieder herg.stellt. Am KP 34 - Brandenburger Tor - ist die Lage unverändert. Nach wie vor befinden sich Jugendliche, die gegen unsere Republik hetzen, in West-sektor im Raum der Anlagen des Tiergartens.	
165	23.30	Um 23.30 Uhr sind folgende Kräfte der KO konzentriert:	

	145 Mot.	148 Allgem. Btl.
Frie	145	148
Kö	226	378
Li	259	-
M1	731	1.594
Pk	-	212
Pb	102	79
Tre	.243	262
Wss	215	

1.686 = 45,0 %   2.888 = 34,7 %

Lfd. Nr.	Uhrzeit	Aufgaben der Einheiten bzw. Handlungen des Gegners	Entschluß des Kommandeurs oder Bemerkungen des Leiters
166	23.45	Befehl des militär.Kdrs. dem Bezirks: An den militär.Kdr.des Städtbez.Frennl.Berg: 02,00 Uhr Die Einheiten der KO Pb sind am 14-08-61 Früh aus dem Einsatz herauszulösen. Zur Durchführung der weiteren Aufgaben werden dem Städtbez.PB 2 Hundertschaften des Städtbez.Mitte zugeteilt. Der Befehl wurde dem Kdr. des Städtbez.Mitte bekanntgegeben. Es handelt sich um die Einheiten: 2. Batl. Mot. = 101 Gen. und das 7. Allge.Btl.= 46 Gen.	
167	23.50	Meldung von Sicherungskdo. - Oberltn. Schreiber -: Am KP 34 wurden die ca. 3.000 Jugendlichen von 23.20 bis 23.40 Uhr durch Stummpolizei unter Einsatz von Polizeiknüppeln auseinander getrieben. Hierbei riefen die Jugendlichen, ihr schlagt gegen die falsche Seite. KP 20 - 23.40 Uhr - wurden die ca. 300 Jugendlichen durch Stupo mit Polizei-knüppeln zerstreut. Aufklärungsmeldung zur lfd. Nr. 442: Bei den Verletzten durch NK-rot am KP 49 handelt es sich um einen KG-Ange-hörigen, der der Meinung war, daß die NK zu kurz geworfen war, sie aufschob und weiter werfen wollte. Hierbei Platzte sie in kurz in seiner unmittelbaren Nähe. Ihr Vb-insch. wird in VP-Krankenhaus stationär behandelt.	

BEFEHL

des Präsidenten der Volkspolizei Berlin
Nr. 40/61

14. August 1961   Berlin

Inhalt: Maßnahmen gegen Provokationen am Brandenburger Tor

Auf Grund der andauernden Provokationen am Brandenburger Tor,
insbesondere wegen der am heutigen Tage in den Mittagsstunden
durch Vertreter des Westberliner Senats und der Bonner
Regierung durchgeführten Hetzdemonstration sowie der unverant-
wortlichen Aufforderung des Senders "Freies Berlin" und des
" RIAS ", gewaltsam die Grenzen am Brandenburger Tor zu verletzen und andere gefährliche Provokationen vorzubereiten

BEFEHLE ICH:

1. Der Übergang am Brandenburger Tor ab 14.08.1961 - 14.00 Uhr-
   vorübergehend zu schließen.

2. Ab 14.00 Uhr ist der Kfz.-Verkehr aus dem Demokratischen
   Berlin zum Brandenburger Tor in der Höhe der Friedrichstr.
   zu anderen Übergangspunkten umzuleiten.
   Den Kraftfahrern bzw. Insassen dieser Kfz. ist diese Maßnahme
   auf Grund der Provokationen am Brandenburger Tor zu
   begründen.

3. Gleichfalls ist der Fahrzeugverkehr aus der Wilhelmstr. und
   Luisenstr. über den KP Unter den Linden nicht zuzulassen.
   Hierzu ist der Verkehr jeweils an der letzten Querstraße
   vor Unter den Linden umzuleiten.

4. Der Fußgängerverkehr ist in Höhe Luisen/Wilhelmstr. an die
   anderen KPP umzuleiten.

- 2 -

5. Das Brandenburger Tor und der Vorplatz in Richtung
   Westberlin, der zum Demokratischen Berlin gehört, sind
   durch bewegliche Pioniermittel zu sperren und durch
   Einsatzkräfte zu sichern.
   Dabei sind die Durchlasse des Brandenburger.Tors offen
   zu halten, um die Entfaltung von Sonder-Kfz. und
   Sicherungskräften schnell zum wirksamen Schutz der
   Pioniersperren zu gewährleisten.

Präsident der VP Berlin
- Generalmajor der VP -   gez. E i k e m e i e r

                         F. d. R.
                       (N F J E)
                 - Oberstleutnant der VP -

Bezirkseinsatzleitung Berlin   Berlin, den 15. August 1961

An den
Vorsitzenden des Nat. Verteidigungsrates
Genossen Walter U l b r i c h t

B e r l i n

1. Meldung der Stärke

   a) Grenzsicherung

       Kräfte der Brigade   2186 u. 393 im Objekt
       2. Bereitschaft   354
       3. Bereitschaft   142
       Sicherungskommando   965
       Bezirksschule   285
       MPS Aschersleben   _780_
                          insges.:   5107

   b) VPI-Friedrichshain   512   (75,6 %)
       VPI-Köpenick   580   (89,6 %)
       VPI-Lichtenberg   639   (78,9 %)
       VPI-Mitte   974   (77,5 %)
       VPI-Pankow   529   (80 %)
       VPI-Prenzl.Berg   563   (96 %)
       VPI-Treptow   458   (91 %)
       VPI-Weissensee   356   (85,2 %)
       PdVP   _776_   (82 %)
                          insges.:   5387

   c) BG-Amt Schönefeld   83   (55,6 %)
       WSI   87   (86,1 %)
       StVA Bln. I   216   (71,5 %)
       StVA Bln. II   47   (39,8 %)
       UHA   _102_   (73,1 %)

                          insges.:   540

   a) bis c)   =   11.034 VP-Angeh.

                                              - 2 -

d) <u>Stärke der einzusetzenden Kampfgruppen</u>

Kreis:	Batl. mot.	Allgemein:
Friedrichshain	210	146
Köpenick	301	760
Lichtenberg	280	60
Mitte	945	1750
Pankow	–	296
Prenzl.Berg	93	240
Treptow	293	358
Weissensee	–	247
insges.:	2122	3857
	(57,2 %)	(48 %)

<u>Kräfteumgruppierungen:</u>

Das 1., 2. u. 3. Batl. mot. (Mitte) sind ab 14.08.1961 - 23.00 Uhr - dem Kommandeur des Sicherungskommandos unterstellt.

Das 7. Batl. untersteht vom gleichen Zeitpunkt ab dem S-Kdo. und wird im Abschnitt Nord eingesetzt.

2. <u>Lage beim Gegner</u>

- Ausgehend von dem vorherigen Bericht ist festzustellen, dass in der Zeit von 19.45 Uhr bis geg. 23.00 Uhr am Potsdamer Platz und in der Stresemannstr. ca. 1000 westberliner Personen nahe der Absperrung sich auf der westlichen Seite konzentrierten. Geg. 23.00 Uhr waren noch ca. 200 Personen auf dem Platz, die sich allmählig zerstreuten.

- Die Stupo errichtete gegen 01.00 Uhr auf westlicher Seite am KP Adalbertstr. eine Eisensperre und bereitete ähnliche Massnahmen am KP Köpenicker Str. vor. Zum gleichen Zeitpunkt wurde an der Kellerbrücke eine weitere Sperre angelegt.

- Geg. 23.15 Uhr hat ein Kombi - Kennzeichen konnte nicht festgestellt werden - am KP Wollankstr. die Haltezeichen der Posten nicht beachtet und ist nach Westberlin durchgefahren. Weitere Krawallfahrten an diesem Kontrollpunkt am gleichen Tage weisen nachdrücklichst auf diesen bestehenden Schwerpunkt hin. Für den 15.08.1961 sind entsprechende Massnahmen zur Herbeiführung einer grundlegenden Wende in dieser Hinsicht vorgesehen.

- Am KP Bornholmer Str. ist geg. 02.20 Uhr ein Bildreporter der "Bildzeitung" wegen provokatorischer Äusserungen und Aufnahmen von militärischen Fahrzeugen festgenommen. Er wurde der VPI-Prenzl.Berg zugeführt.

- Nachdem am KP 45 (Heinrich-Heine-Str.) mit Inkrafttreten der neuen Anordnungen ein PKW-Fahrer auf diese

- 3 -

hingewiesen wurde und die Rückfahrt antreten musste,
wurden die folgenden Fahrzeuge von der Stupo nicht
mehr durchgelassen und unmittelbar zurückgewiesen.
Die gleichen Feststellungen gab es am KP 27.

- Es wurden 166 Personen zugeführt und davon nach
Überprüfung 61 wieder entlassen.

3. Politisch-moralischer Zustand und Massnahmen der
politischen Erziehungsarbeit.

- Nach wie vor herrscht in allen eingesetzten Einheiten eine gute Kampfstimmung. Die Befehle und Weisungen werden konsequent durchgeführt.
Den Provokateuren - besonders an den Übergängen nach
Westberlin - wird energisch entgegengetreten.

Es kommt darauf an, die Arbeit der Parteiorganisa-
tionen und des Jugendverbandes weitgehendst zu verbessern.
Dabei wird darauf orientiert, jeden Tag kurze Zu-
sammenkünfte im Rahmen der Parteigruppen bzw. -
je nach Lage - in kleineren Kollektiven durchzuführen, um die Situation richtig einzuschätzen und
jedem Genossen die Aufgaben zu erläutern.

- Alle Dienststellen der VP Berlin erhielten am 14.08.61
Agitationsmaterial der Bez.-Leitung der Partei für
die politische Massenarbeit.

- Es ist noch einmal besonders hervorzuheben, dass bei
der überwiegenden Mehrheit der Ehefrauen unserer
Volkspolizisten ein hohes Verständnis für den Dienst
ihrer Ehemänner vorhanden ist.

- Es gibt eine Reihe von Beispielen, dass der Klassenfeind Methoden anwendet, um die Ehefrauen von VP-
Angeh. zu beunruhigen.

4. Die materiell-techn. Versorgung und die med. Betreuung

Zur Anleitung und Kontrolle der Unterbringung und Ver-
pflegung der Kräfte der VP und der KG wurden in den VPI
und im Sicherungskommando Instrukteure eingesetzt.
Danach ist die ordnungsgemässe Unterbringung und Ver-
pflegung dieser Kräfte gewährleistet.

Die zusätzlichen Kräfte der Bereitschaftspolizei aus
der DDR werden wie folgt untergebracht:

1 Btl. in einer Schule in Bln.-Lichtenberg und
1 Btl. im Schlacht- und Viehhof.

Inzwischen konnten auch im Abschnitt Süd Quartiere
für die zuvor nicht ordnungsgemäss untergebrachten Kräfte
der Bereitschaftspolizei eingerichtet werden.

- 4 -

- 4 -

5.) Es gilt, die teilweise noch vorhandenen Schwächen in der termingemässen und quartalsmässigen gegenseitigen Information, schnellstens zu überwinden.

6.) Stimmung der Bevölkerung

Ausgehend von den zurückliegenden Berichten ergaben sich aus den Meldungen der vergangenen Nacht keine neuen Hinweise.

7.) a) Am 14.08.1961 wurden in der Zeit von 07.00 bis 20.00 Uhr = 2365 Tagesaufenthaltsgenehmigungen an westdeutsche Bürger ausgehändigt.

b) Aufenthaltsgenehmigungen an westberliner Bürger zur Einreise in die Bezirke der DDR wurden von 255 Anträgen 120 genehmigt.

c) Am 14.08.1961 wurden 9851 Passierscheine zum Betreten Westberlins durch Bürger des demokr. Berlins beantragt.

B E Z I R K S - E I N S A T Z L E I T U N G

B E R L I N

B E F E H L

des Vorsitzenden der Einsatzleitung

Nr. 5/61

22. August 1961   Berlin

Inhalt: Weiterer Ausbau des Grenzsicherungssystems nach
          Westberlin

Zur Vervollständigung und Ausbau der 2. Reihe der Grenzsicherung

                B E F E H L E   I C H :

1. Mit sofortiger Wirkung werden die bisher tätige
    Kommission unter Leitung des Genossen Oberstltn.
    der VP Gondesen sowie die eingesetzten Kräfte des
    Luftschutzes zur Gewährleistung der gestellten
    Aufgaben - dem Kommandeur der 1. Brigade der Be-
    reitschaftspolizei Berlin - unterstellt.

2. Der Leiter der Kommission hat im Zusammenwirken
    mit den Kommissionen der Stadtbezirke sofort eine
    Begehung der gesamten Grenze durchzuführen mit dem
    Ziel, noch bestehende Lücken festzustellen und unter
    Einsatz aller Kräfte bis zum 24. o8. 1961 - 24.oo Uhr -
    zu schließen.
    Zum genannten Termin ist mir durch den Leiter der
    Kommission über die Vollständigkeit der Sicherungs-
    anlagen Vollzug zu melden.

3. Unabhängig von der Vervollkommnung des bisherigen
    Sperrsystems nach Westberlin ist mit dem pionier-
    mäßigen Ausbau der 2. Reihe zu beginnen und bis
    zum 31. o8. 1961 - 24.oo Uhr - abzuschließen.

    Die hierzu notwendigen Kräfte und Mittel sind durch
    den Kommandeur der bewaffneten Kräfte des Bezirks
    Berlin in Absprache mit dem Stab des Ministeriums
    des Innern bereitzustellen.

                      - 2 -

4. Zur Gewährleistung des termingerechten Abschlusses ist ständig Verbindung mit den Kreiseinsatzleitungen der Stadtbezirke

          - Pankow,

          - Prenzlauer Berg,

          - Mitte,

          - Friedrichshain und

          - Treptow

zu halten sowie mit deren Kommissionen eng zusammenzuwirken.

5. Dem Stab des PdVP ist täglich - bis 2o.oo Uhr - über den erreichten Stand der Arbeiten zu berichten. Erstmalig am 22. o8. 1961, durch den Leiter der Kommission über den Kommandeur der 1. Brigade der Bereitschaftspolizei.

    Vorsitzender
der Einsatzleitung des
    Bezirks Berlin

(V e r n e r)

2. Die Sicherung der »Westgrenze«

Peter Joachim Lapp

Zur Geschichte der ehemaligen DDR-Grenztruppen

Grenzpolizei unter Sowjetbefehl

Auf Anordnung der Sowjetischen Militäradministration in Deutschland (SMAD) begannen die Innenministerien bzw. die Landespolizeibehörden in den fünf Ländern der Sowjetischen Besatzungszone (SBZ) im November 1946 damit, aus »bewährten antifaschistischen Kräften« eine Grenzpolizei aufzustellen. Diese neue Formation wurde zunächst als Teil der bereits 1945 ins Leben gerufenen Deutschen Volkspolizei (DVP/VP) betrachtet.

Die Personalstärke der Grenzpolizei lag bei rund 2500 Mann; die Angehörigen entstammten zumeist der »Klasse der Arbeiter und Bauern«.

Von Anfang an unterstanden die Grenzpolizisten sowjetischen Kommandeuren, das heißt, sie konnten ihren Dienst nur mit Soldaten der Sowjetarmee zusammen versehen. Ihre Aufgabe war es 1946/47 vor allem, die Demarkationslinie der SBZ zu den drei Westzonen zu überwachen. Das Ziel lautete: Unterbindung von Schmuggel und Kanalisierung des Grenzübertritts von einer Zone in die andere, insbesondere Übertritte von Ost nach West.

Ausbildung und Ausrüstung der neuen Formation waren zunächst äußerst bescheiden. Anfangs erhielten die jungen Männer keinerlei grenzfachliche Schulung, sie besaßen zum Teil nicht einmal eine komplette Uniform und waren nur mit altertümlichen Handfeuerwaffen ausgestattet.

Die Sozialistische Einheitspartei Deutschlands (SED) hatte auf Weisung der Sowjets dafür zu sorgen, daß vor allem zuverlässige Genossen in die Grenzpolizei delegiert wurden. Alle Führungspositionen wurden – in Absprache mit den Sowjets – von Kommunisten besetzt. Parteilose hatten allenfalls als einfache »Grenzer« die Chance, aufgenommen zu werden oder bleiben zu dürfen. Die neue Grenzpolizei war von Anfang an eine der führenden Partei ergebene Formation, die Kaderpolitik war allein Angelegenheit der SED, die ihrerseits sowjetischen Wünschen zu folgen hatte.

347

Generell besaßen sowjetische Kommandeure der im Grenzdienst eingesetzten Einheiten der Sowjetarmee gegenüber den Dienststellenleitern der Grenzpolizei ein Weisungsrecht. Die Sowjets bestimmten die »zweckmäßige Form« des Grenzeinsatzes der Postenpaare und entwarfen auch die Aufgaben, wie die Grenzüberwachung durchgeführt werden sollte. Von daher war der Einsatz der Grenzpolizei lediglich eine Art Grenzhilfsdienst im Auftrag und unter Anleitung der Sowjets. Entsprechend verhielt sich die deutsche Grenzbevölkerung: Die Menschen sahen in den neuen Grenzpolizisten zu Recht Erfüllungsgehilfen der Besatzungsmacht.

Mit der Verschärfung des Kalten Krieges in Deutschland verschlechterte sich auch die Situation an der Demarkationslinie bzw. Zonengrenze. Die Zahl der »illegalen Grenzübertritte« nahm stark zu, Hunderttausende setzten sich aus der SBZ in die Westzonen oder in die Westsektoren Berlins ab. Nach dem Auszug der Sowjets aus dem Alliierten Kontrollrat im März 1948 erhielten die deutschen SBZ-Behörden die Anweisung, eine besondere Polizeitruppe »Ring-um-Berlin« aufzustellen, die künftig die Übergänge bzw. die Grenze zu Westberlin überwachen sollte.

Im April 1949 ist diese Truppe als Grenzbereitschaft der Deutschen Verwaltung des Innern unterstellt worden.

Mit der Berliner Blockade 1948/49 durch die Sowjets eskalierte der Kalte Krieg in Deutschland, zeitgleich damit wurde die Grenzpolizei der SBZ ausgebaut. Ausbildung und Ausrüstung der jetzt etwa 10 000 Angehörigen (Mitte 1948) wurden verbessert, die politisch-ideologische Ausrichtung durch Schaffung von »Polit-Kultur-Organen« intensiviert. Im zweiten Halbjahr 1948 war die Grenzpolizei einheitlich und vollständig mit Schützenwaffen ausgerüstet, auch die Zahl der PKW und LKW wurde erhöht.

Mit dem 22. Juli 1948 wurde eine Hauptabteilung Grenzpolizei-Bereitschaften bei der Deutschen Verwaltung des Innern geschaffen, ein paar Monate darauf, im November 1948, erfolgte die Eingliederung der Hauptabteilung Grenzpolizei in die neue Hauptverwaltung Deutsche Volkspolizei.

In einem Befehl vom November 1948 über das »Verhalten der Grenzpolizei bei Schießereien von den westlichen Besatzungszonen her« wies der damalige Präsident der Deutschen Verwaltung des Innern die Grenzpolizisten an, sich nicht provozieren zu lassen und auf ein streng diszipliniertes Verhalten zu achten, »insbesondere durch das strikte Einhalten der Schußwaffengebrauchsbestimmung«.

Damit war klar: Bereits Ende 1948 gab es bei der Grenzpolizei der SBZ so etwas wie einen Schießbefehl.

Grenzpolizei der »jungen Republik«

Mit Gründung der DDR am 7. Oktober 1949 übernahm das Ministerium des Innern (MdI) offiziell die Verantwortung für die Grenzpolizei. Die Beaufsichtigung durch die Sowjets blieb jedoch, wenn auch in abgeschwächter Form, bis 1955 bestehen.

Im zweiten Halbjahr 1949 wurde erstmals ein sechsmonatiger »Grenzerlehrgang« angeboten, die Ausbildung gewann an Professionalität. Ende des Jahres 1949 dienten bei der Grenzpolizei rund 18 000 Mann.

Anfang 1950 übernahm die Grenzpolizei den »Schutz der Seegrenze der DDR«; im Sommer 1952 entstand dort eine eigenständige Truppe, die Grenzpolizei See.

Am 1. Februar 1951 wurde in Sondershausen eine Zentralschule der Deutschen Grenzpolizei errichtet, die für die Offiziersausbildung zuständig war.

Die Grenzpolizei wurde weiter personell aufgestockt und zählte im Frühjahr 1951 knapp 20 000 Angehörige.

Die Westintegration der Bundesrepublik Deutschland nahmen die Sowjets und die DDR-Regierung zum Anlaß, den »Schutz der Demarkationslinie« zu den Westzonen zu verstärken. Im Vorfeld der geplanten Absperrungsmaßnahmen an der deutsch-deutschen Demarkationslinie kam es am 16. Mai 1952 zu einer bedeutsamen organisatorischen Änderung: die Grenzpolizei wurde aus dem MdI herausgelöst und dem Ministerium für Staatssicherheit (MfS) unterstellt. Das war mehr als eine organisatorische Maßnahme, es bedeutete ein politisches Signal nach innen und außen. Sie beinhaltete die Intensivierung der Grenzsicherung und die Fluchtverhinderung gen Westen. Am 27. Mai 1952 erließ das MfS in Durchführung einer DDR-Regierungsverordnung die »Polizeiverordnung über die Einführung einer besonderen Ordnung an der Demarkationslinie«.

Das war der Beginn einer systematischen Absperrung der DDR mit dem Hauptziel, die Fluchtbewegung von Ost nach West zu unterbinden. Flüchtlinge aus der DDR waren nunmehr gezwungen, den Weg über Westberlin zu nehmen; auf Grund des Vier-Mächte-Status war hier ein Überschreiten der Sektorengrenze erlaubt.

Die wichtigsten Punkte der Polizeiverordnung des MfS vom Mai 1952 lauteten:

»§ 1. Die entlang der Demarkationslinie zwischen der DDR und Westdeutschland festgelegte Sperrzone umfaßt einen 10 m breiten Kontrollstreifen unmittelbar an der Demarkationslinie, anschließend einen etwa 500 m breiten Schutzstreifen unmittelbar an der Demarkationslinie und dann eine etwa 5 km breite Sperrzone.

[...]

§ 4. Das Überschreiten des 10 m Kontrollstreifens ist für alle Personen verboten. Personen, die versuchen, den Kontrollstreifen in Richtung DDR oder Westdeutschland zu überschreiten, werden von den Grenzkontrollstreifen festgenommen. Bei Nichtbefolgung der Anordnungen der Grenzstreife wird von der Waffe Gebrauch gemacht.«

Unter menschenunwürdigen Umständen wurden als Folge dieser Absperrungsmaßnahmen Tausende Bürger zwangsweise und unter Zeitdruck aus der fünf Kilometer breiten Sperrzone ausgesiedelt.

Dabei handelte es sich um Personen, die der führenden SED als politisch unzuverlässig aufgefallen waren.

Um die übrige Grenzbevölkerung zu beruhigen, wurden zugleich Lohn- und Gehaltszuschläge sowie sonstige materielle Vergünstigungen eingeführt, die zum Teil bis in die achtziger Jahre gewährt wurden.

Im August 1952 begannen die SED und die Grenzpolizei damit, aus »zuverlässigen« Bürgern einen Hilfsdienst aufzubauen: die Grenzpolizeihelfer, die später als Helfer der Grenztruppen der DDR Überwachungs- und Spitzelfunktionen übernahmen. Jeder Grenzkompanie wurden diese Helfer zugeordnet, die in erster Linie in Urlaubszeiten, an Sonn- und Feiertagen auf Zufahrtsstraßen und -wegen der Sperrzone einreisende Bürger kontrollierten. Außerdem hatten sie verdächtige Personen, die möglicherweise in den Westen zu fliehen beabsichtigten, aufzuspüren und zu melden.

Im Oktober 1952 wurden bei der Deutschen Grenzpolizei, analog zur Kasernierten Volkspolizei (KVP), militärische Dienstgradbezeichnungen eingeführt.

Mit der intensivierten Absperrung der Demarkationslinie und eines sich verstärkenden Schutzes der Grenze zu Westberlin war erneut ein personeller Ausbau der Grenzpolizei verbunden: Ende 1952 zählte sie bereits 35 000 Mann. Der Dienst in der Grenzpolizei war nach wie vor formell freiwillig und dauerte drei Jahre (untere Verpflichtungszeit). Die SED delegierte vielfach ihre Mitglieder in die Truppe; danach war eine Karriere in Partei-, Staats- oder Wirtschaftsapparat möglich.

Am 17. Juni 1953 wurden Teile der Grenzpolizei bei der Niederschlagung des Arbeiteraufstandes eingesetzt; sie bewährten sich jedoch nicht. Aber bekanntlich hatte auch nach Ansicht der SED-Parteiführung das Ministerium für Staatssicherheit versagt, das zur Strafe (zeitweise bis 1955) zum Staatssekretariat zurückgestuft wurde.

Ende 1953 dienten bei der Grenzpolizei rund 50 000 Angehörige, eine Zahl, die bis in die achtziger Jahre konstant blieb.

Offiziellen Angaben zufolge gehörten im Frühjahr 1954 über achtzig Prozent der Offiziere der SED an.

Am 1. Dezember 1955 übernahm die Grenzpolizei, nach Abschluß des Vertrages über die Beziehungen zwischen der UdSSR und der DDR, der die Souveränität des »Arbeiter-und-Bauern-Staates« verkündete, die alleinige Bewachung und Kontrolle der DDR-Grenzen. Sowjetische Berater-Offiziere verblieben aber noch bis 1958 in den Einheiten. Und an den Grenzkontrollpunkten nach Westberlin waren nach wie vor sowjetische Soldaten tätig, die westalliierte Armeeangehörige und Güter kontrollierten.

Von der Grenzpolizei zur Grenztruppe

Schon seit 1952/53 waren die Sowjets und die deutschen Kommunisten in der SED bemüht, aus der Grenz*polizei* mehr und mehr eine Grenz*truppe* zu machen. Zunehmend wurden militärische Ausbildungsrichtlinien eingeführt und eine straffe Disziplin verlangt, außerdem erhielten die Einheiten leichte und mittelschwere Infanteriebegleitwaffen wie Panzerabwehrmittel und SPW.

Am 18. Januar 1956 verabschiedete die DDR-Volkskammer das Gesetz über die Schaffung von (regulären) Land-, Luft- und Seestreitkräften. »Blutspender« für die neue Nationale Volksarmee (NVA) war die offiziell 1952 gebildete KVP, die als Kaderarmee etabliert wurde. Bei der Deutschen Grenzpolizei blieb zunächst alles wie bisher.

Auf Grund neu erstellter »Bedrohungsanalysen« angesichts der nach Westberlin »offenen Grenze« entschloß sich die SED-Führung – nicht zuletzt unter dem Eindruck der »Konterrevolution« in Ungarn im Herbst 1956 – die Einsatzbereitschaft der Grenzpolizei zu erhöhen. Nach dem 30. Plenum der SED (30. Januar bis 1. Februar 1957) verabschiedete die SED-Führung eine Reihe von Beschlüssen zur Tätigkeit und Struktur der Grenzpolizei. Mit Wirkung vom 1. März 1957 wurde sie aus dem MfS herausgelöst und nunmehr wieder dem Ministerium des Innern unterstellt, zeitgleich erfolgte die Errichtung eines Kommandos der Deutschen Grenzpolizei.

Nun wurde der Aufbau der militärischen Grenzsicherung vorangetrieben. Anstelle der bisherigen Abschnittsverwaltungen entstanden Grenzbrigaden, die Formation erhielt zusätzlich neue technische Mittel und Waffen. Wenigstens teilweise wurde die Ausbildung der der Mot-Schützen angepaßt, die Deutsche Grenzpolizei entwickelte sich zu einer militärischen Truppe. Eingeführt wurden militärische Laufbahnbestimmungen und militärische Riten, die Verbände erhielten Truppenfahnen.

Die führende Partei war bemüht, die anhaltende Fluchtbewegung von DDR-Bürgern in den Westen – zumeist über Westberlin – einzudämmen, nicht zuletzt mit Hilfe einer effektiven Grenzsicherung. Das gelang an der innerdeutschen Demarkationslinie hinlänglich, nicht jedoch in und um Berlin.

Als sich die internationale Lage nach dem Berlin-Ultimatum von Chruschtschow Ende 1958 dramatisch verschlechterte, stiegen die Flüchtlingszahlen stark an: 1959 kamen mehr als 143 000 DDR-Einwohner in den Westen, 1960 waren es knapp 200 000 Menschen.

Seit dem Frühjahr 1958 hatte die Grenzpolizei die Sperranlagen an der innerdeutschen Demarkationslinie fortlaufend verstärkt; es entstanden in Folge viele neue Wachtürme, Erdbeobachtungsstände und Zwei-Mann-Betonbunker. Und schon 1960 wurden die ersten Bodenminen verlegt, sogenannte Stockminen mit gewaffeltem Eisenmantel und Zugzünder, die mit Stolperdrähten verbunden werden konnten und nur in Ost-West-Richtung funktionierten. Auch erste Hundelaufanlagen entstanden.

Ende 1960 gliederte sich die Deutsche Grenzpolizei in acht Grenzbrigaden, die jeweils zwei bis fünf motorisierte Bereitschaften (Regimenter) zählten. Die (6.) Grenzbrigade, die nachmalige »Grenzbrigade Küste«, lag in Rostock und hatte die Überwachung der Seegrenze sicherzustellen. Insgesamt waren etwa 48 000 Angehörige bei der »Grenze«.

Kommando Grenze der NVA

Am 13. August 1961 entschloß sich der Warschauer Pakt und die SED-Führung, Westberlin abzusperren und damit die Flucht von DDR-Bürgern in den Westen zu unterbinden. Mit Beginn des Mauerbaus wurde auch die Bewachung der innerdeutschen Grenze sowie der Seegrenze verstärkt.

Auf Beschluß des Nationalen Verteidigungsrates der DDR wurde die Deutsche Grenzpolizei am 15. September 1961 als Kommando der Grenztruppen der NVA (kurz: Kommando Grenze der NVA) dem Ministerium für Nationale Verteidigung in Strausberg (Bezirk Frankfurt/Oder) unterstellt.

Damit unterstanden – bis auf Einheiten der Bereitschaftspolizei an der Grenze zu Westberlin, die erst Ende August 1962 unterstellt wurden – alle militärischen Verbände der DDR einem Ministerium.

In den folgenden Monaten und Jahren intensivierten die Grenzsoldaten die Überwachung aller Grenzen zum Westen, unter anderem durch ihren »pioniermäßigen Ausbau« und die Verschärfung des schon bestehenden Schießbefehls. Mit Datum vom 6. Oktober 1961 erging seitens des damaligen DDR-Verteidigungsministers Armeegeneral Heinz Hoffmann ein (modifizierter) Schießbefehl, der die Posten, Wachen und Streifen der Grenztruppen der NVA verpflichtete, notfalls »zur Festnahme, Gefangennahme oder zur Vernichtung« von »Grenzverletzern« die Waffe einzusetzen. Dieser als »Schußwaffengebrauchsbestimmung« bezeichnete Schießbefehl führte in den Wochen und Monaten nach dem Mauerbau sowie auch in den Jahren 1962/63 zu zahlreichen Tötungen an der Grenze zu Westberlin und dem Bundesgebiet.

Deutsche Soldaten der DDR-Streitkräfte waren auf Grund der Befehle und Dienstanweisungen ihrer Vorgesetzten *im Frieden* verpflichtet, gegebenenfalls als Grenzposten auf Menschen zu schießen. Ja, sie wurden sogar per Vergatterung, also beim Wachaufzug zum Grenzdienst, dazu angehalten, »Grenzverletzer« auch zu »vernichten«. Eine solche Vergatterungsformel wurde erst im Frühjahr 1987 außer Kraft gesetzt. Zahlreiche Menschen fanden wegen dieser Bestimmungen vor allem in den sechziger Jahren an den deutschen Grenzen den Tod, unter ihnen auch Grenzsoldaten, die von Kameraden auf der Flucht erschossen wurden oder die bei Schießereien mit Fluchthelfern durch die eigenen Leute ums Leben kamen. Nach DDR-Angaben vor der Wende im Herbst 1989 waren »während ihres Grenzdienstes« seit 1946 26 Grenzer »in Erfüllung ihrer Pflichten« gestorben.

Demgegenüber waren seit August 1961 an den Grenzen in Deutschland mindestens 190 Menschen zu Tode gekommen, zumeist auf Grund des Waffeneinsatzes von DDR-Grenzern. Aufgerechnet werden soll hier nichts, letztlich sind alle Opfer eines Systems, das die eigenen Bürger einsperrte. Das Schießen an der innerdeutschen Grenze und in bzw. um Berlin veranlaßte den DDR-Verteidigungsminister 1965 dazu, die Aufgabe der Grenzer als »Frontdienst im Frieden« zu beschreiben. Im Zusammenhang damit standen zu gleicher Zeit Versuche, die NVA-Grenztruppen zu einer Art von Prätorianergarde des Regimes hochzustilisieren.

Seinerzeit war auch davon die Rede, daß es sich bei den Grenztruppen um die Garde der Nationalen Volksarmee handele.

Die damalige Partei- und Staatsführung der DDR beabsichtigte damit, den Angehörigen der Grenztruppen ein Elitegefühl einzupflanzen, das mithelfen sollte, diesen Personenkreis immun zu machen gegen Anfeindungen aus den eigenen Reihen und von seiten des »Klassenfeindes«.

Mit Verabschiedung des Wehrpflichtgesetzes der DDR am 24. Januar 1962 konnten nunmehr auch junge Männer zu den NVA-Grenztruppen gezogen werden. Davon wurde bis zum Jahre 1989 Gebrauch gemacht. Allerdings achteten die Wehrkreiskommandos, in denen Offiziere des Ministeriums für Staatssicherheit saßen, darauf, daß halbwegs zuverlässige Leute zur Grenze kamen; keine mit Westverwandten oder -verbindungen, möglichst »klassenbewußte« junge Bürger. Vor allem wollte man vermeiden, daß sich Personen für den Grenzdienst meldeten, die bei erster Gelegenheit in den Westen fliehen konnten. Genau das kam aber immer wieder vor, schon in den sechziger Jahren. Über 2500 Angehörige der DDR-Grenztruppen traten vom August 1961 bis zur Maueröffnung im November 1989 auf Westberliner Gebiet oder auf Bundesgebiet über, unter ihnen auch höhere Offiziere.

Im Herbst 1962 zählten die NVA-Grenztruppen rund 52 000 Angehörige und erreichten damit einen Höchststand an Personal.

In den Jahren 1962 bis 1964 verabschiedete der DDR-Ministerrat mehrere Verordnungen über das »Grenzregime« an der innerdeutschen Grenze, an der Grenze zu Westberlin sowie an der Seegrenze. Alle diese Vorschriften hatten nur ein Ziel: Die Unterbindung von Republikflucht.

Im Laufe der sechziger Jahre wurde eine »moderne Grenze« zu errichten versucht, die Zahl der Befestigungen, Wachtürme, Unterstände und der Zäune in verschiedener Qualität nahm ständig zu.

Im Mai 1968 waren von der knapp 1400 km langen innerdeutschen Grenze 800 km vermint. »Ungesetzlicher Grenzübertritt« stand nach dem neuen Strafgesetzbuch der DDR vom Januar 1968 nach § 213 (erneut) unter Strafe und konnte bis zu acht Jahren Haft einbringen.

Die Zahl der Sperrbrecher – das sind Personen, die unter Gefahr für Leib und Leben die Grenzanlagen überwinden – ging gegen Ende der sechziger Jahre zurück. Aber es kamen jedes Jahr immer noch Hunderte »illegal« über die Grenze.

Deshalb entschloß sich die amtliche DDR Ende 1970 zu einer besonders perfiden Maßnahme: Grenzer begannen Anfang 1971 damit, sogenannte Selbstschußgeräte (SM 70) jeweils am letzten Zaun in Richtung Bundesrepublik zu installieren. Diese Apparate verschossen bei Berührung von Kontaktdrähten am Zaun scharfkantige Projektile, die starke innere Verletzungen verursachten, so daß der Getroffene verblutete. Auf Grund der Waffeneinwirkung dieser völkerrechtswidrigen Geräte sind mehrere Menschen elend zugrundegegangen.

Grenztruppen der DDR

Zur Jahreswende 1972/73 wurden die Grenzer aus der NVA herausgelöst und bildeten seither eine eigene Formation. Aber sie verblieben im Verantwortungsbereich des Ministeriums für Nationale Verteidigung. Der Grund lag darin, daß die SED sie bei den damaligen MBFR-Verhandlungen in Wien auf die geplanten Abrüstungsmaßnahmen nicht angerechnet wissen wollte.

Bereits Anfang 1971 waren die Einheiten abermals umstrukturiert worden: Die bisherigen Grenzbrigaden hatte man aufgelöst, an ihrer Stelle entstanden (drei) Grenzkommandos (Nord/Mitte: Berlin/Süd); sie waren dem Kommando der Grenztruppen in Pätz bei Königs Wusterhausen unterstellt. Diese Struktur wurde bis ins Jahr 1990 beibehalten.

In den siebziger Jahren kam es durch Waffeneinsatz von DDR-Grenzern zu mehreren schweren Zwischenfällen, bei denen Menschen erschossen wurden. In der Nacht zum 1. Mai 1976 ermordeten Grenzaufklärer, eine stasigeleitete Spezialeinheit der Grenztruppen, den ehemaligen politischen DDR-Häftling Michael Gartenschläger bei dem Versuch, ein drittes Mal Selbstschußgeräte abzumontieren.

Am 24. Juli 1976 wurde der Hamburger Willi Bubbers am Metallgitter-zaun von DDR-Grenzern angeschossen und schwer verletzt, nachdem er irrtümlich DDR-Gebiet betreten hatte. Aber auch DDR-Grenzer kamen ums Leben: Auf seiner Flucht in den Westen erschoß der Ex-NVA-Soldat Werner Weinhold zwei Grenzsoldaten; dafür erhielt er später im Westen wegen Totschlags fünfeinhalb Jahre Haft.

National und international geriet die DDR-Grenzpraxis seit Abschluß des deutsch-deutschen Grundlagenvertrages 1972 und der KSZE-Schluß-akte 1975 immer stärker unter Druck. Mehrfach wehrte sich die DDR-Seite gegen das »Gerede von den angeblichen Todesautomaten« und be-stritt die Existenz des Schießbefehls. Zugleich baute sie die Grenzsperran-lage weiter aus, verlegte immer mehr Bodenminen und installierte weiter Selbstschußapparate. Mitte der siebziger Jahre waren diese SM 70-Tö-tungsgeräte auf 250 km Länge der innerdeutschen Grenze angebracht, auf knapp 500 km Länge der Grenze befanden sich Minenfelder, der Metall-gitterzaun war über 1000 km lang, der »Schutzstreifenzaun« auf DDR-Gebiet landeinwärts war auf fast 800 km ausgelegt, daneben waren annä-hernd 400 Beton-Beobachtungstürme vorhanden, außerdem über 1000 Hunde in Laufanlagen untergebracht, um vor »Grenzverletzern« zu war-nen oder diese vom »Grenzdurchbruch« abzuhalten.

Ende der siebziger Jahre wurden vom westdeutschen Bundesgrenz-schutz 35 000 installierte Selbstschußgeräte am jeweils letzten DDR-Grenzzaun gezählt.

Trotz nationaler und internationaler Verträge – Mitte der siebziger Jahre unterzeichnete die DDR auch den internationalen Bürgerrechtspakt – war die SED-Führung nicht bereit, die Zustände an den DDR-Grenzen zu ändern. Aber der Druck ließ nicht nach, er wurde stärker.

Langsamer Abbau der »Gewaltdichte«

Unter dem Eindruck der internationalen Entspannung, die mit der KSZE-Schlußakte von Helsinki begann, kamen auch im Offizierskorps der DDR-Grenztruppen Diskussionen über den Sinn der bisher praktizierten Grenz-sicherung auf. Zunächst gewannen Einsichten Zustimmung, die von der *linearen* Grenzsicherung, der direkten Abwehr eines »Grenzdurch-bruchs« erst im Sperrgebiet oder am Grenzzaun, Abstand nehmen wollten.

In den achtziger Jahren wurde eine neue Art von Grenzsicherung einge-führt, die vor allem darauf basierte, Flüchtlinge schon im Hinterland abzufangen. Man ging somit zunehmend zu einer tiefengestaffelten Grenzsicherung über.

Auf Grund jahrzehntelanger Grenzerfahrungen war man in der Lage, Analysekarten der Flüchtlingsbewegung in jeder grenzsichernden Kompanie anzufertigen. Mit Hilfe dieser Unterlagen waren die meisten »Grenzverletzer« schon im Vorfeld der Grenzsperren festzunehmen.

Ein ausgeklügeltes Überwachungssystem, unterstützt durch Tausende von Spitzeln, erlaubte es den DDR-Grenztruppen, auf direkte Waffengewalt, auf den Schießbefehl, weitgehend zu verzichten. Noch nicht einmal zwanzig Prozent der Flüchtlinge erreichten überhaupt das eigentliche Grenzsperrgebiet; Volkspolizei, Transportpolizei, Helfer der DDR-Grenztruppen, Grenzaufklärer in Zivil, sonstige zivile Zuträger, meldeten frühzeitig verdächtige Personen.

Unter potentiellen Flüchtlingen sprach sich die hohe Erfolgsquote der »Organe« herum. Immer mehr versuchten, das Land entweder legal (mit Ausreiseantrag) zu verlassen oder aber flüchteten über Ostblockländer in den Westen. Im weiteren Verlaufe der achtziger Jahre ließ der Druck auf die innerdeutsche Grenze nach; die DDR-Grenztruppen schienen die Probleme »in den Griff« zu bekommen. Waffeneinsatz unmittelbar an der Grenze wurde seltener.

Auf Grund dieser Tatsache, aber natürlich auch wegen des Schadens, den die DDR international durch das bisherige Grenzregime erfahren hatte, entschloß sich die Partei- und Staatsführung im Oktober 1983, die Selbstschußgeräte an der innerdeutschen Grenze ersatzlos abzubauen. Erich Honecker, damals Generalsekretär des ZK der SED und Vorsitzender des Staatsrates der DDR, verkündete im Österreichischen Fernsehen am 5. Oktober 1983 die Beseitigung der Todesautomaten, von denen zuletzt über 60000 Stück am Metallgitterzaun installiert waren. Bis Ende 1984 waren die Geräte abgebaut. Anfang November 1985 verschwanden auch die letzten Bodenminen, die man bereits seit Beginn der achtziger Jahre stark reduziert hatte. Mit der Beseitigung von Selbstschußanlagen und Bodenminen Mitte der achtziger Jahre wurde die innerdeutsche Grenze – um einen Satz des damaligen innerdeutschen Ministers Heinrich Windelen aufzugreifen – »weniger blutig«, nicht aber durchlässiger.

Der Abbau von Selbstschußanlagen und Bodenminen war auch im Zusammenhang mit bundesdeutschen Zusagen für einen Milliardenkredit für die DDR zu sehen, den der bayerische Ministerpräsident Franz-Josef Strauß eingefädelt hatte.

Der Schießbefehl blieb aber in Kraft. Dieser war jetzt sogar noch durch das neue Grenzgesetz der DDR vom 25. März 1982 scheinbar legitimiert. § 27 des Grenzgesetzes, das die Volkskammer einstimmig verabschiedete, sah ausdrücklich den Schußwaffengebrauch gegen Flüchtlinge vor.

Allerdings wurden seit Mitte der achtziger Jahre die sogenannten Sicherungsperioden zeitlich ausgedehnt, in denen dieser Schießbefehl ausgesetzt war. Das geschah beispielsweise dann, wenn sich Erich Honecker im westlichen oder neutralen Ausland befand, wenn hoher internationaler Besuch in die DDR kam, wenn hohe Repräsentanten der drei Westalliierten Westberlin besuchten. Zu diesen Zeiten wollte man mögliche Zwischenfälle wegen des Schußwaffengebrauchs an Mauer und Stacheldraht vermeiden.

Aber auch sonst waren die Verantwortlichen der DDR bemüht, den Waffeneinsatz gegen Flüchtlinge auf ein Mindestmaß zu beschränken oder ihn zumindest zu verschleiern. Das DDR-Außenministerium erfand in der zweiten Hälfte der achtziger Jahre für vom Westen festgestellten Schußwaffengebrauch allerlei Ausreden: Wildschweine wurden angeblich im Grenzgebiet erlegt, Rehe und Hasen geschossen, Schüsse erfolgten angeblich wegen sommerlicher Hitze (bei Hitzschlag von Grenzern).

Die offiziellen Einlassungen waren nicht immer glaubwürdig. Und auch das Abstreiten des Schießbefehls durch hohe Amtswalter des Regimes in westlichen Presseorganen, zum Beispiel durch Heinz Keßler in der »ZEIT«, führten nicht zu einem Gewinn an Glaubwürdigkeit. Schließlich waren damals bereits die Bestimmungen über den Schußwaffengebrauch der DDR-Grenztruppen im Westen bekannt, ebenso die Vergatterungsformel, die beim Aufzug der Grenzposten ausgegeben wurde. Letztere lautete bis 1987: »Grenzverletzer sind aufzuspüren, festzunehmen oder zu vernichten.« Nicht zuletzt aufgrund westlichen Drucks wurde diese Vergatterung dann abgeschwächt; seither hieß es nur noch: »Grenzverletzer sind aufzuspüren, festzunehmen oder ihr Grenzdurchbruch ist durch Schußwaffengebrauch zu verhindern.«

Generell ist festzuhalten, daß die DDR-Grenzer seit der zweiten Hälfte der achtziger Jahre seltener von der Schußwaffe Gebrauch machten als in den Jahren zuvor. Die effektive Grenzsicherung im Vorfeld des eigentlichen Grenzgebietes wirkte sich aus, durch die Aneignung praktischer Erfahrungen in Jahrzehnten der Grenzsicherung ließ sich das Schießen auf ein Minimum reduzieren. Ab und an kamen im Westen Vermutungen auf, daß die DDR womöglich ihren Schießbefehl habe stillegen können; manche sprachen von einer endgültigen Abschaffung dieses Befehls gegen Ende der achtziger Jahre.

Daß dieses Wunschdenken war, bewiesen die Vorgänge an der Berliner Mauer in der Nacht zum 6. Februar 1989: Ohne Not wurde der zwanzigjährige Ostberliner Chris Gueffroy von DDR-Grenzsoldaten erschossen. Glaubwürdigen Aussagen zufolge hätte der »Grenzverletzer« ohne Probleme festgenommen werden können. Der junge Mann sollte das letzte Opfer des Schießbefehls an der Mauer sein.

»Struktur 90«

1987/88 begannen die Verantwortlichen darüber nachzudenken, wie die DDR-Grenze in den neunziger Jahren zu sichern sei. Man wollte vor allem die Hinterlandsicherung weiter ausbauen und den Metallgitterzaun

(»Grenzzaun I«, auf DDR-Seite der letzte Zaun zum Westen) abbauen. Damit sollte eine Flurbereinigung des Grenzgebiets sowie eine langsame Reduzierung des Personalbestandes verbunden sein. Offiziersplanstellen ab Grenzkommando aufwärts sollten durch Zivilisten ersetzt werden, außerdem wollte man verstärkt Frauen für die Politabteilungen, für die »rückwärtige Sicherstellung«, für das Nachrichtenwesen und die medizinische Versorgung gewinnen. Auch der Anteil der Wehrpflichtigen in den grenzsichernden Einheiten sollte um vierzig Prozent reduziert werden. Ferner war daran gedacht, die sechs Grenzausbildungsregimenter der Grenztruppen verstärkt mit schweren Waffen auszurüsten, um sie den regulären Mot-Schützenverbänden anzugleichen.

Nach Westen sollte die Grenze ansehnlicher werden und damit ihren abstoßenden Charakter verlieren. Grünflächen und Blumenrabatten im Sperrgebiet waren geplant.

An der Offiziershochschule der DDR-Grenztruppen in Suhl machten sich Lehroffiziere in wissenschaftlichen Arbeitskreisen Ende der achtziger Jahre Gedanken über die »…Weiterentwicklung des Schutzes der Staatsgrenze nach 1990«. Offensichtlich ging man davon aus, daß die innerdeutsche Grenze noch Jahrzehnte Bestand haben würde. Dafür spricht auch die Äußerung des damaligen Partei- und Staatschefs Erich Honecker, der im Januar 1989 meinte, daß die Berliner Mauer noch fünfzig oder hundert Jahre (!) stehen könnte.

Die Wende

Mit dem Anschwellen des Flüchtlingsstromes und der Fluchtbewegung über Drittländer, mit der Zunahme innenpolitischer Spannungen ab 1989 (DDR-Kommunalwahl) und vor allem mit der beginnenden Öffnung der ungarischen Grenze nach Österreich im Mai 1989 geriet das Selbstverständnis der DDR-Grenztruppenführung in eine Krise. Zwar ging der Druck auf die innerdeutsche Grenze zurück (die Zahl der »Sperrbrecher« sank), aber die leitenden Kader der Grenztruppen mußten erkennen, daß sie auf verlorenem Posten standen. Die Fluchtwelle rollte an ihnen vorbei, führte über Botschaftsbesetzungen in Budapest, Prag und Warschau in den Westen. Als Ungarn im September 1989 die Grenze zu Österreich generell öffnete, war es endgültig vorbei mit den »gesicherten Grenzen« des »sozialistischen Lagers«. Durch dieses Loch strömten nun Tausende gen Westen.

Wenig später konnten DDR-Bürger auch über die damalige ČSSR in den Westen gelangen.

Ende Oktober 1989 war es eigentlich für die DDR-Grenzer unsinnig geworden, die innerdeutsche Grenze weiter in der alten Art und Weise zu bewachen. Menschen, die die DDR verlassen wollten, gelangten jetzt gefahrlos über Ungarn und die ČSSR in die Freiheit.

Die neue Partei- und Staatsführung unter Egon Krenz, seit dem 18. bzw. dem 24. Oktober im Amt, versuchte dennoch, die Flüchtlingswelle zu kanalisieren. Ohne Erfolg. Schließlich erging am 9. November 1989 ein Politbürobeschluß der SED, wonach ab sofort die Grenzen der DDR zu öffnen seien. Am Abend dieses Tages kündigte das Politbüromitglied Günter Schabowski diesen Beschluß vor der internationalen Presse in Ostberlin an; auf Nachfragen räumte er ein, daß die Öffnung seines Wissens nach ab sofort gelte.

Die Folge war unbeschreiblicher Jubel der Menschen in Ost und West: Noch in der Nacht strömten Tausende nach Westberlin und nach Westdeutschland, an und auf der Mauer wurde getanzt und gelacht.

Schabowski hatte den Öffnungsbeschluß 24 Stunden zu früh mitgeteilt. Die Führung der DDR-Grenztruppen war nicht informiert! Die Grenzer und ihre Offiziere waren total überrascht, es hätte leicht zu Zwischenfällen kommen können, weil einige Offiziere der Sache nicht trauten und die Menschen von Mauer und Grenze zurückdrängen wollten. Der Stellvertreter des Chefs der Grenztruppen und Chef des Stabes, Generalmajor Dieter Teichmann, sagte dann im Februar 1990 rückblickend in einem NBI-Interview: »Noch heute bewegt mich die Frage, warum niemand von uns offiziell unterrichtet wurde. Uns fehlte so jede Möglichkeit, notwendige Vorbereitungen an der Grenze zu treffen. Wir sind von den Entscheidungen der zentralen Stelle völlig überrascht worden. Für mich war das zunächst unfaßbar, übers Fernsehen von der Grenzöffnung zu erfahren.« Teichmann, ab Januar 1990 letzter Chef der DDR-Grenzer, beklagte die Konzeptionslosigkeit, mit der die Grenzöffnung »geradezu chaotisch betrieben wurde«.

Das Ende

Mit der Öffnung der DDR-Grenzen und dem beginnenden Abriß der Berliner Mauer war das Schicksal der Grenz*truppe* besiegelt. Die Verantwortlichen entließen auch sehr schnell vorzeitig Wehrpflichtige und Zeitsoldaten bzw. zogen keine neuen Wehrpflichtigen zu den Grenztruppen ein. Ende Januar 1990 dienten noch 23 000 Grenzer in den Einheiten, ursprünglich waren es einmal fast 50 000 gewesen. Dieter Baumgarten, seit Juni 1979 im Amt, schied aus. Ebenso verließ die gesamte Politführung der Grenztruppen bis zum Frühjahr 1990 die Einheiten. Aber es gab Kräfte, die überleben wollten: Nicht mehr als Grenz*truppe,* als Grenz*soldaten,* sondern jetzt als Grenz*schutz,* als Grenz*beamte.* Wendehälse innerhalb des höheren Offizierskorps suchten Verbindung zum Bundesgrenzschutz (BGS). Ein Oberst von der Grenztruppenhochschule, zuvor strammer

SED-Gefolgsmann, ließ sich zum Präsidenten des Grenzschutzbundes der DDR wählen. Doch sehr schnell wurde klar, daß der künftige BGS-Ost allenfalls einige Tausend Angehörige aus den alten DDR-Grenztruppen übernehmen wollte und konnte. Bis zum staatlichen Ende der DDR am 3. Oktober 1990 fristeten die Grenztruppen ein Schattendasein. Neue Unterstellungsverhältnisse wurden in der Endphase der DDR vorbereitet: Die Formationen sollten dem Innenministerium zugeordnet werden; sie sollten eine weitgehend grenzpolitische Funktion erfüllen, vergleichbar dem BGS. Für ein paar Monate existierte ein »Grenzschutz der DDR«.

Mit der Vereinigung Deutschlands am 3. Oktober 1990 entstand das Bundesgrenzschutzkommando Ost mit Sitz in Königs Wusterhausen, dem alten Kommandostandort der ehemaligen DDR-Grenztruppen. Dieses BGS-Kommando gebietet heute über 7500 Mann. Davon haben etwa 5000 Angehörige zuvor Dienst in den DDR-Grenztruppen getan. Als »Beamte auf Zeit« wurden sie übernommen, mit der Chance, später Berufsgrenzschützer in den fünf neuen Bundesländern zu werden. Übernommen wurden in die Reihen des BGS-Ost nur diejenigen, die nachweislich politisch unbelastet sind.

Versuch einer Bilanz

Weniger als zehn Prozent der ehemaligen Prätorianergarde des SED-Regimes hat im BGS eine berufliche Zukunft. Mit der deutschen Vereinigung ist die alte Garde der NVA untergegangen. Vielen ihrer früher rund 50 000 Angehörigen ist subjektiv nichts zur Last zu legen. Objektiv gesehen dienten sie jedoch einem System, das menschenverachtend und verbrecherisch im Frieden auf die eigenen Bürger schießen ließ und Zustände an den Grenzen schuf, die völkerrechtswidrig waren. Die Grenzer sind nicht nur durch die damalige Partei- und Staatsführung von SED und DDR für eine »falsche Sicherheitsdoktrin mißbraucht« worden – so hohe Offiziere der DDR-Grenztruppen nach der Wende –, sie stützten über Jahrzehnte aktiv ein undemokratisches, totalitäres Regime. Von den höheren und hohen Offizieren der Ex-DDR-Grenztruppen wußte jeder, was er tat, wem er diente, wen er deckte. Die Bewachung der Grenze war niemals ein »humanistisches Anliegen« – als solches wurde es gelegentlich bezeichnet. Die »Grenzsicherung« diente nie dem Frieden. Wer mit Selbstschußgeräten, Bodenminen und Schießbefehl über Jahrzehnte hinweg eine Grenze bzw. einen Staat zu schützen vorgab, ist für Führungspositionen in einer Demokratie disqualifiziert.

Die Geschichte der DDR-Grenztruppen ist noch zu schreiben. Zu ihr gehören die vielen Toten und Verletzten, die diese Grenzsicherung verursachte. Zu ihr gehören die vielen Fluchtversuche, die im Gefängnis endeten. Und die Zwangsaussiedlungen aus dem Grenzgebiet.

Nicht zuletzt ist aufzuarbeiten, wer durch die eigenen Leute zu Schaden kam, wer Widerstand leistete oder sich dem Dienst in den grenzsichernden Einheiten entzog. Herauszuarbeiten sind die Mechanismen, die es ermöglichten, Zehntausende Offiziere und Unteroffiziere über Jahrzehnte hinweg zu überzeugen, daß das DDR-Regime schützenswert sei, die es ermöglichten, daß die DDR-Grenzsoldaten motiviert werden konnten, für den Sozialismus »auf Wacht« zu stehen und notfalls auf Menschen zu schießen.

Dr. Peter Joachim Lapp, Jahrgang 1941, Redakteur beim Deutschlandfunk und Lehrbeauftragter für Politische Wissenschaft an der Universität Köln. Veröffentlichungen über das politische System der DDR, u. a. über Staatsrat und Volkskammer, über Volksmarine und Blockparteien. Lapp ist Autor des Standardwerkes über die Grenztruppen der DDR.

Roland Potstawa

Die Bewaffnung der ehemaligen DDR-Grenztruppen

I. Schützenwaffen

Die nachfolgend genannten Schützenwaffen (Infanteriewaffen) gehörten vom Prinzip, mit Unterschieden im Detail, zur Standardbewaffnung der grenzsichernden Einheiten, Reserveeinheiten, Ausbildungseinheiten, Artillerieeinheiten und Lehreinrichtungen.

Der Prozeß der Umbewaffnung war fließend und nahm in der Regel mehrere Jahre in Anspruch.

1. Ende 1946 bis Anfang der 50er Jahre
– Karabiner 98 K (verschiedene Versionen),
– Pistole 08,
– Pistole P 38.

2. Anfang der 50er bis Anfang der 60er Jahre[1]
– Mehrladekarabiner K 44,
– Maschinenpistole PPSch 41,
– Leichtes Maschinengewehr DP,
– Schweres Maschinengewehr Maxim, Ablösung durch SMG Gorjunow[2],
– Panzerbüchse RPG-2 (40 mm),
– Pistole TT 33,
– Handgranaten,
– Leuchtpistole.

3. Anfang der 60er Jahre bis 1990
– Selbstladekarabiner S[3],
– Maschinenpistole K (verschiedene Versionen),
– Leichtes Maschinengewehr K,

1 Die Ablösung der deutschen Waffen aus den Beständen der ehemaligen Wehrmacht durch Waffen sowjetischer Produktion begann Anfang der 50er Jahre.
2 Die SMG befanden sich in der Regel nur im Bestand von Reserveeinheiten und Lehreinrichtungen.
3 Der Selbstladekarabiner S gehörte nur eine kurze Übergangszeit bis zur vollständigen Ausstattung mit der Maschinenpistole K zum Bestand.

- Panzerbüchse RPG-2, Ablösung durch RPG-7 (40 mm),
- Pistole Makarow,
- Handgranaten,
- Leuchtpistole sowie Handsignal- und Handleuchtzeichen.

II. Schwere Waffen

Die nachfolgend genannten schweren Waffen befanden sich in der Regel im Bestand von Reserveeinheiten sowie von Artillerieeinheiten und Artillerietruppenteilen. Die Flammenwerfer befanden sich in einem selbständigen Zug.

1. Zweite Hälfte der 50er bis Anfang der 60er Jahre[1]
- Schweres Panzerabschußgerät SPAG,
- Fliegerabwehr-MG DSchK 12,7 mm,
- Panzerabwehrkanone 57 mm,
- Feldkanone K-42 76 mm,
- Granatwerfer 82 mm,
- Selbstfahrlafette SU-76, Ablösung durch Panzer T 34/85.

2. Mitte der 60er bis Anfang der 70er Jahre[2]
- Panzerabwehrkanone 57 mm,
- Rückstoßfreies Geschütz 106 mm,
- Feldkanone K-42 76 mm, Ablösung durch Haubitze H-38 122 mm,
- Granatwerfer 82 mm,
- Granatwerfer 120 mm,
- Tornisterflammenwerfer LPO-50.

3. Anfang der 70er Jahre bis 1990[3]
- Divisionskanone D-44 85 mm, Ablösung im Artillerieregiment durch Kanone M-46 130 mm,
- Haubitze H-38 122 mm, Ablösung durch Haubitze D-30 122 mm,
- Granatwerfer 120 mm,
- Geschoßwerfer BM-21, Ablösung durch Geschoßwerfer RM-70,
- Tornisterflammenwerfer LPO-50.

1 Diese Waffen befanden sich an der ehemaligen innerdeutschen Grenze in den schweren Zügen der Grenzabteilungen, den Batterien der Grenzbereitschaften und den schweren Grenzabteilungen (SGA).
2 Diese Waffen befanden sich an der ehemaligen Grenze in und um Berlin in den schweren Grenzkompanien der Grenzregimenter und in den Grenzausbildungsregimentern.
  Darüber hinaus befanden sich in einzelnen Einheiten SPW der Typen 152 und 40.
3 Diese Waffen befanden sich an der ehemaligen Grenze in und um Berlin in den Batterien der Grenzregimenter, im Artillerieregiment und in der Geschoßwerferabteilung.
  Das Artillerieregiment und die Geschoßwerferabteilung wurden im November 1985 an die Landstreitkräfte der NVA übergeben. Darüber hinaus befanden sich in den grenzsichernden und anderen Einheiten SPW vom Typ PSH mit Panzer-MG 14,5 mm.

4. Erste Hälfte der 80er bis Ende der 80er Jahre[1]
- Schwere Panzerbüchse SPG-9 73 mm,
- Automatischer Granatwerfer AGS-17 30 mm.

Erläuternde Angaben zu Abschnitt II, Ziffer 2 und 3

1. 1965 bis 1971 Stadtkommandantur Berlin

In jedem Grenzregiment (schwere Grenzkompanie):
- 6 Granatwerfer 82 mm,
- 3 Panzerabwehrkanonen 57 mm,
- 3 Rückstoßfreie Geschütze 106 mm.

In jedem Grenzausbildungsregiment:
- 18 Granatwerfer 120 mm,
- 18 Feldkanonen K-42 76 mm, 1970 abgelöst durch
  Haubitzen H-38 122 mm.

2. Ab 1971 bis 1990 Grenzkommando Mitte

In jedem Truppenteil (6 Grenzregimenter, 2 Grenzausbildungsregimenter):
- 6 Granatwerfer 120 mm,
- 6 Divisionskanonen D-44 85 mm.

Im Artillerieregiment (1985 an NVA übergeben):
- 36 Haubitzen H-38 122 mm, 1981 abgelöst durch
  Haubitzen D-30 122 mm,
- 18 Divisionskanonen D-44 85 mm, 1978 abgelöst durch
  Kanone M-46 130 mm.

In der Geschoßwerferabteilung (1985 an NVA übergeben):
- 18 Geschoßwerfer BM-21, 1975 abgelöst durch Geschoßwerfer
  RM-70.

Roland Potstawa Jahrgang 1936, Oberstleutnant a. D. Von 1954 bis 1989 Angehöriger der Grenztruppen, Wissenschaftlicher Mitarbeiter, Chef des Stabes im »Zentralen Auflösungsstab der Grenztruppen«.

---

1 Diese Waffen befanden sich an der ehemaligen innerdeutschen Grenze in den Grenzkompanien der III. Grenzbataillone, die als Reserveeinheiten der Grenzregimenter galten.

Die Minen an der Grenze

Auf der Grundlage des Befehls Nr. 85/61 des Ministers für Nationale Verteidigung vom 19. Oktober 1961 wurde begonnen, ein umfangreiches Sperrensystem an der Grenze zu errichten. Der Beschluß des Nationalen Verteidigungsrates der DDR »über die Gewährleistung der Sicherheit an der Staatsgrenze zur DDR« vom 29. November 1961 und die Befehle 36/62 vom 30. Juli 1962 und 15/63 vom 7. März 1963 des Ministers für Nationale Verteidigung bewirkten im Zeitraum vom Oktober 1961 bis zum September 1963 in vier Etappen folgende Sperren:
- 774 km Minensperre,
- 407 km Drahtsperre auf Betonpfählen,
- 153 km S-Rollensperre,
- 370 km Kfz-Sperrgraben.

Schwerpunkte des sperrtechnischen Ausbaues bildeten folgende Grenzabschnitte:
- Heldburger Ländchen (Thüringen),
- Richtung Plauen – Hof,
- Richtung Magdeburg – Braunschweig,
- Richtung Heiligenstadt – Kassel.

Zur Errichtung wurden folgende Kräfte eingesetzt:
- Teile des Pionierregimentes-2 Storkow,
- Teile der Pionieroffiziersschule Dessau,
- je drei Pionierbataillone des MB III und MB V,
- Motschützen- und Pioniereinheiten grenznaher Truppenteile der Landstreitkräfte,
- Pionierkräfte und Reserveeinheiten der Grenztruppe.

In den Minensperren kamen grundsätzlich Infanterieminen zum Einsatz (siehe Seite 369 ff.).

In der ersten Etappe vom 25. Oktober bis 30. November 1961 wurde erstmals die Splittermine POMS-2 in ausgewählten Abschnitten auf 73,3 km verlegt (4526 Stück). Diese Mine war aufgrund ihrer Konstruktion ebenso wie die nachfolgende Mine PMD-6 nicht für eine längere Verweildauer geeignet. Daraus könnte man schließen, daß das Anlegen von Minenfeldern nur als Zwischenstufe des pioniertechnischen Ausbaues gelten sollte.

In der zweiten und dritten Etappe vom 2. April bis 30. November 1962 erfolgte das Verlegen der Sprengmine PMD-6. Von dieser Mine wurden insgesamt 449 000 Stück auf einer Länge von 659 km verlegt. Schließlich wurde in der vierten Etappe vom 1. April bis 30. März 1963 die erdverlegte Sprengmine PMN zum Einsatz gebracht. Mit Abschluß dieser Etappe waren auf insgesamt 774 km (das entsprach 56 Prozent der gesamten Grenzlänge) Minenfelder verlegt. Das System der Verlegung, der Dokumentation sowie der Sicherheitsbestimmungen erfolgte gemäß den Instruktionen 2/62, 4/62 und 1/63 des Chefs Pionierwesen im Ministerium für Nationale Verteidigung. Mit dem Abschluß der Hauptmaßnahmen im September 1963 war der erste zusammenhängende Ausbau der Staatsgrenze vollzogen.

In den Folgejahren wurde den inzwischen gebildeten Pionierkräften der Grenztruppe die Aufgabe gestellt, vorrangig die qualitative Seite der Grenzsicherungsanlagen auszubauen. Im Befehl Nr. 101/65 des Ministers für Nationale Verteidigung vom 4. November 1965 wurde angeordnet: »Auf der Grundlage von Perspektivplänen ist der planmäßige und komplexe pionier-, signal- und nachrichtentechnische Ausbau der Staatsgrenze nach Etappen und Richtungen durchzuführen.« Die Unterhaltung von Minensperren wurde als fester Bestandteil der Grenzsperranlagen betrachtet.

Mit der vom Minister für Nationale Verteidigung am 16. Januar 1968 erlassenen Grenzsicherungsanlagenordnung wurde bestimmt, daß in den folgenden zehn bis fünfzehn Jahren gemäß den ständig höheren Anforderungen an die Pioniersicherstellung neue Sperren und Anlagen zu planen sind. Da die bisher verlegten Minen nicht für die speziellen Bedingungen der Grenzsicherung konstruiert waren, erging an die Industrie der DDR die Aufforderung, Sprengminen für diese Einsatzzwecke zu fertigen.

1971 wurde begonnen, die neue Sprengmine PMP-71 zu verlegen. Sie war gegenüber Umwelteinflüssen unempfindlich und konnte mit Pflöcken im Erdboden arretiert werden. Letzteres war wichtig, um ein Ausschwemmen von Minen aufgrund von Bodenerosionen und damit eine unkontrollierbare Eigenbewegung zu verhindern. Konstruktive Nachteile (Umkippen am Verlegeort bei Wassereinflüssen, relativ hoher Auslösedruck) führten jedoch zur baldigen Produktionseinstellung. Insgesamt wurden ca. 100 000 Stück dieser Minen auf insgesamt 46,8 km verlegt.

Als weitere Entwicklung wurde 1977 die Infanteriemine PPM-2 eingeführt und in einer Stückzahl von über 400 000 auf ca. 89,4 km verlegt. Sie stellte bezüglich der Anforderungen der Grenztruppen eine »moderne« Mine dar; sie war wasserdicht, hatte einen verbesserten Auslösemechanismus, war maschinenverlegbar, im Erdboden zu arretieren und leicht wieder aufzunehmen. Im VEB Chemiewerk Kapen wurde dafür eine spezielle Produktion errichtet. Diese Mine wurde auch für den Export gefertigt.

Ein Beleg für den weiteren Einsatz von Minen an der Staatsgrenze bildeten folgende Vorschriften:
– Dienstvorschrift 15/1 »Minensperren der Grenztruppen« gültig von 1967 bis 1973,
– Anleitung 3/8/1/001 »Minensperren der Grenztruppen« gültig von 1973 bis 1978,
– Dienstvorschrift 018/0/011 »Minensperren der Grenztruppen« gültig von 1978 bis 1985.

Neben taktisch-technischen Anordnungen zum Anlegen von Minenfeldern waren darin auch sicherheitstechnische Festlegungen enthalten. So beispielsweise:
– die Errichtung eines zwei Meter hohen Streckmetallzaunes beidseitig der Minenfelder,
– das Schaffen eines beidseitigen fünfzehn Meter breiten Sicherheitsstreifens an der Sperre,
– das beidseitige Anbringen von Schildern: Achtung Minen! Gesperrt Lebensgefahr!,
– die Formierung, Ausbildung und Ausrüstung von Trupps in den Grenz- und Pionierkompanien zur Bergung von in den Minensperren Verletzten.

Die Pioniereinheiten hatten die Aufgabe, bei etwa gleichem Gesamtbestand an Minenfeldern, diese instand zu halten, zu erneuern bzw. ersatzlos zu räumen. Zur Erfüllung dieser Aufgaben wurden zwei Minenräumkompanien (Gardelegen und Hildburghausen) im Zeitraum 1974 bis 1983 aufgebaut. Lage und Größe aller Minenfelder wurden in Minenformularen dokumentiert.

Eine gesonderte Phase stellte der Einsatz der Sperranlage 501/701 (»Selbstschußanlagen«) dar. Im Herbst 1970 erfolgte kurzfristig vor Pionieroffizieren der Grenztruppen eine Einweisung in Aufbau, Funktion, Wirkungsweise und Errichtung dieser Sperranlage. Im Gegensatz zur späteren Variante waren die Minen noch horizontal auf dem Erdboden angeordnet. Die 1970 vorgezeigte Anlage entsprach scheinbar der ersten DDR-Weiterentwicklung einer ČSSR-Konstruktion, die vermutlich für den Einsatz an der Grenze zu Österreich vorgesehen war, dort jedoch nicht angebracht wurde. Die Konstruktion dieser Anlage glich einem gerichteten Infanterieminenfeld, das sowohl durch Fernzündung als auch durch unmittelbare Berührung detoniert.

1971 wurde erstmalig diese Sperranlage (501) im Grenzregiment-4 (Heiligenstadt) installiert, jedoch bereits in folgender Variante: Die Minenkörper wurden mittels spezieller Halterungsvorrichtung vertikal an einem drei Meter hohen Streckmetallgitterzaun angebracht. Jede zweite Betonzaunsäule (Abstand ca. sechs Meter) trug einen Minenkörper vertikal in drei Stufen versetzt.

An diesem Zaun verliefen in drei Höhen die zur Auslösung bestimmten Spanndrähte. Diese Spanndrähte mündeten in einen an der Halterung der

Mine angebrachten Schalter, der über das elektrische System der Sperranlage den Minenkörper zur Detonation brachte. Errichtet wurden diese Anlagen durch gesondert ausgebildete Kräfte der Grenztruppen. Eingegliedert waren diese in den zentralen Pionierkompanien der Grenzkommandos Nord und Süd mit je einem Zug. Die Wartung der Anlagen erfolgte durch spezielle Gruppen der Pionierzüge in den Grenzbataillonen.

Es wurden vierzig Anlagen mit einer Sperrbreite von insgesamt zweihundert Kilometer (je Anlage zwei Sektoren mit insgesamt fünf Kilometer) installiert und unterhalten. Aufbau und Wartung der Anlage war kompliziert und arbeitsaufwendig. Im Detail wurde die Anlage (Sperranlage 701) mit Überspannungsschutzelement, Kippschalter usw. zum Schutz gegen Auslösungen bei Gewitter weiterentwickelt. Der Anschaffungspreis betrug ca. 1,14 Millionen Ost-Mark pro fünf Kilometer.

Die Installation dieser Anlagen erfolgte dort, wo sich keine erdverlegten Minenfelder befanden. Für die Wartungskräfte war die Instandhaltung der Sperranlagen mit großen Gefahren verbunden. Aufgrund mißachteter Sicherheitsbestimmungen sind in mehreren Fällen Wartungskräfte teilweise erheblich verletzt worden.

Während die Angehörigen der Grenztruppen die erdverlegten Minen tolerierten, wurde die Sperranlage 501/701 sehr kritisch und teilweise ablehnend betrachtet. Die Ursache dafür war vor allem

— der komplizierte Aufbau der Anlage,
— die enormen Kosten zur Anschaffung und Instandhaltung,
— die Gefahren einer Auslösung bei Wartungsarbeiten sowie letztlich
— die schweren Verletzungen, die sie verursachte.

Mit der Verlegung von Minen war schnell ein wirksames Sperrsystem errichtet worden, das den damaligen politischen und militärischen Einschätzungen entsprach. Mit dem komplexen Ausbau der Grenze durch die Errichtung von Kfz-Sperrgraben, vorderen und hinteren Begrenzungszäunen, Signalisationsmitteln, Kolonnenwegen sowie Beobachtungs- und Führungsstellen hätten Ende der sechziger Jahre die Minen geräumt werden können.

Quantitativ verringerte sich zwar der Gesamtbestand der Minensperren von 800 Kilometer (1965) auf 650 Kilometer (1983) geringfügig, qualitativ wurden diese jedoch durch den Einsatz modifizierter Minen (PMP 71 und PPM-2) sowie durch die Sperranlage 501/701 verstärkt.

Der Vertrag über die Grundlagen der Beziehungen zwischen der DDR und der BRD vom 21. Dezember 1972 sowie die zu einer allmählichen Entspannung führenden »Ostverträge« hätten aus politischer Sicht Anlaß für die ersatzlose Räumung aller Minen sein können. Auch aus militärischer Sicht bestand ab Anfang der siebziger Jahre für diese Art von Sperrsystem kein Bedarf mehr.

Wie in vielen anderen Bereichen ist es auch hier mit dem übertriebenen Sicherheitsbedürfnis der DDR zu erklären, daß erst mit Ablauf des Jahres 1985 die Minensperren der Vergangenheit angehörten.

Ein erwartetes hohen Ansteigen von Fluchtversuchen nach Räumung der Minen 1985 blieb im wesentlichen aus.

Definition Infanterieminen gemäß A 051/1/415 (NVA) Ausgabe 1977:
»Sie werden zum Bekämpfen der gegnerischen Infanterie und zum Sichern von Sperren und Objekten eingesetzt und wirken auch gegen ungepanzerte Fahrzeuge beschädigend.

Entsprechend ihrer Wirkung werden sie eingeteilt in Sprengminen, Splitterminen und Splitterspringminen.

Als Sprengladung wird vorwiegend der Sprengstoff Trinitrotomol (TNT) mit einer Ladungsmasse von 70 bis 200 g verwendet.

Zünderauslösungen erfolgen durch geringe äußere Einwirkungen wie Druck, Stoß oder Zug sowie elektrisch.

Die Verlegeart ist offen und verdeckt. Wobei Splitterminen (mit Rundum- bzw. Richtwirkung) stets offen zu verlegen sind.«

Infanteriemine POMS-2: Splittermine sowjetischer Konstruktion und Fertigung.

Der Minenkörper besteht aus einem 1,5 kg schweren geriffelten Gußstahlkörper (Durchmesser 6 cm, Höhe 13 cm), der mit 75 g TNT gefüllt ist.

Die Mine wird mittels eines Holzpflocks 10 bis 20 cm über der Erdoberfläche installiert und beidseitig mit einem 5 bis 7 m langen verpflockten Spanndraht verbunden.

Die Auslösung der Mine erfolgt durch Belastung des Spanndrahtes (Stolperdraht) bei einem Druck von ca. 5 bis 8 kp. Der detonierende Sprengstoff zerlegt den Stahlmantel mit einer Rundumwirkung von 25 bis 30 m. Der tödliche Wirkungsradius beträgt 8 bis 10 m.

Zur Tarnung sind die Minenteile und das Zubehör mit grüner Farbe behandelt.

Infanteriemine PMD-6: Sprengmine sowjetischer Konstruktion und Fertigung.

Die Mine besteht aus einem Holzkasten (19×9×5 cm) mit einem beweglichen Deckel.

Im Holzkasten ist ein 200 g TNT-Körper eingelegt und mit einem Zugzünder versehen.

Die Mine wird offen und verdeckt verlegt und durch Druck auf den Deckel (10 bis 20 kp) zur Auslösung gebracht. Die Detonation verursacht Verletzung der unteren und mittleren Körperteile.

Die Mine ist mittelfristig funktionsfähig.

Eine Arretierung der Mine im Erdboden erfolgt nicht.

Infanteriemine PMN: Sprengmine sowjetischer Konstruktion. Sie wurde in der UdSSR und Bulgarien gefertigt.

Sie besteht aus einem runden Plastikbehälter (Durchmesser 10 cm, Höhe 5,3 cm), der mit 200 g TNT gefüllt und mit Gummideckel wasserdicht abgeschlossen ist.

Die Mine wird offen oder verdeckt im Erdboden verlegt und durch Druck (8 bis 25 kp) auf den Deckel zur Auslösung gebracht.

Die Detonation bewirkt eine erhebliche Verletzung der unteren Gliedmaßen.

Die Mine ist mehrere Jahre funktionsfähig.

Aufgrund der geringen Metallanteile ist die Mine schwer mit Minensuchgeräten aufzuspüren.

Eine Arretierung der Mine im Erdboden erfolgt nicht.

Infanteriemine PMP-71: Spreng/Splittermine, in der DDR konstruiert und gefertigt.

Die Mine besteht aus einem runden starkwandigen Hartplastkörper (Durchmesser 20 cm, Höhe 11,5 cm), ist mit 130 g TNT versehen und wasserdicht verschraubt.

Die Mine wird verdeckt im Erdboden verlegt und durch einen Druck von 10 bis 30 kp auf den Deckel ausgelöst.

Die Detonation bewirkt durch Druck eine Verletzung der unteren und durch Plastiksplitter eine Verletzung der mittleren und oberen Körperteile.

Die Mine wird mit Plastikpflöcken im Erdboden arretiert und ist langjährig funktionsfähig.

Infanteriemine PPM-2: Sprengmine, in der DDR konstruiert und gefertigt.

Der Minenkörper besteht aus mittelhartem Plastikmaterial (Durchmesser 14 cm, Höhe 6,5 cm) und ist mit 100 g TNT versehen.

Das Gehäuse besteht aus zwei Hälften, die wasserdicht verschraubt sind.

Die Zündung erfolgt durch einen Druckzünder mit Piezoelement. Die Mine wird verdeckt im Boden verlegt und durch Druck auf die Druckmembran (3 bis 30 kp) zur Auslösung gebracht.

Die Detonation bewirkt eine Verletzung der unteren Gliedmaßen.

Die Mine wird mit Pflöcken bzw. Ankerungen im Boden arretiert. Sie ist unempfindlich gegen äußere Einflüsse und unbegrenzt funktionsfähig. Zur Aufklärung mit Minensuchgeräten ist die Mine mit einer Ortungsfolie aus Metall versehen.

Splittermine SM 70: Eine in der DDR gefertigte Splittermine. Dieses System geht auf eine Entwicklung der ČSSR zurück und wurde durch die DDR weiterentwickelt.

Der Minenkörper besteht aus einem dünnwandigen Aluminiumblech-kegel, gefüllt mit 110 g TNT (Durchmesser 5,5 cm, Höhe 11,5 cm), versehen mit einer Schicht eingegossener Metallsplitter.

Die Mine wird in einem elektronischen System an dem vorderen Grenz-zaun in unterschiedlicher Höhe und einer Entfernung von 6 m (Mine zu Mine) montiert.

Die Auslösung der Mine erfolgt durch Berührung von an dem Zaun an-gebrachten Spanndrähten, die einen Schalter betätigen, der durch einen Impuls den elektrischen Minenzünder zur Auslösung bringt.

Die Mine ist parallel zum Zaun ausgerichtet. Bei der Detonation wirken die eingegossenen Metallsplitter als Streugeschosse.

Durchschnittliche Wirkungsweite ca. 20 m. Wirkung in unmittelbarer Nähe tödlich.

Die Splittermine SM 70 wurde im System der Sperranlage 501 bzw. als Weiterentwicklung 701 eingebaut.

Michael Kneise Jahrgang 1945, Oberstleutnant a. D. 1966 Eintritt in die Nationale Volksarmee, Offiziersschule. Von 1979 bis zur Auflösung Stabsoffizier im Kommando der Grenztruppen. Seit 1990 Leiter des Sach-gebiets Abbau der Grenzsicherungsanlagen im »Zentralen Auflösungs-stab der Grenztruppen«.

3. Dokumente

Befehle – Anordnungen

Anfang August 1990 erweiterte der ehemalige Chefankläger der DDR, Generalstaatsanwalt Seidel, das Ermittlungsverfahren gegen Erich Honecker »wegen des mehrfachen Mordes und mehrfacher Körperverletzung«. Wie in Peter Przybylskis Buch »Tatort Politbüro. Die Akte Honekker« nachzulesen ist, meinte Seidel: »Durch die Anwendung von Schußwaffen, durch Explosion von Minen und die Auslösung von Selbstschußanlagen wurde eine erhebliche Anzahl von Personen getötet oder verletzt. Der Beschuldigte steht daher im Verdacht, sich der Anstiftung zum mehrfachen Mord und zur vorsätzlichen Körperverletzung schuldig gemacht zu haben.« Als der ermittelnde Staatsanwalt am 10. August 1990 Honecker im sowjetischen Militärhospital Beelitz den Mordvorwurf eröffnete, »zeigte sich der leicht erholte Mann doch sichtlich betroffen« und machte von seinem Recht der Aussageverweigerung Gebrauch.

Im Haftbefehl der Westberliner Staatsanwaltschaft wird Honecker vorgeworfen, in der Lagebesprechung des Zentralen Stabes am 20. September 1961 den Schußwaffeneinsatz an der Grenze zur Bundesrepublik persönlich angeordnet zu haben. Diese Honecker-Anweisung war offenbar Grundlage für den Schießbefehl, den Armeegeneral Heinz Hoffmann, Minister für Nationale Verteidigung, am 6. Oktober 1961 als »Geheime Verschlußsache« (Befehl Nr. 76/61) herausgab (s. Seite 380 f.).

Außerdem wird der Haftbefehl gegen Honecker und alle übrigen Mitglieder des Nationalen Verteidigungsrates mit dem Sitzungsprotokoll vom 3. 5. 1974 (s. Seite 389 ff.) begründet.

Auch alle anderen Anordnungen und Befehle, die das Militärregime an Mauer und Grenze betrafen, waren grundsätzlich mit Honecker in seiner Eigenschaft als Vorsitzender des Nationalen Verteidigungsrates und SED-Generalsekretär abgestimmt. Er unterstützte mit auffallendem Engagement den Ausbau des Grenzsicherungssystems und lobte neue Ideen zur Verhinderung von Grenzdurchbrüchen.

20.09.1961

P r o t o k o l l
über die Lagebesprechung des zentrales Stabes
am 20.09.1961, von 08.30 Uhr bis 09.30 Uhr
===

__Leitung:__   Gen. H o n e c k e r

__Teilnehmer:__ Gen. H o n e c k e r
         Gen. P. V e r n e r
         Gen. H. H o f f m a n n
         Gen. E. M i e l k e
         Gen. K r a m e r
         Gen. B o r n i n g
         Gen. S e i f e r t
         Gen. E i c k e m e i e r
         Gen. M e n z e l
         Gen. W e i ß
         Gen. E n d e
         Gen. W a h n e r
         Gen. S c h n e i d e r
         Gen. E x n e r

__Protokoll geführt:__ Gen. E x n e r

Gen. Honecker gab einleitend bekannt, daß die Sitzung aufgrund
eines Beschlusses des Politbüros des ZK der SED stattfindet.
Das Politbüro hat die z.Zt. noch bestehenden unzulänglichen
Pioniermaßnahmen zur Sicherung der Staatsgrenze in Berlin
kritisiert. Der Erfolg des am 13.08.1961 geführten Schlages
gegen die Militaristen und Revanchisten, darf nicht durch Nach-
lässigkeiten im Grenzsicherungssystem beeinträchtigt werden.
Alle Durchbruchversuche müssen unmöglich gemacht werden.
Gen. Honecker beauftragte nach einleitenden Ausführungen Gen.
Generalmajor Seifert, die Lage an der Staatsgrenze in Berlin
einzuschätzen.

Gen. Generalmajor Seifert berichtet wie folgt über die Lage
an der Staatsgrenze in Berlin:

Der Stab des Ministeriums des Innern konzentrierte in den
letzten Tagen seine Arbeit auf die Stabilisierung der Grenzsicherung in Berlin. Die Sicherungskräfte wurden umgruppiert
und 2 Grenz-Brigaden gebildet. Es wurden alle Kräfte aufgeboten,
um den politisch-moralischen Zustand zu verbessern.
4o2 Genossen der mittleren Polizeischule Aschersleben wurden
in der Grenz-Brigade Berlin zur Stärkung der Kader aufgenommen.
Die 1. Grenz-Brigade Berlin ist strukturmäßig aufgefüllt.

Vom 13.o8.1961 bis zum 18.o9.1961 erfolgten

216 Grenzdurchbrüche mit insgesamt
417 Personen

Davon sind

in der Zeit vom 13.o8. bis 31.o8.1961
128 Grenzdurchbrüche und

in der Zeit vom o1.o9. bis 18.o9.1961
88 Grenzdurchbrüche

festgestellt worden.

85 VP-Angehörige wurden fahnenflüchtig.
Zur Zeit gibt es täglich noch 5-6 Grenzdurchbrüche mit ca.
1o-11 Personen. Es sind gewaltsame Grenzdurchbrüche mit Kraftfahrzeugen eingetreten.

<u>Maßnahmen:</u>

Es wurden Pioniermaßnahmen zur Verstärkung der Sperren einge-
leitet.
Die Schwerpunkte in den Abschnitten I, II und IV wurden be-
seitigt. Im Abschnitt I waren z.B. 17 Grenzdurchbrüche zu ver-
zeichnen.
Die Pioniermaßnahmen wurden durch Ziehen von Gräben, Legen von
Betonplatten und Betonschwellen verbessert. In der Nacht vom
Sonnabend zum Sonntag (16. zum 17.o9.) wurden 59 gesperrte
Straßenübergänge zusätzlich mit Straßenschwellen gesperrt.

In der Nacht vom Sonntag zum Montag (17. zum 18.09.) wurden
Gräben gezogen.
Diese Maßnahmen reichen noch nicht aus. Mit Unterstützung des
Magistrats des demokratischen Berlin müssen schnell weitere Sperr-
maßnahmen durchgeführt werden wie, Gräben ziehen, Straßen aufreißen, Schwellen legen, Sandaufschüttungen usw.
Der Stab des Ministeriums des Innern hat geplant, im Abschnitt
der I. Abteilung (Nordabschnitt) und im Abschnitt der VI. Abteilung 18 bis 20 km Grenzmauer zu errichten. Bis zur Fertigstellung sollen Gräben gezogen werden.
Außerdem ist die Kanalisation zu beachten, wenn auch bisher
noch keine Grenzdurchbrüche unter Ausnutzung der Kanalisation
erfolgten, so.gab es doch einige Versuche. Es bestehen zwar an
den Eingängen Gitter, doch es besteht die Möglichkeit unter
diesen hindurch zu kriechen. Es wird geprüft, um eine bessere
Sicherung der Kanalisationseingänge zu schaffen.
Entschiedene Maßnahmen sind zu treffen in der Bernauer, Harzer
Straße u.a. wo die Grenzlinie entlang der Hausgrundstücke verläuft.
Es gibt immer noch Fälle des Abseilens aus Wohnungen.
Eine vollständige Räumung oder schnellere Räumung unzuverlässiger
Elemente muß erfolgen.

Gen. Honecker stellt die Frage, ob die getroffenen Maßnahmen
ausreichen, um Kfz-Durchbrüche zu verhindern.
Dazu berichtet Gen. P. Verner:
Die bisherigen Maßnahmen reichen nicht aus, das beweist das Beispiel in der Bouchéstraße. Hier verläuft die Grenze entlang der
Bordkante der Straße, d.h. die Hausgrundstücke mit ihren Vor-
gärten liegen auf westberliner Gebiet. Der Zaun reicht nicht aus,
um Durchbrüche zu verhindern.

Vorschläge:
1. Entlang des Drahtzaunes in der Länge der Straße die Fahrbahn
   aufreißen oder Betonplatten legen.
   Eine Parteikommission ist eingesetzt, um alles nochmal zu
   überprüfen.

2. Es ist erforderlich neben den Sperren auf der Straße die breiten Bürgersteige zu sichern. Für Fußgänger feste Schleusen einrichten. Ein Kfz darf nicht hindurch können.

3. Viele Genossen sind der Meinung, daß es nicht zweckmäßig ist, an der sogenannten grünen Grenze eine Mauer zu errichten. Sie wirft bei Nacht Schatten und gibt günstige Möglichkeiten der Annäherung für den Gegner. Besser wären feste Drahtsperren auf 2 Pfählen mit Verspannungen.

4. Die Häuser in der Bernauer- und Harzer Straße werden geräumt. 7oo auf einmal ist nicht möglich. Die Unzuverlässigen werden mit Kampfgruppen in Zivil umgesiedelt.

<u>Gen. Generalmajor Seifert</u> beantwortet die Fragen des Gen. Honecker wie folgt:

Wir kommen nicht aus ohne Schwellen. Auf solche Straßen, die feste Decken haben, sollten Schwellen gelegt werden. Wo z.Zt. noch keine Schwellen zur Verfügung stehen, sollen Sandaufschüttungen vorgenommen werden. Hinsichtlich der Mauer, so ist Gen. Seifert der Meinung, kann diese ein starkes Drahthindernis ersetzen. Drahtsperren erfordern mehr Zeit als der Bau der Mauer. Die Mauer soll 2 m hoch gebaut werden.

Gen. Generaloberst Mielke nimmt zu den aufgeworfenen Fragen wie folgt Stellung:

Die Vorschläge für die Pioniermaßnahmen sind geeignet, man sollte jedoch auf den Bau einer Mauer entlang der sogenannten grünen Grenze verzichten. Günstig ist die Drahtsperre, sie ist haltbarer und für die Bekämpfung von Grenzdurchbrüchen geeigneter. Unsere Sicherungsmaßnahmen an der Grenze haben eine große politische Bedeutung. Gen. Mielke schlägt vor, zur schnellen Durchführung der Pionierarbeiten dem Ministerium des Innern, dem Ministerium für Nationale Verteidigung und dem Ministerium für Staatssicherheit je einen Abschnitt zuzuweisen.

Gen. Armeegeneral Hoffmann ist der Meinung, daß das Legen von
Betonschwellen einen großen Verschleiß an Material darstellt
und die einfachste Methode das Aufreißen von Straßen ist, was
eigentlich schon in den ersten Tagen nach dem 13.o8.1961 be-
schlossen wurde.
Das Bauen einer Mauer an der sogenannten grünen Grenze ist unzweckmäßig. Drahtzaun mit Betonblöcken und Gräben ist das geeignete.
Zum Vorschlag des Gen. Generaloberst Mielke ist zu sagen, daß
die Nationale Volksarmee Maßnahmen an der Staatsgrenze West zu
treffen hat und die Mitarbeit an der Staatsgrenze in Berlin zu
Verzögerungen führen würde. Es wäre möglich, Pionieroffiziere
als Fachleute und Kräfte für 4-5 Tage zur Verfügung zu stellen.

Gen. Generalmajor Weiß machte den Vorschlag, an der grünen Grenze
Hunde einzusetzen.

Gen. Honecker faßt die bisherigen Ergebnisse der Beratung zusammen
und ordnet an:

1. Gen. Armeegeneral Hoffmann hat sofort Spezialisten für Pionierarbeiten dem Stab des Ministeriums des Innern zur Verfügung
   zu stellen.

2. Gen. Generalmajor Seifert hat mit den Spezialisten die bisherigen Pläne zu überprüfen und einen exakten Plan der weiteren
   Pioniermaßnahmen auszuarbeiten.
   Abschnitt für Abschnitt sind die erforderlichen Maßnahmen
   festzulegen wie
   a) wo sind die erforderlichen Gräben mit der entsprechenden
      Tiefe und Breite zu ziehen,
   b) wo sind Betonpfähle und Höcker zu errichten und wo sind
      Platten zu legen,
   c) wo und wie werden sichere Personenschleusen eingerichtet,
      die kein Durchfahren von Fahrzeugen ermöglichen und
   d) wo Straßen in ihrer Länge aufgerissen werden müssen.

378

3. Mit der forcierten Verstärkung der pioniermäßigen Schließung
   der Staatsgrenze in Berlin muß damit gerechnet werden, daß
   verbrecherische Elemente den Versuch unternehmen, die Staatsgrenze am Westring von Berlin zu durchbrechen. Die Spezialisten
   sind zu beauftragen, die bisherige Planung und die errichteten
   Sperren zu prüfen.
   Alle Wege die nach Westberlin führen sind mit tiefen Gräben
   zu sichern. Die Drahtsperren sind zu verstärken und durch
   Panzerhindernisse ist zu gewährleisten, daß kein Fahrzeug
   durchbrechen kann.

4. Die Sperrzone von 100 m ist konsequent durchzusetzen. Es ist
   ein strenges militärisches Regim einzuführen.
   In diesem Gebiet sind nur die eingesetzten Kommandeure der
   Grenz-Brigade verantwortlich.

5. Mit den Vorständen der LPG ist festzulegen, daß in der 100 m
   Sperrzone nur niedrige Kulturen anzubauen sind.

6. Im Plan für die Beschleunigung der Pioniermaßnahmen ist festzulegen, in welchen Abschnitten die Kräfte der Nationalen
   Volksarmee für 4-5 Tage, die Kräfte des Ministeriums für
   Staatssicherheit und die Kräfte des Ministeriums des Innern,
   eingesetzt werden.

7. Gen. Generalmajor Seifert hat täglich abends (Zeitpunkt wird
   noch festgelegt) über den Stand der Durchführung der Pioniermaßnahmen zu berichten.

8. Gegen Verräter und Grenzverletzer ist die Schußwaffe anzuwenden. Es sind solche Maßnahmen zu treffen, daß Verbrecher
   in der 100 m Sperrzone gestellt werden können. Beobachtungs-
   und Schußfeld ist in der Sperrzone zu schaffen.

9. Es sind Maßnahmen einzuleiten, die zur Erhöhung der Wachsamkeit führen und das klassenmäßige Verhalten jedes Posten
   erhöhen und festigen. Der Einsatz von Offizierskontrollen ist
   zu verstärken. Die Verbindung der Offiziere zu den Soldaten
   ist zu verbessern. Jedem Angehörigen der bewaffneten Kräfte

ist ideologisch überzeugend klarzumachen, daß er einen Kampfauftrag zur Sicherung des Friedens an der Staatsgrenze zu
erfüllen hat.

1o. Die Umsiedlung der Häuser in den bekannten Straßenzügen ist
nach einem Plan durchzuführen. Zu beschleunigen ist die Aus-
siedlung feindlicher und schwankender Elemente.

11. Gen. Generalmajor Seifert hat zu prüfen, ob es zweckmäßig ist,
an bestimmten Grenzabschnitten berittene Streifen einzusetzen.

Perw

Geheime Verschlußsache!
...Ausfertigungen
1. Ausfertigung 4 Blatt

06. Oktober 1961   Strausberg

Inhalt: Bestimmungen über Schußwaffengebrauch für das Kommando
Grenze der Nationalen Volksarmee

Die Verbände, Truppenteile und Einheiten des Kommandos Grenze der
Nationalen Volksarmee haben die Aufgabe, die Unantastbarkeit der Grenzen
der Deutschen Demokratischen Republik bei jeder Lage zu gewährleisten
und keinerlei Verletzungen ihrer Souveränität zuzulassen.
Zur weiteren Sicherung der Staatsgrenzen der Deutschen Demokratischen
Republik

BEFEHLE ICH:

1. Für die Wachen, Posten und Streifen der Grenztruppen der Nationalen
   Volksarmee gelten ab sofort die Bestimmungen über Schußwaffengebrauch der DV-10/4 (Standortdienst- und Wachvorschrift) der Nationalen
   Volksarmee (Anlage 1).
   In Erweiterung dieser Bestimmungen sind die Wachen, Posten und Streifen der Grenztruppen der Nationalen Volksarmee an der Staatsgrenze
   West und Küste verpflichtet, die Schußwaffe in folgenden Fällen anzuwenden:
   – zur Festnahme, Gefangennahme oder zur Vernichtung bewaffneter Personen oder bewaffneter Banditengruppen, die in das Gebiet der DDR eingedrungen sind bzw. die Grenze nach der Westzone zu durchbrechen versuchen, wenn sie die Aufforderung zum Ablegen der Waffen nicht befolgen
   oder sich ihrer Festnahme oder Gefangennahme durch Bedrohung mit der
   Waffe oder Anwendung der Waffe zu entziehen versuchen;
   – zur Abwehr von bewaffneten Angriffen bzw. Überfällen auf das Territorium
   der Deutschen Demokratischen Republik, auf die Bevölkerung im Grenz-
   bereich, auf Grenzposten oder Angehörige anderer bewaffneter Organe
   der Deutschen Demokratischen Republik im Grenzgebiet;
   – zur Festnahme von Personen, die sich den Anordnungen der Grenzposten
   nicht fügen, indem sie auf Anruf »Halt – stehenbleiben – Grenzposten«
   oder nach Abgabe eines Warnschusses nicht stehenbleiben, sondern offensichtlich versuchen, die Staatsgrenze der Deutschen Demokratischen
   Republik zu verletzen und keine andere Möglichkeit zur Festnahme
   besteht;
   – zur Festnahme von Personen, die mittels Fahrzeugen aller Art die Staatsgrenzen offensichtlich zu verletzen versuchen, nachdem sie vorschriftsmä-
   ßig gegebene Stoppzeichen der Grenzposten unbeachtet ließen oder auf
   einen Warnschuß nicht reagierten bzw. nachdem sie Straßensperren
   durchbrochen, beiseite geräumt oder umfahren haben und andere Möglichkeiten zur Festnahme der betreffenden Personen nicht mehr gegeben
   sind.
2. Die Anwendung der Schußwaffe gegen Grenzverletzer darf nur in Richtung Staatsgebiet der DDR oder parallel zur Staatsgrenze erfolgen.

3. Von der Schußwaffe darf nicht Gebrauch gemacht werden
 – gegenüber Angehörigen ausländischer Armeen und Militärverbindungsmissionen;
 – gegenüber Angehörigen diplomatischer Vertretungen;
 – gegenüber Kindern.
4. Bei unbewaffneten Provokationen, Zusammenrottungen und Unruhen jeglicher Art an der Grenze sowie Zerstörungen von Grenzsicherungsanlagen durch Personengruppen sind Nebelkerzen »rot« (Tränengasmittel) einzusetzen.
5. Die Anwendung der Schußwaffe auf Flugzeuge fremder Nationalität, die die Lufthoheit der Deutschen Demokratischen Republik verletzen, ist nur auf meinen Befehl gestattet.
6. Der Chef des Kommandos Grenze der Nationalen Volksarmee meldet mir über die Einführung dieser Bestimmungen in allen Einheiten, Truppenteilen und Verbänden des Kommandos Grenze bis zum 10. Oktober 1961 Vollzug.
Bis dahin sind in allen Einheiten, Truppenteilen und Verbänden des Kommandos Grenze der Nationalen Volksarmee aktenkundige Belehrungen über die Bestimmungen des Schußwaffengebrauchs vorzunehmen.
7. Der Befehl Nr. 39/60 des Ministers des Innern und die dazu erlassenen Ergänzungen und Durchführungsbestimmungen sowie Kap. XI der Dienstvorschrift III/2 werden mit gleichem Termin außer Kraft gesetzt.
8. Dieser Befehl behält bis auf Widerruf Gültigkeit.

 – Armeegeneral –

/Hoffmann/

Anlage 1: Schußwaffengebrauch

1. Die Wachen, Posten und Streifen der Nationalen Volksarmee können in Ausübung ihres Dienstes von der Waffe Gebrauch machen:
a) um einen Angriff abzuwehren oder den Widerstand zu brechen, wenn sie in Erfüllung ihrer Aufgaben angegriffen werden;
b) wenn Verbrecher, insbesondere Spione, Saboteure, Agenten, Provokateure, der Festnahme bewaffneten Widerstand entgegensetzen oder flüchten.
2. Die Waffe darf insoweit gebraucht werden, wie es für die zu erreichenden Zwecke erforderlich ist.
3. Die Angehörigen der Nationalen Volksarmee sind jederzeit zum Waffengebrauch berechtigt, wenn sie in Ausübung ihres Dienstes zum Schutz der Deutschen Demokratischen Republik eingesetzt sind.

Az. 00 01 72

GVS-Nr. G/078067

GVS-Nr. G/
5. Ausfertigung == **4 (2)**   Blatt

NATIONALE VOLKSARMEE
KOMMANDO DER GRENZTRUPPEN

0 1 Feb. 1971

BEFEHL Nr.   / 70
des Chefs der Grenztruppen

über **den Ausbau eines Grenzabschnittes zur Erprobung der Splittermine SM - 70 im Grenzeinsatz an der Staatsgrenze der Deutschen Demokratischen Republik**

vom *09. 10.* 1970

Mit der Zielstellung im pioniermäßigen Ausbau der Staatsgrenze der Deutschen Demokratischen Republik eine neue Qualität zu erreichen und damit die Effektivität der Grenzsicherung zu erhöhen, ist die Splittermine (SM-70) im Grenzeinsatz zu erproben.
Zur Durchführung dieser Maßnahme

B E F E H L E   I C H

1. Im Grenzabschnitt des Grenzregiments 24 (3.GK.,4.GK.,6.GK.) sind 3 Komplekte der Splittermine SM-70 zur Komplettierung der vorhandenen Pioniersperren einzubauen.
(s.Anlage 1 Karte 1: 50 000).

2. Der Einbau hat in 2 Varianten zu erfolgen:
   - 3 Minenlinien vertikal am Grenzzaun I angebracht
   - 2 Minenlinien vertikal am freundwärtigen Zaun der Minensperre Typ 66 angebracht.

Zur Verhinderung des Untergrabens der Sperre sind zwischen den Betonzaunpfählen Erdsporne einzubringen, an denen das untere Streckmetallfeld zu befestigen ist.

383

Zur Anfertigung der Erdsporne werden der 5.Grenzbrigade
Profil- bzw.Flacheisen zugeführt. Die Fertigung hat durch
Kräfte der Grenzbrigade zu erfolgen.

3. Die Pionierarbeiten zum Einbau der Minenkomplekte sind
unter Berücksichtigung der materiell-technischen Sicherstellung durch Kräfte der 5.Grenzbrigade bis zum
31.12.1970 abzuschließen.
Beginn der Erprobung im Grenzeinsatz am 01.01.1971.
Abschluß der Erprobung am 15.08.1971.

4. Der Stellvertreter des Chefs der Grenztruppen und Chef
des Stabes hat ein Programm zur operativ-taktischen und
pioniertechnischen Erprobung zu erarbeiten.
Termin: 15.12.1970.

5. Der Leiter Pionierdienst der 5.Grenzbrigade hat einen
Plan der Maßnahmen zum Ausbau des Erprobungsabschnittes
zu erarbeiten und bis zum 15.10.1970 dem Chef Pionierwesen des Kommandos der Grenztruppen zur Bestätigung
vorzulegen.

6. Die materiell-technische und finanzielle Sicherstellung
dieser Maßnahme hat durch den Chef Pionierwesen des
Kommandos der Grenztruppen im Zusammenwirken mit dem
Leiter der Abteilung Finanzen zu erfolgen.

7. Beim Einbau der Minen sowie der Wartung der Minensperren
sind die in der DV - 61/1, DV - 45/35, DV - 15/5 und im
Sprengmittelgesetz festgelegten Sicherheitsbestimmungen
einzuhalten.

8. Zur technischen Durchführung des Einbaues der Minenkomplekte ist durch den Chef Pionierwesen des Kommandos
der Grenztruppen eine Anordnung zu erarbeiten.

Termin: 10.10.1970

9. Alle an den Pionierarbeiten zum Einbau der Splittermine SM-70 eingesetzten Angehörigen der Grenztruppen
   sind aktenkundig über die Geheimhaltung dieser Maßnahme zu belehren.

10. Mit der Kontrolle der Durchsetzung dieses Befehls be-
    auftrage ich den Stellvertreter des Chefs der Grenz-
    truppen und Chef des Stabes.

11. Dieser Befehl ist außer der Urschrift am 30.10.1971
    zu vernichten.

                              Peter
                              Generalleutnant

MINISTERRAT
DER DEUTSCHEN DEMOKRATISCHEN REPUBLIK
MINISTERIUM FÜR NATIONALE VERTEIDIGUNG
STELLVERTRETER DES MINISTERS
UND CHEF DER GRENZTRUPPEN

B E F E H L   Nr,: 71/73

über

den Einsatz der Mine PMP - 71

vom 03,10,1973

In Präzisierung des Befehls Nr, 05/73 des Stellvertreters des
Ministers und Chef der Grenztruppen sowie der bestätigten
Entschlüsse der Kommandeure der Grenzkommandos NORD und SÜD
zum pionier-, nachrichten- und signaltechnischen Ausbau der
Staatsgrenze der DDR zur BRD

B E F E H L E   I C H :

1. Alle Bestände an Minen des Typs PMP-71 sind ab sofort
   gesperrt. Dieser Minentyp ist bis auf Widerruf nicht zu
   verlegen.

2. Die vorhandenen Bestände sind auf Vollzähligkeit zu
überprüfen und entsprechend der DV 45/35, Abschnitt III,
in dafür bestätigte Pionier-Munitionslager einzulagern,
Offene Kisten sind zu verplomben,
Die periodische Kontrolle der Lagerbestände ist zu
gewährleisten,

3. Neuzuführungen von Minen des Typs PMP-71 aus der Industrie
sind fernschriftlich dem Chef Pionierwesen des
Kommandos der Grenztruppen zu melden,
Durch den Kommandeur des betreffenden Grenzregiments
sind Sofortmaßnahmen zur Rücksendung dieser Transporte
zu veranlassen,

4. An den zur Verlegung vorbereiteten Minensperren sind
entsprechend der Anleitung A 318/1/001 Minenwarn-
schilder aufzustellen,
Vorhandene Lücken oder Gassen in den Streckmetall-
zäunen sind bis 20.10.1973 zu schließen,

5. Die gemäß Ausbildungsprogramm der Pioniereinheiten
durchzuführende Minenausbildung hat nur mit Übungs-
minen des Typs PMN zu erfolgen.

6. Die Offiziere Pionierwesen der Grenzkommandos NORD
und SÜD, einschließlich der Offiziere der Pionierkompanien sind über den Inhalt dieses Befehls bis zum
15.10.1973 aktenkundig zu belehren,

7. Mit der Kontrolle der Durchsetzung dieses Befehls
   wird der Stellvertreter des Chefs und Chef des
   Stabes beauftragt.

8. Dieser Befehl ist an die Stellvertreter des Chefs
   der Grenztruppen, den Stellvertreter des Chefs des
   Stabes für operative Arbeit, den Chef Pionierwesen,
   die Kommandeure der Grenzkommandos NORD und SÜD sowie
   an die Kommandeure der Grenzregimenter dieser Verbände
   zu verteilen.

9. Der Befehl tritt mit sofortiger Wirkung in Kraft und
   behält Gültigkeit bis auf Widerruf.

O.U., den 03 .10.1973   Peter
                                         Generalleutnant

Bestätigt:

Erster Sekretär des ZK der SED
und Vorsitzender des Nationalen
Verteidigungsrates der DDR

am: **6. 5.**   1974

E. Honecker

Protokoll

der 45. Sitzung des Nationalen Verteidigungsrates
der Deutschen Demokratischen Republik

am 03. 05. 1974

Tagungsort:	Ministerium für Nationale Verteidigung, STRAUSBERG

Beginn der Sitzung: 10.00 Uhr

Ende der Sitzung: 12.15 Uhr

Teilnehmer der Sitzung

Anwesend:

Genosse E. Honecker   Genosse W. Stoph

Genosse H. Sindermann   Genosse E. Mielke

Genosse H. Keßler   Genosse H. Albrecht

Genosse F. Streletz   Genosse W. Verner

Entschuldigt fehlten:

Genosse H. Hoffmann   Genosse A. Norden

Genosse W. Krolikowski   Genosse A. Neumann

Genosse A. Pisnik   Genosse F. Dickel

Zur Sitzung wurden hinzugezogen:

Zu den Tagesordnungspunkten 1 bis 6

Genosse Generaloberst Scheibe
Leiter der Abteilung für Sicherheitsfragen des Zentralkomitees der SED

Zu den Tagesordnungspunkten 1, 2 und 4

Genosse Generalmajor Riß
Stellvertreter des Ministers des Innern und Chef des Stabes

Zu dem Tagesordnungspunkt 1

Genosse Generalmajor Zeiler
Stellvertreter des Vorsitzenden der Staatlichen Plankommission

Genosse Generalmajor Skerra
Chef der Verwaltung Operativ im MfNV

Zu dem Tagesordnungspunkt 4

Genosse Generalleutnant Peter
Stellvertreter des Ministers für Nationale Verteidigung
und Chef der Grenztruppen der DDR

Zu dem Tagesordnungspunkt 5

Genosse Generalleutnant Reinhold
Stellvertreter des Ministers für Nationale Verteidigung
und Chef der Luftstreitkräfte/Luftverteidigung

Geheime Kommandosache!

GKdos-Nr.: 14 /74 .... Ausf. Blatt 4

Tagesordnung der Sitzung:

1. Konzeption für die Errichtung geschützter Führungsstellen im Zeitraum
   1976 - 1990 zur Gewährleistung der politischen, militärischen, staatlichen
   und wirtschaftlichen Führung der DDR im Verteidigungszustand

   Berichterstatter: Genosse Generaloberst Keßler
                        Stellvertreter des Ministers für Nationale Verteidigung
                        und Chef des Hauptstabes der NVA

2. Bericht über die Tätigkeit der Bezirkseinsatzleitungen im Jahre 1973

   Berichterstatter: Genosse Generalleutnant Streletz
                        Sekretär des Nationalen Verteidigungsrates

3. Information über die Hauptrichtungen der weiteren Erhöhung der Aggressions-
   bereitschaft der Bundeswehr der BRD bis 1980

   Berichterstatter: Genosse Generaloberst Keßler
                        Stellvertreter des Ministers für Nationale Verteidigung
                        und Chef des Hauptstabes der NVA

4. Bericht über die Lage an der Staatsgrenze der DDR zur BRD, zu WESTBERLIN
   und an der Seegrenze

   Berichterstatter: Genosse Generaloberst Keßler
                        Stellvertreter des Ministers für Nationale Verteidigung
                        und Chef des Hauptstabes der NVA

5. Einführung des Ehrentitels "Verdienter Militärflieger der DDR"

   Berichterstatter: Genosse Generaloberst Keßler
                        Stellvertreter des Ministers für Nationale Verteidigung
                        und Chef des Hauptstabes der NVA

6. Kaderfragen
   - Ministerium für Nationale Verteidigung
   - Ministerium für Staatssicherheit
   - Ministerium des Innern

-34

Geheime Kommandosache
GKdos-Nr.: 14 /72 . Ausf. Blatt 12

Zum Tagesordnungspunkt 4

"Bericht über die Lage an der Staatsgrenze der DDR zur BRD, zu WESTBERLIN und an der Seegrenze"

Zu Beginn gab Genosse Generaloberst Keßler einen Bericht von 15 Minuten.

In der Aussprache zu diesem Tagesordnungspunkt legte Genosse Erich Honecker folgende Gesichtspunkte dar:

- die Unverletzlichkeit der Grenzen der DDR bleibt nach wie vor eine wichtige politische Frage

- es müssen nach Möglichkeit alle Provokationen an der Staatsgrenze verhindert werden

- es muß angestrebt werden, daß Grenzdurchbrüche überhaupt nicht zugelassen werden

- jeder Grenzdurchbruch bringt politischen Schaden für die DDR

- die Grenzsicherungsanlagen müssen so angelegt werden, daß sie dem Ansehen der DDR nicht schaden;
  dies trifft insbesondere für einige Abschnitte der Mauer in BERLIN zu

- der pioniermäßige Ausbau der Staatsgrenze muß weiter fortgesetzt werden

- in BERLIN sollte man die alte Mauer stehen lassen und dort wo notwendig, dahinter eine neue bauen;
  erst wenn der Neubau fertig ist, sollte man die alte Mauer abreißen

- überall muß ein einwandfreies Schußfeld gewährleistet werden

- die Unantastbarkeit der Grenze ist durch ein gemeinsames Zusammenwirken der Sicherheitsorgane zu gewährleisten

- man muß alle Mittel und Methoden nutzen, um keinen Grenzdurchbruch zuzulassen und die Provokationen von WESTBERLIN aus zu verhindern

- nach wie vor muß bei Grenzdurchbruchsversuchen von der Schußwaffe rücksichtslos Gebrauch gemacht werden, und es sind die Genossen, die die Schußwaffe erfolgreich angewandt haben, zu belobigen

- an den jetzigen Bestimmungen wird sich diesbezüglich weder heute noch in Zukunft etwas ändern

393

In diesem Zusammenhang stellte Genosse Erich H o n e c k e r   dem Genossen
Generalleutnant P e t e r   die Frage, wieviel Mittel für den weiteren pioniermäßigen
Ausbau noch benötigt werden und ob es möglich sein die sogenannten "Todesminen"
zu überwinden.
Genosse Generalleutnant P e t e r   gab zur Antwort, daß ihm die genaue Summe für
den weiteren pioniermäßigen Ausbau zur Zeit nicht vorliege, aber 1 km Ausbau der
Staatsgrenze mit der neuen Splittermine SM-70 koste annähernd 100.000,- Mark.

Auf Grund der Halterung der Minen bzw. durch einen zeitweiligen Stromausfall an
den Minensperren gelang es in einigen Fällen, die Minensperre SM-70 zu überwinden.
Diese Mängel wurden beseitigt, so daß zur Zeit eine höhere Wirksamkeit dieser
Minensperre gegeben ist.

Abschließend unterstrich Genosse Erich H o n e c k e r , daß der pioniertechnische
Ausbau der Staatsgrenze zielstrebig fortgesetzt werden muß, und daß alle Anstrengungen
zu unternehmen sind, um Grenzdurchbrüche nicht zuzulassen und Provokationen,
besonders vom westberliner Territorium aus, voll zu unterbinden.
Die bestehenden Bestimmungen zur Gewährleistung der Unantastbarkeit der Staatsgrenze
der DDR und die Schußwaffengebrauchsbestimmungen sind nach wie vor soll durchzusetzen.

Dem Bericht und den mündlichen Ausführungen wurde unter Berücksichtigung der
Ausführungen des Genossen Erich H o n e c k e r   die volle Zustimmung gegeben.

[...]

Briefe an Erich Honecker

Kaum ein Politiker der ehemaligen DDR hatte soviel Kenntnis über die Lage an Mauer und Grenze, über die innere Verfassung der Grenztruppen, über Schwierigkeiten und Unzulänglichkeiten der politischen Arbeit innerhalb der Führungskader wie Erich Honecker, Generalsekretär des Zentralkomitees der Sozialistischen Einheitspartei Deutschlands und Vorsitzender des Nationalen Verteidigungsrates der Deutschen Demokratischen Republik.

Honecker, einst Organisator des Mauerbaus, kümmerte sich auch in den folgenden Jahren um den Ausbau der Sperranlagen. Keine wichtige Entscheidung fiel ohne sein »Einverstanden EH«. Er wollte alles wissen, was an der Grenze geschah, gab Anregungen, wie die »Unverletzlichkeit der Grenze« zu gewährleisten sei und hatte immer ein offenes Ohr für die sozialen Belange der Grenztruppen. Diese Soldaten hatten es ihm angetan; ihren Dienst schätzte er hoch ein.

Honecker war bestens informiert über gelungene und mißglückte Grenzdurchbrüche. Er wußte wann, wer, warum Fahnenflucht begangen hatte. Er erfuhr umgehend, wenn ein Grenzer »mutig geschossen hatte oder feige gewesen war«; er regte Belobigungen, Beförderungen und Abmahnungen an.

Die meisten Dokumente über die Hintergründe des Mauerbaus 1961 scheinen unauffindbar, möglicherweise sind sie total vernichtet. Erhalten sind Briefwechsel zum Thema Mauer und Grenze. Wir veröffentlichen Briefe der Armeegeneräle Hoffmann und Keßler an Erich Honecker. Den letzten vertraulichen Grenzbericht erhielt Erich Honecker, die Nummer eins der früheren DDR, vierzehn Tage vor seinem Sturz.

IAl 1868|62

Mitglied des Politbüros
des ZK der SED
Gen. Erich H o n e c k e r

Werter Genosse Honecker!

Wie ich bereits vor dem Politbüro berichtete, wurden im Aus-
bildungsjahr 1962 neben den Aufgaben zur Erfüllung der uns
gestellten politischen und militärischen Aufgaben, eine große
Anzahl von Aufgaben der pioniermäßigen Sicherung an der Staatsgrenze West und zu Westberlin gelöst.

So wurden allein an der Staatsgrenze West

> 668,25 km kombinierte Sperren
>
> 216,75 km Drahtsperren

zu den bereits vorhandenen

> 124,00 km Drahtsperren

bei der Übernahme, ausgebaut.

Insgesamt wurden also 1.009,00 km = ca. 72 % der Länge der
Staatsgrenze der DDR zu Westdeutschland pioniermäßig gesichert.
Dabei wurden 4.526 Minen vom Typ PCMS-2 und 207.516 Minen vom
Typ PMD-6 verlegt.

Neben den Pionierkräften waren ein großer Teil von mot. Schüt-
zeneinheiten für diese Arbeiten im Verlaufe des ganzen Jahres
eingesetzt.

Die Soldaten, Unteroffiziere und Offiziere haben unter außer-
gewöhnlichen schwierigen Bedingungen große Arbeitsleistungen
vollbracht und alle gestellten Normen unterboten.

- 2 -

396

Es ergibt sich die Frage, wie man diese staatspolitisch wichtige Arbeit würdigen soll.

Als Möglichkeit bietet sich:

a) Die Auszeichnung mit staatlichen Auszeichnungen
   (Verdienstmedaille der DDR und Vaterländischer Verdienstorden)

b) Auszeichnungen durch den Minister für Nationale Verteidigung
   entsprechend seiner Möglichkeiten
   (Prämierungen, Verdienstmedaille der Nationalen Volksarmee
   in Bronze, Silber oder Gold)

Ich bitte um eine Mitteilung Deinerseits, ob Du es in der gegenwärtigen Lage für zweckmäßig hälst den ersten Vorschlag zu realisieren. Sollte dies der Fall sein, werde ich entsprechende namentliche Vorschläge einreichen.

Mit sozialistischem Gruß

Hoffmann
Armeegeneral

Stand der pioniermäßigen Verstärkung der Staatsgrenze zu Westdeutschland

Bis 24. 10. 1962 wurden folgende Sperren fertiggestellt:

	668,25 km	kombinierte Sperren
	216,75 km	Drahtsperren
	124,00 km	Drahtsperren (bei der Übernahme der Grenztruppen vorhanden)
Gesamt:	1009,00 km	ca. 72 % der Länge der Staatsgrenze der DDR zu Westdeutschland

Bis 24. 10. 1962 wurden verlegt:

	4526 Minen Typ POMS-2	= 73,700 km
	207516 Minen Typ PMD-6	=335,250 km
Gesamt:	212042 Minen	=408,950

An Kräften waren eingesetzt:

MB III   Teile der PiB-3, 4, 7, 11; Teile der MSR-7, 16, 17, 22,
         23 und 24 sowie zeitweilig AKp.-4

MB V   Teile der PiB-1, 5, 8; I./MSR-3 und II./MSR-26

Teile des PiR-2 sowie Kräfte der Grenztruppen.

Durchschnittl. einges. Kräfte und Mittel

mot. Schtz.	Pioniere	Grenz- soldaten	LKW	Spez. Kfz.
774	379	98	90	20

M a t e r i a l v e r b r a u c h   für II. und III. Etappe

Beton- pfähle (Stck)	Holz- pfähle (Stck)	Stachel- draht (t)
293.867	41.768	2.523,44

Strausberg, den 3.1. 1963

GVS-Tgb.-Nr.: *IA 13* /63

Geheime Verschlußsache!

3. Ausfertigung =	.5.	Blatt
Anlage/n =	...	Blatt
Insgesamt: =	.5.	Blatt

Mitglied des Politbüros des ZK
der SED und Sekretär des
Nationalen Verteidigungsrates

Gen. Erich **H o n e c k e r**

Werter Genosse Honecker!

In Verwirklichung des Beschlusses des Nationalen Verteidigungsrates der Deutschen Demokratischen Republik über die Gewährleistung der Sicherheit an der Staatsgrenze der DDR vom 29.11.1961
gestatte ich mir über folgenden Stand der Erfüllung zu berichten:

I. Pioniermäßige Verstärkung der Staatsgrenze der DDR zu
   Westdeutschland

   1. Entsprechend des Beschlusses des Nationalen Verteidigungs-
      rates der DDR wurden die Maßnahmen der pioniermäßigen Ver-
      stärkung der Staatsgrenze der DDR zu Westdeutschland in
      drei Etappen durchgeführt. Die 3. Etappe wurde am 24.10.62
      auf Grund der erhöhten Gefechtsbereitschaft der Nationalen
      Volksarmee vorzeitig beendet.

      In den drei Etappen waren lt. den beschlossenen Grundsät-
      zen zu errichten:

kombinierte Sperren, Drahtsperren auf 2 Pfählen mit S-Rolle	816	km

      Es wurden gebaut:

kombinierte Sperren	668,25	km
Drahtsperren auf 2 Pfählen mit S-Rolle	216,75	km
Gesamt:	885,00	km

- 2 -

Damit sind an der Staatsgrenze der DDR zu Westdeutschland unter
Einbeziehung der bei der Übernahme der Grenztruppen vorhandenen
124 km Drahtsperre 1.009,00 km pioniermäßig verstärkt. Das sind
73 % der Länge der Staatsgrenze der DDR zu Westdeutschland
(1.381 km).
Im Verlaufe der 1. und 3. Etappe wurden in 447 km kombinierte
Sperren Minen des Types POMS-2 und PMD-6 verlegt.
Im gleichen Zeitraum wurden errichtet:

490	Straßensperren
96	Beobachtungstürme
1,20 km	Lichtsperre
161,00 km	Warnzaun sowie
587,55 km	6-m-Kontrollstreifen angelegt.

Die weitere Errichtung von Lichtsperren wurde für unzweckmäßig
befunden, da der Kostenaufwand nicht im Verhältnis zum Nutzeffekt
derselben steht.

Für den im Beschluß festgelegten Ausbau von Panzerstellungen
bitten wir nochmals um einen Hinweis, ob in der gegenwärtigen
Periode der Ausbau und die Besetzung von Panzerstellungen zweckmäßig ist. Bisher erfolgte nur eine Präzisierung der Panzerstellungen im Gelände und dokumentarische Aufnahme in den Alarmdoku-
menten der Grenzbrigaden.

Durch die Forstwirtschaftsbetriebe wurden bis 01. 12. 62
425,29 km Schneise geschlagen und geräumt. Zur Erfüllung des
Beschlusses über die Schaffung eines 100 m breiten Streifens
entlang der Staatsgrenze der DDR zu Westdeutschland als Sicht-
und Schußfeld sind noch 131,15 km Schneise zu schlagen und zu
räumen

2. Die Kennzeichnung des 500-m-Schutzstreifens und des 5-km-Sperr-
   gebietes ist abgeschlossen.
   Für die Kennzeichnung der Staatsgrenze der DDR zu Westdeutschland wurden 11.300 Stück Grenzsteine und 5.160 Stück Grenzsäulen
   vorbereitet.
   Wir bitten um Festlegung, ob die Markierung der Staatsgrenze
   jetzt durchgeführt werden kann.

3. Durch gute und zweckmäßige Arbeit der Kommandeure, Stäbe,
   Partei- und FDJ-Organisationen erfüllten die eingesetzten
   Truppenteile und Einheiten die ihnen gestellten Aufgaben

- 3 -

400

vorbildlich und zeigten eine große Bereitschaft zur termingerechten Fertigstellung der Sperren. Auch unter äußerst
ungünstigen Gelände- und Witterungsbedingungen, besonders
im Thüringer Wald und in der Rhön, wurden unter Anspan-
nung aller Kräfte und persönlichen Einsatz um die vorfri-
stige Erfüllung der gestellten Aufgaben in guter Qualität
gekämpft.
Trotz dieser positiven Ergebnisse gab es einige negative
Erscheinungen, die sich in den besonderen Vorkommnissen
ausdrücken. So kam es durch ungenügende Wachsamkeit und
durch nicht konsequente Einhaltung der befohlenen Sicherungsmaßnahmen während der Pionierarbeiten im Jahre 1962
zu 20 Fahnen- und einer Gruppenfahnenflucht sowie Entführung einer mittleren Kettenzugmaschine (ATS).
Desweiteren wurden durch Oberflächlichkeit, routinehaf-
te Arbeit und Nichteinhaltung der Sicherheitsbestimmungen 14 Angehörige der Nationalen Volksarmee beim Verlegen der Minen verletzt.

4. Durch die pioniermäßige Verstärkung der Staatsgrenze zu
   Westdeutschland in den Hauptrichtungen der Bewegung der
   Grenzverletzer verlagerten sich diese in die noch nicht
   gesperrten Abschnitte der 3. Grenzbrigade (Elbabschnitt
   und Grenzgewässer); 7. Grenzbrigade (Harz) und in die vorhandenen Lücken zwischen den errichteten Sperren.

5. Die Handlungen des Gegners waren gekennzeichnet durch pro-
   vokatorisches Auftreten und verstärkte Aufklärungstätigkeit westdeutscher Zivilpersonen, Angehöriger des BGS und
   Zollgrenzschutzes sowie Angehöriger der in Westdeutschland
   stationierten Besatzungstruppen.
   Sie drückten sich im einzelnen aus in:
   - verstärkter Aufklärung mittels Hubschrauber und Auf-
     klärungsflugzeugen;
   - Vermessungen, Filmen und Anfertigen von Lageskizzen
     der Sperren (besonders Minensperren);
   - Beschimpfung und Verleumdung der DDR, unserer Regierung
     und der Nationalen Volksarmee;

- 4 -

-versuchter Abwerbung und Aufforderung zur Fahnenflucht;
- Zeigen und Aufstellen von Hetzlosungen, Durchführung von Hetzveranstaltungen und Abwerfen von Flugblättern;
- Entfaltung und Instellunggehen des BGS (bis Kompaniestärke), teilweise unter Beteiligung von Angehörigen der amerikanischen Besatzungstruppen.

Durch das ruhige und besonnene Verhalten der Angehörigen der Nationalen Volksarmee kam es im Verlaufe des Einsatzes jedoch zu keinen ernsthaften Auseinandersetzungen.

II. Ordnung zur Sicherung und zum Schutz der Seegrenze und des Küstengebietes der DDR

Die unter Ziffer 2 des Beschlusses festgelegte " Ordnung zur Sicherung und zum Schutz der Seegrenze und des Küstengebietes der DDR" wurde eingeführt. Auf der Grundlage dieser Ordnung wird im 500-m-Schutzstreifen Steinbeck - Dassow-See im Jahre 1963 eine pioniermäßige Verstärkung der Küste durch Drahtsperren auf 2 Pfählen mit S-Rolle durchgeführt.

III. Kontrolle und Abfertigung des gesamten grenzüberschreitenden Personenverkehrs

Die Kontrolle und Abfertigung des gesamten grenzüberschreitenden Personenverkehrs einschließlich Paßkontrolle an sämtlichen Grenzübergangsstellen zur CSSR, zur Volksrepublik Polen, zu Westdeutschland, in den Zügen des internationalen Reiseverkehrs und in den Seehäfen wird durch Paßkontrollkräfte der Grenztruppen durchgeführt. Auf Grund der Vereinbarungen zwischen dem Ministerium für Staatssicherheit und mir vom 11.04.1962 sowie vom 01.01.1962 sind die Paßkontrollkräfte der Grenztruppen dem Minister für Staatssicherheit operativ unterstellt. Die Sicherung der Grenzübergangsstellen erfolgt durch Kräfte der Nationalen Volksarmee.

Die operative Unterstellung der Paßkontrollkräfte im Bereich des Stadtkommandanten von Berlin an den Minister für Staatssicherheit wird bis zum 15.01.1963 abgeschlossen. Bis zum gleichen Zeitpunkt werden die Grenzübergangsstellen und ihre

- 5 -

Sicherung im Bereich der 2. Grenzbrigade, die zur Zeit noch
der Zollverwaltung der DDR unterstehen, durch die NVA übernommen.

IV. Änderung der Dienstflaggen der Schiffe und Boote der Grenzbrigade Küste und der Grenztruppen (Elbe und Oder)

Die im Beschluß festgelegte Änderung der Dienstflaggen der
Schiffe und Boote der Grenzbrigade Küste und der Grenztruppen (Elbe und Oder) wurde durchgeführt und in der 2. Durchführungsbestimmung zur Verordnung vom 27.9.1955 über die
Führung von Dienstflaggen und Dienstwimpel vom 20.1.1962
(GBl. II Seite 116) durch den Minister des Innern veröffentlicht.

Den Bericht über die pioniermäßige Verstärkung der Staatsgrenze
der Deutschen Demokratischen Republik zu Westberlin lege ich nach
Abschluß der Arbeiten im Januar 1963 vor.

Anlagen
Karte der pi-mäßigen
Verstärkung der Staatsgrenze zu Westdeutschland

Mit sozialistischem Gruß

Hoffmann
Armeegeneral

Berlin, den 03. 02. 1968
Tgb.-Nr.: A - 16 /68

Mitglied des Politbüros des Zentralkomitees
der Sozialistischen Einheitspartei Deutschlands
und Sekretär des Nationalen Verteidigungsrates

Genossen Erich H o n e c k e r

Werter Genosse Honecker!

Im Bericht vom 04. 10. 1967 über die Markierung der Staatsgrenze
der Deutschen Demokratischen Republik zu Westdeutschland unter-
breitete ich Dir den Vorschlag, der Anfertigung neuer Staatswappenschilder zuzustimmen, die auf Grund größerer Stabilität
und Festigkeit ein Entwenden und Zerstören durch den Gegner
weitgehend ausschließen.

Nach erfolgter Zustimmung Deinerseits habe ich einige Muster
fertigen lassen, die im Vergleich zu den derzeitigen Staats-
wappenschildern aus Sprelacart wesentlich repräsentativer wirken, eine sichere Befestigung an den Grenzsäulen gewährleisten,
bei glatter Auflage eine hohe Bruchfestigkeit aufweisen und
durch die gewöhnliche gegnerische Einwirkung kaum zerstört, sondern nur deformiert werden können.

Ich gestatte mir, Dir den Vorschlag zu unterbreiten, diese neuen Staatswappenschilder in der nächsten Zeit vorzuführen.

Dabei wäre es möglich, daß ich Dir die neuen Schilder persönlich vorlege bzw. im Ministerium für Nationale Verteidigung einige Grenzsäulen mit den neuen Schildern zur Begutachtung aufstellen lasse.

Ich bitte um Bestätigung meines Vorschlages bzw. um Weisung Deinerseits.

Mit sozialistischem Gruß

Hoffmann
Armeegeneral

Berlin, den 26. 11. 1974

Tgb. -Nr. : A - 232/74

Ersten Sekretär des Zentralkomitees der
Sozialistischen Einheitspartei Deutschlands
und Vorsitzenden des Nationalen Verteidigungsrates der Deutschen Demokratischen Republik
Genossen Erich Honecker

Werter Genosse Honecker!

Ich gestatte mir, Dich über folgendes zu informieren:

Für die Angehörigen der Nationalen Volksarmee und der Grenztruppen der DDR
im Ministerium für Nationale Verteidigung, in den Kommandos und in den Stäben
der Verbände, Truppenteile und Einheiten wurde eine wöchentliche Mindestdienst-
zeit von 48 Stunden festgelegt. Wie eine Analyse ergab, leisten die Berufsunteroffiziere, Fähnriche und Berufsoffiziere sowohl in den Stäben als auch in der
Truppe selbst in der Regel jedoch eine weit höhere Stundenzahl pro Woche.

Diesem Umstand Rechnung tragend, beabsichtige ich im Interesse der weiteren
Verbesserung der Dienst- und Lebensbedingungen der Berufsunteroffiziere, Fähn-
riche und Berufsoffiziere, diesen Angehörigen der Nationalen Volksarmee und der
Grenztruppen der DDR an einem Sonnabend im Monat eine Befreiung vom Dienst
zu gewähren. Dabei sind selbstverständlich die Aufrechterhaltung der ständigen
Gefechtsbereitschaft und die Erfüllung der gestellten Aufgaben zu gewährleisten.

Diese Regelung soll mit Beginn des Ausbildungsjahres 1974/75 in Kraft treten.

Ich bitte um Deine Zustimmung.

Mit sozialistischem Gruß

Hoffmann
Armeegeneral

406

Berlin, den 27. 01. 1978

Tgb.-Nr.: A -16   0/78

Generalsekretär des Zentralkomitees der
Sozialistischen Einheitspartei Deutschlands und
Vorsitzenden des Nationalen Verteidigungsrates
der Deutschen Demokratischen Republik

Genossen Erich H o n e c k e r

Werter Genosse Honecker!

Wie ich Dir bereits am 21. 01. 1978 im Zusammenhang mit den ver-
leumderischen Veröffentlichungen in der Westpresse über Verletzungen des Gebietes von Westberlin durch Angehörige der Grenztruppen im Raum der ehemaligen Mülldeponie GROSS-ZIETHEN meldete, habe ich vorgesehen, in diesem Abschnitt durch die Grenztruppen einen Zaun errichten zu lassen. (Anlage 1)

In Abstimmung mit dem Minister für Auswärtige Angelegenheiten
wird im Interesse der Verhinderung einer widerrechtlichen Nutzung
dieses Gebietes von Westberlin aus, diese Maßnahme als zweckmäßig
und notwendig erachtet.

Ich gestatte mir Dir vorzuschlagen, in Abhängigkeit von den Witterungsbedingungen diese Maßnahme Anfang März 1978 durchzuführen.

Da es sich bei diesem Gebietsdreieck eindeutig um das Territorium
der DDR handelt, sollte im Interesse der Durchsetzung unserer Ho-
heitsrechte dieses Gelände auch weiterhin von den Grenztruppen der
DDR betreten werden.

Eine ähnliche Situation ist auch an zwei weiteren Abschnitten der
Staatsgrenze zu Westberlin gegeben.
In Vorbereitung der Gespräche mit dem Westberliner Senat zur Unter-
bindung der widerrechtlichen Nutzung von Hoheitsgebiet der DDR

407

wurde von Dir bestätigt, daß in bestimmten Abschnitten unmittelbar entlang der Staatsgrenze ein Grenzzaun errichtet werden
kann.
Eine solche Möglichkeit sehe ich zum gegenwärtigen Zeitpunkt
in den in der Anlage 2 und 3 dargestellten Fällen.

Ich erachte es für zweckmäßig, auch in diesen zwei Abschnitten
gleichfalls im März 1978 einen Zaun errichten zu lassen, um
damit das Betreten dieses Gebietes von Westberlin aus zu verhindern.

Bei Deinem Einverständnis würde ich die erforderlichen Maßnahmen veranlassen.

Ich bitte um Kenntnisnahme und Bestätigung der unterbreiteten
Vorschläge.

Mit sozialistischem Gruß

Hoffmann
Armeegeneral.

Berlin, den 15. 6. 1978

Tgb.-Nr. A- 118/78

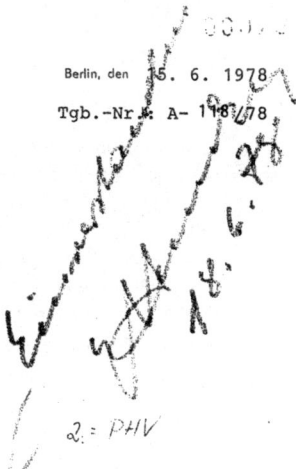

2. = PHV

Generalsekretär des ZK der SED
und Vorsitzenden des Nationalen
Verteidigungsrates der DDR

Genossen Erich H o n e c k e r

Werter Genosse Honecker!

Auf der Grundlage von Festlegungen des Nationalen Verteidigungsrates der DDR über den aktiven Wehrdienst in den
Grenztruppen der DDR vom 10. Dezember 1973 ist im Paragra-
phen 1 festgelegt: "Die Dienstlaufbahnordnung - NVA vom
10. Dezember 1973 gilt für die Angehörigen der Grenztruppen
der Deutschen Demokratischen Republik entsprechend. Einzelheiten regelt der Minister für Nationale Verteidigung."

Aus dieser Festlegung ergibt sich auch, daß der Fahneneid
der Nationalen Volksarmee voll und ganz von den Grenztruppen übernommen wurde, das heißt, die Grenztruppen
schwören de facto als Angehörige der Nationalen Volksarmee.

Ich glaube, daß es an der Zeit ist, in Anbetracht nicht
zuletzt auch der Versuche der NATO, immer wieder die Grenztruppen als reguläre Armee der Nationalen Volksarmee zuzuzäh-
len (Wiener Verhandlungen), diesen Fahneneid geringfügig

409

gegenüber dem der Nationalen Volksarmee zu ändern und
lege Dir einen Vorschlag bei.

Ich bitte um Deine Bestätigung.

Ich glaube, daß das Weitere dann durch mich geschehen
könnte, auf Grund der vom Nationalen Verteidigungsrat
erlassenen Dienstlaufbahnordnung vom Dezember 1973.

Mit sozialistischem Gruß

Anlage

H o f f m a n n
Armeegeneral

Berlin, den   17. 12. 1982

Tgb.-Nr.: A ... /82

2.-CH

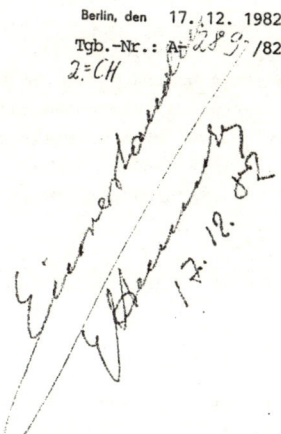

Generalsekretär des Zentralkomitees
der SED und Vorsitzenden des
Nationalen Verteidigungsrates der DDR

Genossen Erich H o n e c k e r

Werter Genosse Honecker!

Deine Anregung zur Erhöhung der emotionalen Wirksamkeit bei
der Gestaltung militärischer Zeremonielle habe ich aufgegriffen und eine Variante erarbeiten lassen.

Diese Variante würde vorsehen, ein hymnisches Signal in Form
eines Trompetensolos zu verwenden, und zwar:

-   am Ehrenmal für die gefallenen Helden der Sowjetarmee/
    Berlin-Treptow
    "Dank Euch, Ihr Sowjetsoldaten"

-   an der Gedenkstätte der Sozialisten/Berlin-Friedrichsfelde
    "Das Lied vom kleinen Trompeter"

-   am Denkmal des polnischen Soldaten und des deutschen
    Antifaschisten/Berlin-Friedrichshain
    "Warschawianka"

-   am Mahnmal für die Opfer des Faschismus und Militarismus/
    Berlin, Unter den Linden
    Refrain von "Spaniens Himmel"

411

Solltest Du mit diesem Vorschlag einverstanden sein,
würde ich den Stadtkommandanten der Hauptstadt der DDR, *ord. 20.11.82*
Berlin, Genossen Generalleutnant D r e w s , anweisen,
die entsprechenden Vorbereitungen zu treffen und ebenfalls
für das Wachregiment "Feliks Dzierzynski" mit dem Genossen
Minister M i e l k e   das Erforderliche absprechen.

Dem Minister für Auswärtige Angelegenheiten, Genossen Oskar
F i s c h e r , habe ich diesen meinen Vorschlag auch
zugeleitet.

Ich bitte um Deine Weisung.

Mit sozialistischem Gruß

Hoffmann
Armeegeneral

MINISTERRAT
DER DEUTSCHEN DEMOKRATISCHEN REPUBLIK
MINISTERIUM FÜR NATIONALE VERTEIDIGUNG
Der Minister

Berlin, den   04. 06.   1984

Geheime Verschlußsache!

GVS-Nr.: A 455 178

V 01. Ausfertigung = 2. Blatt

Generalsekretär des Zentralkomitees der
Sozialistischen Einheitspartei Deutschlands und
Vorsitzenden des Nationalen Verteidigungsrates
der Deutschen Demokratischen Republik

Genossen Erich   H o n e c k e r

Werter Genosse   H o n e c k e r !

Ausgehend von Deiner Aufgabenstellung, nach Möglichkeit den Abbau der
Sperranlagen mit Splitterminen noch in diesem Jahr zu beenden, gestatte
ich mir, Dir folgendes zu melden:

1. Beim konzentrierten Einsatz der zur Verfügung stehenden Kräfte und
    Mittel wäre es möglich, bis Ende 1984 die Splitterminen vom vorderen
    Sperrelement bei gleichzeitiger Errichtung des Grenzsignal- und
    Sperrzaunes abzubauen.

2. Der neue Grenzsignal- und Sperrzaun, der entsprechend dem Beschluß
    des Nationalen Verteidigungsrates der DDR vom 01. 07. 1983 in der
    Tiefe des Schutzstreifens vorgesehen ist, könnte jedoch im vollen
    Umfang nur errichtet werden, wenn dazu im III. Quartal 1984 zusätzlich
    materielle Mittel im Umfang von ca. 16 Mio Mark durch die Volkswirtschaft
    außerplanmäßig bereitgestellt werden.

    Das müßten für die Errichtung von 210 km Grenzsignal- und Sperrzaun
    vorrangig

    - 210.000 m^2 verzinktes Streckmetall
    - 215.000 Stück Betongitterplatten und für
    - 1.600.000 Mark Plasterzeugnisse

    sein.

Geheime Verschlußsache!

GVS-Nr.: A 455 178 .⁰¹. Ausf. Bl. 2

3. Sollten die obengenannten materiellen Mittel nicht zusätzlich bereitgestellt
   werden können, wäre nach den gegenwärtig getroffenen Festlegungen (Abbau
   der Splitterminen erst nach Errichtung des Grenzsignal- und Sperrzaunes) nur
   ein Stand des Abbaus von 240 km = 53 % bis Ende 1984 zu erreichen.
   Bei Weiterführung der bis zum gegenwärtigen Zeitpunkt gestellten Aufgabe
   wären im Jahre 1985, unter Beachtung der Wintermonate Anfang Dezember bis
   einschließlich März und der vollen materiellen Absicherung noch 210 km
   Grenzsignal- und Sperrzaun zu errichten.

4. Bei einem vollständigen Abbau der Splitterminen vom vorderen Sperrelement
   ohne gleichzeitige Errichtung des Grenzsignal- und Sperrzaunes in der Tiefe
   des Schutzstreifens entstehen für die Grenzsicherung komplizierte Bedingungen.

   Aus unserer Sicht wäre es zweckmäßig anzustreben, durch die Volkswirtschaft
   der Deutschen Demokratischen Republik die zusätzlichen Materialien im Jahre
   1984 bereitzustellen und den Abbau der Sperranlagen mit Splitterminen noch
   in diesem Jahr zu beenden.

   Bei Deinem prinzipiellen Einverständnis würde ich in Deinem Auftrage mit dem
   Mitglied des Politbüros und Sekretär des ZK der SED, Genossen Günter
   M i t t a g ,   Verbindung aufnehmen und ihn um die Einleitung der erforderlichen
   Maßnahmen ersuchen.

Werter Genosse   H o n e c k e r !

Außer den Sperranlagen mit Splitterminen sind an der Staatsgrenze der DDR zur BRD
noch auf einer Länge von insgesamt 140 km erdverlegte Minensperren vorhanden.
Die Räumung dieser Minen ist äußerst kompliziert, da diese teilweise von Hand
aufgenommen werden müssen.

Bei maximalem Einsatz der in den Grenztruppen der DDR dafür zur Verfügung stehenden
Kräfte und Mittel und von Pioniereinheiten der NVA könnten bis zum 01. 08. 1985
die Erdminensperren ebenfalls geräumt werden.

Ich bitte um Kenntnisnahme, Bestätigung des unterbreiteten Vorschlages bzw.
um Deine Weisung.

                              Mit sozialistischem Gruß

                              H o f f m a n n
                              Armeegeneral

MINISTERRAT
DER DEUTSCHEN DEMOKRATISCHEN REPUBLIK
MINISTERIUM FÜR NATIONALE VERTEIDIGUNG
Der Minister

Berlin, den 12. 12. 1984

Tgb.-Nr.: A-392/84

Generalsekretär des Zentralkomitees der
Sozialistischen Einheitspartei Deutschlands und
Vorsitzenden des Nationalen Verteidigungsrates
der Deutschen Demokratischen Republik

Genossen Erich   H o n e c k e r

Werter Genosse   H o n e c k e r !

Auf der Grundlage Deiner Aufgabenstellung zum Abbau der Minensperren
an der Staatsgrenze der DDR zur BRD und zur Errichtung eines wirksamen
Grenzsignal- und Sperrzaunes in der Tiefe des Schutzstreifens gestatte
ich mir, Dir folgendes zu melden:

Durch den konzentrierten und zielstrebigen Einsatz der Pioniereinheite
der Grenztruppen der DDR, verstärkt durch Pionierkräfte der Landstreitkräfte der Nationalen Volksarmee, wurden bis zum 30. 11. 1984

-    die Sperranlagen mit Splitterminen auf einer Länge von
     insgesamt 450 km vollständig abgebaut   und

-    38 km (27,5 %) Erdminensperren geräumt.

Damit sind noch 98 km (72,5 %) Erdminensperren zu räumen.

Das Räumen der erdverlegten Minen, das unter den Bedingungen kompli-
zierter Geländeverhältnisse überwiegend per Hand durchgeführt werden
muß und deshalb einen längeren Zeitraum erfordert, wird im Jahre 1985
zielstrebig fortgesetzt und bis zum 31. 10. 1985 vollständig abgeschlossen.

415

- 2

Zur weiteren Gewährleistung der zuverlässigen Sicherung der Staatsgrenze wurde vorrangig in den minengeräumten Abschnitten in der
Tiefe des Schutzstreifens der neue Grenzsignal- und Sperrzaun auf
einer Gesamtlänge von bisher 540 km errichtet.
Die Arbeiten werden 1985 planmäßig fortgeführt.

Durch den Abbau der Minensperren ergeben sich sowohl für die Grenztruppen der DDR als auch für die anderen Schutz- und Sicherheitsorgane
bestimmte neue Bedingungen und Aufgaben für die Grenzsicherung sowie
die Gewährleistung einer hohen Sicherheit und Ordnung im Grenzgebiet.

Ausgehend davon beabsichtige ich, auf der am 25. 01. 1985 stattfin-
denden Sitzung des Nationalen Verteidigungsrates eine mit dem Minister
für Staatssicherheit, Genossen Armeegeneral M i e l k e , und dem
Minister des Innern und Chef der Deutschen Volkspolizei, Genossen
Armeegeneral D i c k e l , abgestimmte Vorlage über

"Festlegungen zur weiteren Erhöhung der Wirksamkeit und
der Verantwortung beim Schutz der Staatsgrenze der DDR"

vorzulegen, die den neuen Bedingungen entspricht.

Ich bitte um Kenntnisnahme bzw. um Deine Weisung.

Mit sozialistischem Gruß

Hoffmann
Armeegeneral

Berlin, den ~~16. 10.~~ 1986
Tgb.-Nr. A - ~~25~~ /86

Generalsekretär des Zentralkomitees der
Sozialistischen Einheitspartei Deutschlands und
Vorsitzenden des Nationalen Verteidigungsrates
der Deutschen Demokratischen Republik

Genossen Erich H o n e c k e r

Werter Genosse H o n e c k e r !

In Verwirklichung des Beschlusses des Nationalen Verteidigungsrates der DDR über
"Festlegungen zur weiteren Erhöhung der Wirksamkeit und der Verantwortung beim
Schutz der Staatsgrenze" vom 25. 01. 1985 wurde in Abstimmung mit dem Ministerium
für Staatssicherheit und dem Ministerium des Innern der beiliegende

> Vorschlag für die höhere Einstufung der Leistungen und die
> stärkere Würdigung langjähriger Arbeit der freiwilligen
> Helfer der Grenztruppen der DDR und der im Grenzgebiet an
> der Staatsgrenze der DDR zur BRD und zu BERLIN (WEST) sowie
> an seinen Zugängen eingesetzten freiwilligen Helfer der
> Deutschen Volkspolizei

erarbeitet.

Dem Vorschlag haben zugestimmt:

- das Mitglied des Politbüros des Zentralkomitees der SED und Vorsitzende des
  Ministerrates der DDR, Genosse Willi S t o p h ,

- das Mitglied des Politbüros und Sekretär des Zentralkomitees der SED,
  Genosse Egon K r e n z ,

- das Mitglied des Politbüros und Sekretär des Zentralkomitees der SED,
  Genosse Günter M i t t a g ,

- der Minister der Finanzen, Genosse Ernst H ö f n e r .

NVA 01 601 Ag 117/XXVI-06/2081—84   Postanschrift: 1260 Strausberg, PF 59 801

417

Es ist vorgesehen, die vorgeschlagenen Maßnahmen für die höhere Einstufung und die stärkere Würdigung der freiwilligen Helfer in zwei Etappen zu realisieren:

In der 1. Etappe (Zeitraum 1987 bis 1990)

(1) Einführung einer Medaille für treue Dienste beim Schutz der Staatsgrenze;

(2) stärkere Würdigung hervorragender Leistungen und besonderer Verdienste mit staatlichen Auszeichnungen;

(3) Erstattung einer jährlichen Pauschalentschädigung in Höhe von 150,- Mark für Auslagen, die den freiwilligen Helfern im Rahmen des operativen Einsatzes entstehen;

(4) Zahlung von Zuwendungen für 5jährige Tätigkeit in Höhe von 100,- Mark (bisher keine Zuwendung).

In der 2. Etappe (ab 1991)

(1) Erhöhung der finanziellen Zuwendungen (Treueprämien) nach langjähriger aktiver Tätigkeit;

(2) Erhöhung der jährlich je freiwilligen Helfer zur Verfügung stehenden Prämienmittel von 100,- Mark auf 150,- Mark.

Durch diese Maßnahmen werden die Leistungen der freiwilligen Helfer der Grenztruppen der DDR und der freiwilligen Helfer der Deutschen Volkspolizei beim Schutz der Staatsgrenze und die Mitverantwortung bei der Gewährleistung einer hohen Sicherheit und Ordnung in den Grenzgebieten in stärkerem Maße gewürdigt.

Ich bitte um Kenntnisnahme und um Bestätigung des Vorschlages bzw. um Deine Weisung.

Mit sozialistischem Gruß

H. Keßler
Armeegeneral

MINISTERRAT
DER DEUTSCHEN DEMOKRATISCHEN REPUBLIK
MINISTERIUM FÜR NATIONALE VERTEIDIGUNG
Der Minister

Berlin, den 15.01 1988
Tgb.-Nr.: A - 17 /88

Generalsekretär des Zentralkomitees der
Sozialistischen Einheitspartei Deutschlands und
Vorsitzenden des Nationalen Verteidigungsrates
der Deutschen Demokratischen Republik

Genossen Erich H o n e c k e r

Werter Genosse H o n e c k e r !

Entsprechend Deiner Weisung gestatte ich mir, Dir den Bericht über
die Lage an der Staatsgrenze der DDR im Jahre 1987 vorzulegen.

Die vom Gebiet der BRD und von BERLIN (WEST) aus durchgeführten
Grenzverletzungen und anderen provokatorischen Handlungen gegen
die Staatsgrenze der DDR sind gegenüber dem Vorjahr um 39 % zurückgegangen. Damit war im Jahre 1987 die geringste Anzahl von Grenzverletzungen und anderen provokatorischen Handlungen durch Personen

- vom Gebiet der BRD aus seit 1972   und
- von BERLIN (WEST) aus seit 1980

zu verzeichnen.

Von den insgesamt 6.102 Grenzverletzungen konzentrierten sich 81 %
auf die Staatsgrenze der DDR zu BERLIN (WEST).

Die Anzahl der Versuche des Grenzdurchbruchs in Richtung BRD, BERLIN
(WEST) und Offenes Meer ist gegenüber dem Vorjahr von 1.221 auf
1.688 Personen angestiegen. Das ist die höchste Anzahl von Versu-
chen des Grenzdurchbruchs seit dem Jahre 1974.
In 9 Fällen versuchten die Täter, die Staatsgrenze gewaltsam unter
Ausnutzung von Kraftfahrzeugen zu durchbrechen.
48 % der versuchten Grenzdurchbrüche konzentrierten sich auf die
Monate August bis November.

NVA 01 601   Ag 117/XXVI-06/2130—85   Postanschrift: 1260 Strausberg, PF 59 801

419

Im Berichtszeitraum wurden 94 % der Personen, die den Versuch des Grenzdurchbruchs unternahmen, im Zusammenwirken mit den anderen Schutz- und Sicherheitsorganen festgenommen.

Die Festnahme von 115 Grenzverletzern erfolgte mit aktiver Unterstützung und Hilfe durch freiwillige Helfer der Grenztruppen und andere Bürger des Grenzgebietes.

98 Personen gelang es, das System der Grenzsicherung in Richtung BRD, BERLIN (WEST) und Offenes Meer zu durchbrechen.

An der Staatsgrenze der DDR zur VR POLEN und zur CSSR weist die Anzahl der versuchten und durchgeführten ungesetzlichen Grenzübertritte gegenüber dem Vorjahr eine gleichbleibende Tendenz auf.

Von den an diesen Grenzabschnitten festgenommenen 685 Personen hatten 63 % die Absicht, über die sozialistischen Nachbarstaaten in das kapitalistische Ausland zu gelangen.

Ich bitte um Kenntnisnahme.

Mit sozialistischem Gruß

H. Keßler
Armeegeneral

420

Berlin, den 07. 01. 1989

Tgb.-Nr.: A 11 /89

Generalsekretär des Zentralkomitees der
Sozialistischen Einheitspartei Deutschlands und
Vorsitzenden des Nationalen Verteidigungsrates
der Deutschen Demokratischen Republik

Genossen Erich H o n e c k e r

Werter Genosse H o n e c k e r !

Auf der Sitzung des Nationalen Verteidigungsrates der DDR am 25. 11. 1988 wurde
bei der Behandlung der Vorlage "Stand der Bereitschaft des Bezirkes MAGDEBURG
zur Überführung vom Frieden in den Verteidigungszustand" die Frage der
Deklarierung des Grenzgebietes zur BRD als "militärisches Sperrgebiet" aufgeworfen.

Im Ergebnis der Prüfung dieser Problematik gestatte ich mir, Dir folgendes zu
melden:

1. Die Frage einer möglichen Deklarierung des Grenzgebietes als "militärisches
    Sperrgebiet" wurde bereits auf der Sitzung des Nationalen Verteidigungsrates
    der DDR am 21. 11. 1980 bei der Behandlung der neuen Rechtsvorschriften
    über die Staatsgrenze (Grenzgesetz und Folgebestimmungen) erörtert.

    Dazu wurde entschieden, von einer Deklarierung des Grenzgebietes als
    "militärisches Sperrgebiet" abzusehen.

    Maßgebend für diese Entscheidung waren insbesondere folgende Gesichts-
    punkte:

    - Aufgrund der Erfahrungen der UdSSR und anderer sozialistischer Staaten
       wurde bereits mit der inzwischen außer Kraft gesetzten "Verordnung zum
       Schutz der Staatsgrenze der DDR" vom 16. 03. 1964 der Begriff
       "Sperrgebiet" durch den Begriff "Grenzgebiet" ersetzt.
       Damit erfolgte eine klare Unterscheidung zwischen "Grenzgebieten" und
       "militärischen Sperrgebieten", als Gebiete mit besonderer Ordnung nach
       dem Verteidigungsgesetz der DDR vom 13. 10. 1978.
       Der Begriff "Grenzgebiet" hat sich bei der Bevölkerung eingebürgert.
       Eine Umbenennung würde die Sicherheit und Ordnung an der Staatsgrenze
       nicht erhöhen.

421

- Da der Gegner besonders auf dem Madrider Treffen die Grenzsicherungs-
  maßnahmen der DDR als Mittel der Isolierung der DDR-Bürger diffamierte,
  könnte eine Umformulierung neue Vorwände für die Propaganda schaffen
  und bei der Bevölkerung des Grenzgebietes zu Unklarheiten und negativen
  Stimmungen führen (ca. 197.000 Bürger im Grenzgebiet an der Staatsgrenze zur BRD und zu BERLIN (WEST) wären "Bewohner in militärischen
  Sperrgebieten" geworden).

- Die Struktur des Grenzgebietes würde dem Charakter eines "militärischen
  Sperrgebietes" widersprechen.

2. An dieser Sachlage hat sich bis zum gegenwärtigen Zeitpunkt nichts
   geändert.
   Selbst wenn nur der Schutzstreifen (500-m-Streifen) zum "militärischen
   Sperrgebiet" erklärt würde, befänden sich in diesem Gebiet noch

         73 Ortschaften/Ortsteile mit

     24.223 Einwohnern und

         93 Betrieben.

   Die Umbenennung des Grenzgebietes in "militärisches Sperrgebiet" würde
   eine Reihe politischer, militärischer und rechtlicher Konsequenzen
   nach sich ziehen, insbesondere eine umfassende Änderung geltender
   Rechtsvorschriften.

3. Mit dem Erlaß des Grenzgesetzes vom 25. 03. 1982 erhielten die Grenztruppen im § 18 (2) die erforderlichen Befugnisse für ihre Handlungen
   in dem zur Sicherung der Staatsgrenze der DDR festgelegten Grenzgebiet
   übertragen.

   Eine Deklarierung des Grenzgebietes als "militärisches Sperrgebiet"
   könnte der Gegner im Zusammenhang mit den Wiener Verhandlungen nutzen,
   unter Bezugnahme auf das Grenzgesetz zu "beweisen", daß die Grenztruppen
   der DDR Bestandteil der NVA sind und als "Militär" im "militärischen
   Sperrgebiet" handeln.

Ausgehend von der gegenwärtigen politischen Situation und der Tatsache, daß
sich

- das im Jahre 1982 erlassene Grenzgesetz und seine Folgebestimmungen
  sowie

- die Direktive des Zentralkomitees der SED zur Arbeit im Grenzgebiet an
  der Staatsgrenze zur BRD, zu BERLIN (WEST) und an der Küste der DDR vom
  07. 04. 1982

bei der Gewährleistung einer hohen Sicherheit und Ordnung an der Staatsgrenze
bewährt haben, gestatte ich mir vorzuschlagen, die gegenwärtigen Festlegungen
beizubehalten und die Umbenennung des Grenzgebietes in "militärisches
Sperrgebiet" nicht vorzunehmen.

Ich bitte um Kenntnisnahme, Bestätigung der unterbreiteten Vorschläge bzw.
Deine Weisung.

                    Mit sozialistischem Gruß

                    H. Keßler
                    Armeegeneral

Grenzbericht vom 3.10. 1989

Der Minister für Nationale Verteidigung und Chef der Grenztruppen der DDR informierte monatlich SED-Generalsekretär Erich Honecker und alle Mitglieder des Politbüros über die Lage an der »Westgrenze der DDR« und an der Berliner Mauer. Hier folgt der Bericht für den Monat September 1989.

Berlin, den 03. 10.   1989

Tgb.-Nr.:   A - 245 /89

Persönliche Verschlußsache

ZK 02 ____ 544

Generalsekretär des Zentralkomitees der
Sozialistischen Einheitspartei Deutschlands und
Vorsitzenden des Nationalen Verteidigungsrates
der Deutschen Demokratischen Republik

Genossen Erich   H o n e c k e r

Werter Genosse   H o n e c k e r !

Entsprechend Deiner Weisung gestatte ich mir, Dir den Bericht über die Lage
an der Staatsgrenze der DDR im Monat   S e p t e m b e r   1989 vorzulegen.

Die Anzahl der Grenzverletzungen und anderen provokatorischen Handlungen ist
von 1.396 Fällen im Vormonat auf 1.256 Fälle in diesem Monat zurückgegangen.

Besonders schwerwiegende Grenzverletzungen und Anschläge bildeten an der
Staatsgrenze der DDR zur BRD das Beschießen der Angehörigen der Grenztruppen
im Abschnitt OEBISFELDE, Kreis KLÖTZE, Bezirk MAGDEBURG, sowie an der Staats-
grenze der DDR zu BERLIN (WEST) das Bewerfen der Grenzübergangsstelle SONNEN-
ALLEE, Stadtbezirk BERLIN-TREPTOW, mit Steinen.
Gegen diese Vorkommnisse wurde im Bundeskanzleramt der BRD bzw. beim Senat
von BERLIN (WEST) durch das Ministerium für Auswärtige Angelegenheiten
Protest eingelegt.

Im Berichtsmonat unternahmen insgesamt 247 Personen (Vormonat 296 Personen)
den Versuch, die Staatsgrenze der DDR zur BRD, zu BERLIN (WEST) und in
Richtung des Offenen Meeres zu durchbrechen.
Davon wurden insgesamt 226 Personen durch die Grenztruppen im Zusammenwirken
mit den anderen Schutz- und Sicherheitsorganen festgenommen.

Wegen Verletzung der Staatsgrenze vom Gebiet der BRD und von BERLIN (WEST)
aus wurden 4 Personen festgenommen.

425

Durch 17 Personen (Vormonat 12 Personen) wurde das System der Grenzsicherung durchbrochen.
Die Versuche des ungesetzlichen Grenzübertritts an der Staatsgrenze der DDR zur VR POLEN und zur CSSR sind im Verhältnis zum Vormonat von insgesamt 226 Personen auf 1.154 Personen angestiegen.

Durch die Grenztruppen der DDR, die anderen Schutz- und Sicherheitsorgane und die Grenzschutzorgane der sozialistischen Nachbarstaaten wurden an der Staatsgrenze der DDR zur VR POLEN 273 Personen und zur CSSR 881 Personen festgenommen.
1.073 Personen hatten die Absicht in die BRD-Botschaften in WARSCHAU und PRAG bzw. über die sozialistischen Nachbarstaaten in das kapitalistische Ausland zu gelangen.

Ausgehend von dieser Situation wurden zur Verstärkung der Grenzüberwachung an der Staatsgrenze zur VR POLEN 150 und an der Staatsgrenze zur CSSR 110 Angehörige der Grenztruppen der DDR zusätzlich eingesetzt.

Ich bitte um Kenntnisnahme.

Mit sozialistischem Gruß

H. Keßler
Armeegeneral

Danksagung

Am 16. August 1990 erreichte das Potsdamer Militärarchiv der ehemaligen DDR ein Befehl des Ministers für Abrüstung und Verteidigung. In dieser Sechs-Zeilen-Anweisung befahl Minister Rainer Eppelmann, umgehend die Akten der »Verwaltung Aufklärung« zur »Neubewertung« von Potsdam nach Strausberg zu schaffen, dem Sitz des Ministeriums. Was der Regierung unter Hans Modrow nicht gelungen war und am Widerstand der Potsdamer Archivare bis dahin gescheitert war, schaffte die Regierung Lothar de Maiziere: 1,3 Tonnen versiegelte Akten wurden »verjüngt«. Zweidrittel des Bestandes »Militärspionage« kamen in den Reißwolf. Ausgeführt wurde diese Vernichtungsaktion von alten SED-Seilschaften im Strausberger Militärarchiv, die ihre Arbeit damit nicht für beendet sahen.

Zu ihnen gehört offenbar auch der immer noch agierende Leiter des in »Sammelstelle« umbenannten Strausberger Militärarchivs. Der linientreue Diplomhistoriker ließ die Autoren nur widerwillig Archivbestände sichten. Was in Strausberg eingesehen werden konnte, war reichlich »gerupft und bereinigt«. Im Aktenbestand »Ministersekretariat«, dem Schriftverkehr zwischen Verteidigungsminister und SED-Generalsekretär, klafften riesige Lücken: Meldungen über Todesfälle an Mauer und Grenze, die wir bei einer Vorbesichtigung im Dezember 1990 noch entdeckt hatten, waren im März 1991 vernichtet. Ein Glück, daß die ehemalige DDR-Bürokratie Kopien angefertigt hatte, die wir an anderer Stelle fanden. Sonst hätte unsere Dokumentation in dieser Ausführlichkeit nicht vorgelegt werden können.

Die übrigen Archive der Grenztruppen und der Nationalen Volksarmee scheinen nach unseren Kenntnissen weitestgehend unbeschädigt zu sein. Gleichwohl taten sich die meisten Archivare und Verwaltungsangestellten schwer, uns die »geheimen Verschlußsachen« zu zeigen. Ehemalige SED-Mitglieder fühlten sich ihrer früheren kommunistischen Ideologie immer noch verpflichtet und versuchten eigenmächtig, Namen und Nachrichten in den »Protokollen des Todes« unkenntlich zu machen. Vor allem meinten sie, Täter schützen zu müssen, die sich vermutlich – wenn nicht wegen Mordes – so doch wegen Totschlags zu verantworten haben.

Dem Bundesarchiv in Koblenz gilt unser Dank. Es erteilte uns eine Sondergenehmigung mit komplizierten Auflagen, die unsere Arbeit ungemein erschwerte und verzögerte. Dennoch, ohne die tatkräftige Unterstützung von leitenden Archivaren des Bundesarchivs wäre dieses Buch nicht zustandegekommen.

Danken möchten wir den zuständigen Mitarbeitern des Bundesministeriums des Innern und der Verteidigung in Bonn, Strausberg und Pätz. Sie halfen unbürokratisch.

Wir haben uns bei der Suche nach den »Protokollen des Todes« an die vorgegebene Ausnahmemöglichkeit des Bundesarchivgesetzes und des Einigungsvertrages gehalten. Kein Dokument wurde illegal oder käuflich erworben. Allerdings gibt es immer noch Archivbestände, deren Existenz den verantwortlichen Behörden unbekannt zu sein scheinen. Es wird höchste Zeit, auch sie dem Bundesarchiv zu unterstellen, ehe sie restlos bereinigt und zerfleddert sind.

Wertvolle Dokumente fanden wir auch im Stadtarchiv Berlin und im Archiv des Präsidiums der Deutschen Volkspolizei, zu dem auch Dokumente und Archivalien der Transportpolizei (Trapo) gehören. Leider waren hier sämtliche Karteikarten vernichtet, so daß ein Zugang zu den Akten nur mit größter Mühe gelang.

Danken möchten wir auch Lothar Hornbogen vom »Zentralen Parteiarchiv«, das heute dem »Institut für Geschichte der Arbeiterbewegung« angegliedert ist. Im ehemaligen SED-Archiv fanden wir aufschlußreiche Dokumente, die von einem gewissen Jahrgang an nur eingesehen, aber nicht ohne Genehmigung des PDS-Parteivorstandes zitiert werden durften. Wenn es allein um den Schutz von Tätern ging, hielten wir uns nicht an diese Auflage.

Unser besonderer Dank gilt den leidgeprüften Angehörigen der Opfer an Mauer und Grenze. Ohne ihre mutige Mithilfe und zahlreiche Hinweise und Erkenntnisse wäre dieses Buch nicht entstanden.

Literatur

Autorenkollektiv (Hrsg): Armee für Frieden und Sozialismus. Geschichte der Nationalen Volksarmee der DDR, Berlin 1987.

Reinhold Andert/Wolfgang Herzberg: Der Sturz. Honecker im Kreuzverhör, Berlin–Weimar 1991.

Uwe Gerig: Morde an der Mauer, Böblingen 1989.

Jochen von Lang: Erich Mielke. Eine deutsche Karriere, Berlin 1991.

Peter-Joachim Lapp: Frontdienst im Frieden – Die Grenztruppen der DDR, Koblenz 1987.

Horst Liebig: Wo sie gefallen sind, stehen wir. Teil 1 und 2, Berlin 1983.

Rolf Nobel: Mitten durch Deutschland. Reportage einer Grenzfahrt, Hamburg 1986.

Jürgen Petschull: Die Mauer. Vom Anfang und vom Ende eines deutschen Bauwerks, Hamburg 1989.

Peter Przybylski: Tatort Politbüro. Die Akte Honecker, Berlin 1991.

Ludwig Rehlinger: Freikauf, Berlin 1991.

Günter Schabowski: Der Absturz, Berlin 1991.

Heiner Sauer/Hans-Otto Plumeyer: Der Salzgitter-Report. Die Zentrale Erfassungsstelle berichtet über Verbrechen im SED-Staat, München 1991.

Abkürzungen

ADN	– Allgemeiner Deutscher Nachrichtendienst
BGS	– Bundesgrenzschutz
BRD	– Bundesrepublik Deutschland
DDR	– Deutsche Demokratische Republik
DGP	– Deutsche Grenzpolizei
DL	– Demarkationslinie
Duepo	– Duesing-Polizei, genannt nach dem Westberliner Polizeipräsidenten Duesing
DV	– Dienstvorschrift
DVdI	– Deutsche Verwaltung des Innern
DVP/VP	– Deutsche Volkspolizei/Volkspolizei
FDJ	– Freie Deutsche Jugend
Feindwärts	– Territorium der DDR hinter der Sperranlage
FHG	– Freiwillige Helfer der Grenztruppen
Freundwärts	– Territorium der DDR vor der Sperranlage
FS	– Fernschreiben
GB	– Grenzbataillon
GBl	– Gesetzblatt
GBr	– Grenzbrigade
Gefr.	– Gefreiter
GK	– Grenzkompanie
GKK	– Grenzkreiskommando
GKN	– Grenzkommando Nord (Sitz Stendal)
GO	– Grundorganisation
GPH	– Grenzpolizeihelfer
Gr	– Grenzregiment
GrenzG	– Grenzgesetz
GrenzVO	– Grenzverordnung
GrenzO	– Grenzordnung
GSä	– Grenzsäule
GSi	– Grenzsicherung
GSSD	– Gruppe der Sowjetischen Streitkräfte in Deutschland
GST	– Gesellschaft für Sport und Technik
GT	– Grenztruppen
Güst	– Grenzübergangsstelle
Kdr.	– Kommandeur
KPP	– Kontrollpassierpunkt

KVP	– Kasernierte Volkspolizei
6 m KS	– Kontrollstreifen (geeggt, vor der Sperranlage)
MdI	– Ministerium des Innern
MfS	– Ministerium für Staatssicherheit
MStA	– Militärstaatsanwalt(schaft)
NVA	– Nationale Volksarmee
PB	– Politbüro
PHV	– Politische Hauptverwaltung
PKE	– Paßkontrolleinheiten
PV	– Politische Verwaltung
SED	– Sozialistische Einheitspartei Deutschlands
SGR	– Schulungsgruppe
SiA	– Sicherungsabschnitt
SiK	– Sicherungskompanie (Unteroffizierseinheiten mit spezieller Ausbildung)
SMAD	– Sowjetische Militäradministration in Deutschland
StGB	– Strafgesetzbuch
Stupo	– Stummpolizei (Westberliner Polizei, genannt nach ihrem damaligen Präsidenten Dr. Stumm)
TA	– Technik/Ausrüstung
Trapo	– Transportpolizei
Uffz.	– Unteroffizier
VEB	– Volkseigener Betrieb
VGdb	– Versuchter Grenzdurchbruch
VK	– Volkskammer
VO	– Verbindungsoffizier/Verordnung
VPKA	– Volkspolizei-Kreisamt
VR	– Volksrepublik
WB	– Westberlin
WD	– Westdeutschland
ZGD	– Zollgrenzdienst
ZK	– Zentralkomitee